Manfred Vasold

Pest, Not und schwere Plagen

Manfred Vasold

Pest, Not und schwere Plagen

Seuchen und Epidemien vom Mittelalter bis heute

Verlag C.H.Beck München

Mit 6 Karten und Tabellen

CIP-Titelaufnahme der Deutschen Bibliothek

Vasold, Manfred:
Pest, Not und schwere Plagen : Seuchen und Epidemien vom Mittelalter bis heute / Manfred Vasold. – München : Beck, 1991
ISBN 3 406 35401 7

ISBN 3 406 35401 7

Satz: Kösel, Kempten
Druck und Bindung: May + Co., Darmstadt
Gedruckt auf alterungsbeständigem (säurefreiem) Papier
gemäß ANSI-Norm für Bibliotheken
Printed in Germany

Inhaltsverzeichnis

I. Einleitung

„Blickt man auf den Entwicklungsgang unserer Kultur in den letzten Jahrhunderten zurück, so kann man sich des Eindrucks nicht erwehren, daß die Seuchen einen tiefgreifenden Einfluß ausgeübt haben und noch ausüben", schrieb Werner Adalbert Collier in der ersten Hälfte des 20. Jahrhunderts. Seuchen haben in der Tat einen tiefgreifenden Einfluß ausgeübt: auf das Bevölkerungswachstum und damit auf Wirtschaft und Gesellschaft, auf Kultur und Politik. Seuchen und die ihnen zugrunde liegenden Infektionskrankheiten sind wichtig für die Gesellschaftsgeschichte – wie wichtig, das mag man daran ermessen, daß noch vor zweihundert Jahren die Infektionskrankheiten die Hauptverursacher der Sterblichkeit waren.[1]

Gleichwohl fanden Seuchen in der allgemeinen deutschen Historiographie und selbst in der Sozialgeschichtsschreibung nicht die ihnen angemessene Beachtung; am meisten hat noch die Medizingeschichte sich ihrer angenommen. Doch die Medizingeschichte hat die Seuchen vor allem aus der Warte des Mediziners betrachtet; sie hat die Seuchen losgelöst von sozial- und wirtschaftshistorischen Fragestellungen und Erkenntnissen untersucht und dargestellt.

Seuchen oder Epidemien – das sind Begriffe, die genau bestimmt werden müssen, denn allzuoft werden sie in einem weitläufigen Sinne verwendet. Da ist bisweilen von „Hungerseuche" die Rede oder von „Geistes-Epidemien" (Carl Gustav Carus), und selbst vom Selbstmord liest man mitunter, daß er gelegentlich „epidemisch" auftrete. Auch das plötzliche, massenhaft auftretende Erscheinen einer Krankheit wie des Skorbut bezeichnet man zu Unrecht als „epidemisch", denn Skorbut ist nicht eine Infektionskrankheit, sondern die Folge eines Vitaminmangels.[2]

Unter ‚Epidemie' versteht *Pschyrembel Klinisches Wörterbuch* ein „gehäuftes Auftreten von bestimmten Infektionskrankheiten in örtlicher und zeitlicher Begrenzung", und ganz ähnlich definiert das *Deutsche Universalwörterbuch* ‚Epidemie' als eine „zeitlich und örtlich in besonders starkem Maß auftretende, ansteckende Massenerkrankung" oder Seuche. Unter ‚Seuche' heißt es im gleichen Nachschlagewerk: „sich schnell ausbreitende, gefährliche Infektionskrankheit". Als ‚Seuche' bezeichnet

Pschyrembel eine „plötzliche Erkrankung zahlreicher Menschen an einer schweren, ansteckenden Infektionskrankheit" und fügt noch hinzu, daß es sich bei ‚Seuche' um einen historischen Begriff handelt.

Doch was sind Infektionskrankheiten? Sind alle Infektionskrankheiten ansteckend? Und was bedeutet überhaupt ansteckend? Unter ‚Infektionskrankheit' versteht man heute eine Krankheit, die durch einen belebten Organismus – ob Tier oder Pflanze oder ein drittes – verursacht wird.[3] Diese Krankheit muß nicht unbedingt von Mensch zu Mensch unmittelbar übertragbar sein. Es gibt eine Reihe von Infektionskrankheiten – wie die Malaria zum Beispiel –, die nur mit Hilfe eines Vektors von Mensch zu Mensch übertragen werden können. Das sogenannte Seuchengesetz – oder, wie es vollständig heißt: das „Gesetz zur Verhütung und Bekämpfung übertragbarer Krankheiten beim Menschen" – ist demnach mehr als ein Gesetz gegen Seuchen, es versucht allgemein der Übertragung aller Infektionskrankheiten des Menschen entgegenzuwirken.

Können alle Infektionskrankheiten Seuchen auslösen? Seuchen treten „plötzlich" auf und treffen eine größere Anzahl von Individuen. Infektionskrankheiten mit sehr langen Inkubationszeiten treten nicht plötzlich auf, daher lösen sie nicht Seuchen aus, wenn man den Begriff im engeren Sinne verwendet.

Es gibt einige medizinische Begriffe, die in diesem Buch häufiger erscheinen: Der Begriff ‚Sterblichkeit' bezeichnet die – meist prozentual bestimmte – Anzahl der Sterbefälle innerhalb eines bestimmten Zeitraumes, meist eines Jahres. Die ‚Letalität' bezeichnet den Anteil der Verstorbenen, die einer bestimmten Krankheit erlagen. Die Beulenpest hatte zum Beispiel eine Letalität von 50 bis 80 Prozent, das heißt, daß 50 bis 80 von je 100 Beulenpest-Kranken an dieser Krankheit starben. Bedeutend niedriger als die Letalität war stets die Mortalität, denn dieser Begriff bezieht sich auf die gesamte Population und nicht nur auf den Anteil der Erkrankten. Die ‚Mortalität' bezieht sich auf den Anteil der Verstorbenen – zum Beispiel an der Beulenpest – aus der Gesamtbevölkerung. Wenn im Verlauf einer Pestepidemie 20 Prozent einer Bevölkerung erkrankten und 70 Prozent der Kranken verstarben, dann betrug die Mortalität 14 Prozent, die Letalität 70 Prozent. Infektionskrankheiten treten epidemisch und endemisch auf; mit dem Begriff ‚endemisch' bezeichnet man das ständige Vorkommen einer Infektionskrankheit in einem bestimmten Gebiet.[4]

Infektionskrankheiten sind kontagiös oder ansteckend; der ‚Kontagionsindex' drückt aus, wie viele der nicht-immunen Personen an einer bestimmten Infektionskrankheit erkrankten. Man kann dies sehr anschaulich an einem historischen Beispiel erläutern: Zwischen 1781 und 1846 waren auf den abgelegenen Faröer-Inseln keine Fälle von Masern mehr aufgetreten. 1846 lebten noch 92 Menschen auf diesen Inseln, die die Masern gehabt hatten und daher immun waren gegen sie. 1846 kam ein Schiff zu den Faröer-Inseln mit einigen Masernkranken an Bord. 1500 Personen gelang es, sich durch strenge Isolationsmaßnahmen vor der Krankheit zu schützen, sie spielen in diesen Berechnungen keine Rolle mehr. Aber 6262 vermochten sich gegen den Erreger nicht zu schützen, sie setzten sich ihm aus, und von diesen 6262 Personen erkrankten ziemlich genau 6000 an den Masern.[5] Der ‚Kontagionsindex' drückt die Zahl der Infizierten auf je 100 empfängnisfähige, exponierte Personen aus; immune Personen zählen dabei nicht. 6262 Bewohner der Faröer-Inseln waren empfängnisfähig für die Masern und ihrem Erreger ausgesetzt; von diesen 6262 erkrankten 6000, also etwas mehr als 95 Prozent. Auch bei Laborversuchen zeigte sich, daß der Kontagionsindex bei Masern bei 95 liegt; damit sind die Masern eine hochkontagiöse Krankheit.

Wie werden Infektionskrankheiten übertragen, wie geschieht die Kontagion? Infektionskrankheiten werden von belebten Organismen hervorgerufen, die in einem parasitären Verhältnis zum Menschen stehen.[6] Sie werden auf verschiedene Weise übertragen, bisweilen auf sehr umständlichen Wegen:

- sehr häufig über natürliche Eintrittspforten, z. B. durch Wunden oder Läsionen im Mund- oder Rachenraum,
- durch Verletzungen in der äußeren Haut,
- durch eine fäkal-orale Übertragung, wenn ein Kranker die Erreger in großen Mengen ausscheidet und sie in die Nahrung oder ins Trinkwasser eines anderen geraten,
- durch die sogenannte aerogene Übertragung, auf dem Luftweg, wenn der Kranke durch Sprechtröpfchen die Erreger weitergibt.

Um welche belebten Organismen handelt es sich bei den Erregern von Infektionskrankheiten? Man unterteilt diese krankmachenden Organismen vereinfachend in

- Bakterien. Das sind winzig kleine, aber im Mikroskop gut sichtbare Mikroorganismen, die sich wieder in mehrere Gruppen unterteilen. In genügend großer Anzahl kann ein bestimmtes Bakterium eine bestimmte Krankheit (wie Ruhr, Pest, Typhus usw.) hervorrufen. Der

Kranke scheidet in der Regel den – noch immer krankmachenden – Erreger aus, ob durch seine Auswurfstoffe oder beim Niesen oder auf eine andere Art. Viele Bakterien müssen, um auf Menschen krankmachend wirken zu können, von anderen Lebewesen übertragen und ihrem Opfer eingeimpft werden, am häufigsten durch Insekten, ob nun durch Läuse, Flöhe, Mücken, Zecken, Milben oder andere.

- Viren. Sie sind wesentlich kleiner als Bakterien und konnten erst 1939 mit Hilfe des Elektronenmikroskops sichtbar gemacht werden. Viren haben, anders als Bakterien, keinen eigenen Stoffwechsel, sie schließen sich an den ihrer Wirtszellen an; sie können sich innerhalb oder außerhalb der Wirtszellen aufhalten.
- Pilze. Pilze sind Pflanzen, und zwar auch die sehr kleinen Pilze, die Krankheiten hervorrufen. Sie waren als Krankheitserreger schon früher bekannt als die Bakterien; der Erreger des Erbgrinds (Favus), der Pilz Achorion (bzw. Trichophyton) schoenleinii, wurde bereits 1839 in seiner pathogenen Eigenschaft erkannt.
- Protozoën und Helminthen (Würmer) sind gleichfalls belebte Organismen, die auf Menschen krankmachend einwirken können. Wurmkrankheiten waren gerade im Mittelalter weit verbreitet[7] – allerdings wird man die Wurmkrankheiten trotz des massenhaften Auftretens nicht zu den Seuchen zählen, denn sie treten nicht plötzlich auf.

Diese belebten Erreger – und auch die von ihnen hervorgerufenen Infektionskrankheiten – sind nicht unveränderbar; sie sind, wie alle Lebewesen, abhängig von einer ständig wechselnden Beziehung zwischen Parasiten und den befallenen Arten. Daraus folgt, daß sich bisweilen Veränderungen der klinischen wie auch der epidemiologischen Manifestationen ergeben. Infektionskrankheiten verändern ihre Erscheinungsform, wie auch Biotope im Lauf der Zeit Veränderungen unterworfen sein können. Bisweilen nehmen aber auch harmlose Keime unter bestimmten Bedingungen bösartige Formen an: Zu einer primären Infektion gesellt sich eine zweite – ja manche Infektionskrankheiten sind besonders gefährlich, weil sie Sekundärinfektionen begünstigen, oder sie verlaufen dann besonders schlimm: Grippe beispielsweise oder Masern oder die Pocken, wenn eine sekundäre Streptokokkeninfektion hinzukommt.

Das alles macht es schwierig, eine epidemisch verlaufende Infektionskrankheit, die vor mehreren hundert Jahren auftrat, heute genau zu bestimmen. Diese Art von zeitlicher Ferndiagnose ist längst nicht immer sicher möglich. Nicht einmal heute kann ein Fachmann ohne die Hilfe eines Labors jeden Fall von Tularämie von der Pest unterscheiden. Und der Medizinhistoriker wird überdies, wenn er etwa eine Epidemie in der frühen Neuzeit untersucht, durch ungenaue Begriffe der Zeitgenossen in die Irre geführt. Ja oft genug machen die Quellen des Mittelalters nicht einmal zuverlässige Angaben darüber, ob überhaupt eine Seuche herrschte, oft genug ist da einfach von einem „großen sterb" die Rede oder einer „magna mortalitas". Oft genug nicht einmal davon, und man muß dann aus den mittelbaren Auswirkungen – etwa aus dem Anstieg der Zahl erhalten gebliebener Testamente oder einem quellenmäßig nachweisbaren Mangel an Arbeitskräften oder dem Verfall der Lebensmittelpreise ohne ersichtlichen Grund dafür – auf die Ursache zu schließen versuchen.

Aber die massenhaft auftretenden Infektionskrankheiten weisen auch Gesetzmäßigkeiten auf, die dem Beobachter helfen, die Krankheit zu erraten. Wichtig sind dabei die Antworten auf die folgenden Fragen:

- Mit welchen Krankheitszeichen trat die Seuche auf? Längst nicht immer werden die Symptome in den Quellen auch nur annähernd genau geschildert, und nicht alle Krankheitszeichen erlauben einen eindeutigen Schluß auf eine bestimmte Krankheit. Aber bisweilen genügt doch ein wichtiges Leitsymptom, um eine Krankheit im nachhinein zu bestimmen.
- In welcher Jahreszeit fand das Massensterben statt, und wann erreichte es seinen Höhepunkt? Verschiedene Infektionskrankheiten treten zu verschiedenen Jahreszeiten auf, die Beulenpest beispielsweise ist in unseren Breiten eine Krankheit des Sommers, der warmen Jahreszeit; ihr Sterblichkeitsgipfel fällt meist in den frühen Herbst, was sich aus der Biologie ihres Überträgers, des Flohs, erklären läßt. Magen- und Darmkrankheiten, von Fliegen übertragen, sind typische Sommerkrankheiten. Das Fleckfieber hingegen ist eine Winterkrankheit, denn der Überträger, die Kleiderlaus, bevorzugt warme Wollkleidung; sein Sterblichkeitsgipfel fällt auf den Spätwinter.
- Wie hoch war die Letalität, die bei einer bestimmten Seuche vorherrschte? Die Höhe der Letalität gibt einen wichtigen Hinweis auf die Infektionskrankheit. Sprechen die Quellen, wie so oft, von einer „Pestilentz" und beträgt die Letalität nur 10 Prozent, so ist es unwahrscheinlich, daß es sich tatsächlich um die Pest handelte, denn die Letalität der Beulenpest beträgt 50 bis 80 Prozent, die der Lungenpest annähernd 100 Prozent. Andere Krankheiten, etwa die Grippe, haben eine bedeutend niedrigere Letalität.

- Welcher Personenkreis wurde von der Krankheit ergriffen und wer starb daran? Diese Unterscheidung ist wichtig, denn es gibt Krankheiten – wie das Fleckfieber –, die durchaus alle Altersgruppen befallen; aber die Letalität des Fleckfiebers steigt gewaltig mit zunehmendem Alter. Grippe hingegen tötet vor allem sehr junge *und* sehr alte Menschen, sehr viel weniger häufig die Menschen mittleren Alters. Die Pocken töten in stark durchseuchten Räumen – wie im Europa des 18. Jahrhunderts – bevorzugt Kinder und Kleinkinder; sie wurden zur „Kinderkrankheit", da die Erwachsenen sie in der Regel gehabt hatten und damit schon immun waren gegen sie.
- Welche soziale Schicht wurde bevorzugt ergriffen? Krankheitserreger greifen im Prinzip jedermann an; aber nicht alle Schichten setzen sich gleichermaßen den Überträgern bestimmter Infektionskrankheiten aus. Ratten und ihre Flöhe wie auch Kleiderläuse waren im Haus der Reichen vermutlich etwas seltener anzutreffen als in der Hütte des Armen. Daher geben Informationen über schichtenspezifische Sterblichkeit wertvolle Aufschlüsse über die Art der vorherrschenden Infektionskrankheit.
- Wie schnell breitete sich die Seuche aus? Einige Krankheiten reisen langsam, andere schneller. Das hat mit ihrer Übertragungsweise zu tun und damit, ob sie sich eines Vektors bedienen, um vom einen zum andern zu gelangen. Diphtherie und Fleckfieber zum Beispiel breiten sich relativ langsam aus; Grippe hingegen, von Mensch zu Mensch durch Tröpfcheninfektion übertragen, reist schnell, so schnell wie der Mensch, es stellt sich also auch die Frage, wie schnell der Mensch in einer bestimmten Zeit reiste. Scharlach breitet sich langsam aus, weil zwischen zwei Erkrankungen eine Reihe gesunder Zwischenträger auftreten kann.
- Wie lange wütete die Seuche? Unterschiedliche Infektionskrankheiten zeigen eine unterschiedliche Verweildauer in einer Population von bestimmter Größe. Masern, Scharlach und Diphtherie zeigen zum Beispiel einen langanhaltenden Epidemieverlauf.
- Welcher Anteil der gesamten Bevölkerung erkrankte? Dabei gilt es zu bedenken, daß im frühneuzeitlichen Europa viele Menschen immun waren gegen so häufige Infektionskrankheiten mit hoher Kontagiosität wie Masern oder Pocken. Wenn auf eine Epidemie eine zweite folgt, von der gleichen Art, so tritt Durchseuchungsimmunität auf; außerdem verläuft die zweite Epidemie meist milder.
- Was sagen die Chronisten über die Periodizität des Auftretens einer Seuche? Wie oft kommt die Krankheit wieder? Wie hoch ist der Anteil

der erkrankten Bevölkerung bei einer späteren Epidemie? Dies erlaubt Schlüsse auf die Dauer der Immunität, die bei verschiedenen Infektionskrankheiten unterschiedlich ist.

- Welche Maßnahmen wurden gegen die Seuche getroffen und was bewirkten sie? Auch dies kann Einsichten vermitteln in die Natur einer Infektionskrankheit.
- Welche längerfristigen Folgen bei den Überlebenden einer Seuche wurden erwähnt? Viele Krankheiten hinterlassen nicht nur Tote, sondern auch Genesene mit Folgeschäden: Blinde, Gelähmte, Taube usw. Auch dies gibt einen Hinweis darauf, um welche Infektionskrankheit es sich gehandelt haben könnte.
- Welche Viehseuchen werden zugleich in den Quellen erwähnt? Viele Krankheiten – wie Cholera, Typhus, Masern, Diphtherie – sind reine Menschenkrankheiten, andere treffen auch ganz bestimmte Haustiere: Gegen den Rotlauf sind alle Tiere immun – mit Ausnahme von Schwein und Mensch. Auch die Influenza kann Tiere befallen. Menschen und Hunde haben eine Vielzahl von Krankheiten gemein.[8]

Die wenigsten Seuchen der Vergangenheit wurden bislang mit diesen rigorosen Kriterien untersucht, und so lassen sich viele von ihnen heute nicht mehr oder noch nicht bestimmen.

Bevor die Bewohner Mitteleuropas sich als Bauern ansiedelten, zogen Menschen in diesem Raum als Jäger und Sammler umher. Sie lebten von den Früchten des Waldes und von den Tieren, und sie hatten – so ist anzunehmen – andere Krankheiten als die Landbebauer einer späteren Zeit.[9] Die Viehzüchter und Ackerbauern, die nach ihnen kamen, lebten in engster Umgebung mit ihren Haus- und Nutztieren, nicht selten unter einem Dach mit ihnen. Die Erreger der Infektionskrankheiten sind Tiere, Pflanzen und andere Mikroorganismen; auch sie lebten in enger Beziehung zu Tier und Mensch und fungierten als Überträger von Krankheitskeimen. Viele Infektionskrankheiten bedürfen eines Überträgers oder Vektors, um auf Menschen krankmachend einwirken zu können. Welche Vektoren treten in unseren Breiten am häufigsten auf?

- Flöhe leben seit unvordenklichen Zeiten in der Umgebung von Menschen; sie waren lange Zeit eine schreckliche Plage. Flohsack, Flohpelz, Flohmagazin, das waren noch in der Goethe-Zeit beliebte Kosenamen der Mädchen. Ein mit Pestbakterien infizierter Floh kann mit einem einzigen Stich 11 000–24 000 Bakterien abgeben.[10] Das genügt, um einen Menschen zu töten.

- Kopf- und Kleiderläuse waren in der Vergangenheit weitverbreitet. Sie hielten sich gern in Wollkleidung auf. Mehrere schwere Infektionskrankheiten – wie Fleckfieber, Wolhynisches Fieber, Rückfallfieber – werden von Läusen übertragen. Bei stark verlausten Personen konnte man bis zu mehreren tausend Kleiderläuse finden.[11]
- Fliegen. Diese allenthalben reichlich vorhandenen und sehr beweglichen Tierchen tragen – anders als Laus und Floh – meist eine Vielzahl verschiedener Erreger mit sich herum. An dem Äußeren einer gemeinen Stubenfliege kleben oft einige hundert Erreger. Fliegen verursachen Durchfallerkrankungen, für Kleinkinder können sie lebensgefährlich sein.
- Stechfliegen wie die Anopheles waren und sind keineswegs nur in heißen Zonen anzutreffen. Die Burggräben, Wasserlöcher und Tümpel, die Altwasser von Flüssen, verkrautete See- und Teichränder, Viehtränken, die Sickerwasser und die stehenden und langsam fließenden Wässer, dies alles waren Orte, wo Fiebermücken – auch die Anopheles – zu Hause waren, selbst in unseren Breiten. In Deutschland reichte die einheimische endemische Malaria bis auf etwa 500 m Meereshöhe, während sie in Italien bis auf etwa 1000 m ansteigen konnte.[12]
- Viele weitere Insekten – Wanzen, Schaben, Zecken – spielen als Überträger eine Rolle, ja selbst Ameisen können Krankheitserreger weitergeben.

Die Infektionskrankheiten sind in den letzten zweihundert Jahren zurückgegangen. Seuchen treten heute weitaus seltener auf als in früheren Zeiten, und sie berühren weitaus weniger Menschen hierzulande. Das hat zu tun

- mit der Umwandlung der Landschaft im Verlauf der industriellen Revolution,
- mit einer Veränderung menschlicher Gewohnheiten, beispielsweise der Siedlungs- und Wohnweise,
- mit der Verstädterung, die ein dichteres Zusammenleben und – im Umweg über eine größere Durchseuchung – paradoxerweise eine Abschwächung der Infektionsgefahr mit sich brachte,
- mit einem höheren Standard an Sauberkeit,
- mit besserer Nahrung, besserer medizinischer Versorgung und vielem mehr.

Die Sterblichkeit der Deutschen ist seit langem im Sinken begriffen, sie ist in den letzten hundertfünfzig Jahren deutlich zurückgegangen: Dieser

Rückgang der Sterblichkeit setzte ein, bevor die Medizin ihre großen Erfolge verbuchen konnte, also schon vor der Mitte des 19. Jahrhunderts.

Daß zwischen dem Menschen und seiner Umwelt eine enge Beziehung besteht, daß Seuchen auch ein ökologisches Problem sind, ist seit langem bekannt: daß die Fieber, vereinfachend gesagt, aus den Sümpfen stiegen, wußten schon die Römer. Die rasche Urbanisierung in Deutschland seit der Mitte des vorigen Jahrhunderts begünstigte den Rückgang der Infektionskrankheiten wie der Epidemien; die Städter waren weniger anfällig für diese Krankheiten – soweit sie ihnen nicht erlegen waren. Die „alten" Infektionskrankheiten – die häufig von Insekten übertragen wurden – ließen nach. Jetzt kamen vermehrt „neue" Krankheiten, welche vom dichten Zusammenleben in den Städten begünstigt waren, also Krankheiten, die durch engen Kontakt und durch Tröpfcheninfektion übertragen wurden, Krankheiten wie Diphtherie, Masern, Lungentuberkulose oder die Cholera, die Krankheit des 19. Jahrhunderts, die – wie Typhus – von verschmutztem Trinkwasser verursacht wird.

Seit etwa zweihundert Jahren gingen die Seuchen zurück, die Sterblichkeit nahm ab, derweil die Lebenserwartung sich in wenig mehr als hundert Jahren in Deutschland verdoppelt hat. Heute haben wir ein Stadium erreicht, in dem die ökologische Lebenserwartung – das ist die Lebensspanne einer Nation unter ganz bestimmten Umständen – sich fast deckt mit der physiologischen Lebenserwartung, also mit der Spanne Zeit, welche die Natur dem Menschen beschieden hat.

II. Das Vermächtnis der Mittelmeerwelt

Deutschland, im Herzen Europas, ist von außen gut zugänglich. Wie wäre die deutsche Geschichte verlaufen ohne äußere Einflüsse, ohne die christliche Religion des Orients, ohne das Bildungserbe des antiken Griechenland, ohne die politischen Institutionen und die rechtlichen und staatlichen Traditionen des alten Rom – ohne die Krankheiten aus dem Mittelmeerraum? Teile des südlichen und des westlichen Deutschland ruhen auf dem Boden, der einst zum Imperium Romanum gehörte. Aber auch in seinem naturhaften Erbe wurzelt die deutsche Geschichte in der antiken Mittelmeerwelt. Nationen wie die japanische, die auf einer Insel gelegen sind und sich lange Zeit von ihrer Außenwelt isolierten, haben durchaus auch eine eigene Epidemiegeschichte.[1] Deutschland hat dies nicht, seine Seuchengeschichte geht zurück, wie so vieles in der deutschen Geschichte, bis auf antike Ursprünge, bis auf die Mittelmeerwelt von einst.

Am Anfang der *Ilias* schon steht die Seuche, der Tod: „Denn der (= Zeus), dem Könige zürnend, / Sandte verderbliche Seuche durchs Heer; und es sanken die Völker", heißt es gleich im ersten Gesang der *Ilias*, und weiter: „Weil ja zugleich der Krieg und die Pest dahinraffte die Achaier."

Gleichwohl nehmen die Seuchen in Homers großem Epos wenig Raum ein; die meisten der rund zweihundert Toten in *Ilias* und *Odyssee* sind Opfer der Kampfhandlungen; der Krieger, der eine Schwertverletzung erleidet, stirbt daran. Viele Hinweise auf Seuchen, oder gar ausführliche Beschreibungen davon, gibt Homer allerdings nicht.[2]

Hippokrates von Cos, einige Jahrhunderte später, kannte eine Vielzahl von Infektionskrankheiten, zumindest als Einzelfälle: Mumps und Malaria, verschiedene Durchfallerkrankungen, die mit Fieberschüben und Tenesmen einhergingen, mit Schweißausbrüchen, wie sie bei der Bazillenruhr beobachtet werden; ferner die Malaria, vielleicht auch Diphtherie, Tuberkulose, Influenza und Fleckfieber. Mit Masern und Pocken scheint Hippokrates jedoch nicht vertraut gewesen zu sein.[3] Dafür wußte er bereits, welche Rolle Tiere bei der Übertragung von Krankheiten spielen können, etwa Kühe, die an sumpfigen Wiesen grasen. Die Pocken hingegen, die bereits den Ägyptern bekannt waren –

eine Mumie der 20. Dynastie trägt deutliche Spuren im Gesicht –, waren Hippokrates offenbar unbekannt.[4]

Auch in den Büchern des Alten Testaments finden sich Hinweise auf Infektionskrankheiten und Seuchen: Im 3. Buch Mose ist von einem Aussätzigen die Rede – „Abgesondert soll er wohnen, seine Wohnstätte soll außerhalb des Lagers sein“ (13:45–46) –, im 1. Buch Samuel von der „Pest der Philister“, genauer: von Kranken, die mit Beulen behaftet waren, und zugleich von Mäusen, „die das Land verheeren“ (5:6–6:18). Die Beschreibung ist allerdings so ungenau, daß die Krankheit nicht von allen Medizinhistorikern für die Beulenpest gehalten wird.[5]

Die „Pest“ des Thukydides

Herodot berichtet etwas vage von „Seuchen und Ruhr“, die im Heer des Perserkönigs Xerxes auftraten, als dieser sich 480 v. Chr. Griechenland näherte.[5] Thukydides gibt in seiner Geschichte des Peloponnesischen Krieges eine sehr detailreiche Schilderung einer Seuche, die 430/29 v. Chr. – gleich zu Beginn des Peloponnesischen Krieges (431–404 v. Chr.) – auftrat und etwa ein Viertel der Athener Landarmee dahingerafft haben soll. Im zweiten Buch seiner Darstellung *Der Peloponnesische Krieg* schreibt Thukydides:

„Gleich zu Sommersbeginn fielen die Peloponnesier [...] in Attika ein. [...] Als sie erst wenige Tage in Attika standen, brach zum erstenmal in Athen die Seuche aus; sie soll früher schon an vielen Orten [...] aufgetreten sein, aber nie wurde eine solche Pest, ein solches Massensterben berichtet. Denn auch die Ärzte konnten zunächst nicht helfen, da sie in Unkenntnis (der Krankheitsursachen) behandeln mußten, ja sie selbst starben am meisten, da sie am meisten mit ihr in Berührung kamen; und jede andere menschliche Kunst versagte. [...]

Sie soll ihren Ausgang in Äthiopien oberhalb Ägyptens genommen haben, dann stieg sie nach Ägypten und Libyen hinab und in weite Gebiete des Großkönigs. In Athen fiel sie plötzlich ein, zuerst ergriff sie die Menschen im Piräus, weshalb es auch hieß, die Peloponnesier hätten Gift in die Brunnen geworfen. [...] Ich will nur beschreiben, wie sie verlief: [...] Hatte aber jemand schon vorher eine Krankheit, so ging sie in dieses Leiden über. Die anderen aber befiel ohne irgendeinen Grund, ganz plötzlich bei voller Gesundheit, zuerst starke Hitze im Kopf, Röte und Entzündung der Augen; und innen, Schlund und Zunge, war alles gleich blutigrot, der ausströmende Atem war sonderbar und übelriechend. Dann entwickelte sich daraus Niesen und Heiserkeit, und in kurzer Zeit stieg das Leiden unter starkem Husten in die Brust nieder. Wenn es sich auf den Magen warf, drehte es ihn um, und es kam zu allen möglichen Gallenentleerungen, für die die Ärzte Namen haben, und all das unter großen Schmerzen. Die meisten befiel leeres Würgen, das wiederum einen heftigen Krampf bewirkte, bei den einen nach dem Aufhören dieser Symptome, bei andern auch noch viel später. Wenn man von außen anfaßte, war die Haut gar nicht besonders heiß, auch nicht bleich, sondern etwas gerötet, blutunterlaufen, mit kleinen Pusteln und Geschwüren übersät. Innen aber war die Fieberhitze so stark, daß man nicht einmal die Berührung ganz zarter Gewebe oder des feinsten Musselins ertrug und es überhaupt nur nackt aushielt; am liebsten hätte man sich in kaltes Wasser gestürzt, [...] von unaufhörlichem Durst gepeinigt. Es war völlig gleichgültig, ob man viel oder wenig trank. Man quälte sich in beständiger Unruhe und Schlaflosigkeit. Der Körper erschlaffte nicht, wie lange auch die Krankheit auf ihrem Höhepunkt stand, sondern widersetzte sich über Erwarten dem Verfall, so daß die meisten am siebenten oder neunten Tag, noch etwas bei Kräften, an der inneren Hitze starben; kamen sie aber davon, dann stieg das Leiden tiefer hinab in den Unterleib, starke Geschwüre traten dort auf, dazu kam noch heftiger Durchfall – und dann starben die meisten daran wegen Entkräftung. Denn das Übel durchlief den ganzen Körper, beginnend vom Kopf, wo es sich zuerst festsetzte, und hatte einer das ärgste überstanden, so ließ doch der Anfall der Krankheit an den Gliedmaßen dauernde Spuren zurück. Sie warf sich nämlich auch auf die Schamteile, Finger und Zehen; viele kamen mit deren Verlust davon, manche mit dem der Augen. Andere konnten sich gleich beim ersten Aufstehen an nichts mehr erinnern und kannten sich und ihre Verwandten nicht mehr.

Diese Krankheitsart war furchtbarer, als Worte es beschreiben können: sie befiel jeden mit einer Gewalt, die über Menschennatur ging. Auch in Folgendem zeigte es sich deutlich, daß sie etwas anderes als die herkömmlichen Krankheiten war: die Vögel und Tiere, die sonst von Leichen fressen, gingen entweder an die vielen Unbeerdigten überhaupt nicht heran oder verendeten, wenn sie davon fraßen. [...]

So verlief die Krankheit in ihrer Gesamtform, wenn man von den vielen Sonderfällen absieht, wie sie der eine vielleicht im Unterschied zum andern im einzelnen erlitt. Andere Krankheiten gab es daneben in jener Zeit nicht, und wenn, gingen sie schließlich in jene über. Die einen starben infolge mangelnder Pflege, andere trotz aufopfernder Fürsorge. Man fand auch erwiesenermaßen kein einziges Heilsmittel, dessen Anwendung sichere Hilfe versprochen hätte; was dem einen genützt hatte, schadete dem anderen. Was die körperliche Beschaffenheit an sich betrifft: der Starke unterschied sich bei dieser Krankheit in nichts vom Schwachen, alle raffte sie hinweg, auch die sich mit aller Sorgfalt pflegen ließen. Das Furchtbarste an dem ganzen Übel aber war die Mutlosigkeit, sobald sich einer krank fühlte [...], und daß sich einer bei der Pflege des anderen ansteckte und alle wie das Vieh dahinstarben; und gerade das führte zu dem Massensterben. Denn entweder vermied man aus Angst, einander zu besuchen – dann kamen sie verlassen um, und viele Häuser starben ganz aus, weil kein Pfleger da war –, besuchten sie aber einander, holten sie sich den Tod. [...] Mehr Mitleid hatten doch noch die Geretteten mit den Sterbenden und Leidenden, weil sie alles bereits kannten und selbst nun in Sicherheit waren; denn zweimal befiel sie denselben nicht, zumindest nicht mit tödlichem Ausgang. [...]

Zu all ihrer Not brachte sie das Zusammenströmen der Leute vom Land in die Stadt in noch größere Bedrängnis, vor allem die Neuankömmlinge. Denn da nicht genug Häuser vorhanden waren und sie den Sommer in stickig-heißen Hütten zubringen mußten, starben sie in wüstem Durcheinander dahin: Tote und Sterbende lagen übereinander, halbtot wälzten sie sich auf den Straßen und bei allen Brunnen, in wildem Verlangen nach Wasser. Die Tempel, in denen sie hausten, lagen voller Leichen der dort Verstorbenen [...]

Auch sonst war die Pest für Athen der Anfang der Sittenlosigkeit. Leichter erfrechte sich jetzt mancher zu Taten, an die er vorher nur im geheimen gedacht hatte, da man den raschen Wandel sah zwischen den Reichen, die plötzlich starben, und den früher Besitzlosen, die nun mit einem Mal deren Hab und Gut besaßen."[6]

Obwohl Thukydides diese Seuche so ausführlich und anschaulich beschrieben hat, vermochte die Medizingeschichte bislang nicht mit Sicherheit zu sagen, um welche Infektionskrankheit – oder wohl: Infektionskrankheiten – es sich handelte. Obwohl von „starken Geschwüren ... im Unterleib" die Rede ist, denkt man heute nicht mehr an die Beulenpest, eher an Masern oder Typhus, auch an Dengue-Fieber und Pocken, selbst an Fleckfieber.[7] Es kommt auch gar nicht darauf an, dieser Epidemie eine bestimmte Krankheit zugrundezulegen; ebenso wichtig ist es, die auslösenden Bedingungen zu sehen: den Krieg, aber auch den Hinweis auf die Brunnenvergiftung, auf die Ansteckung, auf den massiven Bevölkerungsverlust – und natürlich die absolute Hilflosigkeit der Medizin.

Die eine große, stets vorhandene, eher endemisch als epidemisch auftretende Infektionskrankheit Griechenlands und des Mittelmeerraums war die Malaria.[8] Sie dürfte am Zerfall Griechenlands wie auch des Römischen Reiches ihren Anteil gehabt haben. Die antiken Schriftsteller Strabo und Pausanias beschreiben mit jammervollen Worten den Bevölkerungsverfall Griechenlands, derweil Rom sich ausbreitete, von Mesopotamien im Osten bis zu den Säulen des Herkules und darüber hinaus, bis nach England. Dies brachte es mit sich, daß in der Großregion um das Mittelmeer ein „disease pool“[9] entstand, an dem alle künftigen Anrainerstaaten teilhaben sollten.

Das Rom der Kaiserzeit

In den lateinischen Klassikern der Kaiserzeit sind Hinweise auf tödliche Massenerkrankungen nicht eben selten, und von Fieber ist häufig die Rede. Schon zur Zeit der Republik kannte man die Gefahren, die von den Sümpfen Latiums und durch das Zusammenleben vieler Menschen in der Stadt Rom ausgingen. Die ersten Versuche, die Pontinischen Sümpfe trockenzulegen, gehen auf die Zeit vor Julius Cäsar zurück; Augustus führte später diese Bemühungen fort. Die Sümpfe waren Griechen und Römern in ihrer gefährlichen, krankmachenden Bedeutung bekannt. Schon Hippokrates wußte, daß die Fieberschübe der Malaria in drei- oder viertägigen Intervallen auftreten, die Tertiana und die Quartana. Die Römer brachten fieberhafte Erkrankungen mit Göttinnen in Verbindung und personifizierten sie als die Töchter des Saturn; wie die Christen in späterer Zeit eine hl. Febronia anflehten, sie möge das Fieber von ihnen abwenden. Terentius Varro schreibt in seinem Buch *Rerum Rusticarum* (I, 12) – die Einsichten der Bakteriologie genial vorausahnend –, daß in den Sümpfen gewisse kleine Lebewesen gedeihen – „animalia quaedam minuta“ –, die so klein seien, „qua non possunt oculi consequi“, daß man ihnen mit den Augen nicht folgen könne.[10]

Die Lebenserwartung im antiken Mittelmeerraum war niedrig, wiewohl sie sich im einzelnen nicht genau abschätzen läßt. Sie lag im römischen Ägypten bei knapp 24 Jahren und nur wenig höher im Römischen Reich, in der Stadt Rom eher noch niedriger. Das Sterbealter lag bei erwachsenen Männern über 40 Jahren, bei Frauen etwas darunter.[11]

Die Bevölkerung des Römischen Reiches könnte zu Beginn des 1. Jahrhunderts n. Chr. mit 54 bis 70 Millionen Einwohnern einen Höhepunkt erreicht haben. Fast alle Autoren stimmen überein, daß die

Bevölkerung fortan zurückging: vom 1. bis zum 3. Jahrhundert n. Chr. von 70 auf 50 Millionen, meint Weitz. Danach setzte sich der Niedergang fort. Schon im 1. Jahrhundert n. Chr. treten nämlich im Römischen Reich gehäuft Epidemien auf. Sueton erwähnt in seinem *Leben der Cäsaren* für das Jahr 65 n. Chr., im Zeitalter Neros, „eine Pest, während der innerhalb eines Herbstes dreißigtausend Bestattungen in die Rechnungsbücher [...] eingetragen wurden". Wesentlich mörderischer trat eine Epidemie auf, die in der zweiten Hälfte des zweiten Jahrhunderts in weiten Teilen des Reiches wütete: Sie begann im Osten, in Seleukia, im Herbst des Jahres 165 n. Chr. und berührte einen Großteil des römischen Heeres, so daß an eine Fortsetzung des Krieges nicht zu denken war. Das Heer verbreitete die Seuche über ganz Kleinasien und schleppte sie mit nach Griechenland. „Sie wuchs sich zur größten Epidemie aus, die das Altertum gesehen hat", schreibt Alfred Heuss. „Weite Teile Italiens und des Westens verödeten" – „eine der größten Katastrophen des Altertums überhaupt" (Karl Christ).[12]

Diese Seuche hielt sich im Römischen Reich etwa 15 Jahre lang. Sie drang weit nach Nordwesten vor, bis zum Rhein und in beide Gallien, vielleicht sogar bis zum Hadrianswall und nach Schottland. Der Kaiser selbst, Mark Aurel, scheint in seinen *Selbstbetrachtungen* einmal auf die Seuche anzuspielen (IX, 2). Am Ende soll er selbst, anno 180, in Vindobona, dem heutigen Wien, dieser schrecklichen Seuche erlegen sein.[13]

Benannt wird diese Epidemie zumeist nach einem römisch-griechischen Arzt, Galen, als die „Pest des Galen". Galen war einer der größten und bedeutendsten Ärzte der Antike. Doch seine Beschreibung der Symptome ist zu ungenau, als daß man heute letzten Aufschluß über die Natur dieser Infektionskrankheit erwarten dürfte. Es ist von Fieber die Rede, von schwarzen, trockenen Pusteln, die am ganzen Körper auftraten, von Durst und Erbrechen. An die Pest denken heute die wenigsten Medizinhistoriker, eher an die Pocken, vielleicht auch an Fleckfieber oder diese beiden Krankheiten zusammen. Die Letalität soll sehr hoch gewesen sein.[14]

In der Folgezeit, vor allem seit der Mitte des 3. Jahrhunderts, erlebte Rom mehrere schreckliche Seuchen und Hungersnöte. Die umherziehenden Armeen verbreiteten die Krankheiten von der einen Provinz in die andere, und die bürgerkriegsähnlichen Wirren hielten die Heere auf dem Marsch. Gegen Mitte des 3. Jahrhunderts ging eine tödliche Seuche um; als sie in der Stadt Rom auf ihrem Höhepunkt stand, sollen dort an einzelnen Tagen fünftausend Menschen gestorben sein. Sie stieß auch nach Norden vor und gelangte vielleicht schon 250/251 n. Chr. an die Donau. In seinem Werk *De Mortalitate* hat Cyprian diese Seuche geschildert – allerdings nicht so hinlänglich genau, daß man sie heute diagnostisch klar bestimmen könnte. Sie ging einher mit Durchfall, hohem Fieber, „Fieberflecken" im Hals, heftigem Erbrechen, entzündeten Augen, Infektionen an den Beinen, Hörschäden und Sehbeschwerden.[15] In die Geschichtsbücher ging sie ein als die „Pest des Gallus", eine weitere Epidemie, am Ende des 3. Jahrhunderts, als die „Pest des Diokletian". Seuchen und Hungersnöte begannen zuzunehmen. 313 wurden das westliche Asien und Ägypten von einer Seuche heimgesucht, die ihre Opfer blind zurückließ, was an die Pocken denken läßt. Eusebius hat sie in seiner *Historia ecclesiastica* ausführlich geschildert (IX, 8).

Der Niedergang des Weströmischen Reiches setzte sich in seinen Provinzen fort. Und auch nördlich der Reichsgrenzen nahm die Bevölkerung ab, wenngleich mit Schwankungen und regionalen Unterschieden. Ähnliches läßt sich auch für das römische Britannien feststellen: zuvor hatte es eine Bevölkerungszahl von knapp zwei Millionen, dann sank sie im 4. und 5. Jahrhundert. Das Domesday Book zählt viele Jahrhunderte später, am Ende des 11. Jahrhunderts, etwas mehr als 1,5 Millionen Menschen. Im benachbarten Gallien ist es nicht anders. „Seht, wie rasch der Tod über die Welt kommt", schreibt der christlich-lateinische Dichter Orientus am Beginn des 5. Jahrhunderts. „Wie viele Völker dem Krieg zum Opfer fielen ... Die einen dienten den Hunden zum Fraß; andere starben in den Flammen ... In den Dörfern und Höfen, auf den Feldern und überall im Lande, auf jeder Straße – Tod, Kummer, Mord, Seuchen, Brand und Klage – *uno fumavit Gallia toto rogo* – wie ein einziger riesiger Scheiterhaufen rauchte ganz Gallien."[16]

In Mitteleuropa scheint um diese Zeit die Gunst des Klimas abzunehmen; es setzt eine Abkühlung ein, die während des frühen Mittelalters anhält. Dies war möglicherweise einer der Gründe, warum Völkerschaften aus dem Norden nach Süden zogen. Doch dort lauerte für viele der Tod. Infolge der Bevölkerungsverluste ging in Italien der Feldbau zurück, die Felder verwahrlosten, Sümpfe breiteten sich aus – und die Malaria nahm zu, nachdem sie in den ersten nachchristlichen Jahrhunderten auf dem Rückzug gewesen war. Vielen Eindringlingen des 5. Jahrhunderts ging es nicht anders als später den römischen Königen, die aus Deutschland über die Alpen zogen und nie wieder zurückkehrten. Alarich starb im Jahr 410; er könnte sich die Krankheit bei der Belagerung Roms zugezogen haben. Endemische Krankheiten und Seuchen breiteten sich aus; der hl. Hieronymus, der Kirchenvater, schreibt, das menschliche Geschlecht sei „nahezu vernichtet“ worden.[17]

Der Niedergang Westroms setzt lange vor der Jahrtausendmitte ein. Es ist anzunehmen, daß die weströmische Bevölkerung, oder sogar die des gesamten Reiches, zurückging. Die Geschichtsschreibung hat den Bevölkerungsverfall Roms einmal mehr als ein quantitatives, dann wieder als ein qualitatives Problem behandelt. Der amerikanische Historiker A. E. R. Boak hat diesem Rückgang eine große Bedeutung beigemessen; als seine Ursache sieht er die Seuchen, als seine Folge den Mangel an Arbeitskräften. Der britische Sozialhistoriker Josiah Cox Russell, der sich viel mit Bevölkerungsproblemen beschäftigt hat, unterstützt die Auffassungen von Boak. Er nennt den Zeitraum vom 3. bis zum 9. Jahrhundert „ein Zeitalter des Bevölkerungsrückgangs und des Niedergangs“. Aber diese These hat auch Widerspruch erfahren. Alexander Demandt, der dem *Fall Roms* eine große Studie gewidmet hat, bedauert, „daß wir keine verläßlichen Bevölkerungszahlen besitzen“; er vertritt zugleich die Auffassung, daß „bloße Plausibilitäten nicht hinreichen, das Ausmaß des Bevölkerungsschwundes abzuschätzen“. Demandt hält die Seuchen nicht für so wichtig; das Ostreich habe schließlich überdauert, schreibt er, „obwohl die Seuchen dort ihren Ursprung hatten. Gewiß kann eine demographische Erklärung beanspruchen, einen modernen Ansatz zu repräsentieren“, räumt Demandt ein. „Aber die Quellenarmut und die Beweisdefekte (...) dürften diesen Weg für die seriöse Wissenschaft auf absehbare Zeit verbaut haben.“[18]

Daß über diesen Zeitraum keine zuverlässigen Bevölkerungszahlen vorliegen, ist richtig. Aber die Erfahrungen mit Seuchen in späterer Zeit – angefangen mit der „Pest des Justinian“ im 6. Jahrhundert – machen doch glauben, daß der Bevölkerungsrückgang im westlichen Reich – und dieser scheint festzustehen – sich leichter erklären läßt aus einer erhöhten Sterblichkeit infolge von Seuchen als aus einem Geburtenrückgang oder infolge einer „völkischen Dekadenz“ oder Verweichlichung.

Die Pest des Justinian

Über die Gründe für den Niedergang Roms und den Aufstieg der Germanen, überhaupt über die Frage, wann die Antike zu Ende ging und das Mittelalter begann, ist viel gerätselt worden. Von der Mitte Europas her blickt man dabei gerne auf das Ende Westroms im späten 5. Jahrhundert. Vom Standpunkt der Seuchengeschichte ist es sinnvoller, die Pest des Justinian in der Mitte des 6. Jahrhunderts noch mit einzubeziehen, denn diese Seuche wirkte im wesentlichen innerhalb des alten Reiches, im Westen in Italien, Frankreich und den angrenzenden Rheinregionen, während sie in den schwachbesiedelten Regionen östlich des Rheins und nördlich der Donau kaum nachzuweisen ist; außerdem muß sie den Bevölkerungsrückgang noch dramatisch verschärft haben, auch wenn Edward Gibbon den Bevölkerungsverlust – er nannte hundert Millionen – bestimmt weit übertrieben hat.

Das klinische Bild und den Verlauf dieser Epidemie hat der byzantinische Historiker Prokop von Cäsarea in seinen *Perserkriegen* wiedergegeben. Er schreibt: „Damals brach eine Seuche aus, die fast die gesamte Menschheit dahingerafft hätte. [...] Für dieses Unglück jedoch kann man einen Grund weder nennen noch ausdenken, außer man sucht ihn bei Gott. [...] Mögen auch die Menschen hinsichtlich Wohnsitz, Lebensweise, Wesensart, Beschäftigung oder sonstwie nichts Gemeinsames miteinander haben, bei dieser einen Krankheit brachte der Unterschied keinen Vorteil. Befiel doch die Seuche die einen zur Sommerszeit, die anderen im Winter, wieder andere zu den übrigen Jahreszeiten. [...]

Sie brach in Ägypten [...] aus. [...] Von dort breitete sie sich in entsprechenden Zeitabständen immer weiter aus, so daß sie schließlich die ganze Erde erfaßte. Man konnte nämlich den Eindruck gewinnen, als ob die Seuche nach einem festgelegten Plane verfahre und in jedem Land eine bestimmte Zeit verweile. Dabei überging sie auf ihrem Schreckenszug niemand, sondern dehnte sich [...] bis zu den äußersten Grenzen der bewohnten Erde aus. [...] Keine Insel, keine Höhle, kein Berggipfel, wo Menschen ihre Heimstätte hatten, wurde von ihr verschont. [...]

Ihren Anfang nahm diese Krankheit jeweils an der Küste und stieg dann ins Binnenland empor. Im zweiten Jahre aber und zwar mitten im Frühling erreichte sie Byzanz, wo auch ich mich damals aufhielt. Dabei ging es folgendermaßen zu: Viele sahen Gespenster in verschiedenster Menschengestalt, und alle, die ihnen begegneten, glaubten, von dem Manne, den sie da trafen, an irgendeiner Körperstelle einen Schlag zu erhalten; mit dem Augenblick aber, wo sie diese Erscheinung hatten, waren sie auch schon von der Krankheit befallen. Anfänglich versuchten die Betroffenen, die Erscheinungen von sich abzuwehren, indem sie die heiligsten Namen anriefen und nach Möglichkeit die übrigen frommen Bräuche übten; indes half ihnen dies gar nichts, da auch die Mehrzahl derer, die in den Heiligtümern Zuflucht suchten, sterben mußte. [...]

Dies ging so vor sich: Sie bekamen plötzlich Fieber, entweder beim Erwachen aus dem Schlaf oder beim Umhergehen oder bei irgendwelcher sonstigen Tätigkeit. Gegen früher unterschied sich dabei der Leib weder in der Hautfarbe noch fühlte er sich trotz des Fieberanfalles heiß an; nicht einmal eine Entzündung war zu beobachten. Das Fieber trat vielmehr anfangs und bis zum Abend hin so schwach auf, daß die Erkrankten selbst oder der behandelnde Arzt mit keinerlei Gefahr rechneten; denn niemand von den Befallenen schien daran sterben zu müssen. Indessen entstand teils noch am gleichen, teils am darauffolgenden Tage, teils auch wenige Tage später eine Schwellung, und zwar nicht nur dort, wo auch der Bubon genannte Körperteil am Unterleib sich befindet, sondern auch in der Achselhöhle, bei einigen sogar neben den Ohren und irgendwo an den Schenkeln. Bis zu diesem Stadium erging es allen von der Krankheit Ergriffenen fast gleich. Was den weiteren Verlauf angeht, so kann ich nicht sagen, ob der verschiedenen Körperbeschaffenheit auch die Verschiedenheit der Zustände entsprach oder ob sich diese nach dem Willen dessen richteten, der die Krankheit geschickt hatte. Die einen überkam nämlich eine tiefe Bewußtlosigkeit, die anderen wurden tobsüchtig, und beide Gruppen hatten dabei an den der Krankheit eigenen Erscheinungen zu leiden. Wer das Bewußtsein verloren hatte, wußte nichts mehr von all seinen sonstigen Gewohnheiten und machte den Eindruck, als gebe es für ihn kein Erwachen. Wenn sich nun jemand um diese Menschen kümmerte, nahmen sie wohl dazwischen hinein Nahrung zu sich, einige aber, für die niemand gesorgt hatte, starben auch sogleich an fehlender Verpflegung. Die von Irrsinn Befallenen hingegen litten an Schlaflosigkeit und vielen Wahnvorstellungen. Sie meinten, Leute gingen auf sie los und wollten sie töten, worüber sie außer Fassung gerieten und mit fürchterlichem Geschrei die Flucht ergriffen. Ihre Betreuer hatten mit ihnen ihre dauernde Not und mußten fortwährend Schlimmstes mitmachen. Deshalb hatten alle mit ihnen ebenso großes Mitgefühl wie mit den Kranken und zwar nicht, weil sie durch ihren Umgang der Ansteckung ausgesetzt waren – denn weder Arzt noch Privatmann wurde von dieser Seuche befallen, wenn sie die Kranken oder Toten berührten, und viele, die unausgesetzt auch gänzlich fremde Menschen bestatteten oder pflegten, blieben wider Erwarten trotz dieser Dienstleistung verschont, während eine Menge anderer Leute ohne weiteres von der Krankheit ergriffen wurde und sogleich dahinstarb –, sondern weil sie so große Mühen auf sich nehmen mußten. Aufgabe der Krankenpfleger war es ja, ihre Schützlinge, wenn sie aus ihren Betten fielen und sich auf den Boden wälzten, wieder in ihre frühere Lage zu bringen und diejenigen, die sich aus den Häusern stürzen wollten, gewaltsam zurückzustoßen und wegzuziehen. Wer aber an ein

Wasser kam, wollte hineinspringen, nicht sosehr aus Verlangen zu trinken – die meisten drängten ja ins Meer –, sondern vor allem aus Sinnesverwirrung. Große Mühe verursachte den Pflegern auch die Ernährung der Patienten, die nur unter Beschwerden die Speisen zu sich nehmen konnten. Und so kamen viele durch das Fehlen eines Betreuers ums Leben, indem sie entweder verhungerten oder sich von einer Höhe herab zu Tode stürzten.

Verfiel einer aber nicht in Bewußtlosigkeit oder Raserei, dann ging die Schwellung in Brand über, und er mußte unter unerträglichen Schmerzen sterben. Vermutlich hatten wohl auch alle anderen Kranken ebenso zu leiden, doch da sie ihrer Sinne ganz und gar nicht mächtig waren und die Geistesstörung ihnen die Empfindung nahm, kam ihnen der Schmerz nicht zu Bewußtsein. In ihrer Ratlosigkeit und Unkenntnis der Krankheitserscheinungen meinten einige Ärzte, der Krankheitsherd müsse in den Geschwülsten liegen, und entschlossen sich daher, die Leichen zu untersuchen. Sie öffneten einige Geschwülste und fanden jeweils darin einen sehr großen Karbunkel. Es starben aber die einen sogleich, andere erst nach vielen Tagen; dabei war der Körper bei einigen von linsengroßen, schwarzen Blasen übersät, und diese Kranken lebten keinen einzigen Tag mehr, sondern verschieden alle auf der Stelle. Eine Menge bekam auch noch Blutbrechen, was den raschen Tod herbeiführte. [...]

Von denen, die keine Betreuung erfuhren, starb eine große Zahl, viele aber kamen auch überraschend mit dem Leben davon. Heilverfahren hinwiederum hatten entgegengesetzten Erfolg; kurz gesagt, kein Mittel war erfunden, mit dem ein Mensch der Krankheit vorbeugen oder nach Erkrankung sein Leben erhalten konnte, vielmehr trat die Seuche ohne jede Veranlassung auf und ebenso vollzog sich das Überleben von selber. Schwangere Frauen, die von der Krankheit befallen wurden, mußten mit dem Tode rechnen; die einen starben nämlich während einer Fehlgeburt, die gebärenden Mütter aber wurden sogleich zusammen mit ihren neugeborenen Kindern hinweggerafft. Drei Frauen sollen jedoch, während ihre Säuglinge starben, lebend davongekommen sein. Hingegen wurde in einem Fall, wo die Frau unter der Geburt verschied, das Kind zur Welt gebracht und blieb am Leben. Alle nun, bei denen sich die Geschwulst vergrößerte und in Eiter überging, wurden von der Krankheit frei und waren gerettet; denn offensichtlich hatte damit der Karbunkel seinen Höhepunkt überschritten, und so galt dies ganz allgemein als Zeichen der Genesung. Wo jedoch die Geschwulst ihr bisheriges Aussehen beibehielt, drohte das eben von mir erwähnte traurige Schicksal. Bei einigen Kranken verdorrte auch nur der Schenkel, auf dem die Geschwulst entstanden, nicht aber in Eiter übergegangen war. Andere bezahlten ihre Genesung wieder mit einem Sprachschaden. In ihrem weiteren Leben konnten sie nur noch lallen oder mühsam undeutliche Laute von sich geben.

Die Seuche dauerte in Byzanz vier Monate lang, drei davon stand sie auf ihrem Höhepunkt. Anfangs lag die Zahl der Sterbefälle nur wenig über dem gewohnten Maß, dann aber nahm das Unheil weiter zu, bis die Todesopfer täglich etwa fünftausend und schließlich zehntausend und mehr erreichten. Zunächst sorgte jeder für die Beisetzung der in seinem Hause Verstorbenen, wobei man freilich die Leichen auch in fremde Gräber warf und dies heimlich oder unter Gewaltsanwendung tat. Später geriet alles durcheinander; denn Sklaven blieben ohne Herrn, vorher schwerreiche Leute mußten der Hilfe ihres Gesindes entbehren, das entweder krank darnieder lag oder gestorben war, und viele Häuser standen sogar völlig menschenleer. So kam es, daß in der allgemeinen Notlage mancher Vornehme viele Tage lang unbeerdigt blieb.“[19]

Für das Byzantinische Reich hat Prokop den Ausbruch der Seuche und ihr klinisches Erscheinungsbild mustergültig geschildert. Alles deutet darauf hin, daß es die Beulenpest war, die umging, wenngleich auch andere Infektionskrankheiten zusätzlich eine Rolle gespielt haben dürften.[20] Dem Ausbruch der Epidemie gingen offenbar eine Vielzahl von Naturereignissen voraus – Erdbeben, Vulkanausbrüche, Überschwemmungen, Kometen, allgemeiner Mißwuchs, der von Heuschreckenplagen und Hungersnöten begleitet war; diese Erscheinungen – oder der Ausbruch der Pest – bewegten die hereinbrechenden Franken, mit dem byzantinischen Feldherrn Belisar einen Waffenstillstand abzuschließen.[21] Weniger zuverlässig sind die Zahlen, die Prokop nennt. Zwar ist anzunehmen, daß die Sterblichkeit in der Stadt Byzanz hoch war; allerdings sind in dieser Stadt, die damals höchstens 300000 Einwohner zählte, wohl kaum zehntausend an einem einzigen Tag gestorben. J. C. Russell schätzt die Bevölkerungsverluste für die Jahre 541 bis 544 auf 20 bis 25 Prozent, andere Autoren gehen noch höher.[22]

Im März 544 erklärte der Kaiser die Pest für erloschen; aber es dauerte nicht lange, und sie brach aufs neue aus. Die Quellen aus dieser Zeit sind spärlich, und so läßt sich die Seuche – Italien und Gallien ausgenommen – nur undeutlich verfolgen. Sie breitete sich zunächst nach Westen aus, überzog bereits 543/544 die Provence und eroberte von dort aus weite Teile Galliens. Ravenna und Istrien hatten schwer zu leiden; wen sie ergriff, der war binnen drei Tagen tot, schreibt Paulus Diaconus, der die Seuche in Italien beobachten konnte, in seiner *Geschichte der Lango-*

barden. 546 drang sie bis in die Rheinlande vor. Fortan zeigte sie sich immer wieder, Jahre überspringend, vor allem in Italien, wo sie anno 590 wütete, als Papst Gregor I. zum Papst gewählt wurde. Einer frommen Legende zufolge trägt die Engelsburg ihren Namen, seit damals über ihr ein Engel zum Zeichen der Versöhnung sein flammendes Schwert in die Scheide zurücksteckte.[23]

Vom 6. bis zum 8. Jahrhundert flackerte die Beulenpest da und dort immer wieder auf; 13 Schübe will man insgesamt gezählt haben. Andere Seuchen traten ihr zur Seite, sie lassen sich nicht im einzelnen bestimmen. Durch den Schiffsverkehr auf dem Mittelmeer breitete sie sich rasch weiter aus, auch in den Westen Europas. Die Bevölkerung Westeuropas schrumpfte, und die urbanisierte Gesellschaft der Antike verkümmerte zu einer Agrargesellschaft mit jämmerlich niedrigen Erträgen.

Gallien zur Zeit des Gregor von Tours

Das seuchengeschichtliche Erbe der Antike an die Völker Mittel- und Westeuropas ist nicht zu übersehen. Dank der Ausdehnung des Römischen Reiches bis weit in den Osten entstand rings um das Mittelmeer – solange dieses Reich dauerte – ein Verkehrs- und Kommunikationssystem, in dem sich auch Krankheiten ausbreiteten. Viele Infektionskrankheiten – Pest, Pocken, Lepra und wahrscheinlich auch andere – gelangten auf diese Weise in den Westen.

Fortan bedrohten Seuchen die Bevölkerung Europas. Die römische Zivilisation blieb zunächst in den westlichen Provinzen – und gerade in Frankreich – bis weit über das Jahr 500 hinaus bestehen; noch im 6. und 7. Jahrhundert findet man hier lebhaftes römisches Provinzleben. Doch allmählich sterben die Städte ab, sie drohen in Vergessen und Elend zu versinken. Zu groß sind die Bevölkerungsverluste, diese hohe Zivilisation von einst am Leben zu erhalten. Wo die römische Stadt zuvor ihre Wurzeln geschlagen hatte, in England, Frankreich und auch am Rhein – Städte wie Mainz und Trier und Straßburg waren unter den Römern blühende Gemeinden –, da breitet sich jetzt Unkraut aus.

Auch das Land verfällt, es nimmt wieder die Gestalt an, die Tacitus in seiner *Germania* geschildert hatte: „Das Land [...] ist [...] im ganzen schaurig durch seine Urwälder oder häßlich durch seine Moore." (IV, 5) Das Land um die verfallenden Städte ist dünn besiedelt oder menschenleer. Große Wälder dehnen sich aus, darin verlorene Lichtungen ruhen; dort siedeln kleine Gemeinschaften von Menschen. Nicht überall ist es

Hochwald, der den Boden bedeckt, sondern Sümpfe, Feuchtmoore, Tümpel und Seen. Die Wege sind schlecht, nach Regengüssen und im Frühjahr verschlammt. Wölfe treiben sich in großen Rudeln herum. Das Land ist stark abgeholzt, die sumpfigen Regionen dehnen sich immer weiter aus, sie bieten den Überträgern der Malaria ein vortreffliches Biotop. Um Kultur und Schriftlichkeit ist es schlecht bestellt. Nur da und dort leuchtet in der Einöde ein Licht auf. Die Geschichtsbücher des Bischofs Gregor von Tours spiegeln diese Welt der Naturkatastrophen, der Seuchen, der Hungersnöte, der Feuersbrünste und der Erdbeben – eine dräuende Welt, in der der Tod der stete Weggefährte des Menschen ist. Gregor von Tours hat in seinen zehn Büchern mehrmals die Pest erwähnt, die in den 580er und zu Beginn der 590er Jahre sein Gallien durchzog.[24] Bisweilen vermengen sich in seinen Berichten Beobachtungen mit Fieberträumen, wie in dem folgenden, in dem er wahrscheinlich eine Pockenepidemie schildert:

„Im Gebiete von Paris floß wirkliches Blut aus einer Wolke nieder und fiel vielen Leuten auf das Gewand und befleckte es so, daß sie vor Abscheu ihre eigenen Kleider nicht mehr tragen mochten. Diese Wunderzeichen erschienen an drei Orten im Gebiet jener Stadt. Im Gebiete von Senlis fand ein Mann, als er am Morgen aufstand, sein Haus im Innern mit Blut bespritzt. Es war aber in diesem Jahr eine große Seuche unter dem Volke; verschiedene Krankheiten, Frieseln, Blattern und Ausschlag brachten einer großen Zahl Menschen den Tod. Von denen aber, die sich in acht nahmen, kamen viele davon. Wir hörten auch, daß zu Narbonne in diesem Jahr die Drüsenpest heftig wütete, so daß es keinen Aufschub gab, wer von ihr ergriffen wurde.“[25]

Es fehlen dann jedoch, für lange Zeit, Hinweise auf die Pocken; erst im 13. Jahrhundert scheinen sie durch Kreuzfahrer aus dem Orient erneut nach Westeuropa gekommen zu sein. Dafür wüten im Europa der Karolingerzeit, im 7. und 8. Jahrhundert, eine Reihe anderer Seuchen. Sie lassen eine deutlich geschrumpfte Bevölkerung zurück; der demographische Tiefststand könnte um das Jahr 700 gelegen haben. In den hundertfünfzig oder zweihundert Jahren davor ging die Bevölkerung in diesem Raum um ein Drittel oder mehr zurück.[26] Zwischen Rhein und Elbe, auf dem Territorium der ehemaligen Bundesrepublik Deutschland, lebten um das Jahr 500 eine halbe Million Menschen oder etwas mehr, vielleicht auch 600 000 bis 700 000, so schätzt man, wenig mehr als zwei Personen auf dem Quadratkilometer, die nur etwa ein bis zwei Prozent des Bodens unter den Pflug genommen hatten und sich von dessen Erträgen ernährten.[27]

Die finstere Zeit

Das frühe Mittelalter, „The Dark Ages“, wie man im Englischen nicht zu Unrecht sagt, ist eine Zeit, in der die Quellen zur Geschichte der Seuchen weitaus spärlicher fließen als davor. Einzelne Chronisten, meist Männer der Kirche, wie Beda Venerabilis, ein angelsächsischer Chronist des 7. Jahrhunderts, berichten vereinzelt von Epidemien, die die Menschen aus ihrer Mitte in den Tod rissen. Beda beschreibt in seiner *Historia ecclesiastica*, wie zur Zeit der Synode von Whitby, anno 664, eine Seuche auf den englischen Inseln wütete. „Im gleichen Jahr unseres Herrn 664 geschah eine Sonnenfinsternis gegen 10 Uhr am Morgen des dritten Tages des Mai; und eine plötzliche Pest, die zunächst die südlichen Teile Britanniens entvölkerte, und später in die Provinz Northumbria sich ausbreitete, wütete lange Zeit und brachte vielen Menschen den Tod.“[28]

Der Bevölkerungsrückgang brachte es mit sich, daß von Hungersnöten im 6. und 7. Jahrhundert wenig die Rede ist. Die Erträge der Landwirtschaft sind bescheiden, überaus bescheiden; aber es steht sehr viel Boden zur Verfügung, entsprechend weitläufig kann man wirtschaften. Ist die Ernte gut, so hat man reichlich Nahrung – und viel Nahrung wird gebraucht, denn die Durchschnittstemperaturen sind niedriger um diese Zeit, also muß man mehr essen, um sich eine erträgliche Körpertemperatur zu bewahren. Die Lagerhaltung ist schwierig; was man erntet, wird verspeist, die Vorausplanung für morgen ist begrenzt. Die Menschen sind um diese Zeit groß gewachsen, das deutet darauf hin, daß sie viel gegessen haben – sofern sie zu essen hatten. Wild war in den Wäldern reichlich vorhanden. Die Getreideversorgung ist gleichfalls gut. Gerste und Hafer fördern das Wachstum und die Muskelbildung des Heranwachsenden besser als Roggen und Weizen. Bei späteren Generationen beginnt die Körpergröße wieder zurückzugehen.[29]

Es ist ungewiß, wann die Bevölkerung Altdeutschlands wieder zuzunehmen begann, vielleicht seit dem 7. Jahrhundert. Im Deutschland der Karolingerzeit kam es auf jeden Fall wieder häufiger zu Hungersnöten. Um das Jahr 800 waren sie eine ständige Bedrohung; in den karolingischen Annalen werden Hungersnöte und Epidemien von Mensch und Vieh ebenso häufig genannt wie Schlachten. Fielen die Ernten normal aus, so war kein Mangel: eine Tagesration von 1,7 Kilogramm Brot, 100 Gramm Käse, 1,5 Liter Wein oder Bier, schätzt Michel Rouche, stand dann jedem zur Verfügung. War die Ernte aber schlecht, traten Krankheiten auf: „Fames et mortalitas maxima" – Hunger und überaus großes Sterben, für den mittelalterlichen Chronisten gehören sie zusammen.[30]

Die Quellen zeigen um das Jahr 1000 ein jammervolles Bild. Zwar wird das Land nicht mehr durch die Ungarn bedroht; dafür droht jetzt der Hunger. Die Quedlinburger Annalen erwähnen für die Jahre nach 994 Hunger und Pestilenz, die Magdeburger Schöppenchronik spricht von „ein unsprekelit groß stervent" im Jahr 1008. Immer wieder tauchen, da oder dort, Hunger und Not auf, Hinweise auf erhöhte Sterblichkeit. „Fames magna", „estas et hiemps gravissima" „inaudita pestilentia", „grandissima carestia", „maxima mortalitas hominum", „maxima pestilentia animalium" – die Quellen geben beredtes Zeugnis von den Nöten des Alltags.

Krankheiten bedrohen die Bevölkerung. Seit dem 10. Jahrhundert war das Mutterkorn bekannt. Es ruft eine Krankheit hervor, die man als Ignis sacer oder Antoniusfeuer bezeichnete. Sie ist auf eine Vergiftung durch Pilzbefall des Roggens zurückzuführen. Zeitweise trat sie gehäuft auf, einhergehend mit Gangränen an den Extremitäten, dem „Brand". Der Chronist Sigbert von Gembloux schreibt 1089: „Viele verfaulten zu Fetzen, wie von einem heiligen Feuer verzehrt, das ihnen die Eingeweide auffraß; ihre Glieder, nach und nach zernagt, wurden schwarz wie Kohle. Sie starben schnell unter grauenhaften Qualen, oder sie setzten ohne Füße und Hände ein noch schrecklicheres Leben fort. Viele andere wanden sich in nervösen Krämpfen."[31] Das Antoniusfeuer – der Ergotismus, wie man heute sagt – trat keineswegs selten auf, kunsthistorische Quellen belegen dies.

Daneben gab es eine Reihe von anderen Krankheiten, auch Infektionskrankheiten. Möglicherweise traten nach schweren Wintern Grippe und Erkältungskrankheiten massenhaft auf. Es ist anzunehmen, daß angesichts von Hunger und Unterernährung Infektionskrankheiten wie die Tuberkulose häufig auftraten, obschon sich diese Krankheit dem Historiker in ihrer vollen Ausfaltung selten darbietet.[32]

Einige Verbesserungen in der landwirtschaftlichen Technik um diese Zeit bringen vermutlich höhere Erträge mit sich; aber man wird dieses Wachstum keinesfalls überschätzen dürfen, denn es standen bald immer mehr hungrige Münder bereit, die höheren Erträge zu verzehren. Seit Beginn des 11. Jahrhunderts – in Italien vielleicht auch schon vor dem Jahr 1000 – beginnt die europäische Bevölkerung schneller zu wachsen. Für den Zeitraum vom 10. oder 11. bis zur Wende des 14. Jahrhunderts rechnet man mit einer Verdoppelung der Bevölkerung oder sogar noch mehr: die Bevölkerung Italiens stieg an von 3,5 oder 4,5 auf 7 bis 9

Millionen, die deutsche von 5 oder 6 auf 13 bis 14 Millionen.[33] Dieser Bevölkerungsaufschwung bildet die Grundlage für die Expansion von Wirtschaft, Gesellschaft und Kultur. Die großen Rodungen und die deutsche Ostsiedlung, die in der Mitte des 12. Jahrhunderts beginnt, sind Ausdruck einer rascher wachsenden Bevölkerung.

Die Lebenserwartung war freilich auch in diesen Jahren einer sehr dünnen Besiedlung – und folglich einer ausreichenden Ernährung – nicht viel anders als im Römischen Reich oder im späteren Mittelalter. Allein die hohe Kindersterblichkeit beeinflußte, statistisch gesehen, die allgemeine Lebenserwartung. Wer Kindheit und Jugendzeit überstand, konnte durchaus ein Alter von 60 und mehr Jahren erreichen.

Die Sterblichkeit war nicht übermäßig hoch: 36 pro tausend, nach neuesten Schätzungen, für das 11. bis 13. Jahrhundert. Aber offensichtlich war die Geburtenziffer noch um einiges höher, sie wird auf 42 pro tausend geschätzt. Skelettfunde aus der Zeit zwischen 1200 und 1550 ergaben, daß das mittlere Sterbealter für Männer 34,0 Jahre betrug, für Frauen 27,7 Jahre. Die Frauen waren mit einer Körpergröße von 161 Zentimetern um rund 10 Zentimeter kleiner als die Männer, die wiederum etwas kleiner waren als die Menschen der Völkerwanderungszeit.[34]

Gegen Ende des 13. Jahrhunderts, so scheint es, häufen sich die überregionalen Teuerungen und die Hungersnöte. Man könnte dies als einen Hinweis darauf verstehen, daß die wachsende Bevölkerung an eine Grenze stieß.[35] Um diese Zeit erreicht die Zahl der Stadtgründungen ihren Höhepunkt: zu keiner Zeit wurden in Deutschland mehr Städte gegründet als um das Jahr 1300.[36]

Die Italienzüge der Kaiser

Die Politik der Regierenden vermochte die Fährnisse der Zeit nicht zu lindern; und durch ihre äußere Politik, vor allem durch ihre Kriegszüge steigerten sie eher noch die Leiden ihrer Untertanen. Es ist hier nicht nötig, auf die vielerlei Beziehungen zwischen den deutschen Herrschern und Italien einzugehen, auf Theorien von der Übertragung des alten römischen Reiches nach Mitteleuropa – *translatio imperii* – und dergleichen. Wichtig ist für die Geschichte der Seuchen in Deutschland, daß deutsche Heere, der Kaiser an ihrer Spitze, nach Italien zogen und dort von Seuchen überfallen wurden.

Sieht man ab von den Epidemien, die unvermittelt und jederzeit auftreten konnten, weil ein großer Personenkreis unter ungünstigen hygienischen Bedingungen zusammenlebte, sieht man davon ab, so ist an erster Stelle – als chronisches Übel im Italien der damaligen Zeit – die Malaria zu nennen. Sie hat in Italien zur Zeit der Völkerwanderung und im Mittelalter ganze Landstriche verwüstet, Diözesen sind ihretwegen untergegangen; sie hat das Heer der Ostgoten dezimiert und im Lande nicht weniger schlimm gewütet als die Sarazenen und Normannen. Schon Alkuin, Freund und Lehrer Karls des Großen, klagte über diesen „römischen Freund", das Fieber.[37]

Einige Päpste des frühen Mittelalters versuchten das Werk der römischen Kaiser fortzusetzen und die Sümpfe trockenzulegen; die Päpste Clemens II. und Damasus II. wurden Opfer der Malaria, auch die Kaiser Karl der Kahle, Lothar II., vielleicht auch Heinrich VI., Konrad IV. und Heinrich VII. Otto II. starb in Rom eines sehr plötzlichen Todes – ob er an der Malaria oder an einer Gewaltkur gegen sie starb, das ist nicht bekannt.[38]

Kriegszüge nach Italien erlangten schon deshalb fürchterliche Berühmtheit, weil sie nicht selten mit einem durch Seuchen verursachten Massensterben endeten. Das Heer Ottos I., das sich 963/964 in Italien aufhielt, wurde von einem schrecklichen Sterben heimgesucht, desgleichen die Kriegszüge der 970er Jahre. Oft mußten die Heerfahrten abgebrochen werden, weil Fieberanfälle das Heer kampfunfähig machten. Einzelne rasch tödliche Seuchen warfen die Heere gleich an Ort und Stelle nieder; Infektionskrankheiten aber wie die Malaria lassen sich auch verschleppen – malariakranke Krieger brachten den Erreger mit nach Hause, so daß sich diese Krankheit immer weiter ausbreitete.

Die Armee Heinrichs IV. wurde 1081/82 von einem schlimmen Übel befallen, auch das Heer Lothars, 1137, und – mehr noch – die Truppen, die Friedrich I. 1167 nach Italien geführt hatte. In der Campagna lauerte der Tod. „Aus den Sümpfen in der Nachbarschaft und aus den Höhlen und Trümmerstätten rings um die Stadt erhoben sich Nebel mit ihren trüben Ausdünstungen und verdickten die Luft, so daß sie für die Sterblichen todbringend und krankmachend zu atmen war", schreibt der Chronist Otto von Freising. Auf seinem vierten Italienzug unternahm Friedrich I. besondere Anstrengungen, die Fiebersümpfe zu meiden, aber nach der Einnahme Roms brach das Fieber aus. „Auf einmal kam über Rom eine solche Pest, daß fast alle binnen weniger Tage starben", berichtet Helmold von Bosau in seiner *Slawenchronik*. „Es heißt, daß in jenen Landen während des Monats August pestbringende Nebel aufsteigen."

Die Bewohner Roms, umgeben von den Sümpfen Latiums und der Campagna, waren den Fiebererregern nicht weniger ausgesetzt. Einigen päpstliche Konklaven – 1241, 1287, 1292 – sollen schreckliche Opfer abgefordert worden sein. Während des Konklave von 1287 ließ das Kardinalskollegium – in der Gluthitze des Sommers – Feuer anzünden, um die Fliegen abzuhalten. Für Dante war das Fieber ein Teil der Hölle: „Wenn alle Krankheit aus den Siechenhäusern / Von Chianatal, Maremma und Sardinien, / Von Juli bis September aufgehäuft, / Gestopft in einem einzigen Graben läge, / So glich's dem Weh von hier."[39]

Die Kreuzzüge

Mit den Kreuzzügen nahm der Verkehr mit dem Orient und zugleich mit Italien stark zu. Ziemlich genau zweihundert Jahre lang, vom ausgehenden 11. bis gegen Ende des 13. Jahrhunderts, breiten sich Seuchen in Mitteleuropa im Zusammenhang mit den Kreuzzugsunternehmen aus. Das Motiv der Kreuzzüge wird oft genannt: das Heilige Grab von den Moslems zu befreien. Aber vielleicht war auch die relative Übervölkerung Europas ein Grund dafür, daß so viele auszogen ins Heilige Land; in Frankreich will man bemerkt haben, daß gerade aus den dichter besiedelten Regionen des Landes besonders viele Krieger aufbrachen.

Wie viele der erste Kreuzzug 1095/96 anlockte, ist ungewiß, es sollen 40000 oder mehr gewesen sein. Das Heilige Land erreichte nur ein kleiner Teil von ihnen; J. C. Russell schätzt, daß es nicht mehr als der fünfte Teil war.[40] Schon auf dem Weg ins Heilige Land brach, bei der Belagerung von Antiochia, eine schwere Seuche aus – ob es eine Ruhr- oder eine Typhusepidemie war, ist nicht sicher zu ermitteln. Sie raffte auch den Führer des Kreuzzugs dahin, Bischof Adhémar von Le Puy. Im großen und ganzen sollen die, für die christlichen Heere oftmals neuen, Infektionskrankheiten in den Reihen der Europäer heftiger gewütet haben als beim Feind.[41]

Auch das christliche Heer des zweiten Kreuzzugs (1147/48) wurde bereits auf seinem Weg durch Kleinasien von Krankheiten dezimiert. Und dem Heer, das 1189 unter Führung Kaiser Friedrichs I. auszog, erging es nicht anders. Fieberhafte Krankheiten waren in den Kreuzzugsheeren so häufig, daß im Verlauf dieser Kriegszüge eigene Ritterorden entstanden – Templer, Johanniter, Deutscher Orden –, die sich die Pflege der Erkrankten in eigenen Spitälern zur Aufgabe machten.[42] Bisweilen verhinderten die Ausbrüche epidemischer Krankheiten schon die Abfahrt der Heere: 1227 brach in Brindisi eine fieberhafte Erkrankung aus, vermutlich die Malaria, als das Heer Friedrichs II. gerade an Bord ging. Der Kaiser mußte zurückbleiben, die Expedition war von Anfang an zum Scheitern verurteilt. Auch die beiden Kreuzzüge König Ludwigs IX. von Frankreich waren von schweren Seuchenausbrüchen begleitet; Ludwig der Heilige und einer seiner Söhne starben 1270 vor Tunis, vermutlich an der Ruhr.[43]

Die Kreuzzüge hatten weitreichende medizin- und sozialgeschichtliche Folgen für Europa. Von der Berührung mit dem Orient erhielten Krankenpflegeorden – wie der Deutsche Orden – wichtige Impulse. Die Ritter brachten aber auch Krankheitskeime mit nach Hause, exemplarisch dafür dürfte der Aussatz gewesen sein. Vom Leprabefall einzelner Ritter, meist prominenter Personen wie König Balduin IV., der schon als Kind daran erkrankte, ist immer wieder die Rede. Lepra (Aussatz) hat eine Inkubationszeit bis zu zwei Jahrzehnten; die Krankheit brach also häufig erst aus, wenn der Kreuzfahrer längst wieder zu Hause war. Lange Zeit glaubte man überhaupt, daß erst die Kreuzzüge die Lepra nach Europa gebracht hätten. Das ist nicht richtig, es gab Leprosenhäuser und Leprakranke in Westeuropa lange bevor die Kreuzfahrer aufbrachen; aber die Kreuzzüge haben das Übel zweifellos verschlimmert, erst danach erreichte der Aussatz in Europa weitläufige Ausmaße.[44]

Die Lepra

Die Lepra war in der Antike weit verbreitet; seit dem 4. Jahrhundert ist sie in Britannien und Gallien nachzuweisen. Seit dem 5. Jahrhundert gab es in Frankreich Leprosenhäuser, Verwahranstalten für Lepröse oder Aussätzige. Das Wort Aussatz hat zu tun mit aus-setzen, denn die Befallenen wurden in eigenen Häusern ausgesetzt, isoliert. Das Konzil von Lyon (583) regelte in strengen Vorschriften, wie die Aussätzigen zu behandeln seien. In den folgenden Jahrhunderten treten auch im deutschsprachigen Raum Leprosenhäuser auf – 636 in Metz, 656 Verdun, 736 St. Gallen, bald auch östlich des Rheins. Im hohen und späten Mittelalter nehmen die Leprosorien sprunghaft zu. Gegen Mitte des 13. Jahrhunderts gab es, dem englischen Chronisten Mathieu Paris zufolge, im gesamten Abendland 19000 Leprosorien, in England und Schottland rund zweihundert, in Paris im Jahr 1328, als die Stadt 200000 Einwohner zählte, rund fünfzig solcher Häuser. Allein in Frankreich soll es im 14. Jahrhundert an die zweitausend Leprosorien gegeben haben.[45]

Große deutsche Städte wie Köln oder Nürnberg hatten seit dieser Zeit drei oder vier Leprosenhäuser. Die meisten Leprosorien waren klein; sie nahmen meist nicht mehr Kranke auf, als Christus Apostel um sich geschart hatte, also zwölf. Lepraverdächtige Personen wurden „geschaut", dazu gab es eine eigene Leprosen- oder Sondersiechenschau. In Köln wurde diese diagnostische Maßnahme von drei sachkundigen leprösen Personen, Männern und Frauen, durchgeführt, und zwar bei hellichtem Tage, um Fehlurteile zu vermeiden. Diese Diagnostik wurde erst im ausgehenden 15. Jahrhundert der medizinischen Fakultät der neuen Universität Köln überlassen.

Die Leprosorien bildeten in der Regel einen eigenen Komplex von Gebäuden, mit Wirtschaftshäusern, Wohnhäusern, Scheunen, Ställen, Back- und Brauhaus, Kapelle und anderen Gebäuden. Meist lagen ihnen fromme Stiftungen zugrunde, die später durch weitere Stiftungen ergänzt wurden. Viele Leprosorien hatten landwirtschaftliche Güter außerhalb der Stadt, aus denen sie ihre Einkünfte bezogen. Die Kranken sollten sich, soweit sie über die Mittel verfügten, in das Haus einkaufen. Was sie an Hausrat mitbringen sollten, war im einzelnen vorgeschrieben. Mit dem Eintritt in das Leprosorium ging in der Regel das gesamte Hab und Gut eines Kranken an das Haus. Der Kranke durfte in seinem Testament einzelne Gerätschaften aus seinem Besitz einem anderen Kranken überlassen, doch galt dies nur für den Nießbrauch an einem Gut und nur zu Lebzeiten des begünstigten Mitkranken; das Eigentumsrecht an diesem Gut beanspruchte das Leprosorium.

Längst nicht alle Kranken waren so wohlhabend, daß sie sich in ein Leprosorium einkaufen konnten. Trotzdem versuchten die Leprosorien, auch arme Kranke aufzunehmen. Der Gesellschaft war es lieber, die Leprösen dort in Isolation zu wissen als in ihrer Mitte. Der Alltag im Leprosenhaus entsprach dem Leben in einer klösterlichen Gemeinschaft; hier wie dort war der Tagesablauf streng festgelegt. Die Aussätzigen waren gehalten, oft und viel zu beten: täglich wenigstens sieben Vaterunser und ebensoviele Ave Maria. Die Kranken sollten ihr Leben in Keuschheit und Gottesfurcht leben. Sie durften sich nur mit Erlaubnis des Hausmeisters, des Pflegers, über Nacht außerhalb des Hauses aufhalten. Sie konnten Urlaub bekommen, wenn sie eine Pilgerschaft antreten wollten. Mitunter nächtigten auch fremde lepröse Pilger in einer Leprosorie. Wenn sie sich am nächsten Tag wieder auf den Weg machten, bekamen sie eine Wegzehrung mit.

Die Hausordnungen waren streng, für Männer wie für Frauen, die in getrennten Einrichtungen ihre Tage fristeten. Wer gegen elementare

Regeln wie das Keuschheitsgebot verstieß, konnte seines Platzes verlustig gehen. Selbst die Bekleidung war den Kranken vorgeschrieben, sie erinnerte gleichfalls an Ordensleute. Die Leprösen beiderlei Geschlechts trugen ein wollenes Untergewand und darüber einen wollenen Mantel, der am Hals eng abschloß. Männer wie Frauen trugen einen Hut; der Hut der Männer hatte vorn eine aufgestülpte Krempe, die ein Bild des Erlösers zeigte. Die leprösen Frauen trugen über dem Unterkleid eine weiße Schürze, darüber einen schwarzen Mantel. Um den Kopf wickelten sie ein Tuch, so daß nur das Gesicht frei blieb. Nicht nur durch ihre Kleidung, auch durch Geräusche, von einer Klapper verursacht, mußten die Kranken auf sich aufmerksam machen.[46]

III. Der Schwarze Tod

Zwischen dem 10. und dem ausgehenden 13. Jahrhundert scheint es in unseren Breiten eine Warmzeit gegeben zu haben. Sie ging zu Beginn des 14. Jahrhunderts zu Ende. Es folgte eine längere Phase der Abkühlung, die mit langen, strengen Wintern und relativ kühlen Sommern einherging. Eine Reihe objektiver Daten deutete darauf hin, daß es in Europa und weiten Teilen der nördlichen Hemisphäre kälter wurde.[1] Schon im ersten Jahrzehnt des 14. Jahrhunderts kam es in Italien zu schlechten Ernten – eine Folge der ungünstigen Witterung –, die in ihrem Gefolge Hungersnöte mit sich brachten. 1310 begann in Italien eine Reihe äußerst unfruchtbarer Jahre; es traten gehäuft Krankheiten auf, die vor allem bei den Kindern tödlich endeten. Die Winter zwischen 1310 und 1313 waren hart und lang; im Sommer schädigten Hagel und Überschwemmungen die Ernten. Die nun auftretenden Hungersnöte sind zuverlässig überliefert.[2]

Zeit des Hungers

Die Hungersnot von 1316 sucht weite Teile Europas heim. Von einer Großstadt in Flandern – mit 20000 bis 25000 Einwohnern – ist bekannt, daß dort zwischen dem 1. Mai und dem 1. November 1316 mehr als ein Zehntel der Bevölkerung starb.[3] Allenthalben ist in den Chroniken von großer Sterblichkeit die Rede. Zugleich traten – wenigstens in England – Viehseuchen auf, der englische Wollexport sank in dem Jahrzehnt nach 1315 gegenüber dem vorhergehenden um mehr als 30 Prozent. Die Viehseuchen trafen nicht nur Schafe, sondern auch Rinder, Pferde und Schweine. Ein Chronist eines niederrheinischen Zisterzienserklosters berichtet, Menschen hätten in diesem Jahr des Hungers von toten Tieren gegessen, als Folge davon seien Krankheiten ausgebrochen, an denen so viele verstarben, daß Ortschaften ihre Kirchhöfe erweitern mußten und ganze Dörfer ausstarben. Ein englischer Abt führte das Massensterben darauf zurück, daß die Viehseuche die Luft verpestet habe.[4]

Die Seuchen, die im zweiten Jahrzehnt des 14. Jahrhunderts in weiten Teilen Europas umgingen, werden von den Chronisten wie Dysenterien beschrieben, es könnte sich um Amöbenruhr gehandelt haben; die Umstände, unter denen die Seuchen auftraten, lassen auch an Milzbrand denken. Es ist nicht anzunehmen, daß vor dem Massensterben in der Jahrhundertmitte einzelne kleinere Epidemien oder isolierte Fälle von Beulenpest auftraten, wie dies immer wieder behauptet wird.[5]

Die ungünstige Witterung setzte sich fort; die Jahre nach 1340 sind naß und kalt, in den Quellen ist von Heuschreckenschwärmen, Krankheiten und erhöhter Sterblichkeit die Rede.[6] Die Getreidepreise waren in den zwanzig Jahren vor der Jahrhundertmitte niedrig, was auf eine geringe Nachfrage – infolge erhöhter Sterblichkeit? – oder auf gute Ernten hindeutet.[7]

Im Jahr 1340 tritt in Florenz eine Seuche auf, an der mehr als 15 000 Menschen sterben. In den folgenden Jahren kommen aus vielen Orten Nachrichten von großen Überschwemmungen, Mißwuchs, schlechten Ernten, Hungersnöten und Tod. Der Nahrungsmangel, der vom Frühjahr 1347 aus Florenz überliefert ist, soll 4000 Menschenleben gekostet haben; der größte Teil der Florentiner Bevölkerung war in diesem Jahr auf staatliche Unterstützung angewiesen.[8]

Die kausale Beziehung zwischen Mißernte und Hungersnot liegt auf der Hand; schwieriger ist es, zwischen Hungersnot und Seuche eine kausale Beziehung herzustellen oder gar zwischen chronischem Hunger und durch Seuchen verursachte Sterblichkeit. Schwere Unterernährung kann sogar helfen, pathogene Keime abzuwehren. Außerdem töten schwere Infektionskrankheiten – wie die Pest – ihre Opfer unabhängig von deren Ernährungszustand. Die schwere Pestepidemie, die seit 1347/1348 in Italien zu wüten begann, traf eine von Hunger geschwächte Bevölkerung; doch die hohe Sterblichkeit, welche die Pest verursachte, war zum allergeringsten Teil die unmittelbare Folge davon.[9]

Der Schwarze Tod

Noch vor der Jahrhundertmitte bricht, aus dem Osten kommend, in Europa eine schreckliche Seuche aus. Sie erreicht, durch das Mittelmeer, den Süden und Westen Europas früher als Deutschland. Sie geht einher mit einem schrecklichen Massensterben, dem größten in der europäischen Geschichte.

Die Seuche wurde aus der Schwarzmeerregion nach Südeuropa gebracht; ob sie zuvor aus dem nordasiatisch-chinesischen oder aus dem mesopotamischen Raum kam, ist umstritten.[10] Italienische Seefahrer, heißt es, nahmen auf der Krim, wohin sie Handelsbeziehungen unterhielten, den Erreger auf und brachten ihn von dort in ihre Heimat. Über die Ausbreitung der Seuche von Caffa auf der Krim nach Italien liegt der Bericht eines zeitgenössischen Juristen namens de Mussis vor, der lange Zeit für einen zuverlässigen Augenzeugen gehalten wurde. Aber schon vor mehr als hundert Jahren, 1883, hat ein italienischer Gelehrter namens Tononi gezeigt, daß de Mussis andere Berichte zugrunde gelegen haben müssen; er selbst soll sich in dieser Zeit stets in Piacenza aufgehalten haben und kann nur als Augenzeuge für die Pest in seiner Vaterstadt gelten.[11]

Unbestreitbar dürfte sein, daß 1347 im östlichen Mittelmeerraum eine verheerende Seuche aufzutreten begann. Aus der ägyptischen Stadt Alexandria wird von Blutspucken und von vielen Todesopfern berichtet. Arabische Pestschriften aus dieser Zeit erkennen wohl sehr früh die Ansteckungsgefahr, die von dieser Krankheit ausgeht; allein, sie sprechen häufiger von religiösen als von medizinischen Dingen und empfehlen den Gläubigen, dem Schicksal nicht zu entfliehen.[12]

Besonders hart betroffen von der Seuche wird am Nordrand des Mittelmeers das Byzantinische Reich, das bereits von jahrelangen Bürgerkriegen erschüttert war und sich von den neuerlichen Bevölkerungsverlusten nie mehr erholte. Vor allem die Verheerungen seiner Hauptstadt sind schrecklich.[13] Kaiser Cantakuzenes, dessen Sohn selbst dem Übel erlag, berichtet von den Erkrankten: Es „verfielen manche in einen betäubenden Schlaf und verloren durch Lähmung der Zunge ihre Sprache; Schlund und Zunge wurden schwarz und kein Getränk vermochte den heftigen Durst zu löschen. Manche bekamen unter heftigen Schmerzen auf der Brust Blutspucken, und ihrem Munde entstieg ein verpestender Geruch." Cantakuzenes bemerkt außerdem, „daß in den Häusern, die ausstarben, auch die Haustiere starben", er nennt Hunde, Pferde, Vögel und Mäuse. Man sollte seinen Bericht allerdings mit Vorsicht lesen, denn der byzantinische Kaiser ließ sich in seiner Schilderung von antiken Vorbildern inspirieren.[14]

Die Pest in Italien

Wie die genuesischen Schiffe vor Caffa die Seuche an Bord bekamen, kann man sich unschwer vorstellen: Ratten könnten, mit pestverseuchten Flöhen im Pelz, die Erreger an Bord gebracht haben. Die Überfahrt von vier bis fünf, vielleicht sogar zwölf Wochen Dauer bringt sodann die

Seuche nach Italien. Die Schiffe legen zuerst im Oktober 1347 in Messina an, von dort breitet sich die Krankheit rasch über Unteritalien aus. Als die Galeeren weitersegeln und in Genua vor Anker gehen wollen, werden sie daran gehindert, denn die Kunde ihrer unheilbringenden Fracht ist ihnen schon vorausgeeilt. An Allerheiligen landen sie ihre tödliche Ladung an, sie breitet sich sodann von dort mit unglaublicher Geschwindigkeit nordwärts aus.[15]

In Italien läßt sich die Ausbreitung verfolgen: Ende September taucht die Seuche in Messina auf, im Dezember begann sie in Sardinien und Korsika, Ende Dezember in Genua zu wüten. Im Januar 1348 erscheint sie in den Städten Pisa und Venedig, im Februar in Lucca, im März in Bologna und Modena, im April in Perugia und Padua, im Mai in Orvieto und Siena, im Juni in Parma und Trento, im Juli in Piacenza und Ferrara, in Rom erst im August. Noch im Januar 1348 ist sie über die Adria nach Ragusa, dem heutigen Dubrovnik, gelangt. Sie breitete sich also auch im Verlauf der Wintermonate aus; doch scheint die Großstadt Mailand gänzlich verschont geblieben zu sein.[16]

Was waren, zunächst, die Symptome dieser Massenerkrankung? Es ist sicher richtig, diese Frage schon in bezug auf Italien zu stellen, denn die italienischen Archive sind besser ausgestattet, sie zu beantworten als die deutschen: In Italien ist die Schriftlichkeit seinerzeit schon bedeutend weiter verbreitet als in Deutschland; nicht von ungefähr verdanken wir eine literarische Schilderung der Pest und ihrer gesellschaftlichen Folgen dem italienischen Dichter Boccaccio, der in seinem *Decamerone* ausführlich darüber schrieb. Allerdings hat sich auch Boccaccio dazu verleiten lassen, von antiken Schriftstellern abzuschreiben, statt sich ausschließlich auf seine eigenen Wahrnehmungen zu verlassen.[17]

Die italienischen Ärzte waren mit den unterschiedlichen Symptomen von Beulen- und Lungenpest noch nicht vertraut, doch schilderten sie die jeweiligen Anzeichen so genau, daß man sich davon ein gutes Bild machen kann. „Die Toten zeigten auf dem Körper breite, schwarze Punkte, die wie kleine Blumen aussahen [...]. Wenn man die Leichen sah, wirkten sie wie ein häßlicher Gegenstand. Unter tausend (Infizierten) gab es keinen, bei dem diese Schwellungen und Pusteln nicht aufgetreten wären", schreibt ein – namenlos gebliebener – Autor in den *Monumenta Pisana.* Ein anderer Augenzeuge schreibt: „Die Merkmale dieser so schrecklichen Pest waren Drüsenschwellungen, die im Leistenbereich oder unter den Achseln aufbrachen, giftige Brandbeulen oder bläuliche Flecken am Körper, die am häufigsten an den Armen sichtbar wurden. All diese Symptome waren mit unerträglicher Fieberhitze, unlöschbarem Durst und extremer Müdigkeit verbunden.“ Auch von Blutspucken ist in den Quellen die Rede.[18]

Traut man den zeitgenössischen Schilderungen, so muß die Letalität – ja an einzelnen Orten selbst die Mortalität – ungeheuer hoch gewesen sein. Schilderungen wie die folgende, aus der Feder des de Mussis, sind nicht selten: „Es kam häufig vor“, schreibt er, „daß Mann und Frau, Vater und Sohn, Mutter und Tochter, endlich nach einiger Zeit die ganze Familie und mehrere Nachbarn zugleich und in demselben Grab beerdigt wurden.“ Dann der foudroyante Verlauf: „An einem Morgen war man gesund, am folgenden schon tot“, heißt es in einer Chronik der Stadt Orvieto aus dem Jahr 1363.[19]

Deutlich wird in den frühen italienischen Quellen auch, daß die Krankheit von den Ärzten als völlig neu und unbekannt angesehen wurde und daß sie überaus ansteckend war, was bereits aus der hohen Mortalität deutlich wird. „Wer mit einem Kranken (nur) sprach, starb. Die, welche sich ansteckten, spuckten Blut“, heißt es in einer Chronik der Stadt Reggio, ähnlich in einem *Breviarium Italicae Historiae*, welches um das Jahr 1354 von einem Anonymus verfaßt wurde, der selbst an der Pest erkrankt war, sie aber überlebte: „Schon wenn sie sich mit ihnen unterhielten, steckten die Kranken die Gesunden sichtbar mit der Fäulnis an [...]. Mich ließ ein Mann zur Ader“, schreibt er weiter. „Das Blut, das herauskam, spritzte ihm ins Gesicht. Und am selben Tag wurde er krank und starb am darauffolgenden.“

Verschiedene Altersgruppen scheinen, den italienischen Chronisten zufolge, von der Sterblichkeit unterschiedlich betroffen gewesen zu sein: „Die jungen Leute starben schneller als die Greise, stärker auch die jungen Frauen“, schreibt der Kanoniker Johannes von Parma über die Pest in Trient. „Diese Pest wütete bei Frauen stärker als bei Männern, bei Jugendlichen mehr als bei Greisen. Trat sie in einem Haus auf, überlebte dort keiner“, schreibt Lorenzo de Monacis. Auch einzelne Tiere soll die Epidemie nicht verschont haben. Es starben „die empfindsamen Tiere wie Hunde und Katzen, Rinder, Esel und Schafe“, schreibt ein italienischer Chronist namens Marchionne di Coppo Stefani, und ähnliches berichten andere. Auch von einem „großen Gestank“ ist im Zusammenhang mit dieser Seuche die Rede.[20]

Wie versuchten die italienischen Ärzte die Krankheit zu behandeln? Von einem traditionellen Heilversuch, dem Aderlaß, war bereits die Rede. Ansonsten empfahlen die Ärzte die altbewährten Mittel: den Theriak, zwei Wochen lang, eine Art Allheilmittel, dann Pillen aus Aloë, Myrrhe, Safran, eine Woche lang täglich einzunehmen. Die Flucht wurde von seiten der Behörden wie der Ärzte für unsinnig erachtet, denn das Übel lag in der Luft, oder es hatte mit der Konstellation der Gestirne zu tun, wie man meinte. In Perugia begannen die Ärzte immerhin, Verstorbene zu sezieren, um mehr zu erfahren über die Ursachen dieser Krankheit und warum sie zum Tode führte.[21]

Einzelne italienische Staaten, wie Florenz, erließen ihre traditionellen Sanitätsregeln aufs neue und ließen sie einmal im Monat ihren Untertanen verkünden. Eigene Hospitäler oder andere Einrichtungen, wo man die Kranken isolieren konnte, gab es vorläufig nicht.[22]

Iberien und Frankreich

Italien war nur die erste Zwischenstation der Pest, die sich bald nach Westen und Norden ausbreitete, über die See weitaus schneller als auf dem Landweg. Sie ergriff die iberische Halbinsel und verheerte sie schrecklich. In Spanien mögen die kriegerischen Wirren der Reconquista mitbeteiligt gewesen sein, die Epidemie zu verbreiten. König Alfons XI., noch in die Kämpfe gegen die Mauren verwickelt, starb angeblich an dem Übel. Die maurischen Ärzte in Andalusien wußten über die Krankheit weit besser Bescheid als die christlichen Mediziner; der große arabische Arzt Ibn-al-Khatib schreibt in seinem Bericht, daß diese Krankheit, die Pest, hauptsächlich durch Ansteckung übertragen wird.[23]

Kriegerische Wirren herrschten auch in Frankreich: seit 1339 stand das Land mit England in einem Krieg, den man den Hundertjährigen nennt. Die Heere waren zwar klein, einige wenige tausend Mann stark; aber mit ihren Umzügen brachten sie doch Unruhe mit sich, welche die Ausbreitung von Seuchen erfahrungsgemäß begünstigten. In Avignon, wo seit Beginn des Jahrhunderts der Papst residierte – was eine Vielzahl von Menschen dorthin lockte –, brach die Seuche noch im Winter 1348 aus. Guy de Chauliac, der Leibarzt Papst Clemens' VI., erlebte die Pest in Avignon gleich zweimal; sein Buch *Chirurgia* ist eine wichtige Primärquelle eines – überdies noch medizinisch sachkundigen – Augenzeugen. Darin heißt es: „Das große Sterben begann im Januar und dauerte sieben Monate. Zu unterscheiden waren zwei Krankheitsformen: Die erste zeigte sich in den ersten beiden Monaten mit anhaltendem Fieber und blutigem Auswurf. Alle starben innerhalb von drei Tagen. Die zweite Form ging ebenfalls mit ständigem Fieber einher, zeigte aber auch Geschwüre und Beulen auf der Körperoberfläche, zumal in den Achsel-

und Leistengegenden. Diese Kranken starben binnen fünf Tagen. Die Krankheit war so ansteckend, besonders die Form mit dem blutigen Auswurf, daß nicht nur ein Verweilen bei dem Kranken, sondern ein bloßer Anblick schon zur Ansteckung genügte. Einer empfing sie vom anderen in dem Maße, daß ganze Familien starben, ohne jede Pflege, und begraben wurden sie ohne Priester." Als Ursache des schweren Übels nennt Guy de Chauliac die „große Conjunction der drei oberen Planeten, Saturn, Jupiter und Mars, im Zeichen des Wassermannes, welche (...) am 24. März 1345 erfolgt war".[24]

Die Epidemie breitete sich erstaunlich rasch über Frankreich aus, mit einer Geschwindigkeit von drei bis acht Kilometer am Tag, also mit der Geschwindigkeit eines guten Läufers oder einer schnellen Kutsche. Da und dort blieben einzelne Regionen frei, ein Großteil der Auvergne beispielsweise, die unwirtlich, unzugänglich und dünn besiedelt war, weiter nördlich Teile von Flandern. Dafür wurde an der Nordküste die Normandie heftig mitgenommen, vor allem in den späteren Seuchenzügen: sie verlor zwischen 1357 und 1374 die Hälfte ihrer ländlichen Bevölkerung, und für die städtische sah die Verlustbilanz ganz ähnlich aus.[25]

In Frankreichs Hauptstadt entstand in diesen Tagen ein Gutachten, das sogenannte Pariser Pestgutachten, das in die Medizingeschichte einging. Es wurde im Oktober 1348 von der medizinischen Fakultät der Universität Paris, auf Anordnung König Philipps VI. erstellt. Es entstand zunächst wohl in lateinischer Sprache, später erschienen auch altfranzösische Fassungen. Dieses Gutachten erwähnt die Pestbeulen in Achseln und Leisten und empfiehlt, dagegen mit Aderlässen vorzugehen, und zwar an den zugehörigen Laßstellen an Armen und Knöcheln; es empfiehlt ferner Klistiere, um den Leib offenzuhalten; es verbietet Bäder und den Umgang mit Frauen und den Genuß von Früchten – hüten sollte man sich vor fünf Dingen, die allesamt mit einem F anfingen, nämlich Fatigua, Fames, Fructus, Femina, Flatus (Ermüdung, Hunger, frische Früchte, Frauen und Blähungen). Und es greift den Satz des antiken Arztes Galen auf: „Cito longe fugas et tarde redeas" – man möge flugs hinwegeilen und spät zurückkehren.[26]

England und Skandinavien

Nach England kam die Seuche etwa Mitte des Jahres 1348; sie sei „vor Johanni" eingetroffen, also vor dem 24. Juni, heißt es in einer Chronik der Grauen Brüder. Spätestens in der zweiten Hälfte dieses Jahres trat sie totbringend in Erscheinung. Sie drang wahrscheinlich gleich von mehreren Häfen ein und breitete sich im Umland aus. Im Spätherbst mußte ihretwegen das Parlament vertagt werden, ein zweites Mal dann im Januar 1349, was darauf schließen läßt, daß sie auch während des Winters 1348/49 wütete.[27]

Sie scheint in England – wie zuvor und danach auf dem Kontinent – ein großes Sterben verursacht zu haben. Die Sterblichkeit war unterschiedlich hoch: die Randzonen der Insel scheinen sehr viel weniger betroffen gewesen zu sein als die Midlands und der Südosten. In den Midlands gab es Ortschaften, welche die Hälfte ihrer Einwohnerschaft verloren, und nicht wenige Orte erreichten erst im Verlauf des 19. Jahrhunderts ihren Bevölkerungsstand von 1348. Untersuchungen der Sterblichkeit nach gesellschaftlicher Schichtung ergaben, daß die unteren Schichten am stärksten vom Tod bedroht waren. Generell läßt sich sagen: Je höher die gesellschaftliche Stellung eines Menschen, desto größer waren seine Aussichten, die Epidemie zu überleben. Das traf auch für den Klerus zu: Vom niederen Klerus starben rund 40 Prozent, von den englischen Bischöfen hingegen nur 18 Prozent – wie viele davon der Seuche oder ihrem Alter erlagen, ist nicht zu ermitteln, doch ist anzunehmen, daß die Bischöfe im Durchschnitt älter waren als der niedere Klerus.[28] Sehr wichtig dürfte der Umstand sein, daß die wohlhabenderen Schichten in besser gebauten Häusern lebten, zumeist in Steinhäusern.

Erstaunlich wenig Niederschlag fand die große Seuche in der schönen Literatur dieser Zeit – obwohl doch gerade im 14. Jahrhundert die englische Literatur mit Geoffrey Chaucer und William Langland einen ersten Höhepunkt erreichte. Chaucer lebte zur Zeit der späteren Pestzüge in London. Doch in seinen *Canterbury Tales* findet das große Sterben keine ausführliche Erwähnung; und auch in Langlands großer Dichtung von *Peter dem Pflüger* nimmt die Epidemie keinen größeren Raum ein.

Von den britischen Inseln gelangte die Seuche, wahrscheinlich auf dem Seeweg, weiter nach Skandinavien. Weder Island, noch Grönland noch Finnland werden von ihr erfaßt, wiewohl spätere Chroniken dies behaupten.[29]

Die Ausbreitung der Pest in Deutschland

In Deutschland hat sich die Seuche erst verhältnismäßig spät ausgebreitet, später als in Süd- und Westeuropa. Im Westen des Kontinents drang sie infolge des Schiffsverkehrs rasch vor; die Alpenkette zwischen Italien und Deutschland verzögerte die Ausbreitung nach Mitteleuropa. Am Jahresende 1348 war sie nur wenig über die Alpen nach Norden hinausgekommen – inzwischen stand sie weiter westwärts schon in Paris und London.

Die Seuche erreichte Deutschland auf drei Wegen: einer führte über den Brenner ins Inntal, ein weiterer über den St. Gotthard auf Südwestdeutschland zu, ein dritter ins obere Rheintal. Die östlichen Teile Österreichs wurden von den weiter ostwärts gelegenen Balkanregionen her infiziert. Von allen deutschsprachigen Regionen war am frühesten Kärnten betroffen, wo die Pest bereits zur Jahresmitte 1348 zu wüten begann. Wenig später scheint sie Tirol befallen zu haben und noch im gleichen Jahr den österreichischen Pongau, wo sie, weit oben im Gebirge, angeblich noch mörderischer hauste als im Alpenvorland. Zugleich soll dort eine Viehseuche geherrscht haben. Im Vintschgau wütete die Pest seit September 1348. Sie soll hier gleichfalls weit oben im Gebirge ihre Opfer gefunden haben, was möglicherweise dem Umstand zuzuschreiben ist, daß die dortigen Bergbauern zugleich als Fuhrunternehmer im Alpenraum tätig waren.[30] Innichen im Pustertal scheint die Seuche im September 1348 erreicht zu haben, und noch im gleichen Monat das bayerische Mühldorf am Inn, wo die Pest im Verlauf der nächsten Monate angeblich weit mehr als tausend Menschen dahinraffte.[31]

Basel und Wien wurden etwa zur gleichen Zeit von dem Übel befallen, im Mai oder Juni 1349. In Wien hielt sich die Seuche bis gegen Michaelis, Ende September. Seit Sommer 1349 wütete sie in Südwestdeutschland und bald auch in den mittelrheinischen Städten. Als Konrad von Megenberg sein *Buch der Natur* niederschrieb, scheint sein Aufenthaltsort, Regensburg, noch nicht erreicht gewesen zu sein. Sein Buch stand ganz unter dem Eindruck eines Erdbebens, das am 25. Januar 1348 am Südrand der Alpen – mit Epizentrum im Raum Villach – aufgetreten und nordwärts bis Krakau zu spüren gewesen war. Als Durchmesser des Schüttergebiets nennt Arno Borst eine Strecke von mehr als 600 Kilometern, von der Pfalz bis nach Ungarn, von Ravenna bis Prag. Diesem großen Beben scheinen einige weitere, kleinere gefolgt zu sein. Für die Ausbreitung der Seuche könnte das Beben von Bedeutung gewesen sein.[32]

Im Südosten Bayerns breitete sich die Pest offenbar langsam aus, die Donau bildet eine Grenze; später wird sie, weiter nördlich, von den herzynisch verlaufenden Mittelgebirgen behindert. Im Westen, entlang des Rheins, dringt sie rascher nach Norden vor. Vom Kloster Zwiefalten

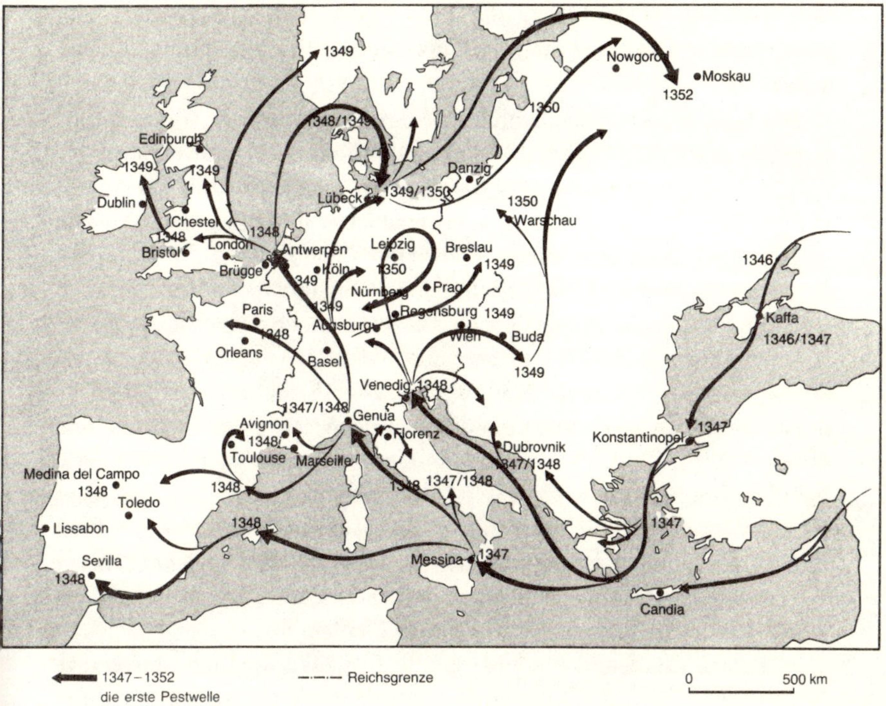

Die Ausbreitung der Pest in Deutschland

im württembergischen Donaukreis heißt es, sie sei dort 1349 aufgetreten, und auch Ellwangen im Jagstkreis soll sie im gleichen Jahr heimgesucht haben. Hingegen soll sie in Stuttgart erst anno 1350 aufgetreten sein – im zweiten Jahr *nach* dem „Judenbrennen“. Die Juden wurden 1348 verbrannt, demnach sollte die Pest erst 1350 in Erscheinung getreten sein. Von Mainz ist nicht sicher bekannt, wann die Pest erstmals kam: nach der Limburger Chronik bereits 1349, nach einer Mainzer Chronik erst im folgenden Jahr. In Köln begann die Pest Mitte Dezember 1349 zu wüten.

Günther von Schwarzenburg, der Gegenkönig, stirbt am 14. Juni 1349 in Frankfurt am Main, aber wohl kaum an der Pest, die die Stadt noch nicht erreicht hatte. Am 17. Juni 1349 zieht Kaiser Karl IV. in die Stadt ein und wohnt zwei Tage später Günthers Beerdigung bei. Am 5. Juli verläßt der Kaiser Frankfurt – er hat mehrmals Seuchengebiete vermieden, und die Pest ist im Anrücken. Sie beginnt in Frankfurt Ende Juli 1349 und wütet bis Februar 1350; von Juli bis Oktober 1349 tritt sie in

Straßburg auf. Als der Kaiser im Juli 1349 in Aachen einziehen will, sind die Geißler in der Stadt; und so muß er einige Tage vor den Stadttoren ausharren.[33]

Die Geißler oder Flagellanten sind eines der Massenphänomene, die zur Zeit der Pest in Deutschland auftreten; möglicherweise haben die umherziehenden Geißler beigetragen, die Seuche auszubreiten. Der Ausgangspunkt der Geißlerzüge lag wohl im Südosten, in Österreich oder Ungarn. Von dort wanderte ein Hauptzug im Frühjahr 1349 über Polen und Böhmen, Meißen, Sachsen und Brandenburg nach Thüringen und Franken, also in Räume, die zu dieser Zeit noch nicht von dem Übel befallen waren. In Würzburg traten die Geißler Anfang Mai 1349 auf. Sie zogen von dort weiter nach Südwesten, nach Straßburg und Basel. Es müssen viele Einzelgruppen gewesen sein, die, fast gleichzeitig, da und dort auftraten. Gekleidet waren sie in Umhänge, auf denen hinten – wie bei den Kreuzfahrern – Kreuzeszeichen aufgenäht waren. In der Hand trugen sie, nach den Schilderungen Heinrichs von Herford, einen Stab mit drei Strängen in deren Knoten kreuzweise eiserne Stacheln geknüpft waren. Sie zogen umher, hielten in den Städten an, legten ihre Überwürfe ab und züchtigten sich mit ihren Geißeln.

Mit ihrer Geißelung wollten sie die Seuche abwenden, durch ihre Buße Gottes Zorn besänftigen. Die Geißlerzüge wechselten rasch ihre Mitglieder, denn jeder blieb nur so viele Tage dabei, wie Christus angeblich auf Erden in Jahren gelebt hatte, also 33. Die Geißler kamen vermutlich aus allen Schichten; Matthias von Neuenburg schreibt, es seien viele Vornehme – „de melioribus“ – unter ihnen gewesen; aber sicherlich war auch viel Gelichter dabei. Der Papst verstand ihr Tun – ganz richtig – als einen Vorwurf an die Kirche, sie habe nicht genug getan gegen die Pest, und untersagte in einer päpstlichen Bulle vom 20. Oktober 1349 diese Bewegung; er verbot vor allem den Priestern, in ihren Reihen mitzulaufen.

Man sagt den Geißlern wohl nicht ganz zu Unrecht die Anstiftung zum Judenmord nach; doch trafen die Geißlerzüge an einigen Orten, wie in Straßburg, auch erst ein, nachdem dort die Judenpogrome bereits stattgefunden hatten.[34] Durch Nürnberg kamen die Geißler im Frühjahr 1349, das große Judenpogrom fand dort Anfang Dezember 1349 statt. „Eine so blühende Handelsstadt wie Nürnberg“, könnte man glauben, sei „besonders seuchenanfällig“[35] – doch nach allem, was man heute weiß, war die Stadt in diesem und im folgenden Jahr pestfrei, zumindest gibt es für eine deutlich höhere Sterblichkeit keinen quellenmäßigen Beweis. Ulman von Stromers *Püchel von meim geslechet und von abentewr*

(1349–1402) erwähnt diese Epidemie nicht; sein eigener Bruder soll 1362 an der Pest verstorben sein, die allerdings auch für dieses Jahr für Nürnberg nicht zu belegen ist. Johannes Müllners *Annalen der Reichsstadt Nürnberg* beschäftigen sich ausgiebig mit der Seuche der Jahre 1349/50 in Deutschland – über ein Auftreten der Pest in Nürnberg sagen sie nichts. Es ist daher anzunehmen, daß Nürnberg – wie auch andere Teile Ostfrankens, Würzburg eingeschlossen – von dieser ersten Pestwelle nicht erfaßt wurde. Erst im Jahr 1359 kam die Pest nach Nürnberg, „erhub sich ein großer Sterb", der 18 Wochen dauerte; weitere Wellen folgten 1377, 1379, 1395, 1399.[36]

Was für Nürnberg zutrifft, das gilt auch für Würzburg und bestimmt für viele weitere kleinere Orte im östlichen Franken: Sie blieben vorläufig pestfrei. Man braucht, um dies zu erklären, nicht wirksame „Präventivmaßregeln" anzuführen, wie Karl Lechner dies vor mehr als hundert Jahren getan hat. Waldreiche Zonen und Mittelgebirge, wie sie Nürnberg umgeben, können Seuchen wie die Pest abhalten. Auch weite Teile Böhmens und Schlesiens blieben seinerzeit verschont. „Nach Böhmen, Schlesien und Polen hat lediglich die spätere Gesichtsschreibung die Pest eingeschleppt", schrieb Robert Hoeniger ironisch, im Jahr 1882, und die neuere Forschung hat dies bestätigt. Nur am Rande des Böhmischen Kessels, in Orten wie Znaim, trat schon zur Jahrhundertmitte die Pest auf, wie bereits ein Prager Kleriker in seiner Fortsetzung der *Königsaaler Geschichtsquellen* schreibt. Nach Böhmen kam die Pest erst 1357, nachdem sie im Jahr davor erstmals weite Teile des östlichen Franken heimgesucht hatte.[37]

Was für Franken und Böhmen zutrifft, das gilt auch für weite Teile Schlesiens. Bis zum Jahr 1945 bargen die Breslauer Archive reiches historisches Material, das bis ins 13. Jahrhundert zurückreichte, darunter auch die Korrespondenz des Breslauer Stadtrates mit Kaiser Karl IV. von 1347 bis 1355. Von Verheerungen infolge einer Seuche ist da nicht die Rede. Die ersten glaubwürdigen Meldungen über eine Pest tauchen in den *Annales Wratislawienses maiores* bezüglich des Jahres 1372 auf, da ist von „maxima pestilentia et karistia" die Rede, von schwerer Seuche und Mangel an Nahrungsmitteln.[38]

Während weite Teile Ostdeutschlands vorerst verschont blieben, schlängelte sich die Seuche – „serpente" – im Westen von Süd nach Nord. Schneller als auf dem Landweg kam sie über das Meer: An der Nordseeküste und in Preußen taucht die Krankheit noch im Jahr 1349 auf. In einem älteren Bürgerbuch von Braunsberg am Frischen Haff ist von einem „plötzlichen Sterben, an dem neuntausend Menschen umkamen", die Rede; im gleichen Jahr sollen auch viele Bürger Königsbergs verstorben sein. Einer Chronik des Klosters Oliva bei Danzig zufolge habe die Pest „in tota Pruzia et Pomerania innumerabiles viros ac mulieres consumpsit" – in ganz Preußen und Pommern zahllose Männer und Frauen gefressen. Niedergeschrieben wurden diese Zeilen im Herbst 1349.[39]

Andere Teile Norddeutschlands wurden erst im Jahr 1350 von der Pest erfaßt, und auch hier scheinen einzelne Regionen – wie zum Beispiel die Stadt Göttingen – ausgespart geblieben zu sein. Einzelne Städte, die 1350 erfaßt wurden, waren Bielefeld, Paderborn, Münster, Osnabrück Minden, Hamburg, Braunschweig, Lüneburg, Bremen, Hannover – ohne daß man stets den genauen Tag des Ausbruchs zu nennen wüßte. Möglicherweise trat die Pest bereits an der Wende 1349/50 im Jeverland auf; die Stadt Oldenburg soll allerdings verschont geblieben sein.[40]

Zu Beginn des Jahres 1350 ergriff die Seuche Jütland und verbreitete sich von da nach Süden, über Schleswig und Holstein. Lübeck wurde ziemlich spät erreicht. Der Lübecker Geschichtsschreiber Detmar berichtet über den Ausbruch im Gebiet Lübecks: „In demsulven jare 1350 des somers von pingsten bet to sunte mychaelis daghe, do was so grot steverend der lude in allen dudeschen landen, das des ghelikes ne was ervarn unde het noch de grote dot." Im Verlauf des Jahres 1350 breitete sich die Pest entlang der Ostsee aus, über Wismar, Rostock, Stralsund, Danzig nach Nordosten; sie scheint allerdings nach Süden nicht sehr tief ins Binnenland vorgedrungen zu sein. Die altpreußischen Geschichtsschreiber wissen über eine Seuche anno 1350 nichts zu melden; im Briefverkehr des Deutschens Ordens aus dieser Zeit werden Seuchen nur selten erwähnt.[41]

Ein äußeres Ereignis mag dazu beigetragen haben, die Seuche in diesem Jahr – 1350 – zu verbreiten. Papst Bonifaz VIII. hatte das Jahr 1300 zum Heiligen Jahr erklärt. Clemens VI. war nicht gewillt, ein solches Heiliges Jahr nur alle hundert Jahre stattfinden zu lassen, und erklärte das Jahr 1350 gleichfalls zu einem Heiligen Jahr. So zogen in diesem Jahr große Pilgerscharen aus allen Teilen des Abendlandes nach Rom, und es ist nicht auszuschließen, daß diese Bewegungen Einfluß hatten auf die Ausbreitung der Pest.

Im folgenden Jahr, 1351, hörte die Pest in Deutschland zu grassieren auf. Aber sie blieb nicht lange aus, sie lag wie glimmende Kohle eines Buschfeuers verborgen, stets bereit, die Flammen wieder emporlodern zu lassen und ringsumher alles niederzubrennen. Sie hatte ihre Kraft nur zum Teil erschöpft. Es setzten Mechanismen ein, die sie – für einige

Jahre – am Weiterlodern behinderten: vor allem die Immunität, die im Falle der Pest etwa zehn Jahre anhält. Sie kam 1356 zurück, dann mehr oder weniger regelmäßig immer wieder, in Abständen von etwa 6 bis 12 Jahren Dauer.

Der Judenmord

„Judenverfolgungen und Geißelfahrten stehen unzweifelhaft in gewissem causalen Zusammenhang mit der Pest", schreibt Hoeniger, fügt dann aber gleich – kursiv gedruckt – hinzu: „Durchweg gilt die Regel, daß die Juden vorher der blinden Wut ihrer Verfolger zum Opfer fallen. (...) Judenverfolgungen und Geißelfahrten gehen in weiten Gebieten vor sich, die der schwarze Tod bei seinem ersten Zug durch Deutschland gar nicht berührt." Schon im 15. Jahrhundert ging man dazu über – erfolgreich übrigens –, die Reihenfolge umzukehren. „Nach der heute allgemein verbreiteten Annahme stellt sich die Reihenfolge der Ereignisse: Schwarzer Tod, Geißelfahrt, Judenmord", schreibt Hoeniger weiter, und diese – gleichsam „logische" – Reihenfolge begegnet auch heute noch in der Historiographie. In Wirklichkeit muß die chronologisch korrekte Reihenfolge für 1349 lauten: Judenmord, Geißelfahrt, Pest.[42]

Die Judenfeindschaft hatte sich schon zuvor in Krisenzeiten zugespitzt und für die Juden tödliche Formen angenommen. Auch in Spanien hatte man die Juden verfolgt, als dort die Seuche ausgebrochen war; im Süden Frankreichs beschuldigte man die Aussätzigen der Brunnenvergiftung. Schon im September 1348 erhob der Papst zu Avignon seine Stimme gegen den Judenmord und wies in einer Bulle darauf hin, daß die Juden zu Avignon – entgegen landläufiger Meinung – dieser unheimlichen neuen Krankheit noch zahlreicher erlegen seien als die Christen. Auch der französische Arzt Chalin de Vinario behauptet, unter den Juden sei der Anteil der Verstorbenen noch höher gewesen.[43]

Einen Höhepunkt erreichten die Ausschreitungen gegen die Juden freilich erst in Deutschland. Die Judenpogrome des Jahres 1349 waren die größten und die ersten gleichsam überregionalen im Reich; sie gingen vor allem von der städtischen Bevölkerung aus. Dabei war das „Judenbrennen" keinesfalls die Folge des Auftretens der Pest – es war allenfalls die Folge der Kunde, daß da oder dort die Pest aufgetreten sei. Soweit man weiß, trat 1349/50 in Nürnberg die Pest nicht auf; trotzdem gab es in Nürnberg einen großen Judenpogrom: Im Mai 1349 hört man in Nürnberg von den Geißlern. Im Juni proben die Zünfte einen

Aufstand gegen die patrizische Herrschaft. Im Oktober hilft Kaiser Karl IV. dem Patriziat der Stadt, seine Herrschaft zu festigen. Er geht noch weiter, im November spricht er den Nürnbergern das bewegliche Gut und die Häuser der Juden zu und leistet damit Maßnahmen gegen die Juden Vorschub, die allenthalben im Süden des Reiches bereits im Gange sind. Anfang Dezember fallen die Nürnberger über ihre Juden her, ohne daß der Rat der Stadt dagegen einschreitet: „die juden wurden verprant an sant Niclos abent anno alz vor geschriben stet (= 1349)", schreibt Ulman Stromer, der von der Pest in der Stadt nichts zu berichten weiß. Mehr als ein Drittel der Nürnberger Juden – 562 von etwa 1500 – fällt dem Judenbrennen zum Opfer, die anderen wandern ab; auf dem Boden des Ghettos entsteht später die Frauenkirche.[44]

Nürnberg ist ein Modellfall, weil hier die Juden verbrannt wurden, obwohl die Pest in der Stadt überhaupt nicht in Erscheinung trat. Das gleiche gilt für Würzburg: dort kam es am 20. und 21. April 1349 zu Judenverfolgungen; die Flagellanten zogen am 2. Mai durch die Stadt – aber die Pest kam erst Jahre später. In der Regel kam es 1349 zu Pogromen, noch ehe die erste Pestwelle die Stadt erreichte. Und die Pogrome erfolgten keineswegs spontan, sie waren – wie im Falle Nürnbergs – von langer Hand vorbereitet. Sie wurden eher von der Oberschicht als von der Unterschicht angefacht; die Mörder wurden nur in Ausnahmefällen gefaßt. Die Zahl der jüdischen Opfer war hoch; in Erfurt, der Gemeinde mit der vielleicht größten Zahl von Juden im Reich, wurden 900 bis 1000 Juden getötet.[45]

Es war also nicht der Ausbruch eines Massensterbens, der ein Judenpogrom auslöste, die Pogrome geschahen viel früher. Gleichwohl muß man annehmen, daß breite Volksschichten die Fabel von der Brunnenvergiftung durch die Juden glaubten. In Konstanz zum Beispiel zwangen die Bürger die Juden, das – angeblich vergiftete – Brunnenwasser zu trinken, während die Bürger ihren Bedarf aus dem Bodensee nahmen. Vielerorts ist bezeugt, daß man in dieser Zeit nur Regenwasser zu trinken wagte.[46]

Warum kam es zu dem Progrom? Man wird vieles in Rechnung stellen müssen: die Unsicherheit, die allgemeine Unwissenheit, die Angst vor dem Tod und mehr noch – die Angst vor dem Ende der Welt. In keinem Jahrhundert mangelt es an Stimmen, die das nahende Weltende prophezeiten; aber es gab auch Zeitläufte – und dieses Jahrhundert zählte dazu –, „in denen das ‚Ende der Zeit' als unmittelbar bevorstehend verkündet und die Annahme auch mit einer erstaunlichen Intensität verfochten wurde" (František Graus). Die Ängste, die die Menschen damals beherrschten, waren elementar.[47]

Richtig ist aber auch, daß es bereits aufgeklärte Geister gab, die die Unsinnigkeit des Vorwurfs gegen die Juden erkannten. Konrad von Megenberg, der die Pest nur vom Hörensagen kannte, als er sein *Buch von der Natur* verfaßte, schreibt, daß man die Juden zu Unrecht beschuldigte und wies auf die Vorgänge in Nürnberg hin: Es hätten die Juden auch an Orten zu leiden gehabt – „sicut in Nůrnberga civitate" –, wo die Pest nicht umging.[48]

Judenmord und Geißlerzüge – war das nicht wie ein Seismograph, der die schweren inneren Erschütterungen der Volksseele festhält? Der Berliner Medizinhistoriker Justus Friedrich Carl Hecker nannte die Geißlerfahrten eine „psychische Verirrung (...), für deren Genese die Culturverhältnisse des Mittelalters uns hinreichenden Aufschluß geben, ohne daß man jedoch irgendwie berechtigt wäre, sie den eigentlichen Geisteskrankheiten (...) anzureihen".

Es war ein „unseliges Jahrhundert" (Barbara Tuchman), ein „Zeitalter der Katastrophen" (Jacques LeGoff). Mit Recht weist Graus auf die außerordentliche Katastrophendichte des 14. Jahrhunderts hin: auf Naturerscheinungen wie Erdbeben und Heuschreckenplagen, auf den Hundertjährigen Krieg und die schwere Seuche des Schwarzen Todes. Das Gefühl, in einer Zeit der Krise und der Auflösung zu leben, scheint weitverbreitet gewesen zu sein, auch wenn man diese Erscheinungen – wie auch die demographische Entwicklung des Massensterbens – nicht quantitativ erfassen kann.[49]

Magna mortalitas

In den Jahren 1348 bis 1350 war die Sterblichkeit sehr hoch. Es besteht heute Übereinstimmung, daß die Bevölkerungsverluste infolge der Pest groß waren. Aber viele neuere Forschungen lassen auch erkennen, daß es unmöglich ist, diese Verluste heute auch nur einigermaßen genau zu beziffern. „Die Wissenschaft wird sich damit abfinden müssen, daß Zahlenangaben für die Pestgänge des 14. und 15. Jahrhunderts nicht gemacht werden können ."[50]

In vielen Fällen ist nicht einmal mit Sicherheit festzustellen, ob die Pest einen bestimmten Ort erreicht hat – wie will man da sichere Angaben über die Sterblichkeit an diesem Ort erhalten? Um sich über die erhöhte Sterblichkeit ein Bild zu verschaffen, muß man Informationen über die mittelbaren Folgen heranziehen, also Aussagen über Arbeitskräftemangel, Preisrückgänge, Bevölkerungspolitik der Städte und dergleichen. Diese indirekten Nachrichten geben freilich nur ein annähernd genaues Bild. Aber oft sind es nur diese mittelbaren Folgen, die uns über erhöhte Sterblichkeit – und damit die Vermutung auf eine Pest – ins Bild setzen.

Italien: Einzelne Städte und Regionen Italiens, mit ihren prächtig gefüllten Archiven, wurden bezüglich der Seuchensterblichkeit in der Mitte des 14. Jahrhunderts gründlich erforscht. Italien sei damals „am härtesten betroffen" worden, schrieb Hecker, und „habe die Hälfte seiner Einwohner verloren", weitaus mehr als Deutschland; in einzelnen Gegenden seien von hundert Bewohnern kaum zehn am Leben geblieben. In der älteren Literatur finden sich Angaben, „daß zwei Drittel der Menschen vom schwarzen Tod mitgenommen worden" seien.[51]

Vielen älteren Untersuchungen zufolge verloren einzelne italienische Städte in diesem einen Pestzug mehr als die Hälfte ihrer Bewohner: Florenz soll 60000 Tote gezählt haben, Venedig 100000, Siena 70000, und ähnlich hoch – nämlich auf 60000 – werden die Verluste für Avignon beziffert. Das sind ältere Schätzungen. Aber auch die neueste Forschung beziffert für Florenz die Verluste außerordentlich hoch: Ann Carmichael kommt zu dem Ergebnis, daß Florenz anno 1340 mehr als 15000 Menschen verloren haben muß; von den verbliebenen gut 100000 Einwohnern seien in der Zeit des Schwarzen Todes 50000 verstorben; nach weiteren acht Pestwellen – zwischen 1348 und 1427 – habe die Stadt noch 37000 Einwohner gezählt.[52]

Elisabeth Carpentier stellt in der Stadt Orvieto nach dem Massensterben keine tiefgreifenden Veränderungen fest: in Politik, Verwaltung und im Finanzwesen sieht sie einfach eine Fortsetzung älterer Traditionen; allenfalls eine erhöhte Religiosität vermag sie für die Zeit nach 1348 festzustellen. Aber sie geht von einer Schrumpfung der Bevölkerung aus: zwischen dem Ende des 13. und dem Ende des 14. Jahrhunderts um die Hälfte.[53]

Wie hoch waren die Verluste für ganz Italien? Einige Städte könnten wohl einzig und allein in der Zeit des Schwarzen Todes die Hälfte ihrer Bewohner verloren haben – aber doch nicht das ganze Land. Freilich, die Apenninhalbinsel hat lange Küsten und viele Seehäfen, enge Beziehungen zum Orient, hohe Sommertemperaturen und einen weitverzweigten Binnenhandel, das alles begünstigte die Ausbreitung einer Seuche wie der Pest. Der Mangel an Arbeitskräften wurde nach 1350 so groß, daß im Mittelmeerraum der Sklavenhandel wieder zunahm.[54]

England: Was Letalität und Mortalität anlangt, sind wir über England gut im Bilde, vielleicht besser als über jedes andere Land. Die Verluste waren, auch nach neuesten Schätzungen, sehr hoch. Die Einwohnerzahl des Landes betrug am Vorabend des Schwarzen Todes annähernd 3,7 Millionen,[55] ein Drittel davon könnte 1348/49 dahingerafft worden sein. Die nachfolgenden Seuchenzüge taten das Ihre, die Bevölkerung in den nächsten Jahrzehnten auf rund die Hälfte zu reduzieren. Josiah C. Russell nimmt an, daß die erste Welle (1348/49) rund ein Viertel der Bevölkerung tötete, die zweite (1360/62) ein knappes Viertel, die dritte (1369) gut 13 Prozent, die vierte (1375) etwas weniger. Postan schätzt den Bevölkerungsverlust für die Jahre 1348 bis 1375 auf etwa 40 Prozent. Paul Slack hält einen Rückgang von einem Drittel – allein für die Jahre 1348/49 – für zu niedrig.[56]

Die demographisch-historische Forschung hat einzelne Gruppen der englischen Bevölkerung – namentlich den Klerus und die religiösen Orden – genauer untersucht. Im Bistum Lincoln wurden 1349/50 von 1857 Pfründen 1025 neu besetzt, 74 davon gleich zweimal und 2 gleich dreimal. Die Kartäuser hatten in den Reihen ihrer Angehörigen vor 1348 niemals mehr als hundert Tote zu beklagen – aber 1348 waren es 465, also knapp fünfmal soviel, 1349 noch einmal 165, und weitere 270 Ordensangehörige starben anno 1350. Starben normalerweise von rund 2000 Ordensangehörigen nicht einmal 300 innerhalb von drei Jahren, so waren es jetzt 900. Die Zahl der englischen Klosterinsassen hat sich in den Jahrzehnten nach 1350 etwa halbiert, wobei die Frage offen bleibt, ob andere Einflüsse – etwa die reformatorische Kritik John Wyclifs – eine Rolle dabei spielte. Fraglich bleibt auch, bis zu welchem Grad man die hohe Sterblichkeit der Ordensleute – 40 bis 50 Prozent – auf die allgemeine Bevölkerung übertragen darf.[57]

Deutschland: Nach dem Erscheinen des Aufsatzes von Friedrich Lütge über *Das 14./15. Jahrhundert in der Sozial- und Wirtschaftsgeschichte* kam es zu einer lebhaften Diskussion um das Ausmaß der Bevölkerungsverluste Deutschlands in der Mitte des 14. Jahrhunderts. Lütge schrieb, „das schlechterdings zentrale Ereignis (...), das den Ausgangspunkt unserer Untersuchungen darstellt, ist der *Bevölkerungszusammenbruch* um die Mitte des 14. Jahrhunderts, der im wesentlichen durch den *Schwarzen Tod* von 1347/51 und die sich daran anschließenden großen Seuchenzüge hervorgerufen" worden sei. Die Schätzungen schwankten – allein für 1349/50 – gewaltig: auf ein Achtel bis zwei Drittel wurden die Verluste geschätzt – und doch gingen die Historiker darüber hinweg, als sei es ein leichtes für eine Gesellschaft, einen solchen Aderlaß zu verkraften.[58]

Möglicherweise waren die Verluste in Italien am höchsten und in England am zweithöchsten. Ob sie anderswo, zum Beispiel in Deutschland, deutlich niedriger waren, ist nicht eindeutig zu ermitteln. Wie hoch waren sie hierzulande? Wilhelm Abel schreibt, die ihm bekannten Zahlen und vielen chronikalischen Nachrichten ließen ihn „vermuten, daß die Sterblichkeit in Deutschland nicht geringer als in anderen Ländern war". Nicht geringer – aber wie hoch waren sie anderwärts? Man tut daher, auch für Deutschland, gut daran, wenn man nur Annäherungswerte gibt, wie dies vor kurzem Erich Meuthen versucht hat: „Für das Reich rechnet man in der ersten Hälfte des 14. Jahrhunderts mit 11–14 Mill. Einwohnern", schreibt er. „Der Tiefpunkt mit 7–10 Mill. Einwohnern wird um 1470 erreicht, der Stand von etwa 1340 um 1560 wieder erreicht." Daraus ergäbe sich ein Rückgang von wenigstens zehn und höchstens fünfzig Prozent – bezogen nicht auf das Einzelereignis von 1349/50, sondern auf die vielen Epidemien, die zwischen 1348 und 1470 Deutschland heimgesucht haben.[59]

Die Zahl der Seuchentoten in einzelnen deutschen Städten sind nicht bekannt; soweit zeitgenössische Angaben vorliegen, sind sie unbrauchbar. Schon vor mehr als hundert Jahren schrieb Karl Lechner, diese Zahlen seien Übertreibungen, von Wien wie von Lübeck lägen die „divergierendsten und unsinnigsten Berichte von den Chronisten" vor.[60] Die Einstellung des mittelalterlichen Menschen zu Zahlen war anders als heute, möglicherweise hat man auch absichtlich übertrieben. Außerdem gab es Schwierigkeiten, mit den römischen Zahlen zu rechnen, das zeigt das Rechnungsbuch eines jeden mittelalterlichen Kaufmanns.

Erich Woehlkens hat 1954 in einer methodisch sehr anspruchsvollen und gründlichen Arbeit die niedersächsische Stadt Uelzen am Ende des 16. Jahrhunderts untersucht. Er kam zu dem Ergebnis, daß eine Peststerblichkeit von mehr als 35 Prozent in einer Stadt nicht glaubhaft sei. Vielleicht hat er dabei übersehen, daß die Erfahrungen von Uelzen um 1600 nicht gleichgesetzt werden dürfen mit einer Großstadt um 1350, als die Pest erstmals in Europa auftrat. Da die Pest eine mehrjährige Immunität verleiht, sollte die Mortalität in späteren Seuchenzügen niedriger sein als beim allerersten Auftreten.

Über einzelne Städte liegen Schätzungen vor, über das Land so gut wie nie. Dabei lebte damals die große Mehrheit der deutschen Bevölkerung auf dem Lande. Nicht einmal über die unterschiedliche Sterblichkeit in Stadt und Land herrscht Klarheit. Häufig heißt es, die Städte seien stärker heimgesucht gewesen als das flache Land – mit Begründungen wie: weil hier die Menschen enger beieinander hausen mußten. „Die Vermutung liege nahe“, schreibt Abel, „daß auf dem Lande die Verluste geringer blieben als in den eng bebauten und dem Verkehr offenen Städten, doch läßt sich diese Vermutung nicht belegen.“ Ähnlich glaubt auch Lütge, daß die Sterblichkeit in den Städten höher war und führt als Beweis einige Städte an, von denen er annimmt, daß sie dort hoch war, nämlich Osnabrück, Florenz und Bremen. „Man hat berechnet“, schreibt er, „daß die größeren deutschen Städte des 14. und 15. Jahrhunderts ihren Nachwuchs nur zu etwa 50 Prozent aus den eigenen Reihen zu ergänzen vermochten.“[61]

Die Vermutung, daß die Sterblichkeit in den Städten – infolge der Seuche – höher war als auf dem Land wird aber auch bestritten, und zwar gerade von Epidemiologen. Da über die Landbewohner noch weniger bekannt ist als über die Städter, wird sich dieser Vergleich vorläufig nicht anstellen lassen; aber die epidemiologische Vermutung spricht keineswegs dafür.[62]

Für einzelne Städte, namentlich Niederdeutschlands, liegen neuere Untersuchungen der Bevölkerungsverluste vor; aber auch sie sind lückenhaft und erlauben längst nicht immer zuverlässige Gesamtschätzungen. In Hamburg starben 1350 „von 34 Bäckermeistern 12 oder 35 Prozent, von 40 Knochenhauern 18 oder 45 Prozent, von 37 Stadtbediensteten 21 oder 57 Prozent, von 13 im Laufe des Jahres neu eingestellten Bediensteten nochmals 6 oder 45 Prozent, von 21 Herren des Ratskollegiums nicht weniger als 16 oder 76 Prozent. (...) Zählen wir alle diese Personen zusammen, so ergeben sich 145 Männer, deren Schicksal wir kennen, und von diesen haben nur 72, also weniger als die Hälfte, das Jahr 1350/51 überlebt. (...) Es ist daher gewiß nicht zu kühn, wenn wir die Sterbeziffer des Jahres 1350 in dieser Stadt auf 50–66 Prozent, also die Hälfte bis zu zwei Dritteln der Bevölkerung ansetzen. Die Volkszahl mag von rund 10000 auf 4000 gesunken sein.“

Heinrich Reincke, der diese Untersuchungen vornahm, kommt bezüglich der Hansestadt Bremen zu noch etwas höheren Verlusten. „Wir müssen auch in Bremen mit einer Sterblichkeit von weit mehr als 50 Prozent, ja vielleicht mit 70–80 Prozent rechnen“, schreibt er. „Die Einwohnerzahl Bremens im Jahre 1350 vor Ausbruch der Pest wäre auf etwa 10000–12000 Personen zu schätzen, hinterher, wie in Hamburg, auf zunächst etwa 4000.“ In Lübeck starb rund ein Viertel der Ratsherren; es wurde hier eine gestiegene Testierbereitschaft als Folge des Massensterbens sowie ein Rückgang des Geschäftsvolumens nachgewiesen. „Wenngleich die Angabe der Lübecker Detmar-Chronik, daß an manchen Orten kaum der zehnte Mensch am Leben geblieben sei, übertrieben gewesen sein mag, so ist doch fraglos in den Städten überall mindestens ein Viertel, vielfach weit über die Hälfte bis zu zwei Dritteln der Bevölkerung in diesem einen Jahre des Grauens (...) dem Tode verfallen“, so faßt Reincke seine Untersuchungen einzelner Hansestädte zusammen.[63]

Reincke übersieht dabei, daß diese Personengruppen – Bäcker, Fleischhauer, städtische Bedienstete – möglicherweise nicht repräsentativ sind, wo es um eine Infektionskrankheit wie die Pest geht. Die genannten Personengruppen sind nämlich besonders gefährdet. In den Häusern der Bäcker und der Fleischhauer trieben sich gerne Ratten herum, während sie die Leute mieden, die mit Fisch handelten oder mit Öl, die großen Lärm verursachten wie die Schmiede oder die übelriechende Materialien verarbeiteten wie die Gerber. Ratsherren und andere städtische Bedienstete waren aufgrund ihres wohl höheren Alters nicht repräsentativ, wo es um Sterblichkeit geht. Möglicherweise wurden sie aber auch als Gutachter eingesetzt und mußten in dieser Funktion pestinfizierte Häuser besuchen, sich also vermehrt der Gefahr aussetzen. Auf jeden Fall wird man die hohe Sterblichkeit dieser Gruppen nicht ohne weiteres auf die Gesamtbevölkerung übertragen dürfen. Außerdem erlauben die genannten Hanse- und Handelsstädte nicht einfach einen Rückschluß auf andere Städte, kleinere Städte im Binnenland mit weniger Verkehr.[64]

Über einige Klöster – mit ihrer langen Tradition der Schriftlichkeit – liegen genauere Untersuchungen vor. Von einem Kloster Marienberg im Vintschgau ist bekannt, daß dort so viele Mönche verstarben, daß die alten Liturgien in Vergessenheit gerieten. Anderswo nahmen Franziskaner und Dominikaner nach dem Massensterben auch fünfjährige Kinder auf, Waisenkinder, so ist zu vermuten. Das Zisterzienserkloster Rottenminster nahm vor 1350 nur Adlige auf, danach auch Bürgerliche. In den Klöstern Schaffhausen und Himmelspforten konnte man nach der Seuche von 1350 auch als Bürgerlicher Abt oder Äbtissin werden. Das sind vor allem Zeichen einer neuen Zeit, quantitative Schlüsse über erhöhte Sterblichkeit lassen sie nicht zu.[65]

Aus einigen Klöstern liegen aber auch Zahlen vor. Im Kloster Mariengarten bei Göttingen und im Benediktinerkloster St. Georgenberg in Tirol war die Sterblichkeit sehr hoch, es starben 8 von 11 Mönchen in dem einen, 52 von 70 in dem anderen Falle. St. Emmeram zu Regensburg hatte 1330 32 Ordensleute in seinen Mauern, 1385 waren es noch 12. Das

Frauenstift der alten Hansestadt Essen zählte 1292 27 Nonnen, 1376 waren es noch 12. Mitgliederschwund scheint es in den deutschen Klöstern gegeben zu haben – er war allerdings nicht so hoch wie in England, und es gab auch Klöster, wo die Zahl der Ordensleute 1370 höher war als vor dem Großen Sterben. Bernd Zaddach, der diese Untersuchungen vorgenommen hat, kommt zu dem Ergebnis, daß die deutschen Klöster vielleicht ein Viertel ihrer Angehörigen einbüßten; aber insgesamt verloren sie weitaus weniger als der Weltklerus, der nun wiederum zu einer besonders gefährdeten Personengruppe zählte, denn die Priester wurden zu den Sterbenden gerufen, während die Ordensleute sich hinter ihren Klostermauern verstecken konnten.[66] Am Wiener Stephansdom starben 65 Kanoniker. In Frankfurt am Main sollen an einem einzigen Tag 35 Priester verstorben sein. Viele Gemeinden klagten über Priestermangel, während die Seuche in ihrer Stadt wütete; das könnte freilich einfach auf den gestiegenen Bedarf zurückzuführen sein. Aus dem südfranzösischen Perpignan ist bekannt, daß dort mehr als die Hälfte aller Priester die Seuche nicht überlebten; von 140 Dominikanermönchen in Montpellier sollen nur 8 überlebt haben; die allgemeine Sterblichkeit soll mehr als 50 Prozent betragen haben.[67]

Relativ wenig ist bekannt über die ländliche Bevölkerung; und wo Untersuchungen vorliegen, geschah es häufig auf dem Umweg über Klöster. Herbert Klein hat sich mit den Folgen des Großen Sterbens für das Salzburger Benediktinerkloster St. Peter beschäftigt: In dessen Amt Pongau standen demnach 1352 fast ein Viertel der Höfe öd, 16 Prozent der Höfe waren anderen Höfen zugeschlagen worden, weitere 26 Prozent hatten ihren Besitzer gewechselt; nur auf 17 Prozent der Höfe saßen noch die Pächter, die sie schon 1348 bewirtschaftet hatten. Mehr als zwei Drittel der Höfe hatten also nach der Seuche andere Pächter. Im Amt Pinzgau waren 17 Prozent der Pachtstellen verödet. Aus den Urbaren des Klosters Arnoldstein aus den Jahren 1334 und 1352 geht hervor, daß 1352 nur in wenigen Fällen die gleichen Pächter auf den Höfen saßen wie 1334. Was zuvor als Ackerland bewirtschaftet worden war, war nun Weideland geworden. In einem Urbar des Klosters Admont werden noch um 1400 von 253 Höfen 73 als „domus desolatae" bezeichnet. Im ostalpenländischen Raum, so beschließt Klein seine Studie, war „es das Große Sterben von 1348/49 (...), das den Siedlungsstillstand und den Siedlungsrückgang des 14. Jahrhunderts auslöste". „Es ist eine altbekannte Tatsache", schreibt er, „daß die bis dahin lebhafte Bevölkerungs- und Siedlungsexpansion der europäischen Städte um die Mitte des 14. Jahrhunderts zu einem plötzlichen und lange andauernden Stillstand kommt."[68]

Über die Sterblichkeit einzelner Altersgruppen und der beiden Geschlechter ist für diese Zeit gleichfalls wenig bekannt. Es ist anzunehmen, daß einige Autoren, die der einen oder anderen Gruppe eine höhere Sterblichkeit nachsagen, dies eher aufgrund von Überlegungen als infolge von empirisch gewonnenen Erkenntnissen tun. Im großen und ganzen finden sich in der Literatur bezüglich der Altersgruppen wenig Unterscheidungen. Karl Helleiner schreibt, die erste Pestwelle habe vorwiegend ältere Menschen getroffen, die späteren beiden Wellen häufiger die jüngeren. Zu ähnlichen Ergebnissen kommen auch William Bowsky und Gisela Grupe. Der englische Zoologe Graham Twigg stellt – für England – fest, daß 1348/50 die Sterblichkeit der Säuglinge hoch war, etwa ein Drittel, 1361/62 soll sie etwa ein Fünftel betragen haben, 1369, und 1375 soll sie gleich Null gewesen sein. Bei der ersten Pestwelle sei die Mortalität der Säuglinge und der Menschen über fünfzig ziemlich hoch gewesen.[69]

Es ist fraglich, ob diese Schlüsse wirklich repräsentativ sind. Carmichael kommt für Florenz zu dem Ergebnis, daß in einigen Pestjahren der Anteil der Kleinkinder an den Toten bedeutend höher war als in anderen. Sie führt dies darauf zurück, daß die Kinder aufgrund vorhergegangener Seuchen verwaist waren oder von ihren kranken Eltern schlecht betreut wurden. Es mag auch andere Gründe gehabt haben, beispielsweise mögen neben der Pest noch weitere Krankheiten aufgetreten sein, die vorwiegend Kleinkinder in den Tod rissen.

Wie sah es aus mit der Sterblichkeit von Männern und Frauen? Auch hier fällt es schwer, eine Antwort zu geben. Es gab im Spätmittelalter, wie fast zu allen Zeiten, erheblich mehr Frauen als Männer – dies ist keineswegs ein Hinweis darauf, daß etwa mehr Männer an der Pest gestorben seien. Einzelne Berufsgruppen waren stärker gefährdet; die Frauen, die als Mägde in den Häusern der gefährdeten Personen lebten, waren allerdings gleichfalls tödlich gefährdet.

Was die schichtenspezifische Sterblichkeit anlangt, so ist für die Mitte des 14. Jahrhunderts wenig Zuverlässiges bekannt. Wo Aussagen getroffen werden, geschieht dies meist aufgrund von Überlegungen, nicht auf quellenmäßig abgesicherten Erkenntnissen. Carmichael stellt für Florenz fest, daß die Pestwellen des 14. Jahrhunderts alle Schichten mehr oder weniger gleichmäßig erfaßten; im 15. Jahrhundert hingegen entzogen sich die wohlhabenden Florentiner der Seuche durch die Flucht. Der Schwarze Tod machte vor den gekrönten Häuptern Europas nicht halt, es sind ihm mehrere Könige und Fürsten erlegen. Michel Mollat schreibt, die Armen seien 1348 zahlreicher dahingerafft worden als die

Reichen, und für einzelne Orte in Frankreich hat sich dies bestätigt: in Albi starben 1348 21 Prozent der Bürger in den besseren Stadtteilen, aber 62 Prozent aus den ärmeren Vierteln.[70]

Was könnte die Ursache einer unterschiedlichen Sterblichkeit von arm und reich sein? Sich in ein Landhaus zu flüchten, abseits der infizierten Städte und ihrer Einwohner, wäre eine Erklärung. Außerdem dürften auch die Stadthäuser der Vornehmen widerstandsfähiger gegenüber den Ratten gewesen sein als die Hütten der Armen. „Ausreichende Ernährung" hingegen, wie Rahe geltend gemacht hat, oder bessere ärztliche Versorgung, dürfte kein gültiges Argument für eine niedrigere Sterblichkeit sein, denn die Pest befällt und tötet Menschen unabhängig von ihrem Ernährungszustand, und die Ärzte des 14. Jahrhunderts waren der Pest gegenüber vollkommen machtlos.[71]

Die Bilanz der Jahre 1348/50: Angesichts der insgesamt dürftigen Quellenlage ist es schwierig, sich ein genaues Bild von den Verlusten zu machen, die die Pest von 1348/50 gefordert hat. Auch jüngere Schätzungen weichen noch immer stark voneinander ab; ein Bevölkerungsverlust von einem Drittel ist am häufigsten zu lesen. Klaus Bergdolt wagt die Behauptung, daß „in den europäischen Ländern ein Drittel bis die Hälfte der Bevölkerung" dahingerafft wurde. Das ist sehr hoch, und selbst die Aussage von Gundolf Keil – „Insgesamt scheint Europa in der Pestpandemie von 1347 bis 1351 ein gutes Drittel seiner Bevölkerung verloren zu haben" – erscheint übertrieben hoch zu sein, auch wenn einige andere Autoren die Verluste noch höher beziffern.[72] Vielleicht erlaubt die Betrachtung von – leichter quantifizierbaren – mittelbaren Folgen des Massensterbens, etwa des Wüstungsquotienten, eine genauere Einschätzung, wie hoch das Sterben in Deutschland und anderswo gewesen ist.

Wichtig ist auch der Hinweis, daß dies zwar die erste, nicht aber die letzte Pestwelle war, die über Europa hinwegzog. Pestwellen kamen immer wieder, in Abständen von sechs bis zwölf Jahren, bis ins beginnende 18. Jahrhundert, und es ist anzunehmen, daß die deutsche – wie die europäische – Bevölkerung nicht 1350, sondern erst viel später einen Tiefpunkt erreichte.

Wirtschaftliche und soziale Folgen des Massensterbens

Die Folgen des dramatischen Bevölkerungsrückgangs in der Mitte des 14. Jahrhunderts auf Wirtschaft und Gesellschaft wurden bislang in der Historiographie sehr unterschiedlich eingeschätzt. Während die einen sagen, er habe „den mächtigen Aufschwung von Handel und Industrie, die glänzende Entwicklung der deutschen Städte nicht aufhalten können" (Robert Hoeniger) oder er sei zumindest „seltsam unbestimmt" (Nancy Siraisi) gewesen, nennen ihn andere Historiker „eines der einschneidendsten Ereignisse der gesamten europäischen und auch speziell deutschen Geschichte" (Friedrich Lütge). „Im Geschichtsbild mancher Historiker, insbesondere deutscher", nimmt der Schwarze Tod „noch nicht den Platz ein, der ihm gebührt", urteilt Wilhelm Abel. Richtig ist sicherlich, daß viele deutsche Historiker sich mehr der Ideengeschichte als der Gesellschafts- und Wirtschaftsgeschichte verschrieben haben und daher in ihren Darstellungen des späten Mittelalters der Besteigung des Mont Ventoux durch Petrarca mehr Raum schenken als dem Massensterben.[73]

Die Pest von 1348/50 hatte zur unmittelbaren Folge den Rückgang der Bevölkerung, und dieser wiederum hatte eine Reihe weiterer Folgen – richtig ist freilich, daß der Bevölkerungsrückgang schon zuvor einsetzte und sich bis in die zweite Hälfte des 15. Jahrhunderts hinzog; der Bevölkerungsstand von etwa 1320 war vermutlich erst wieder in der zweiten Hälfte des 16. Jahrhunderts erreicht, also rund ein Vierteljahrtausend später.

Sehr deutlich lassen sich die Folgen des Massensterbens in der Landwirtschaft verfolgen, denn mit der Landwirtschaft hatte, zumindest mittelbar, jeder zu tun. In der zweiten Hälfte des 14. Jahrhunderts kam es, um erneut mit Abel zu sprechen, zu einer „Agrarkrise". Wenn die Nachfrage sinkt, dann sinken – bei gleichbleibendem Angebot – in der Regel die Preise, und da nach 1350 die landwirtschaftlichen Produkte infolge des Massensterbens weniger gefragt waren, sanken auch die Preise. Sie gingen nicht sofort zurück, sondern erst im letzten Viertel des Jahrhunderts, blieben dann aber, zumindest in Deutschland, bis ins dritte Viertel des 15. Jahrhunderts sehr niedrig. Auch in England fielen die Preise erst im letzten Viertel des 14. Jahrhunderts, wie sie in den dreißig Jahren davor nicht gefallen waren. Für den Rest des Mittelalters, also bis gegen das Jahr 1500, blieben sie niedrig, sieht man von einzelnen Teuerungsjahren ab, die mit der Witterung und den Ernten zu tun haben.[74]

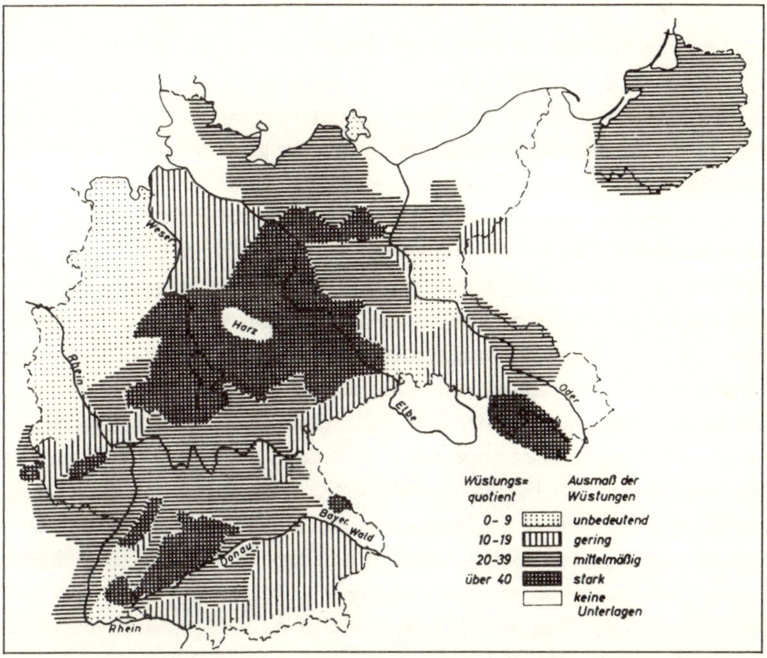

Die spätmittelalterlichen Wüstungen in Deutschland

Woher rührt die Verspätung des Preisverfalls? Von Italien und England ist bekannt, daß es erst einmal – nach 1350 – zu einer Teuerung kam, für Nahrungsmittel und andere Dinge, wohl deswegen, weil jetzt die Menschen fehlten, die diese Dinge bereitstellen sollten. Die Pest unterbrach ja nicht nur die Nachfrage, sie störte auch die Angebotsseite, nämlich die Feldarbeit, den Transport der Nahrungsmittel in die Städte. In Teilen Norditaliens blieb in Pestzeiten, auch später noch, das Getreide ungeschnitten auf den Feldern stehen. Außerdem verteilte sich nach dem Sterben die gleiche Menge an Geldmitteln auf deutlich weniger Köpfe, was – nach der Fisherschen Verkehrsgleichung – eine Steigerung der Preise erwarten läßt.[75]

Die fortgesetzten Seuchen – was ja nichts weiter heißt als: die anhaltend hohe Sterblichkeit – brachten es mit sich, daß die Nachfrage und die Preise nicht nur einmal absackten – es kam buchstäblich zu einer „Dynamik der Schrumpfung" (Abel). Der Preisverfall wurde allerdings dadurch gemindert, daß die Anbauflächen zurückgingen – die Bauern konnten nicht mehr alle Feldarbeit verrichten, also ließen sie einzelne

Felder, wohl eher die schlechteren, brach liegen, ließen sie „wüst“ werden, wie man sagt. Es kam zu Flurwüstungen und auch zu Dorfwüstungen, wo man gleich infolge des Bevölkerungsrückganges ganze Dörfer aufgab, was die Produktion und das Angebot drosseln half. Trotz des Produktionsrückganges blieben die Preise für Agrarprodukte relativ niedrig.[76]

Die Flurwüstungen waren von Region zu Region sehr unterschiedlich; sie machten in Teilen Deutschlands vierzig Prozent und mehr aus; vielleicht geht man nicht ganz fehl, wenn man sagt, daß wohl ein Viertel oder etwas mehr der bisherigen Anbauflächen nach 1350 zumindest zeitweise wüst lagen. Etwa ebenso hoch – oder eher ein klein wenig niedriger, weil die Bauern doch vermutlich eher die schlechten Feldstücke aufgaben – dürfte der Bevölkerungsrückgang um 1350 gewesen sein. Die Wüstungsforschung hat sich in den vergangenen Jahrzehnten ein ziemlich genaues Bild gemacht von den Wüstungen in Deutschland; da und dort, so scheint es, beispielsweise in Franken, fehlen allerdings noch genaue Untersuchungen. Es könnten aber auch an einzelnen Orten und Regionen die Verluste rascher ausgeglichen worden sein, denn nach größeren Bevölkerungsverlusten steigen oft die Geburtenraten und der Ausgleich erfolgt relativ rasch.[77]

Wie viele Fluren nun wüst lagen, so lagen bald auch Ortschaften wüst, weil die Bewohner verstorben waren oder die verminderte Bevölkerung es vorzog, künftig in einer Stadt zu leben oder in einem anderen Dorf. Gegen 1300 zählt Deutschland etwa 170000 Siedlungen – zweihundert Jahre später nur etwa 130000. Auch die Stadtgründungen gingen nach der Pest deutlich zurück; sie hatten um das Jahr 1300 einen Höhepunkt überschritten. Auch innerhalb der Städte wandelte sich das Bild – wie könnte es anders sein? Viele ältere Städte hatten im Verlauf des 12. oder 13. Jahrhunderts umfangreiche Erweiterungen vorgenommen, neue Mauerringe gezogen oder sie ausgeweitet. Das war nach der Pest nicht mehr nötig; das Weichbild der meisten Städte blieb sodann viele Jahrhunderte lang so gut wie unverändert.[78]

Nach dem Massensterben von Menschen standen einer kleiner gewordenen Bevölkerung pro Kopf mehr Nutztiere zur Verfügung. Daraus kann man auf einen höheren Fleischverbrauch schließen. Allerdings ist es schwierig, diesen Fleischverbrauch auch nur annähernd genau zu erfassen, abgesehen davon, daß auch der Fleischverbrauch vor 1350 sich einer genaueren Schätzung entzieht. Bis vor kurzem herrschte in der Forschung die Auffassung vor, der Fleischverbrauch sei im späten Mittelalter zumindest in Teilen Deutschlands höher gewesen als heute.

Vermutlich war er in der damaligen Oberschicht hoch, vor wie nach der Pest, und bestimmt aßen auch die Handwerker, Bauern und Tagelöhner nach 1350 mehr Fleisch als zuvor. Aber mit hundert Kilogramm und mehr – wie heute – scheint der Fleischverbrauch nach jüngsten Forschungen doch gewaltig übertrieben worden zu sein, es scheint eher die Hälfte gewesen zu sein, also etwa fünfzig Kilogramm. An Getreide sollte es nicht gefehlt haben, solange die Bevölkerung – also bis über die Mitte des 15. Jahrhunderts – nicht deutlich zu wachsen begann; der Getreideverbrauch lag bei einem Scheffel oder knapp zweihundert Kilogramm.[79]

Infolge des Massensterbens verfielen nicht einfach die Preise; es entstanden Verzerrungen im Preisgefüge: die Agrarpreise fielen, die Preise für gewerbliche Produkte stiegen, denn es fehlten die Handwerker, sie herzustellen. Man spricht daher von einer „Preisschere", die sich erst gegen Ende des 15. Jahrhunderts zu schließen beginnt. Außerdem verteilte sich nach dem Schwarzen Tod die gleiche Menge Geld auf weniger Köpfe, und natürlich verdichtete sich der Reichtum gerade dort, wo er schon zuvor sich konzentriert hatte: die Reichen beerbten ihre reichen Verwandten und wurden noch reicher. Das ließ den Konsum von Luxusgütern steigen; die Mode begann häufiger zu wechseln als zuvor, und je schneller sie wechselte, desto häufiger wurden neue Kleiderordnungen erlassen, um die alten Bekleidungsvorrechte der Privilegierten zu schützen.[80]

Wurde das Leben leichter oder wurde es schwerer für die breiten Massen in Stadt und Land? Das ist nicht leicht zu entscheiden; man muß auch bedenken, daß die stete Nähe des Todes als bedrückend empfunden wurde. Nicht wenige Historiker haben aber auch eine objektive Verschlechterung infolge des Bevölkerungsschwundes festgestellt; die nun in den Städten sich verstärkenden Verfassungskämpfe könnten darauf hindeuten – sie müssen es nicht, sie könnten auch einfach Ausdruck höherer oder enttäuschter Erwartungen sein. Richtig ist sicherlich, daß gegen einzelne Bevölkerungsgruppen, zum Beispiel gegen herumstreunende, müßige Personen die Gesetzgebung jetzt schärfer wurde. Die Lohnforderungen der – rarer gewordenen – Handwerker wurden jetzt mit Maximalgesetzen bekämpft. Die Zünfte begannen sich abzuschließen, weniger offen zu sein für Neuerungen, nur auf die Erhaltung des Bestehenden zu sinnen.[81]

Auch die bäuerliche Freiheit wurde eingeschränkt. Die Freizügigkeit wurde gedrosselt, um zu verhindern, daß die Bauern abwanderten, in die freien Räume des Ostens. Die Besiedelung des Ostens hörte mit dem

Schwarzen Tod auf; es gab in Altdeutschland wieder genügend Land.[82] Die Erwartungen der Bauern wurden nicht erfüllt. In Westeuropa entluden sich diese Spannungen in großen Bauernaufständen: in Frankreich bereits 1358, in England 1381.

Das Überleben der ersten Pestwelle und die zunehmende Konzentration des Reichtums hatten auch Folgen, die sich leichter nachweisen lassen als etwa eine tiefgreifende Religiosität: Die frommen Stiftungen nahmen nach 1350 zu. In vielen Kirchen entstanden jetzt Altäre, die von reich gewordenen Personen gestiftet wurden; sie sind häufiger in Stadtkirchen als in ländlichen Gotteshäusern anzutreffen. Damit wollte der Spender Gott danken – und zugleich die Kirche bitten, ihm beizustehen, damit er auch künftig vor den Übeln der Zeit verschont bleibe. Es wurden vermehrt Seelenmessen bezahlt, um den Stifter und seine Angehörigen zu beschützen. Oft aber fielen der Kirche auch Stiftungen zu, weil kein anderer Erbe übrig blieb als sie oder, dies traf vor allem für Italien zu, der Kommune.[83]

Den Klöstern, die von den Erträgen ihres Grundbesitzes leben mußten, erging es oft gerade umgekehrt: Nach 1350 konnten ihre Pächter infolge der gesunkenen Agrarpreise oder der hohen Sterblichkeit ihrer Erntearbeiter die Pachtgebühren nicht mehr bezahlen, und die Klöster konnten sehen, wie sie zu ihrem Pachtzins kamen. Im Kloster St. Peter zu Salzburg häuften sich die Hinweise, daß Pächter seit Jahren den Zins nicht entrichtet hatten.[84]

Nicht immer sind die Folgen der Pest und des Massensterbens leicht auf einen Nenner zu bringen. So gab es nach 1350 eine höhere Religiosität als zuvor, bestimmt aber auch mehr Feindseligkeit gegen die Kirche und ihre Träger, die offenbar selber gegen das Sterben hilflos waren. Mancherorts, vor allem im Norden Deutschlands, entstanden neue Bruderschaften wie die Elends- und Kalandsgilden, die Celliten, später Alexandriner genannt, oder die Jesuaten, 1360 gegründet, die sich die Pflege von Pestkranken und das Begräbnis von Pesttoten zur Aufgabe machten. Auch Beginen und Begarden hatten stärkeren Zulauf. Weil es jetzt zu wenige Priester gab, verteilten sich immer weniger von ihnen auf immer mehr Stellen, die Folge war Pfründenhäufung. Die Kirche nahm Bewerber an, auch wenn sie wenig tauglich erschienen für ein geistliches Amt. Die Klöster senkten die Anforderungen an Alter, Herkunft, sozialen Stand und Bildung ihrer Novizen.[85]

Dies wiederum war geeignet, Kritik an der Kirche zu wecken. Die Folge des Schwarzen Todes ist aber nicht in einer Erschütterung der Religiosität des einzelnen zu suchen, sondern – im Gegenteil – in einer

Erschütterung des kirchlichen Ansehens. Man suchte jetzt mehr und mehr den unmittelbaren Zugang zum Allerhöchsten; man berief sich zunehmend auf die Heilige Schrift, das unmittelbare Wort Gottes. Die Forderung nach einer Reform der Kirche an Haupt und Gliedern war bald zu vernehmen.

Aus dem späten Mittelalter sind aber nicht nur diese Stimmen zu vernehmen, die von gesteigerter Religiosität, von Weltabkehr und Lebensüberdruß zeugen – es mehrt sich zugleich der Ausdruck von Lebenslust, die Sucht nach Luxus und Rausch. Wenn das Leben bald zu Ende sein sollte, warum es dann nicht noch einmal in vollen Zügen genießen? Das Europa der Pest mag „die Mentalität einer belagerten Gesellschaft" (Jean Delumeau) gezeigt haben; aber dies war nur eine Form der Reaktion: Luxus, Spielsucht, Müßiggang und Sünde war ein weiterer Ausdruck der Angst vor dem Sterben.[86]

Heiligenverehrung und Totentanz

Die Reaktion auf die Pest war vielfältig, es war Flucht in das Leben und Abkehr von dieser irdischen Welt. Wo infolge des Massensterbens Weltuntergangsstimmung und Religiosität zunahmen, da trat auch eine neue, gesteigerte Heiligenverehrung hervor. Unter dem unmittelbaren Eindruck des Todes rief man zunächst gleichsam als Universalheilige die Jungfrau Maria an sowie den hl. Sebastian und einige ältere Heilige, das wechselte von Region zu Region. Sebastian konnte als Pestheiliger bereits auf eine lange Tradition zurückblicken. Die Pfeile, die – auf den künstlerischen Darstellungen – den Leib des Heiligen durchbohren, sind seit der Antike Symbole der Pest. Nach der Legende war Sebastian ein Offizier der römischen kaiserlichen Garde; er soll, weil er Christ war, auf Befehl Kaiser Diokletians im Jahr 288 mit Pfeilschüssen schwer verwundet worden sein – da aber die Pfeile ihn nicht zu töten vermochten, wurde er sodann totgeschlagen. Als später einmal in Rom die Pest wütete, trug man die Gebeine dieses heiligen Märtyrers durch die Stadt, und daraufhin erlosch wunderbarerweise die Pest. Seit dieser Zeit galt Sebastian als einer der mächtigsten Pestpatrone des Abendlands.[87]

In Frankreich begann sich noch im 14. Jahrhundert eine neue Heiligenverehrung auszubreiten, die später auch in anderen Ländern gepflegt wurde, die Verehrung des hl. Rochus, eines gebürtigen Franzosen. Rochus wurde gegen 1295 in Montpellier geboren; er soll 1317 auf einer Pilgerfahrt nach Rom schwer erkrankt sein, der Legende zufolge an der Pest. Auf seiner Rückreise genas er dank göttlichen Einflusses in Piacenza und nahm sich seither der Pflege kranker Menschen an. Auf den Darstellungen hebt der Heilige sein Pilgergewand an, um seine Pestbeule zu zeigen, die nicht in der Leiste, sondern eine Handbreit darunter sitzt, am Oberschenkel. Es ist dies die inguinalcrurale Lymphdrüse, die bei Pestkranken durchaus anschwellen kann. Begleitet wird der hl. Rochus von seinem Hund, der im Maul ein Brot mit sich trägt.

Der Rochus-Kult wurde zunächst vor allem in Südfrankreich gepflegt; erst nach der Heiligsprechung – auf dem Konzil von Konstanz – breitete sich der Kult dieses Heiligen weiter aus. 1478 verfaßte der Jurist und Philosoph Francesco Diedo, Statthalter Venedigs in Brescia, eine ausführliche Vita des Heiligen, die in den folgenden Jahren mehrere Neuauflagen erlebte. Je weiter die Zeit voranschritt, desto mehr verschwanden die alten Pestheiligen Maria und Sebastian, desto mehr wurde dem hl. Rochus Verehrung zuteil, später auch noch anderen – gleichsam neukanonisierten – Pestheiligen.[88]

Das Bewußtsein, zu den Sterblichen zu gehören, scheint nach 1350 unter dem Eindruck des Schwarzen Todes gewachsen zu sein. Den psychischen Folgen des Massensterbens nachzuspüren, ist nicht einfacher, als die ökonomischen oder demographischen Folgen zu quantifizieren. Zwar besteht zwischen der künstlerischen Darstellung des Totentanzes und dem Auftreten des Todes ein offenbarer, ja ein „logischer" Zusammenhang; aber es ist problematisch, „aus den historischen Daten und zeitgenössischen Berichten Rückschlüsse zu ziehen auf Einstellungen, Verhaltens- und Reaktionsmuster der Menschen, vielleicht gar auf Verschiebungen und Veränderungen in den Einstellungen der Menschen durch die Pestkatastrophe".[89]

Nicht unter dem Eindruck eines einmaligen Massensterbens standen die Menschen des ausgehenden Mittelalters, sondern unter dem Druck regelmäßig wiederkehrender Seuchenzüge. Angesichts dieser Bedrohung entstand die Geschichte vom *Ackermann aus Böhmen:*

> Ackermann: „Grimmiger Tilger aller Leute, schändlicher Ächter aller Wesen, schrecklicher Mörder aller Menschen, Ihr, Tod, Euch sei geflucht! Gott, Euer Schöpfer, hasse Euch, wachsendes Unheil hause bei Euch. Mißgeschick suche gewaltig Euch heim, gänzlich geschändet seid immer."

Darauf antwortet, gelassen, der Sensenmann, sich seiner historischen Legitimation vollauf bewußt:

Tod: „Wir sind Gottes Werkzeug, der Herre Tod, ein recht wirkender Mäher. Unsre Sense geht ihren Weg. Weiß, schwarz, rot, braun, grün, blau, grau, gelb und allerlei Glanzblumen hauet sie vor sich nieder, ihres Glanzes, ihrer Kraft, ihrer Tugend ungeachtet. Da hilft dem Veilchen nicht seine schöne Farbe, sein reicher Duft, sein wohlschmeckender Saft. Sieh, das ist Gerechtigkeit!"[90]

Der Tod als Sensenmann, der „Schnitter Tod", der in der Hand ein Stundenglas hält – dieses Bild kam damals auf, in der Agrargesellschaft des späten Mittelalters. Auch in anderen Lebensbereichen finden sich in dieser Zeit neue technische Erfindungen, die auf ein neues Lebensgefühl hinweisen, auf eine neue Einstellung zum Leben, zu der kurz bemessenen Zeit hier auf Erden. Turmuhr und Räderuhr wurden seinerzeit erfunden, es deutet sich eine „Ökonomie der Zeit" (Karl-Georg Zinn) an, der Wunsch drückt sich aus, die Lebenszeit gut zu nützen. „Wenn das Stündlein kümpt", heißt es auf einem Portrait des 15. Jahrhunderts – die Todesstunde stand den Menschen wie eine stete Bedrohung vor Augen; der Sensenmann und die vielen Darstellungen des Totentanzes gemahnen den Betrachter, zu wissen, daß er vergänglich ist. *Memento mori!*[91]

Aber diese Bedrohung war nicht gänzlich neu; sie wurde jetzt nur stärker empfunden. Der Gedanke an Tod und Vergänglichkeit war schon lange zuvor ein fester Bestandteil der christlichen Religion wie auch der Lebenserfahrung des mittelalterlichen Menschen. Was nach dem Schwarzen Tod verstärkt auftritt, die Präsenz des Todes, das war schon zuvor ein Teil dieses Lebens: Der „Triumph des Todes" auf dem Campo Santo zu Pisa, oft als ein Ausdruck mittelalterlicher Todesahnung gefeiert, soll bereits *vor* dem Jahr 1347 entstanden sein.[92]

Exkurs
Der Schwarze Tod – pestis vera?

Die tödliche Seuche, die in der Mitte des 14. Jahrhunderts in weiten Teilen Europas wütete, wurde im allgemeinen als Pest bezeichnet. Unter diesem Begriff – in seiner spätmittelalterlichen Form: *pestis* oder *pestilentia* – verstand man verschiedene epidemisch auftretende Infektionskrankheiten. Daher stellt sich die Frage, ob es sich beim Schwarzen Tod in der Mitte des 14. Jahrhunderts tatsächlich – und ausschließlich – um die Krankheit handelt, die wir heute als Pest bezeichnen.

Von dieser Krankheit soll im folgenden die Rede sein, von ihrem Erreger und ihren Erscheinungsformen, ihrer Übertragungsweise – der Infektkette –, auch davon, wie man sich dagegen zu wehren versuchte. Sie wütete ja lange vor der Begründung der Bakteriologie, daher verstand man zwangsläufig wenig von ihr; man konnte allenfalls Symptome beschreiben und sich Gedanken machen über ihr „Wesen". Den Mechanismus der Übertragung verstand man nicht; von mikrobakteriellen Krankheitserregern wußte man nichts. Als die Pest im 18. Jahrhundert aufhörte, in Westeuropa in großen Epidemien aufzutreten, war sie noch immer eine weitgehend unverstandene Erscheinung.

Im Verlauf des 19. Jahrhunderts, noch bevor der Pesterreger entdeckt wurde, erschienen viele bedeutende historiographische Werke über die Pest. Der Berliner Medizinhistoriker Justus Friedrich Carl Hecker behandelte sie ausführlich in seinem Buch über *Die großen Volkskrankheiten des Mittelalters* (1865), desgleichen Heinrich Haeser in seinem dreibändigen *Lehrbuch der Geschichte der Medizin und der epidemischen Krankheiten* (3. Aufl. 1875/79). Robert Hoeniger hat dem Ausbreiten des Schwarzen Todes in Deutschland seine Dissertation gewidmet, die 1882 unter dem Titel *Der Schwarze Tod in Deutschland* veröffentlicht wurde. Wenig später hat Karl Lechner *Das große Sterben in Deutschland, in den Jahren 1348 bis 1351* (1884) vorgelegt. In den folgenden Jahrzehnten haben Historiker immer wieder auf diese klassischen Arbeiten zurückgegriffen, wenn sie den Verlauf der Pest darstellen wollten.

Die moderne medizinische Forschung über die Pest begann aber erst kurz vor der Jahrhundertwende. Im letzten Jahrzehnt des 19. Jahrhunderts begann in Ostasien eine schreckliche Pestpandemie zu wüten.

Unzählige Ärzte aus vielen Ländern reisten in den Osten, um zu helfen und sich zugleich ein Bild zu machen von dieser gleichsam historischen Krankheit. Einzelne Arbeitsgruppen erforschten jetzt erstmals mit modernen Labormethoden und gezielten Fragestellungen die Pest experimentell. Inzwischen hatte auch die moderne Bakteriologie ihre Grundlagen gelegt. 1894 entdeckten unabhängig voneinander zwei Ärzte den Erreger der Pest: in Hongkong ein gebürtiger Schweizer, Alexandre Yersin, und ein Japaner namens Shibasaburo Kitasato. Das Pestbakterium wurde zunächst als Pasteurella pestis bezeichnet, seit 1971 als Yersinia pestis. 1897 entdeckte ein Franzose, P.-L. Simond, daß bei dieser Pandemie in Indien ein tierischer Vektor die Krankheit übertrug, und zwar ein Rattenfloh, der sich auf der pestkranken Ratte infizierte. Unsere medizinischen Kenntnisse über die Pest verdanken wir in erster Linie dieser Pandemie, die zwischen 1894 und 1920 weite Teile Ostasiens berührte und Millionen von Menschen in den Tod riß.[1]

Noch während diese Pandemie Asien heimsuchte, veröffentlichte ein deutscher Arzt namens Georg Sticker, der die Pest in Indien selbst untersucht – und an ihr gelitten – hatte, eine zweibändige Darstellung über die Pest (1908/10). Stickers Werk *Die Pest* ist stark ereignisgeschichtlich orientiert, es spiegelt aber durchaus den modernen medizinischen Erkenntnisstand wider. Allerdings hat Sticker, der Mediziner – ebensowenig wie vor ihm der Historiker Robert Hoeniger und andere ältere Autoren –, die mittelalterlichen Pesttraktate nicht genügend gewürdigt; sie wurden erst einige Jahre später von Karl Sudhoff herausgegeben.[2]

In den letzten Jahrzehnten sind einige wichtige systematische und medizinhistorische Arbeiten über die Pest erschienen. Zu nennen sind hier – als die wichtigsten Standardwerke – die Bücher von L. Fabian Hirst (1953), Ernst Rodenwaldt (1953), Robert Pollitzer (1954), Erich Woehlkens (1954), J. F. D. Shrewsbury (1970), Jean-Noël Biraben (1975/76) und zuletzt Graham Twigg (1984).

Die Pest

Die Pest ist eine Infektionskrankheit, die Nagetiere und Menschen befällt; sie tritt heute noch in Bergwald- und Savannengebieten auf. Wo sie heute Menschen befällt und tötet – wie 1990 in Madagaskar und im südlichen Zentralasien, in der Sowjetunion[3] –, trat sie als von Nagetieren übertragene Menschenpest auf. Es sind etwa zweihundert Nagetierarten bekannt, die von Pesterregern befallen werden und erkranken können. Von den Nagern auf den Menschen übertragen wird diese Krankheit in der Regel durch Ektoparasiten – wie Flöhe, Läuse, Wanzen und anderes Ungeziefer –, die sich in der menschlichen Umgebung aufhalten. Pestresistente, überwinternde und keimtragende Nagetiere sorgen dafür, daß Pestherde erhalten bleiben, die bakteriellen Grundlagen neuer Pestzüge.

Der Pesterreger selbst, ein gramnegatives, plumpes Bakterium, kann aber auch lange Zeit ohne tierischen Wirt überleben. Vor Austrocknung geschützt, bleiben Pestbakterien im Erdboden, in Sputum, Kot oder in Tierkadavern über Monate vermehrungsfähig und virulent. Im Wasser bleibt er tage- und wochenlang erhalten, in Staub und Erdreich monatelang; zu Recht sagte man ihm schon in der Vergangenheit nach, daß er „an Gebäuden hafte". Die pestinfizierte Ratte scheidet mit ihrem Kot auch den virulenten Erreger aus. Getreidekörner, die mit Pesterregern behaftet waren, blieben – sofern die Körner frisch waren – ein bis zwei Wochen lang infektiös. Auf verschiedenen Lebensmitteln – wie Kartoffeln, Pflaumen, Äpfeln, Schwarzbrot – bleibt das Pestbakterium ein bis drei Wochen virulent, auf hartgesottenen Eiern sogar bis zu drei Monaten. Auch beschmutztes Bettzeug – wie überhaupt Textilien und Pelzwerk – bleiben wochenlang infektiös, wenn man sie mit dem Pesterreger in Berührung bringt. In kontaminiertem Erdreich kann sich der Erreger monatelang halten.[4]

Die Pest tritt, von ein und demselben Erreger verursacht, unter zwei historisch wichtigen Erscheinungsformen auf: als Beulen- oder Bubonenpest und als Lungenpest. Die allgemeine Verseuchung eines Organismus, die man als Pestseptikämie bezeichnet, ist seuchengeschichtlich von weit geringerer Bedeutung.

Zunächst die weitaus häufigere Erscheinungsform, die Beulenpest: Zwei bis sechs – oder maximal zehn Tage – nach der Infizierung, beispielsweise durch einen pestinfizierten Floh, beginnt die Krankheit auszubrechen: Aus scheinbar völliger Gesundheit heraus kommt es schlagartig zu einem Fieberanstieg auf etwa 40 Grad Celsius und zur Schwellung der Lymphdrüsen, die der Einstichstelle – oder den Einstichstellen – am nächsten liegen; da der Einstich häufig am Bein geschah, schwollen die Lymphdrüsen – in diesem Fall in der Leiste – bis zur Größe eines Eies oder eines Apfels an; es können auch die Lymphdrüsen in den Achselhöhlen, am Hals oder am Hinterkopf sein. Oft tritt anfangs Schüttelfrost auf, dazu heftige Kopf- und Gliederschmerzen, Lichtscheue und körperliche Schwäche. Durchfall oder Stuhlverhalten sind häufig. Zu den Initialsymptomen zählen ferner eine lallende Sprache und ein taumelnder Gang, der an einen Betrunkenen denken läßt. Die Kranken sind unruhig und nicht leicht im Bett zu halten – glaubhaft sind Schilderungen in mittelalterlichen Quellen, daß die Kranken sich auszogen und nackt auf die Straße liefen. Als „Facies pestica" bezeichnen einige Autoren das ängstliche, apathische Gesicht der Kranken; die Augenbindehäute sind gerötet.

Die psychischen beziehungsweise neurologischen Ausfallserscheinungen der Pest sind auf ein Stoffwechselprodukt zurückzuführen, das der Pesterreger ausscheidet – dieses Gift ist es auch, das den Tod der Kranken herbeiführt.

Brechen die Beulen spontan auf, so ist dies eher ein gutes Zeichen. Aber in 50 bis 80 Prozent der Fälle kam der Tod, zwischen dem dritten und dem fünften Tag, durch eine Lähmung des Zentralnervensystems. Selbst mit Hilfe der modernen Antibiotika ist die Letalität keineswegs gleich null: in dem Jahrzehnt 1955/64 wurden der WHO rund 8900 Fälle von Beulenpest gemeldet, davon verstarben 2388 Kranke, das sind 26,6 Prozent. Nach 1960 fiel die Letalität allerdings stark ab.[5]

An zweiter Stelle ist die Lungenpest zu nennen. Sie tritt zumeist nur in kälteren Regionen auf, in unseren Breiten war sie eine Krankheit des Winters. Sie kann sich als sekundäre Lungenpest, infolge einer sich in einem Organimus ausbreitenden Beulenpest manifestieren oder, als primäre Lungenpest, als Folge einer Tröpfcheninfektion. Nach einer sehr kurzen Inkubationszeit von ein bis drei Tagen beginnt sie stürmisch; sie endete vor dem Zeitalter der Antibiotika fast immer tödlich.

Der „Schwarze" Tod

Mit dem Begriff ‚Schwarzer Tod' bezeichnet man im allgemeinen nur die große Pestpandemie in der Mitte des 14. Jahrhunderts. Herkunft und ursprüngliche Bedeutung dieses Begriffes sind nicht bis ins letzte geklärt. ‚Schwarz' muß weder im Deutschen noch im Lateinischen *(ater, -ra, -rum)* unbedingt für eine Farbe stehen, es könnte sich auch auf die verhängnisvollen Folgen der Pest beziehen. Wie man von einem ‚dies ater' spricht, einem ‚Schwarzen Tag', so hat man auch von der ‚mors atra' gesprochen, dem schwarzen, dem schrecklichen Tod. In den zeitgenössischen Quellen des 14. Jahrhunderts wird die große Pestpandemie meist als „pestilencia maxima" oder als „mortalitas magna" bezeichnet, in deutschen Chroniken als „ain gemainer sterb" oder „ein grot sterven" oder einfach als „de grote dod". ‚Pestilencia' oder ‚pestis' steht hier einfach für Seuche, wie das englische Wort ‚plague' (von lat. *plaga*, d. h. wörtlich Schlag, Streich) im mittelalterlichen Latein gleichfalls ganz allgemein für Seuche verwendet wurde.[6]

Angeblich kam der Begriff ‚Schwarzer Tod' schon im 14. Jahrhundert auf, schriftlich überliefert seit dem 17. Jahrhundert als „mors atra". Manche Autoren beziehen ‚atra' auf das Verhängisvolle dieser Krankheit; andere hingegen versuchen eine buchstäbliche Deutung: „Der Name schwarzer Tod bezieht sich jedenfalls auf die im Verlaufe der Krankheit entstehenden schwarzen oder braunen Flecken, die nach Simon de Corvino auch das Gesicht schwärzlich erscheinen ließen", schreibt Bernhard Lersch. Erwin Ackerknecht behauptet, ganz ähnlich: „Die Opfer der Lungenpest sehen schwarzblau aus, und diese Pest hat ihren Beinamen ‚der schwarze Tod' wohl diesem Umstand zu verdanken." J. F. D. Shrewsbury hingegen, ein englischer Mediziner, schreibt, ‚schwarz' als Farbdeutung sei falsch, denn die Leichen von Pesttoten seien eher dunkelrot, während Pockentote bisweilen tatsächlich schwarz aussähen. Shrewsbury berichtet von einer Pockenepidemie im Italien des späten 19. Jahrhunderts, wo die Toten wie verkohlt wirkten; wahrscheinlich handelte es sich um die besonders bösartige hämorrhagische Form der Pocken, die diese Menschen in den Tod riß.[7]

Allerdings schreiben die Quellen auch, daß die Pestkranken mit dunklen Stellen behaftet waren. Im Italienischen werden diese Flecken meist als „carbone" bezeichnet, in den deutschen Quellen als „Anthrax" – darunter versteht man „jedes mit Hautröte, brennendem Schmerz und schwarzem, brandigem Gewebszerfalle einhergehende Beulengeschwür"[8], wie es nicht nur bei Pest, sondern auch bei Milzbrand, Syphilis und Ergotismus zu beobachten ist, heute wird ‚Anthrax' als ein Synonym von Milzbrand verwendet.[9] Bei diesen dunklen Flecken auf der Haut der Pestkranken handelte es sich um nekrotische Läsionen, die sich um die Einstichsstellen der Flöhe bildeten.[10] Außerdem kann es auch bei Pest – wie bei verschiedenen anderen Infektionskrankheiten, zum Beispiel bei Fleckfieber – zu intravaskulärer Koagulation mit Gangränbildung kommen; auch diese Stellen, meist an den Beinen, sehen dann schwärzlich aus.[11]

Überhaupt zeigen Pest und einige andere Infektionskrankheiten so viele Gemeinsamkeiten, daß es keineswegs einfach ist, sie zu unterscheiden. Daß man Fleckfieber und Pest leicht miteinander verwechseln kann, darauf haben bereits im 19. Jahrhundert medizinische Autoritäten aufmerksam gemacht.[12]

Die Übertragung der Pest

Ob die Pest eine „ansteckende“ Krankheit sei oder nicht, darüber wurde im 19. Jahrhundert lebhaft gestritten. Als 1816 auf der – damals von Großbritannien beherrschten – Insel Malta eine Pestepidemie ausbrach, kam es sogar im englischen Unterhaus zu einer Debatte über diese Frage. Zuvor war man überzeugt, daß die Pest „ansteckend“ sei, also direkt übertragbar von Mensch zu Mensch, ohne die Vermittlung eines Überträgers. Aber die Erfahrungen mit dieser Krankheit in der ersten Hälfte des 19. Jahrhunderts wiesen eher auf das Gegenteil hin: „Glücklicherweise ist die Pest von allen ansteckenden Krankheiten diejenige, deren man sich durch Vorsicht am leichtesten erwehren kann; weit fürchterlicher ist in jeder Hinsicht ihre grausame Schwester, die Cholera“, schreibt Hermann Fürst von Pückler-Muskau nach einem Besuch Ägyptens gegen 1840. Zwischen den Kontagionisten und den Anti-Kontagionisten herrschte danach ein reger Streit über diese Frage.[13]

Erst im letzten Jahrzehnt des 19. Jahrhunderts, nach der Entdeckung des Pesterregers, begann sich langsam eine sichere Antwort auf diese Frage abzuzeichnen. Mit der Entdeckung des Rattenflohs als Überträger wurde zumindest eine Form der Übertragung bekannt. Heute gilt die Bubonenpest nicht als „ansteckend“, d. h. übertragbar von Mensch zu Mensch ohne die Vermittlung eines Vektors. „Die direkte Übertragung von Mensch zu Mensch besteht bei der Bubonenpest im Gegensatz zur Lungenpest nicht“, schreibt eine medizinische Autorität heute[14] – obschon vielleicht das Risiko nicht jeder auf sich nehmen möchte. Im großen und ganzen ist wohl zutreffend, daß die Beulenpest – von Mensch zu Mensch oder von Tier zu Mensch – in der Regel durch einen Vektor übertragen wird, zum Beispiel von einem Floh, während die primäre Lungenpest durch Tröpfcheninfektion übertragen wird.

Die „klassische Theorie“

Als man die Rolle der Ratte und ihres Flohs entdeckte, begann sich eine Übertragungstheorie zu bilden, die man als die „klassische Theorie“ der Pestübertragung bezeichnen könnte. Diese Theorie fußte auf Entdeckungen, die nicht in unseren Breiten gemacht wurden, sondern in südlicheren Zonen, in Indien. Das könnte von Bedeutung sein.

Ratten: Ratten und die Rattenpest spielen in der klassischen Theorie eine entscheidende Rolle: „Die menschliche Bubonenpest ist demnach abhängig von der Rattenpest"[15] – so und ähnlich haben Mediziner und Medizinhistoriker immer wieder geschrieben. Nach der klassischen Theorie gibt es keine Pest unter Menschen, ehe nicht eine Pestepidemie unter Ratten ausbrach. In Indien, China, Formosa und Australien habe sich zu Beginn unseres Jahrhunderts folgendes bewahrheitet, schreibt Graham Twigg: 1. Bevor ein menschlicher Pestfall sich ereignet, kommt die Rattenpest; 2. erst auf die Zeit der Rattenpest folgt die Zeit der Menschenpest; 3. die Menschenpest ist eine Folge der Übertragung der Rattenpest – durch den Rattenfloh – auf den Menschen. In Indien habe man diesen Zusammenhang seit langem erkannt. „Wenn die Ratten zu fallen beginnen, ist es Zeit, das Haus zu verlassen", dieses indische Sprichwort erkläre die Einsicht.[16]

Zu unterscheiden ist hier an erster Stelle, daß es in Europa zwei Arten von Ratten gibt, die historisch von Bedeutung sind, nämlich die schwarze Hausratte *(Rattus rattus)* und die graue oder braune Wanderratte *(Rattus norvegicus)*. Von weitaus größerer Bedeutung war im Mittelalter die Hausratte, die heute hierzulande nur noch selten vorkommt. Ihr Eintreffen wird zuweilen mit den Kreuzzügen in Verbindung gebracht; aber sie war höchstwahrscheinlich schon davor in großer Anzahl vorhanden. „Zur Zeit des Albertus Magnus", schreibt Georg Sticker, „also im zwölften Jahrhundert, war sie in ganz Deutschland als wahres Haustier einheimisch."[17]

Die Wanderratte hingegen, so nimmt man an, traf erst viel später hier ein, zumindest in größerer Zahl. Der große Naturforscher Conrad Gesner hat zwar in einem Tierbuch bereits 1553 ein Exemplar einer Wanderratte abgebildet, aber „geschichtlich belegte Erstbeobachtungen liegen (...) erst aus dem 18. Jahrhundert vor", schreibt Bernhard Grzimek. Im wesentlichen hat wohl erst der zunehmende Schiffsverkehr des 18. Jahrhunderts dieses Tier rund um die Erde gebracht.

Für die Pest und für den Menschen bedeutungsvoll war die Hausratte, die in enger Nachbarschaft mit dem Menschen lebte, buchstäblich unter einem Dach mit ihm. Sie ist ein seßhaftes Tier, das sich nur durch Katastrophen – Feuersbrünste, Erdbeben, Hungersnöte – verjagen läßt. Sie liebt hohe Temperaturen, um die 38 Grad Celsius, wie man sie hierzulande an Sommertagen unter Hausdächern hat.

Die Hausratte hat eine Körperlänge von 16 bis 22 Zentimeter, der Schwanz ist noch etwas länger. Sie ist schlanker als die Wanderratte, dunkler, oft ganz schwarz. Sie lebte in enger Wohngemeinschaft mit den

Menschen, ob auf dem Land oder in der Stadt, unter seinem Dach, wo er seine Nahrungsmittel gelagert hatte. Die Hausratte ist das ganze Jahr über geschlechtsaktiv. Die Tragzeit der Tiere ist kurz, 24 Tage; das Weibchen wirft zwischen sechs und zwölf Junge, meist acht – in Ausnahmefällen können es auch zwanzig sein.[18]

Wie viele Hausratten lebten in einem mittelalterlichen Stadthaus? Dies zu wissen wäre wichtig, denn je dichter die Ratten hausen, desto gefährlicher werden sie in Pestzeiten für den Menschen. In Ägypten, wo gegen 1900 ebenfalls die Pest herrschte, fand man, in einem oberägyptischen Dorf, im Durchschnitt 1,2 Ratten je Haushalt. Auf 278 Feluken, die untersucht wurden, fanden sich 683 Ratten, davon waren allerdings nur 127 Hausratten, weitere 495 waren Wanderratten, die übrigen 61 gehörten anderen Arten an. Das ist wenig. Graham Twigg, ein englischer Zoologe, der diese Zahlen nennt, bezweifelt, daß die Hausratten im mittelalterlichen Europa dicht genug vorhanden waren, um eine Menschenpest auszulösen. Die Zahlen, die Twigg für einige nordamerikanische Städte nennt, sind allerdings sehr niedrig, unglaublich niedrig: Einer amerikanischen Schätzung zufolge lebten 1949 in New York eine Viertelmillion brauner Ratten, in Baltimore 60000, d. h. eine auf fünfzehn Einwohner. Das wäre erstaunlich wenig, zumal eine Hafenstadt wie New York doch Ratten geradezu anlockt. In der Bundesrepublik Deutschland leben heute weitaus mehr Ratten – vorwiegend Wanderratten – als Menschen, nach den Schätzungen von Fachleuten sind es doppelt so viele Ratten wie menschliche Bewohner.[19]

Über die Verbreitung der Ratten im spätmittelalterlichen Europa ist wenig bekannt. Shrewsbury, wie Twigg ein Vertreter der klassischen Theorie, bezweifelt, daß es in England genug Ratten gab, um die Pest zu verbreiten,[20] was erstaunlich sein sollte, denn die Rattenbevölkerung Englands im 20. Jahrhundert soll, anderen Autoren zu folge, „riesengroß" sein.[21] Vor dem Zeitalter der Pestizide und der Insektizide war dieses Tier ungeheuer schwer zu bekämpfen. Über die Rattendichte im Mittelalter ist trotzdem wenig Zuverlässiges bekannt. Die Geschichte vom Rattenfänger von Hameln soll im Jahr 1284 ihre geschichtliche Wurzel haben, als ein Jüngling mit einem Blasinstrument Kinder davonlockte. Daß dieser Jüngling die Stadt von einer Rattenplage befreite und, um seinen Lohn geprellt, die Kinder der Bürger entführte, diese Geschichte wurde erst im 16. Jahrhundert angehängt. Immerhin deutet sie aber an, daß im 16. Jahrhundert Ratten als eine Plage angesehn wurden.[22] Ein Rattenfänger taucht zum Beispiel in Shakespeares *Romeo und Julia* auf (3. Akt. 1. Szene). Und wenn wir Heinrich Heines Geschichte vom

Rabbi von Bacherach wortwörtlich nehmen dürfen, dann mußten die Frankfurter Juden noch in viel späterer Zeit „dem Stadtrate jährlich fünftausend Rattenschwänze abliefern", daher stand an der Mainbrücke ein Häuschen, darin ein getaufter Jude wohnte, schreibt Heine, „der jedem, der ihm eine tote Ratte bringt, sechs Heller auszahlt für Rechnung der jüdischen Gemeinde".

Der klassischen Theorie zufolge bildet das pestkranke Nagetier das wichtigste Reservoir der Pest. Das pestkranke Tier trägt in seinem Blutstrom eine Flut von Erregern. Wie pestkranke Menschen, so haben auch pestkranke Ratten geschwollene Lymphdrüsen, angefüllt mit Pesterregern. Wenn diese Pestbeulen nach innen aufbrechen und ihren hochgiftigen Inhalt in den Blutstrom ergießen, dann kommt es bei der Ratte zur Septikämie und zum Pesttod. Nagetiere können die Pest aber auch als chronische Krankheit latent in sich tragen; bisweilen kapseln sich Bubonen ab, und das Tier lebt ohne die Symptome einer Erkrankung.[23]

In mittelalterlichen Quellen ist häufig davon die Rede, daß zu Zeiten der Pest allerlei Kriechtiere – Kröten, Schlangen und weitere – ihre Erdlöcher verließen, was man so zu deuten versuchte: Das Erdreich sei giftig, atme giftige Dünste, daher verließen die Tiere ihre Behausungen. Aber von Ratten und einem Rattensterben ist kaum irgendwo die Rede; gerade aus der Zeit des Schwarzen Todes fehlen diese Hinweise.[24]

In einigen älteren Schriften ist von der Pest und zugleich von Ratten und Mäusen die Rede. Im ersten Buch Samuel heißt es von der Pest der Philister: „Denn es war eine tödliche Bedrohung über die Stadt gekommen; die Hand Gottes lastete schwer auf ihr. Die Leute aber, die nicht starben, wurden mit Beulen geschlagen." (5:11) Und im folgenden Abschnitt: „Fünf goldene Beulen und fünf goldene Mäuse, nach der Zahl der Fürsten der Philister; denn dieselbe Plage trifft euch und eure Fürsten." (6:4) Strabo berichtet, daß es in Spanien eine Menge Mäuse gäbe – „woraus zuweilen sogar pestartige Krankheiten erfolgen". Bei Avicenna heißt es, es seien Ratten und Mäuse aus ihren Schlupflöchern hervorgekrochen und sie hätten sich wie trunken bewegt – „commoveri hinc inde sicut animalia ebria".[25] Dies könnte eine sehr zutreffende Beobachtung sein, denn Ratten – oder auch Menschen –, die von der Pest befallen sind, bewegen sich tatsächlich wie trunken. Aber solche Beschreibungen sind überaus selten, von den mittelalterlichen und frühneuzeitlichen Pestepidemien in Europa fehlen sie so gut wie ganz, und selbst in Indien wurde nur bei acht von vierzig Pestpidemien um 1900 von einem größeren Rattensterben berichtet.[26]

Es scheint auch noch keine Klarheit zu bestehen, ob pestkranke Ratten aus ihren Löchern hervorkommen, „zutraulich" werden, und dann sterbend niederfallen, wie Sticker schreibt, oder ob sie im Verborgenen sterben und daher unentdeckt bleiben, wie Twigg aufgrund von Aufzeichnungen einer Pestepidemie in Ägypten 1912 folgert.[27] Hätte vor den mittelalterlichen Pestepidemien in Europa ein Rattensterben stattgefunden und wären die sterbenden Ratten aus ihren Löchern ans Tageslicht hervorgekommen, dann wäre sicherlich von den Zeitgenossen davon berichtet worden, vielleicht hätten sie auch den Zusammenhang erkannt.

Flöhe: Ratten sind seßhafte Tiere, sie bewegen sich nicht sehr weit, daher bedarf es eines weiteren Vektors, um die Pest auszubreiten. Diese Rolle übernimmt der Floh, er spielt den Vermittler zwischen Ratte und Mensch. Bei der Übertragung der Beulenpest kommt ihm eine nicht zu unterschätzende Rolle zu. Man vermutet heute, daß von den mehr als 2400 Species von Flöhen vielleicht 120 die Pest übertragen können; weniger als 20 davon nähern sich dem Menschen. Die Anhänger der klassischen Theorie halten den Rattenfloh *Xenopsylla cheopis* für den wichtigsten Überträger. *Xenopsylla cheopis* ist ein Insekt von 2 bis 3 Millimeter Länge und lebt als Schmarotzer im Pelz der Ratte. Er springt das Hundertfache seiner Körperlänge, vertikal wie horizontal, und zwar mit der Beschleunigung einer Rakete. Dieser Floh kann mehrere Monate ohne Nahrung überleben und dank seines harten Panzers ungeheuren Druck ertragen; er kann ein Jahr lang bei Frost *(frozen)* überleben. Der „Rattenfloh" ist, wie die meisten Flöhe, nur bedingt artspezifisch, das bedeutet, daß er seinen behaarten Wirt auch gelegentlich verläßt, um mit einem anderen Tier vorlieb zu nehmen – vor allem natürlich dann, wenn er seinen Wirt getötet hat und dieser erkaltet.[28]

Die Entwicklung des Flohes vom Ei über den Larvenzustand zum ausgewachsenen Tier dauert, abhängig von der Witterung, zwischen 20 und 70 Tage, im Sommer in unseren Breiten 25 bis 30 Tage. Optimal ist für den Floh eine Temperatur von 24 bis 27 Grad Celsius, nicht zu trocken, wenngleich auch starke Regenfälle ungünstig für ihn sind. Unter 10 Grad Celsius beginnt bei Flöhen die Kältestarre einzusetzen. Der günstigste Zeitpunkt für die rasche Vermehrung des Flohes ist also der Sommer, der Höhepunkt der Flohentwicklung liegt im Spätsommer – seit langem schon galt der September als der „Flohmonat" (Roesel).[29]

Den Übertragungsmodus entdeckte Charles Rothschild 1906 in einer Pionierstudie. Nach Rothschild sticht der Floh einen pestkranken Wirt und saugt Erreger in hoher Konzentration in seinen Vormagen (Proventriculus). Sie verklumpen sich dort und verstopfen den Vormagen. Da die Magendarm-Passage nun verstopft ist, verspürt der Floh offenbar noch immer Hunger und sticht erneut, diesmal vielleicht ein anderes Opfer. Nun fließen aus dem Vormagen des Flohes Pesterreger in den Blutstrom des Gestochenen und infizieren ihn mit dem Bakterium.

Dieser Übertragungsmodus trifft allerdings nur für *Xenopsylla cheopis* zu; der Menschenfloh *Pulex irritans* besitzt keinen Vormagen, daher hat man ihm die Möglichkeit bestritten, die Pest zu übertragen. Allerdings können Flöhe dies auch auf andere Art tun: Sie scheiden in ihrem Kot gleichfalls Pesterreger aus, und wenn ein Floh gestochen hat, so reibt sich der Gestochene leicht den Pestkot mit dem Bakterium in die Wunde. Schon beim Saugen scheiden diese Flöhe Erreger in großer Zahl aus. „Ich habe beobachten können", schreibt ein Forscher, „daß, wenn man längere Zeit hungrig gelassene Flöhe auf einen tierischen Körper bringt, dieselben, nachdem sie gesogen und während sie ihren Rüssel noch in der Haut stecken lassen, nicht einen einzelnen Tropfen, sondern wahre Strahlen von Blut in weite Entfernungen ausspritzten. Dies wiederholt sich zwei- oder dreimal unter starken Kontraktionen des Unterleibes", fährt er fort. Demnach kommt es keineswegs auf den Rattenfloh mit seinem Proventriculus an; auch andere Flöhe können Pesterreger verbreiten.[30]

Die Ausbreitung der Pest

Die klassische Theorie vermag die Ausbreitung der Pest in den heißen Zonen Asiens um 1900 ganz gut zu erklären; für die Ausbreitung des Schwarzen Todes im Europa des 14. Jahrhunderts ist sie ungenügend. In Asien breitete sich die Pest nur langsam aus, auch in Südafrika, wo nach der Jahrhundertwende zum erstenmal eine Pestepidemie beobachtet wurde. Warum – und wie? – kam dann der Schwarze Tod im mittelalterlichen Europa so schnell voran? Erdbeben, Überschwemmungen und Hungersnöte können die seßhafte Hausratte aufscheuchen und in Wanderbewegung bringen, wie ja Hunger überhaupt die wichtigste Triebfeder für Rattenwanderungen ist. Es soll Krisenzeiten geben, in denen Ratten ein schwer vorhersehbares Verhalten zeigen.[31] Es hat 1348/49 ein großes und eine Reihe kleinerer Erdbeben gegeben. Noch im 20. Jahrhundert hat man in Kalifornien festgestellt, daß Rattenbewegungen – und Pestfälle – sich nach Erdbeben häuften.[32] Schließlich lassen sich Ratten – und Flöhe – auch durch Transportmittel befördern, die Ausbreitung der Pest geht daher auf dem Seeweg schneller als auf dem Landweg. Kriege, Pilgerfahrten und Handelsunternehmen trieben die Menschen des 14. Jahrhunderts umher. Man wird auch den Getreidetransport als einen möglichen Faktor der Pestübertragung zur Sprache bringen müssen.[33]

Man wird aber auch bedenken müssen, daß die Erkenntnisse der klassischen Theorie unter ganz anderen Umständen gewonnen wurden und nur bedingt auf andere Zonen übertragbar sind. Verhält sich die Hausratte *Rattus rattus* in Indien um 1900 ebenso wie sie sich um 1350 in Europa verhielt? In welcher Weise greifen die Außentemperaturen in den Mechanismus der Pestübertragung ein? So behalten beispielsweise Flöhe bei einer Lufttemperatur von 20 bis 25 Grad Celsius das Pestbakterium zwei- bis dreimal solange in ihrem Vormagen wie bei einer Temperatur von 30 bis 32 Grad Celsius.[34] Sollen diese äußeren Umstände keinen Einfluß haben auf die Ausbreitung der Pest?

Die Ausbreitung des Schwarzen Todes geschah schneller, als dies allein mit Ratten möglich wäre.[35] Daher vermochte die klassische Theorie von Anfang an nicht jedermann zu befriedigen. „Heute ist als Seuchenformel für die Pest allgemein diese angenommen: Ratte-Floh-Mensch. Sie deckt in der Tat die gegenwärtige Pestepidemie zum größten Teil", schrieb Georg Sticker. Aber: „Man kann in keiner Weise zugeben, daß die Pestepidemiologie mit der Formel: Ratte-Floh-Mensch völlig gedeckt sei. Es gibt auch heute Pestausbrüche, in denen die Ratten keine Rolle spielen." Die Ausbreitung erfolge ebenso durch Menschen, sagte Sticker weiter.[36]

In den 1940er Jahren gab es Beobachtungen, wie der Menschenfloh *Pulex irritans* die Pest übertragen könnte. Sie fanden unter fragwürdigen Bedingungen statt und kamen zu dem Ergebnis, daß *Pulex irritans* kein wirksamer Überträger sei. Einige Autoren folgerten aber aus den Ergebnissen, daß *Pulex irritans* – in genügend großer Anzahl – durchaus ein ernst zu nehmender Vektor sein könnte.[37]

In den 1950er Jahren erschienen neue Studien zur Pest, teils fachwissenschaftlich-medizinischer, teils medizinhistorischer Natur. Der deutsche Mediziner Ernst Rodenwaldt untersuchte die venezianische Pestepidemie der Jahre 1575/77 und kam zu dem Ergebnis, daß das „Dogma der Ratten" – also die klassische Theorie – nicht länger zu vertreten sei. Er bezweifelte, daß Rattenpest und Rattensterben eine notwendige Bedingung einer Menschenpest sei. „Für die ganze Zeit des Herrschens der Pest in Venedig, zwei volle Jahre, fehlt in den sehr ausführlichen Berichten und Akten jede Andeutung von Beobachtungen über Rattenvermehrung und Rattensterben", schrieb Rodenwaldt. „Sicherlich wäre die Maßnahme der Tötung aller Katzen unterblieben, hätte man eine Rattenvermehrung oder überhaupt irgendwelche bedenklichen Vorgänge bei den Ratten der Stadt beobachtet."[38]

Rodenwaldt bezweifelte ganz entschieden das Auftreten einer Nagerepizootie 1575 in Venedig. Er stellte in Zweifel, daß es ohne Nagerpest keine Menschenpest geben könne. Er hielt auch die Pestbeule nicht für „das vorherrschende und eindrucksvollste Symptom, wie dies für die Pest der warmen Länder typisch ist, sondern vielfache und zum Teil schwere Veränderungen und Verfärbungen der Haut, mit schwarzen Flecken *(macchie negre)* und dunkel gefärbten Karbunkeln, ‚carbones', verbundenen Lokalisationen". Rodenwaldt war sich aber zugleich – aufgrund seiner italienischen Quellen aus dem 16. Jahrhundert – im klaren, daß man diese Flecken nicht mit dem Exanthem verwechselte, welches zum Beispiel das Fleckfieber hervorbringt. Aus alledem folgerte er, „daß die Pestepidemien Mitteleuropas im Mittelalter menschengetragene Pesten waren, bei denen die Krankheit von Mensch zu Mensch überging durch Vermittlung des Pulex irritans".[39]

Der Epidemiologe Hansjürgen Raettig hat Rodenwaldts Auffassungen noch einmal im *Weltseuchenatlas* zusammengefaßt:

„1. Der Ausbruch der Pestepidemien im Mittelalter traf nicht mit einem Nagersterben zusammen, das den genau registrierenden zeitgenössischen Ärzten nicht entgangen wäre.

2. Im Gegensatz zur heutigen Pest der warmen Länder gehörte im Mittelalter die Übertragung innerhalb des gleichen Hauses und der gleichen Familie zur Regel; diese Infektionen sprechen für einen direkten Kontakt und gegen die Übertragung durch Nager.

3. Das klinische Bild der europäischen Pest des Mittelalters unterscheidet sich grundlegend von dem der heutigen Beulenpest. Hier das einförmige Bild des meist in der Leistengegend gelegenen und singulären Bubo, dort das die ganze Körperfläche beanspruchende und vielgestaltige Bild mit den schwarzen Flecken von Flohstichgröße bis zu ausgedehnten Haemorrhagien, das im 14. Jahrhundert zu der Bezeichnung der ‚Schwarze Tod' führte, eine Benennung, die für das klinische Bild der heutigen Pest unverständlich wäre.

4. Das mannigfaltige Krankheitsbild der mittelalterlichen Pest kann durchaus verursacht worden sein durch den Menschenfloh *(Pulex irritans)*, der oft in großer Zahl in den Kleidern seines Wirtes lebte, nicht aber durch den Rattenfloh *(Xenopsylla cheopis)*, der den Menschen nur vereinzelt befällt."[40]

Rodenwaldts These bezüglich des Menschenflohes wurde bald heftig diskutiert. In England kam im gleichen Jahr (1953) ein Mediziner, Hirst, zu der gleichen Schlußfolgerung: „Die Annahme, daß P. irritans bei der Übertragung der Pest ein wichtiger Überträger *(auxiliary)* war, ist für das Zeitalter des Schwarzen Todes die einleuchtendste", schrieb er. Der Menschenfloh komme durchaus in Frage, zumal dann, wenn – wie im Falle des Schwarzen Todes – viele Fälle von Lungenpest auftreten und die Kranken somit eine genügend hohe Konzentration von Pesterregern im Blut haben. Unter diesen Umständen könne *Pulex irritans*, wenn er in genügend hoher Anzahl vorhanden sei, ein wirksamer Überträger sein.[41]

In Frankreich war es vor allem der Sozialhistoriker Biraben, der in seinem zweibändigen Werk und mehreren Aufsätzen über die Pest Rodenwaldts These beipflichtete. *Pulex irritans* könne die Pest sehr wirksam übertragen *(transmet très bien la maladie)*, schreibt er, und zwar besonders dort, „wo die Kleidung dick ist und die Hygiene zu wünschen übrigläßt, wo reichlich Ektoparasiten vorhanden sind".[42] Dies wird von den Vertretern der Menschenflohtheorie immer wieder hervorgehoben: daß *Pulex irritans* in genügend hoher Anzahl – und „Dichtigkeit – vorhanden sein müsse, um als Vektor massenwirksam auftreten zu können.[43]

Widersprochen wurde dieser Theorie vor allem von Naturwissenschaftlern, die sich auf die Ergebnisse von Laborexperimenten stützten. Sie behaupteten in der Regel nicht, daß *Pulex irritans* die Pest nicht übertragen könne; sie behaupteten nur, daß dies nicht so schnell und massenwirksam geschehen könne. Sehr früh und ganz entschieden hat Erich Woehlkens, ein Mathematiker, Rodenwaldt widersprochen. Woehlkens veröffentlichte 1954 eine Arbeit über die Pest in Uelzen, wobei er sich stark von der Frage nach natürlichen Gesetzmäßigkeiten des Auftretens der Pest leiten ließ. Die Pest von Uelzen ließ sich offenbar durch Ratten erklären. 1956 schrieb Woehlkens in einem Aufsatz: „Der Überträger von der Ratte zum Menschen ist ein den Ratten eigentümlicher Floh, der Pestfloh (Xenopsylla cheopis). Eine Übertragung von Mensch zu Mensch ist praktisch bedeutungslos. Die Lungenpest kann außer Betracht bleiben, da sie in der deutschen Pestgeschichte keine Rolle spielt. Neuerdings wird geltend gemacht", fuhr er fort, wohl auf Rodenwaldt anspielend, „daß als Überträger bei den historischen europäischen Epidemien auch der Menschenfloh berücksichtigt werden müsse, ja, dies sei sogar der Regelfall gewesen, d. h. es waren überhaupt keine Ratten an der Pest beteiligt. Das erscheint schon deshalb zweifelhaft, weil das Blut des Menschen sehr selten Erreger enthält im Gegensatz zum Blut der Ratte. Sodann ist der Pestfloh durch eine winzige Kleinigkeit vor allen anderen Floharten, also auch dem Menschenfloh, ausgezeichnet – dem Vormagen."[44]

Der britische Historiker Paul Slack hält es gleichfalls für unsinnig, anzunehmen, daß *Pulex irritans* in den europäischen Pestepidemien eine größere Rolle gespielt habe, wiewohl er doch einräumt, daß der Menschenfloh in genügend großer Dichte eine Rolle spielen könnte. Er hält *Xenopsylla cheopis* für den wichtigsten Vektor, es sei womöglich noch ein weiterer Rattenfloh hervorgetreten, *Nosopsylla fasciatus*.[45]

Zwei britische Autoren haben der Menschenflohtheorie widersprochen und zugleich die Rattenflohtheorie – und überhaupt die klassische Rattentheorie – so zugespitzt, daß sie zwangsläufig zu der Einsicht kommen mußten, es habe sich beim Schwarzen Tod 1348/50 in Europa nur in Ausnahmefällen um die Pest gehandelt. Der Mediziner Shrewsbury kam 1970 zu dem Ergebnis, nur eine kleine Minderheit von vielleicht fünf Prozent der Verstorbenen sei 1348/50 in England tatsächlich an der Pest gestorben, und die gleiche Auffassung trägt heute der Zoologe Graham Twigg vor. Twigg kennt viele neue Arbeiten zur Pest nicht – er kennt weder Woehlkens noch Rodenwaldt noch die Würzburger Medizinischen Forschungen, die sich mit der Pest des Mittelalters beschäftigen. Er stützt sich vor allem auf fachwissenschaftliche entomologische Studien und beruft sich darauf, daß der Menschenfloh nicht in dieser Form massenwirksam in Erscheinung treten und daß selbst die Lungenpest nur als Folge einer Beulenpest auftreten könne.[46]

Die amerikanische Sozialhistorikerin Ann Carmichael kam bei der Untersuchung der Pest in Florenz im 14. und 15. Jahrhundert gleichfalls zu dem Ergebnis, daß die Seuchen nicht durch den Menschenfloh, sondern durch den Rattenfloh übertragen wurden. Sie gesteht dem Menschenfloh allenfalls eine untergeordnete Bedeutung zu, weil nur im Blut der pestkranken Ratten die Bakterien in genügender Konzentration anzutreffen seien. Sie behauptet, daß „die meisten Fälle von Menschenpest eine direkte oder indirekte Folge von Nagerepidemien" gewesen seien. Folgerichtig vertritt Carmichael auch die Auffassung, die Pest werde durch die Mobilität von Nagetieren – und nicht von Menschen – weitergetragen.[47]

Weitere Vektoren?

Die Flöhe sind nicht der einzige Überträger der Pest. Es gibt eine Reihe weiterer Vektoren, die mehr oder weniger massenwirksam auftreten können. Auf einer Vielzahl von Insekten hat man Pesterreger gefunden: auf Kopfläusen *(Pediculus humanus capiti)* und auf Wanzen *(Cimex letularius)*, auf Fliegen, Mücken, Spinnen, Ameisen, auf Kleiderläusen, Zekken, Kakerlaken – die Frage ist, ob diese Insekten einfache Pestträger *(pestiféré)* sind oder ob sie auch als Überträger *(pestigène)* in Erscheinung treten können. In genügender Dichtigkeit könnten sie möglicherweise als Vektoren von Bedeutung sein. Schon im 18. Jahrhundert war Johann von Muralt, einem Arzt, aufgefallen, daß Fliegen, die Aderlaßblut aufgenommen hatten, eine Gefahr bilden könnten.

Dann darf man die Haustiere nicht übersehen, die gleichfalls als Überträger in Frage kommen. Viele von ihnen – Hunde, Katzen, Schweine, Hühner, Gänse und andere – können den Erreger in Fell und Federn mit sich tragen, ohne selbst zu erkranken.[48]

Schließlich muß man daran erinnern, daß Staub und Schmutz gleichfalls einen passiven Überträger der Pest bilden. Pestkranke Ratten scheiden in ihrem Kot und Urin den Erreger aus. Der Erreger hält sich in diesen Exkrementen und im Staub und Erdreich. Selbst in Nahrungsmitteln können sich Pesterreger aufhalten – Übertragung durch Nahrungsmittel soll 1894 bei der Pest in Hongkong eine Rolle gespielt haben.[49]

Ein weiterer Streitpunkt: Die Sterblichkeit

Die Anhänger der beiden Theorien – der klassischen Theorie und der Menschenflohtheorie – führen weitere Faktoren an, um ihren Standpunkt zu beweisen. Einer davon ist die Mortalität. „Es gibt (...) eine obere Grenze für die Verlustziffer einer Pestepidemie, die nicht überschritten werden kann. Sie liegt bei etwas 35 Prozent", behauptet Woehlkens. In Asien hatte die Pest um die Jahrhundertwende weitaus geringere Ausmaße: „In Indien, wo das Klima große Flohpopulationen begünstigte und wo es zahlreiche weitere Faktoren gab: dichtes Zusammenleben von Menschen auf engstem Raum und Unterernährung, dort zeigte die Krankheit eine relativ niedrige Mortalität und eine langsame Verbreitung", schreibt Twigg, erstaunt darüber, daß „die Bubonenpest nirgendwo auf der Welt eine so hohe Mortalität aufwies wie angeblich in

England, wo die Umstände bezüglich dieser Krankheit gar nicht so günstig waren".[50]

Tatsächlich war die Mortalität in den großen Städten Indiens um 1900 weitaus niedriger als 1348/49 in Italien, obwohl auch die Pest in Indien rund zweihundert Jahre zuvor aufgehört hatte, das Immunitätspotential, mit anderen Worten, verbraucht war. Für Florenz wird die Mortalität – nach der neuesten Studie von Ann Carmichael – mit rund 50 Prozent angegeben; aber indische Städte wie Bombay, Karachi und Sholapur verloren gerade 2,5 bis 3 Prozent ihrer Bevölkerung, nur die kleineren Orte Indiens verloren mehr: zwischen 10 und 36 Prozent. Überhaupt war die Mortalität in Indien um so größer, je kleiner diese Städte waren – in Europa soll es 1348/50 umgekehrt gewesen sein.[51] In Indien starben zwischen 1896 und 1917 jährlich rund 0,15 Prozent der Bevölkerung an der Pest, in Ceylon wenig mehr als 0,3 Prozent – in Europa soll es ein Viertel oder mehr gewesen sein. Nicht einmal die Lungenpest, die zwischen 1899 und 1913 in Ägypten grassierte, erreichte eine annähernd hohe Sterblichkeit: sie tötete – freilich unter ganz anderen Umständen, denn die Lungenpest ist eine Krankheit der kälteren Zonen – in Oberägypten an keinem Ort mehr als zwei Prozent der Einwohner.[52]

Die hohe Sterblichkeit in Europa wurde von den Anhängern der beiden Schulen verschieden erklärt. Die Vertreter der Menschenflohtheorie erblicken in der hohen Mortalität sogar einen Beweis dafür, daß die klassische Theorie nicht stimmen kann. „Die hohe Mortalität, die man mit der Epidemie von 1348 und mit späteren Ausbrüchen verbindet, wurde niemals zufriedenstellend erklärt. Die klassische Übertragungsweise durch den Rattenfloh paßt nicht zu der hohen Sterblichkeit", schreibt Stephen Ell.[53]

Umgekehrt versuchen die radikalen Anhänger der klassischen Theorie aus der hohen Sterblichkeit zu folgern, daß es sich kaum um die Pest gehandelt haben dürfte. Twigg hebt hervor, daß 1348/49 ausgerechnet in entlegenen Hügelregionen Englands am häufigsten Geistliche ersetzt werden mußten – wie aber kommt die Pest in diese abgelegenen Gegenden? Auch im österreichischen Alpenraum hat man festgestellt, daß „die meisten leerstehenden Anwesen *(vacat)* zugleich die zuhöchst in den Bergen gelegenen sind"[54] – wie drang die Pest bis zu ihnen vor?

Schließlich ist noch auf den Umstand zu verweisen, daß italienischen Quellen zufolge ganze Familien ausstarben. Daraus folgern die radikalen Anhänger der klassischen Theorie, daß es sich nicht um die Pest handelte. Die Vertreter der Menschenflohtheorie folgern, daß sich die Angehörigen gegenseitig mit der Lungenpest infizierten oder daß der

Menschenfloh eine Rolle gespielt haben muß, die Beulenpest vom einen zum andern zu tragen.[55]

Lungenpest und Schwarzer Tod

Während der großen Pestpandemie 1348/50 trat auch die Lungenpest auf. Das könnte die hohe Sterblichkeit erklären – die Letalität beträgt bei der Lungenpest annähernd 100 Prozent; überdies kann sie – durch Tröpfcheninfektion – direkt von Mensch zu Mensch übertragen werden. Aber auch in dieser Frage gibt es beträchtliche Differenzen zwischen den beiden Schulen.

Die Pest brach in Italien im Herbst 1347 aus und verbreitete sich während des Winters; auch in England und Deutschland scheint sie sich im Verlauf der Wintermonate ausgebreitet zu haben. Unklar ist, ob sie in diesen Ländern als primäre oder als sekundäre Lungenpest in Erscheinung trat. In Rußland scheint sie nach 1351 massenhaft in Gestalt der Lungenpest aufgetreten zu sein; in den Pleskower Annalen von 1352 heißt es, sie sei von schleunigem Tod begleitet, „denn so wie die Menschen Blut spien, so sterben sie gewiß am zweiten, höchstens am dritten Tage".[56] „Primäre Lungenpest ist für die rasche Ausbreitung von Pestepidemien von größter epidemiologischer Bedeutung."[57]

Was hat es mit primärer und sekundärer Lungenpest auf sich? Ein Kranker, der an Lungenpest leidet, versprüht mit seinen „Sprechtröpfchen" – im Aerosol – Pesterreger. Wer sich auf diese Weise infiziert, zieht sich eine Lungenpest zu, eine primäre Lungenpest, die meist foudroyant verläuft und binnen ein bis drei Tagen tödlich endet. Wer an einer Beulenpest leidet, die zu einer allgemeinen Bakteriämie führt, der bekommt auf diese Weise auch einen Lungenbefall mit Pesterregern, eine sekundäre Lungenpest. Im Blutstrom dieses Kranken sind die Pesterreger in hoher Konzentration; sie könnten von ihm – beispielsweise durch einen Menschenfloh – übertragen werden.

Die Lungenpest, insbesondere die primäre Lungenpest, gilt als hochkontagiös. Trotzdem ist ihre Ausbreitung nicht ganz klar, sie ist nicht weniger geheimnisvoll als die der Bubonenpest.[58] „Die Epidemiologie der primären Lungenpest wird noch nicht sehr gut verstanden. Die meisten ernsten Epidemien brechen in Gegenden mit einem relativ kühlen Klima aus."[59] Dies traf Mitte des 14. Jahrhunderts für die große Pestpandemie zu. Twigg, der eine Lungenpestepidemie in der Mandschurei im 20. Jahrhundert unter die Lupe nahm, kommt gleichwohl zu dem Ergebnis, daß sich die Pest 1347 in Süditalien weitaus schneller ausbreitete, als man – aufgrund der Erfahrungen in der Mandschurei – annehmen darf.[60]

Mutation des Pesterregers?

Denkbar wäre schließlich auch, daß der Erreger der Pest im 14. Jahrhundert nicht absolut identisch wäre mit dem Bakterium, das mehr als fünfhundert Jahre später unter ganz anderen Umständen und in ganz anderen Breiten Menschen in den Tod riß. „Es ist sehr wohl möglich, daß der ‚schwarze Tod' des Mittelalters durch besonders bösartige Stammvariationen von P. pestis hervorgerufen wurde", schreibt H. E. Krampitz. Angeblich hat sich das Erscheinungsbild der Pest noch im Verlauf des Mittelalters geändert, die Pest soll bereits im 15. Jahrhundert in Florenz weniger virulent aufgetreten sein.[61]

Der Pesterreger Yersinia pestis zeigt viel Ähnlichkeit mit Yersinia pseudotuberculosis. Ein amerikanisches Forscherteam, das sich mit der Frage beschäftigte, kam zu dem Ergebnis, daß sich durch eine oder mehrere Mutationen durchaus eine weniger gefährliche Abart dieses Bakteriums gebildet haben könnte.[62] Sowjetische Wissenschaftler wollen sogar beobachtet haben, wie sich vor ihren Augen Yersinia pestis in Y. pseudotuberculosis verwandelte.[63]

Möglicherweise hat Yersinia pseudotuberculosis mitgeholfen, eine Immunität aufzubauen, die sich gegen beide Yersinia-Erreger durchzusetzen vermochte. Die Frage nach der Dauer und der Zuverlässigkeit der Immunität wird nicht ganz eindeutig beantwortet; meist heißt es, „die Pest hinterläßt eine langdauernde, aber keine absolute Immunität",[64] bisweilen ist von einer Immunität von etwa zehn Jahren Dauer die Rede.

Pest und die Medizin um 1350

Ein Wort bleibt hier noch zu sagen zur Tätigkeit der Medizin des 14. Jahrhunderts. Der Stand der Heilkunst war niedrig; es hatte seit der Antike kaum mehr einen Fortschritt gegeben. Die medizinischen Lehren, die an den abendländischen Universitäten vorgetragen wurden, waren von der Kirche festgelegt; im wesentlichen waren es Vorlesungen alter Texte, mit einem kurzen Kommentar versehen. Für die hereinbrechende Seuche machten die Ärzte am häufigsten die Gestirne verantwortlich.[65]

Als eine neuartige Seuche scheint die Pest allerdings sehr bald erkannt worden zu sein, darauf deuten die Traktate hin, die sich mit ihr beschäftigten. Der erste Pesttraktat erschien bereits im April 1348 im spanischen Lerida, noch bevor die Pest diese Stadt erreicht hatte. In den Jahren 1349/50 wurden etwa zwei Dutzend solcher Pesttraktate veröffentlicht; der Traktat wurde zur häufigsten Form der Pestliteratur des 14. Jahrhunderts.[66] Von großer Bedeutung für die deutsche Medizingeschichte wurde ein Traktat, der heute unter dem Titel *Der Sinn der höchsten Meister von Paris* bekannt ist und sich, wie der Name nahelegt, den Empfehlungen des Pariser Pestgutachtens von 1348 anschließt. Er entstand kurz nach 1350, ist wahrscheinlich böhmischen Ursprungs und zählt zu den ältesten Pesttraktaten deutscher Zunge.[67] In diesem Traktat spielt der Adlerlaß eine untergeordnete Rolle; der Verfasser gibt diätetische und andere Ratschläge, wie man dem Übel beikommen könne.

Weitere Pesttraktate sind der sogenannte *Prager Sendbrief*, der Traktat des Jakob Engelin von Ulm und der sogenannte *Pestbrief an die Frau von Plauen*. Der *Prager Sendbrief* wurde gegen 1371 verfaßt, vielleicht von Gallus von Strahov; sein Adressat soll Kaiser Karl IV. gewesen sein. Als seine Quellen nennt er, wie dies seinerzeit üblich war, die antiken Ärzte Hippokrates und Galen sowie den arabischen Arzt Avicenna. Neben den Empfehlungen, wie der Aderlaß durchzuführen sei, gibt er Ratschläge allgemeiner Natur.[68] Der *Pestbrief an die Frau von Plauen* stammt gleichfalls aus dem ostmitteldeutsch-böhmischen Raum. Die heute noch erhaltenen Überlieferungen zeigen, mit welcher Sorgfalt man die bestgeeignete Stelle für den Aderlaß aussuchte. Der Aderlaß war im späten Mittelalter das am häufigsten angewandte Mittel; die älteste bekannte bildliche Darstellung eines Aderlasses geht auf das 12. Jahrhundert zurück.

Der Aderlaß wurde bereits seit der griechischen Antike angewandt; doch seine Bedeutung bekam er erst durch Galen im 2. Jahrhundert. Galen behauptete, er habe durch Aderlässe in Asien die Pest von sich abgewehrt. Im 14. Jahrhundert – und weit darüber hinaus – galt der Aderlaß bei vielen Krankheiten als das Mittel der Wahl.[69]

Die genannten Traktate waren in erster Linie Anleitungshilfen, wo man den Aderlaß durchführen sollte, um die beste Wirkung zu erzielen. Sie nannten viele Möglichkeiten, wo man eine Drüsenschwellung bemerken könnte, und nannten die Vene, welche in diesem Fall zu schlagen sei. Mit Hilfe eines Schneppers wurde sodann die Ader „geschlagen", d.h. angeschnitten; das heraustretende Blut ließ man in eine offene Schüssel rinnen. Das Blut wurde weggegossen; aus späterer Zeit liegen

Hinweise vor, daß das Blut zum Beispiel in einen Fluß geschüttet werden mußte und nicht in ein stehendes Gewässer. Möglicherweise hat auch diese – eher schädliche als nützliche – Therapie das Ihre beigetragen, die Krankheit zu verbreiten.

Eine weitere – allgemeine und weitreichende – „Erklärung" für das neuartige Übel Pest war der Hinweis auf die „verpestete" Luft. Daß vielerlei Getier vor Pestzeiten seine Höhle verließ und sich unter freiem Himmel zeigte, versuchte man damit zu erklären, daß aus dem Erdreich „verpestete" Luft aufstieg. Gegen diese Luftverpestung ging man mit Duftstoffen vor – indem man Feuer anzündete und wohlriechende oder weniger wohlriechende Stoffe verbrannte. Möglicherweise hatte man damit sogar gewisse Erfolge, denn Ratten lassen sich mit Kampfer und Schwefel durchaus vertreiben.[70]

Einzig und allein die Pest?

War die Massensterblichkeit, die in der Mitte des 14. Jahrhunderts Europa heimsuchte, einzig und allein der Pest zuzuschreiben? Man kann diese Frage nicht ohne weiteres bejahen. Schon Jahrzehnte vor 1347 herrschten in weiten Teilen Europas Seuchen und Hungersnöte. 1340 stieg die Sterblichkeit gewaltig an, in einigen italienischen Kirchspielen war sie 1340 kaum niedriger als zur Zeit der ersten Pestwelle.[71] In den folgenden Jahren war die Witterung ungewöhnlich, in Deutschland war es naß und kalt.[72] Die klimatischen Umstände können einige Infektionskrankheiten – wie Grippe oder Fleckfieber – begünstigen.

Die Sterblichkeit war bereits vor der Jahrhundertmitte so hoch und einzelne Seuchen so verbreitet, daß selbst im 20. Jahrhundert sachkundige Mediziner und Medizinhistoriker davon sprachen, die Pest könne schon vor 1347 grassiert haben; der hl. Rochus, später einer der bekanntesten Pestheiligen, soll ihr bereits 1327 erlegen sein.[73] Die Seuche in der Jahrhundertmitte wird zwar als ein neuartiges Übel angesehen – aber besagt das wirklich so viel? Viele Symptome dieser neuen Infektionskrankheit deuten auf die Pest hin, aber längst nicht alle: Der „Gestank", von dem in italienischen Quellen die Rede ist, läßt eher an entzündliche Prozesse im Rachenraum als an die Pest denken, desgleichen auch der schwarze Belag auf Zunge und Rachen, von dem Kaiser Cantakuzenes schreibt. Auch der unlöschbare Durst ist kein klassisches Symptom der Pest. Bei manchen Beschreibungen muß man sich außerdem fragen, ob der Chronist nicht einfach aus älteren Quellen abgeschrieben hat, wie

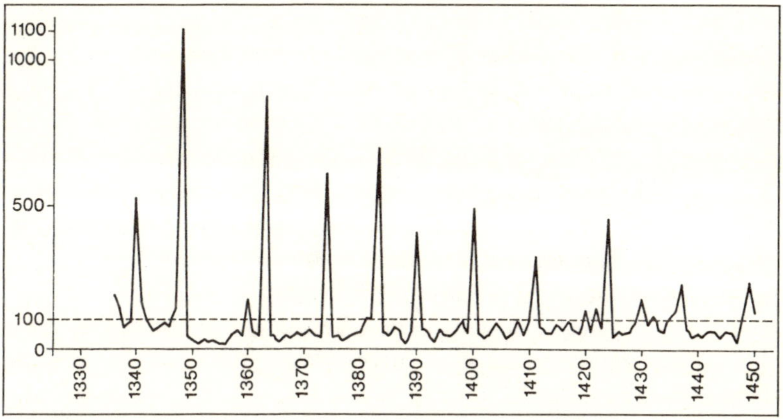

Zahl der jährlich Verstorbenen in der Gemeinde San Domenico zu Siena

man dies Boccaccio nachgewiesen hat – schließlich war es allgemein üblich, die verehrten Klassiker der Antike zu kopieren.

Darüber hinaus gibt es – gerade in den italienischen Quellen von 1348 – eindeutige Hinweise, daß neben der Pest noch andere Seuchen umgingen, zumindest Viehseuchen, vielleicht auch Epidemien, die Mensch und Tier zugleich treffen können. In der *Historia Sicula* des Franziskaners Michele da Piazza, in Boccaccios *Decamerone*, in der Chronik des Marchionne di Coppo Stefani und in der *Cronica fiorentina* – wenigstens in diesen Quellen gibt es Erwähnungen, daß Hunde und Katzen, Rinder, Esel und Schafe von der Epidemie dahingerafft wurden. Auch in einigen französischen Quellen ist davon die Rede, daß „besonders Haustiere zum Opfer fielen“ – *etiam canes, cati, galli et gallines.*[74] Das sollte zu denken geben, denn es ist wenig glaubhaft, daß es die Pest war, die diese Tiere tötete. Um die Jahrhundertwende untersuchten einige ärztliche Kommissionen in Indien, ob die Pest neben den Nagern und den Menschen auch noch andere Tiere befällt und tötet. Eine deutsche Kommission kam zu dem Ergebnis, daß Schweine für die Pest nicht anfällig seien, allenfalls durch die Verabreichung sehr hoher Dosen gelang es, diese Tiere zu infizieren. Schafe, denen man gleichfalls sehr große Mengen des Erregers verabreichte, erholten sich rasch. Es zeigte sich, daß sich Vögel so gut wie nie spontan infizieren, aber auch sie konnten durch Fütterung mit dem Erreger infiziert werden. Hunde und Katzen können sich die Pest auf natürlichem Wege zuziehen, aber sie sind, wie all diese Tiere überhaupt, nicht besonders anfällig dafür.[75]

Auch die rasche Ausbreitung der Seuche nach 1347 in Europa entspricht keineswegs den Erfahrungen aus Indien um 1900. Breitete sich die Pest im Spätmittelalter so rasch aus – soviel rascher als im 18. Jahrhundert –, weil noch kein Immunitätspotential vorhanden war, oder vielleicht, weil sie häufig in Gestalt der Lungenpest auftrat? Das wäre möglich; denkbar ist aber auch, daß ein Teil der foudroyanten Verlaufsformen nicht der Pest zuzuschreiben war, sondern einer anderen Krankheit, vielleicht sogar einer Infektionskrankheit, die Mensch und Tier zugleich befallen konnte – wie dies für den Milzbrand (Anthrax) zutrifft. Der Milzbrand hat mit der Pest einige Symptome gemein; die Letalität bei Milzbrand ist hoch; er ist – anders als Pest – eine hochkontagiöse Krankheit; ja selbst die klimatischen Bedingungen der 1340er Jahre würden eher zu Milzbrand passen als zur Pest. Milzbrandsporen halten sich am Boden und können durch Winde emporgetragen werden – das könnte erklären, warum in den Alpen selbst in den oberen Höhenregionen ganze Bauernhöfe ausstarben.[76]

In Teilen Skandinaviens, so behauptet der englische Klimahistoriker Hubert H. Lamb, trat seinerzeit die Pest nicht auf – und trotzdem schnellte auch hier die Sterblichkeit nach oben: „So belief sich die Todesrate bei der Bevölkerung des Hallingdal (ein großes Tal mit einer Durchgangsstraße) auf 90 Prozent und entlang der Pilgerstraße, die durch Südschweden nach Trondheim führte, auf zwei Drittel." Verschiedene Untersuchungen, schreibt Lamb weiter, ließen den Schluß zu, daß einige Teile Südnorwegens überhaupt nicht von der Pest berührt wurden. Gleichwohl waren die Bevölkerungsverluste so groß, daß die gesamte norwegische Getreideernte sich noch im Jahr 1665 nur auf 67 bis 70 Prozent der Erträge aus der Zeit um 1300 belief.[77]

Wenn es ein und dieselbe Infektionskrankheit war, die Europa gegen 1350 heimsuchte, warum waren dann die Gesetzmäßigkeiten, unter denen sie auftrat, so unterschiedlich? Die Kontagiosität beispielsweise muß in Venetien eine andere gewesen sein als in Paris, denn in Paris sollen die Pflegepersonen in den Hospitälern fast ausnahmslos verstorben sein, während sie in Venetien verschont blieben. Die Sterblichkeit der Ärzte und Priester war hoch[78] – warum war die Sterblichkeit der Ärzte in späteren Pestepidemien soviel niedriger?

Traten in der Mitte des 14. Jahrhunderts nicht auch andere Krankheiten seuchenartig auf? Natürlich stellen gerade die radikalen Verfechter der klassischen Theorie diese Frage. Shrewsbury nennt eine Reihe von Krankheiten, die in den Jahren nach 1348 tatsächlich auch grassiert haben mögen: Grippe und Tuberkulose, Pocken und Infektionen des Respirationstrakts, Antoniusfieber, Ruhr, Typhus und andere. Sie versuchen, den Anteil der Pest an dem gesamten Krankheitsgeschehen zurückzudrängen: Shrewsbury nimmt an, daß allenfalls jeder zwanzigste Tote in England damals tatsächlich an der Pest gestorben sei, und Twigg schreibt, er finde „wenig Anhaltspunkte für eine weitverbreitete wirkliche Pest".[79]

Die Vertreter der Menschenflohtheorie heben immer wieder hervor, daß vieles an der Pest rätselhaft sei. Mit Recht schreibt Daniel Herlihy, „daß die Epidemiologie des Schwarzen Todes und folgender Pestepidemien noch immer ihre Schwierigkeiten präsentieren. (...) Wenigstens in einigen der historischen Seuchen verbargen sich hinter dieser Krankheit wahrscheinlich andere Infektionskrankheiten, vor allem akute Formen von Dysenterie." Vor allem die Infektkette ist noch immer von Unbekanntem umgeben. „Die Pestinfektion geht verschlungene mannigfaltige Pfade; in der einen Epidemie waltet nach örtlichen und zeitlichen Umständen die eine Art der Übertragung, in der anderen Epidemie eine andere vor", so schrieb bereits Georg Sticker. Vieles ist noch immer ungeklärt. „Bislang wurde noch keine vollständig befriedigende Theorie vorgelegt, die alle Tatsachen in Betracht zu ziehen vermag."[80]

Wenn es die Pest nicht war, die in der Mitte des 14. Jahrhunderts über Europa hinwegzog und Millionen von Menschen ins Grab riß, welche Krankheit war es dann, die vom 14. bis zum 18. Jahrhundert in ziemlich regelmäßigen Abständen von sechs bis zwölf Jahren immer wieder auftrat und ihre Opfer forderte? Die klassische Ratten- und Rattenflohtheorie kann die großen Pestepidemien der europäischen Geschichte nicht erklären, denn von einem Rattensterben war kaum eine dieser großen Seuchen begleitet, nicht einmal die große Pest von Moskau 1771/72, die ein Viertel der Stadtbewohner tötete. Twiggs Behauptung, nicht der Mensch sei das Medium der Pestverbreitung, ist nicht richtig; in der großen Pest von Marseille (1720/22) zeigte sich durchaus, daß es Menschen sind, die diese Krankheit weitläufig verbreiteten; es ist der Mensch, der mit seinen Verkehrsmitteln den Pesterreger in Umlauf bringt. Die Ausbreitungsgeschwindigkeit der Pest in Frankreich und Deutschland: 3 bis 8 Kilometer täglich, macht dies plausibel. Aber nicht allein der Mensch bewerkstelligt die Ausbreitung, er trägt die Krankheit über größere Entfernungen, dann scheinen tierische Vektoren – Ratten und Flöhe – die Verbreitung zu betreiben.[81]

IV. Im Zeichen der Pest

Vom Beginn des 14. bis weit hinein in das 15. Jahrhundert geht die deutsche Bevölkerung zurück. Zuverlässige Untersuchungen über den Rückgang und die Größe der Bevölkerung gibt es nicht, daher geben verschiedene Autoren unterschiedliche Zahlen an. Der Bevölkerungsrückgang, im wesentlichen wohl die Folge der Seuchen, zuvörderst der Pest, könnte bis in die zweite Hälfte des 15. Jahrhunderts angehalten haben. Meuthen sieht den Tiefpunkt der wirtschaftlichen und demographischen Entwicklung um das Jahr 1470.[1]

Es sind vor allem Pestepidemien, die Jahr für Jahr irgendwo auftreten und hohe Verluste fordern. „Diese schreckliche Pest [...] grassiert nun schon seit fünfundzwanzig Jahren über die Erde, richtete dabei verschiedenartige Schäden an und entvölkert nicht nur unsere, sondern fast alle Länder der Erde", schreibt Petrarca 1374 an einen Freund. Tatsächlich vergeht fast kein Jahrzehnt, in dem nicht – da oder dort – diese Infektionskrankheit epidemisch auftritt. Nach der Limburger Chronik kam das Übel anno 1356 erneut; fortan werden die Seuchenzüge einfach numerisch erfaßt: 1356 zweites Sterben, 1362 drittes Sterben und so geht das weiter, bis man zu zählen aufhört.

Die zweite große Welle kam in der Mitte der 1350er Jahre. Frankfurt am Main und Limburg, Konstanz und Straßburg, auch Köln und Lübeck sollen bereits von dieser zweiten großen Welle erfaßt worden sein. Die Pest kam diesmal auch in die fränkischen Städte Nürnberg und Würzburg, die 1349/50 verschont geblieben waren. „In dem Jahr des Herrn 1356 ist zu Wirtzburg und daselbst herum im Land zu Franken eine heftige Pestilenz angefallen, die sehr viel Leut hinweggenommen hat", heißt es in der Chronik des Würzburger Magisters Lorenz Fries. Das oberpfälzische Amberg soll 1356/57 schon zum zweiten Mal heimgesucht worden sein, diesmal allerdings weniger tödlich. Möglicherweise suchte sie in den 1350er Jahren bereits weite Teile Böhmens heim: Im Oktober 1359 fordert der Prager Erzbischof seine Diözesanen zu Buße und Besserung auf, weil eine mörderische Seuche, die ihren Opfern zuvor drei Tage Zeit ließ, jetzt schon am ersten Krankheitstag tödlich ende.[2]

Die nächste große Pandemie beginnt 1361 und dauert bis 1363. Sie wird aus vielen Teilen Europas gemeldet. Sie greift diesmal auch weit in den Osten aus, nach Schlesien und an die deutsche Ostseeküste, wo sie das preußische Herzland verwüstet. Sodann schwächt sie sich in einzelnen Jahren wieder ab, tritt dafür aber regional noch häufiger auf: In Köln ist sie 1365 und reißt viele Opfer ins Grab, von dort zieht sie ins Hessische und nach Westfalen, ins Schwäbische und in andere Teile Deutschlands. Aus England und Italien, wo sie 1361/63 heftig wütete, kommen 1369 erneut schreckliche Nachrichten. 1370 wütet sie in Lübeck und einigen Städten an der Ostsee, im gleichen Jahr in Lüttich; im folgenden Jahr kommt schlimme Kunde von ihrem mörderischen Grassieren aus Böhmen und Schlesien, aus Polen und Moskau. In den 1370er Jahren hören wir mehrmals von ihrem Wirken aus Nürnberg und aus fernen Landen. 1378 treffen wir sie in Thüringen und in Hessen, dann im Schwäbischen. 1380 ist aus Böhmen von einer „großen Pest" die Rede. Prag soll an einem Tag elfhundert Menschen verloren haben; die Studenten sollen aus der Stadt geflüchtet sein. 1380/81 sucht sie auch Österreich und Wien schrecklich heim.

Die Ausbreitung der ersten Pestzüge läßt sich chronologisch gut verfolgen; doch je mehr sich diese Krankheit in einem Raum einnistet, desto unübersichtlicher wird ihr Walten. Betrachtet man aber das Pestgeschehen an einem bestimmten Ort, so wird deutlich, daß die Wellen ziemlich regelmäßig kommen. Die Durchseuchung eines Raumes begünstigt kleinere Epidemien; dazwischen liegen einige Jahre, in denen junge Menschen nachwachsen können und die Älteren ihre Immunität langsam wieder abgeben. Gleichwohl darf man nicht einzig und allein an die Pest denken, wenn in den Chroniken der Städte von Pestilenzen die Rede ist; vielerlei Krankheiten verbargen sich auch weiterhin hinter diesem Namen, obschon die Pest – zusammen mit Lepra und Pocken – zu den Krankheiten zählt, die ziemlich früh als ein eigenständiges Übel erkannt wurden.

In der demographischen Entwicklung schlägt sich die Pest deutlich nieder: in den Ausschlägen der Sterblichkeit nach oben. Begleitet werden diese Ausschläge von Aggressionen gegen Randgruppen der Gesellschaft, traditionelle Sündenböcke. František Graus, der die mittelalterlichen Judenverfolgungen systematisch untersucht hat, kommt nach statistischer und regionaler Auswertung zu dem Ergebnis, es habe in der Mitte des 14. Jahrhunderts und dann wieder in den 1360er, 1370er und 1380er Jahren eine Häufung von Judenverfolgungen gegeben; die Pogrome nahmen dann wieder zu zwischen 1400 und 1410 und nach 1420, als erneut Pest und Tod reiche Ernte hielten.[3] Man wird nicht sagen können, daß sich die Ursächlichkeit schlüssig beweisen läßt. Es kommt hinzu, daß einige Regionen – weitgehend unabhängig von der Pest – für die Juden besonders gefährlich waren, Franken beispielsweise. In einigen Städten lebten die Juden wie auf einem Pulverfaß: Flog ein Funke hinein – das konnte die Pest sein oder die religiöse Inbrunst der Osterzeit, wenn die christlichen Nachbarn sich erinnerten, daß die Juden den Heiland am Kreuz verspottet hatten –, dann konnte es zu einer Explosion kommen.[4]

Das gleiche gilt weitgehend auch für Hexenverfolgungen, die vor dem Jahr 1350 beginnen; sie erfahren eine gewaltige Steigerung in der zweiten Hälfte des 15. Jahrhunderts. Wieder ist es Franken, das sich in diesem Punkt besonders hervortut. Daß man „Hexen" in diesem Zeitraum vermehrt verfolgte, daß das Mißtrauen zwischen den Menschen zunahm, mag mit dem unverstandenen Ausbreiten dieser tödlichen Krankheit zu tun haben. Nicht gleich zu Beginn dieser neuen Krankheit, in der Mitte des 14. Jahrhunderts, sondern erst später, nachdem sie sich fest eingenistet hatte, wurde die Unduldsamkeit größer. Sie äußerte sich auch gegen arbeitsunfähige – oder arbeitsunwillige – Menschen: Die Städte und Territorien versuchten sich gegen die Pest zu wehren, indem sie 1442 im Reichstagsabschied beschlossen, in Not- und Seuchenzeiten fremde Bettler nicht mehr auf ihren Grund und Boden zu lassen. Ob diese Menschen nur die Funktion von Sündenböcken erfüllten, oder ob man bereits Grund hatte zu glauben, daß Bettler, in Lumpen gekleidet, Ungeziefer und Krankheiten verbreiteten, sei dahingestellt.

Die Hussitenwirren

Die Seuchenzüge hatten tiefgreifende Folgen für Wirtschaft, Gesellschaft und Staat. Doch es gab auch politische Ereignisse, die von sich aus imstande waren, Seuchen zu begünstigen und Massensterben herbeizuführen. Dazu zählen Kriege. Sie wirbeln Menschen umher, treiben den einen dahin, den andern dorthin. Getreidefelder werden vernichtet, Hungersnöte und Seuchen brechen aus.

Die Konflikte des frühen 15. Jahrhunderts nahmen im Herzen Europas noch nicht die weitläufige Bedeutung an wie im Westen, wo die nationalstaatlichen Einigungsbestrebungen schon weiter vorangekommen waren, wo Engländer und Franzosen sich einen Hundertjährigen Krieg lieferten, der freilich immer wieder von Pestausbrüchen – und infolgedessen von Waffenstillständen – unterbrochen war. In Deutschland fanden, wie in Italien, die Entwicklungen noch immer in kleineren

Räumen statt, die Konflikte dementsprechend zwischen den Städten und kleineren Fürstentümern, zwischen Ritterschaften und Dörfern, zwischen den größeren und kleineren Duodezstaaten, wie es sie im Reiche in unzähliger Zahl gab.

Die Kriege, die man mit dem Namen des tschechischen Reformators Jan Hus in Verbindung bringt, zählen davon zu den größeren, zu den internationalen Kriegen. Nach der Hinrichtung des tschechischen Reformators auf dem Konzil zu Konstanz, 1415, bekam die hussitische Bewegung neuen Auftrieb und griff in den 1420er Jahren nach Norden und Westen aus. Tschechische Historiker haben die Hussitenwirren mit einer Verschlimmerung der Armut auf dem Land, in Böhmen, in Verbindung gebracht. Man könnte einen Schritt weitergehen und die Notlage des Landes mit den Witterungsverhältnissen erklären: Die 1420er und 1430er Jahre waren ungewöhnlich kalt und naß, die Ernten schlecht. Obwohl die Bevölkerung Jahrzehnte lang geschrumpft war, kam es zu Hungersnöten. Die Heere der Hussiten fielen in Bayern und Franken, in Sachsen, Schlesien und in Nordostdeutschland ein und verwüsteten das Land; 1431 brachten sie einem „Kreuzfahrerheer" bei Taus eine schwere Niederlage bei.[5]

Im Jahr 1433, mit dem Abschluß der Prager Kompaktaten, enden diese Wirren – die Teuerungszeit, eine Folge der extrem schlechten Ernten, geht weiter. In England gehen Erkältungskrankheiten epidemisch um, besonders Grippe und Lungenentzündung; 1438 kommt es in England zu einer großen Hungersnot, für das bevölkerungsarme 15. Jahrhundert war dies eine Ausnahmeerscheinung. Seuchen treten in diesen Jahren auch im Heiligen Römischen Reich auf, häufig die Pest; 1437 sucht sie weite Teile Süddeutschlands heim. 1437 bis 1440 sind weitumher Pestjahre.[6]

Quarantäne und Kontumaz

Im 15. Jahrhundert beginnt man in Deutschland, die Pest als eine regelmäßig wiederkehrende Erscheinung zu begreifen; und die Staaten und Städte beginnen sich dagegen zur Wehr zu setzen. Die Stadt Basel erläßt bereits gegen 1400 ein Seuchengesetz. Es verbietet allen von Beulen, Lungenschwindsucht, Epilepsie, Krätze, Antoniusfeuer, Milzbrand und Aussatz befallenen Personen, ihren Mitbürgern Nahrungsmittel anzubieten; Zuwiderhandeln wird mit Ausweisung bedroht. Doch der Mechanismus des regelmäßigen Todes, die Ansteckung, wird lange nicht klar durchschaut. Die gängigen Erklärungen verweisen weiterhin auf überirdisches Geschehen: auf die Konstellation der Gestirne oder auf die Sündhaftigkeit jedes einzelnen.

Gleichwohl versuchen einzelne Kommunen und staatliche Organe, dem Übel Einhalt zu gebieten, indem sie den Verkehr mit der Außenwelt überwachen. Es sind Hafenstädte am Mittelmeer, die naturgemäß am häufigsten von der Seuche ergriffen wurden, die sich als erste durch eine Maßnahme zu schützen suchen, die man später als Quarantäne bezeichnen wird. Zwei Mittelmeerhäfen, große Handelsstädte beide, historisch eng miteinander verbunden, haben sich später darum gestritten, wer zuerst und am weitläufigsten und sorgfältigsten diese Kontrollen durchgeführt habe – Ragusa und Venedig. Die Lagunenstadt richtete 1374, so scheint es, eine dreißigtägige Isolation ein, daher auch *trentana* genannt. Eine solche Verordnung erließ Ragusa am 27. Juli 1377, sie sah gleichfalls einen Monat der Isolation vor. Eine echte Quarantäne – nämlich eine Absonderung von vierzig Tagen Dauer – verfügte einige Jahre später, 1384, die Hafenstadt Marseille; von daher kommt der Begriff zu uns. Seit dem Jahr 1403 wurden die Internierten in Venedig in eigenen Gebäulichkeiten untergebracht, die man später als *lazarettos* bezeichnete.[7]

Diese Maßnahme, fremde Ankömmlinge erst eine Weile unter Absonderung zu halten, bis möglicherweise eine Krankheit sich bei ihnen gezeigt hat, zeugt von der Einsicht in das Wesen der Krankheit und von Weitsicht in bezug auf den Schutz der Gesellschaft.

Eine Verlängerung dieser Isolation, von dreißig auf vierzig Tage, wäre unsinnig gewesen, wenn es sich bei den abgewehrten Krankheiten nur um die Pest gehandelt hätte, denn die Inkubationszeit der Pest dauert allenfalls zehn Tage. Da allerdings die Infektkette in keiner Weise durchschaut wurde, hörte die Pest nicht auf, dort einzudringen, wo man sie fernhalten wollte.

Etwa zur gleichen Zeit, da Ragusa, Venedig und Marseille begannen, die Pest nach außen abzuwehren, fingen oberitalienische Städte – wie Mailand und Mantua – an, die Pestkranken im Inneren ihrer Städte zu isolieren. Die Isolation von Kranken war keine neue Maßnahme; man hatte sie schon lange zuvor gegen andere angewandt, beispielsweise gegen Aussätzige. Zu Beginn des 15. Jahrhunderts begann man in Italien, richtige Pestlazarette einzurichten, allerdings nicht unter diesem Namen, der erst gegen 1500 aufkam. Venedig war die erste italienische Stadt, die – anno 1423 – ein eigenes Spital für Pestkranke einrichtete, um die Kranken zu isolieren und sie dort bis zu ihrer Genesung oder ihrem Tod zu betreuen. Ferrara (1436) und Florenz (1448) folgten bald dem

Beispiel Venedigs, sie alle richteten diese Pestspitäler in bereits bestehenden Gebäuden ein. Zur Jahrhundertmitte wurde erstmals ein Pestspital eigens für diesen Zweck neu errichtet, und zwar in Mantua. Genua und Siena erbauten neue Pestspitäler in den Jahren 1467 und 1478. Diese Spitäler brachten vermutlich den Gesunden, der Gesellschaft, mehr Gewinn als den Kranken, denn die Aussicht, der Krankheit zu erliegen, war in den Spitälern eher noch größer.[8]

Nach den großen Epidemien am Ende der 1470er Jahre – und angesichts unzähliger slawischer Flüchtlinge aus dem Balkan, die vor den anrückenden Türken flohen – richteten viele italienische Städte eigene Pestbehörden ein. Der Doge von Venedig ernannte 1485 nach einem neuerlichen Pestausbruch in der Stadt einen Magistrato della sanità – „eine Behörde, in der in den folgenden Jahrhunderten die europäischen Staaten ein bewundertes Vorbild sahen", urteilt Rodenwaldt. Diese Behörde übernahm vielerlei Aufgaben, sie erstreckte ihre Tätigkeit von der Lebensmittelüberwachung bis zur Armenfürsorge und zur Kontrolle der Prostituierten. Sie hatte weitreichende Kompetenzen und durfte selbst Leibesstrafen verhängen, zeitweise sogar die Todesstrafe. Bis zum Jahr 1563 war gegen ihre Entscheidungen nicht einmal eine Berufung möglich.[9]

In der zweiten Hälfte des 15. Jahrhunderts errichtete man im Mittelmeerraum allenthalben Gebäude zur Quarantäne. Die Stadt Marseille baute im Hafen ein neues Spital und weihte es dem hl. Rochus; es hatte die Pflicht, Kranke aufzunehmen und eintreffende Personen und Waren genau zu prüfen.[10]

Spitäler

Im Verlauf des 15. Jahrhunderts nahm die Zahl der Spitäler zu, ihre Aufgaben begannen sich immer mehr zu differenzieren. Das mittelalterliche Spital nahm vor allem umherziehende Arme und Pilger auf; vielen Armen diente es als ständige Bleibe. Im Florenz des 15. Jahrhunderts gab es eine eigene Einrichtung für Arme und Pilger, das war das Syndochium; für die Verköstigung der Armen war das Procotrophium zuständig, für die Versorgung alter Menschen das Gerontocomiun und für die Waisen ein eigenes Orphantotrophium.[11]

In Italien hatten die Spitäler eine längere Tradition als in Deutschland; aber auch hierzulande ging das Spital im Prinzip zurück auf die römischen Xenodochien der römisch-antiken Vergangenheit. Das Spital war zunächst der Ort, wo, wie es in einem Brief aus Lindau an den Kaiser heißt, „alle alten, armen, unvermögenden, krüppelhaften und der menschlichen Gesellschaft um ihrer körperlichen oder geistigen Unvollkommenheit willen unnütze Personen ... mit geringster Hausmannskost und ebenso geringer Bedeckung des Körpers unterhalten und verpflegt werden".[12] Im 13. Jahrhundert gab es in vielen deutschen Städten solche Spitäler, in den größeren Städten mehr als nur eines; abgetrennt davon bestanden die Leprosorien, die Häuser für Aussätzige. Diese Spitäler bestanden oft in engster Nachbarschaft zu einer Kirche, sie wurden häufig von einem Pflegeorden betreut wie dem Hospitaliterorden oder dem Deutschen Orden. Einen Arzt gab es im Mittelalter in diesen Spitälern zumeist nicht; für die praktischen medizinischen Verrichtungen an den Kranken, für das Verbandanlegen oder den Aderlaß, war ein Bader zuständig.

Die meisten Kranken hielten sich in dieser Zeit und auch noch später nicht in einem Spital auf, sondern bei sich zu Hause. Die Pflege verrichteten die Angehörigen der Familie; in den größeren Städten gab es Beginen, das waren ledige oder verwitwete Frauen, die in der Art einer Ordensgemeinschaft zusammenlebten und für die ambulante Pflege von Kranken zuständig waren. Wollte ein Kranker auf einen Arzt nicht verzichten, was wohl die Ausnahme war, so konnte er – falls er in der Stadt wohnte – einen rufen lassen. In der Regel kam der Arzt ins Haus.

Eigene Pestspitäler wurden in Deutschland später errichtet als in Italien, erst in der zweiten Hälfte des 15. Jahrhunderts. Für die meisten Kranken gab es ohnehin keine Hilfe; das Pestspital diente also eher der Isolation des Kranken. Braunschweig hatte ein eigenes Pestspital bereits im Jahr 1473, Celle 1495; 1498 wurde in Nürnberg – nicht in der Stadt, sondern vor deren Toren, draußen an der Pegnitz – ein Pestspital gegründet, es wurde dem hl. Sebastian geweiht. Viele Pestspitäler waren nur in Pestzeiten geöffnet, in pestfreien Zeiten waren sie geschlossen; für Obdachlose waren sie stets eine Verlockung, denn sie standen oft lange Zeit leer.[13]

Medizinalordnung, Bader und Ärzte

Unter dem Eindruck dieser regelmäßig auftretenden Seuchen, namentlich der Pestzüge, begannen im Verlauf des 15. Jahrhunderts vor allem die Städte, ihre medizinischen und hygienischen Einrichtungen auszuweiten. Städtische Medizinalordnungen scheinen bereits im 13. Jahrhundert aufgekommen zu sein, sie vermehrten sich im 14. Jahrhundert unter dem Eindruck des Schwarzen Todes. Diese Medizinalordnungen regeln bis ins einzelne die Tätigkeit der Ärzte, Apotheker und Bader; sie listen deren Gebühren auf, bestimmten deren Ausbildung und Aufgaben.[14]

Weitaus häufiger anzutreffen als der Arzt war der Bader, der in einer Badestube beschäftigt war. Das Bad diente der persönlichen Sauberkeit; aber es war auch Ausdruck der medizinischen und physiologischen Vorstellungen der Zeit. Gemäß der antiken Lehre von den Körpersäften war es die Aufgabe des Baders, diese Säfte in der richtigen Mischung zu halten. Der Bader peitschte die Haut seiner Kunden mit Laubbüschel und Badewedel, um die Durchblutung und Ausdünstung anzuregen; er verabreichte Klistiere zum Abführen, und er ließ zur Ader. Das war sogar eine seiner wichtigsten Tätigkeiten. Der Aderlaß war eine Wissenschaft für sich: Eigene Bildtafeln erklärten, welche Venen zum Anritzen am besten geeignet waren; es wurden dabei aber auch Faktoren berücksichtigt wie das Alter und das Geschlecht des Behandelten, die Windrichtung, Jahreszeit und vieles mehr. Blutegel fanden erst später weite Verwendung.

Der Bader war aber auch zuständig für die sogenannte kleine Chirurgie, also für Wundversorgung, ferner für die Behandlung von Hautleiden und Geschwüren. Größere Operationen – etwa die Entfernung von Blasensteinen oder die Amputation eines Körperglieds – machte ein Bader oder ein Schneidarzt; die Schneidärzte waren meist umherziehende Bader oder Barbiere, die es aufgrund ihrer Erfolge schon zu Ansehen gebracht hatten.

Die Bader absolvierten eine handwerkliche Ausbildung von drei bis vier Jahren Dauer, das war von Ort zu Ort verschieden. Ehe sie sich zur Meisterprüfung meldeten, sollten sie drei Jahre auf der Wanderschaft verbracht haben. Ihre Ausbildung wurde praktisch und theoretisch von ihren Handwerksmeistern überwacht, die ihrerseits der Aufsicht der Obrigkeit unterstanden. Wer von den Badern nicht an Ort und Stelle in der zuständigen Zunft organisiert war, galt als Pfuscher und machte sich strafbar. Als Konkurrenten zu den Badern kamen die Scharfrichter in Betracht, die gute Kenntnisse der menschlichen Anatomie aus ihrem Gewerbe mitbrachten. Im Verlauf des 15. Jahrhunderts begannen einige Städte, eigene Pestärzte anzustellen, das waren in der Regel ehemalige Bader. Sie waren in Pestzeiten gleichsam als Amtspersonen eingesetzt und daher mit obrigkeitlichen Funktionen ausgestattet.[15]

Daß der Bader, ein Handwerker, so weitreichende Befugnisse besaß, hat in erster Linie damit zu tun, daß die Medizin als Wissenschaft und als praktische Kunst noch so wenig entwickelt war. Erst in dieser Zeit entstanden in Deutschland die ersten Universitäten. Wer zuvor eine Universitätsausbildung zum Arzt hatte absolvieren wollen, dem war nichts anderes übriggeblieben, als sich ins Ausland zu bemühen, am besten nach Italien, dessen Universitäten noch Jahrhunderte später einen guten Namen hatten, vor allem die Heilkunst, denn durch die Hochschule in Salerno waren der italienischen Medizin schon früh die Einsichten der arabischen Ärzte zugeflossen. In Deutschland hingegen steckten die Hochschulen noch in den Anfängen; die erste Universität auf deutschem Boden wurde erst 1379 in Erfurt gegründet, Heidelberg folgte 1385, Köln 1388; im 15. Jahrhundert kam eine Handvoll weiterer hinzu: Leipzig 1409, Rostock 1419, Freiburg 1457, Ingolstadt 1472, Mainz 1476, Tübingen 1477.

Die medizinischen Fakultäten an diesen neuen Hochschulen waren lange Zeit unbedeutend; nicht jede dieser Universitäten hatte von Anfang an eine eigene medizinische Fakultät. An einigen gab es nur dem Namen nach einen medizinischen Lehrkörper; die Zahl der Professoren, die dieses Fach vertraten, belief sich meist auf einen oder zwei. Das Studium dauerte drei Jahre, je eines dieser drei Jahre wurde dem Studium der drei großen Autoritäten der Antike gewidmet: Galen, Avicenna und Hippokrates. Die wichtigste Lehre betraf die Körpersäfte. Die Ausbildung war rein theoretisch, es wurde aus Büchern vorgetragen; im 15. Jahrhundert fing man in Deutschland an, die menschliche Anatomie an sezierten Leichen zu erläutern, praktische Übungen kamen erst in späterer Zeit.[16]

Da kann es nicht wundernehmen, daß der Arzt wenig zu tun vermochte, und daß sein Ansehen gering war. Seine diagnostischen Möglichkeiten waren begrenzt. Er ließ sich von dem Kranken, der ihn an sein Bett gerufen hatte, dessen Klagen vortragen, befühlte den Puls und betrachtete dessen Urin – Harnschau und Pulsmessung waren die wichtigsten diagnostischen Hilfsmittel, sie wurden gleichsam zum Symbol für den Arztberuf: auf den Darstellungen der Schutzheiligen der Ärzte und Bader, Cosmas und Damian, findet man gewöhnlich ein Uringlas abgebildet. In Seuchenzeiten, wenn der Kranke unter Pestverdacht stand, versuchte der Arzt sich zu schützen – wiewohl die Kenntnisse von der Übertragbarkeit der Pest nur vage waren, erkannte man doch bald, daß ein Kranker einen Gesunden anstecken konnte. Je weiter die Zeit voranschritt und je vertrauter man mit der Pest wurde, desto besser wurde der Schutz des Arztes: Während der Arzt, der in dem Buch des Hans Folz aus Nürnberg (1482) eine Pestbeule noch öffnet, ohne daß er durch Schutzkleidung die Ansteckung abzuwehren versucht, trägt der Arzt in späterer Zeit eine Vielzahl von Kleidungsstücken und eine Maske eigens für diesen Zweck.[17]

Noch beschränkter als die diagnostischen Möglichkeiten war die Therapie, vor allem die wirkungsvolle Therapie. Der Arzt – oder häufiger wohl der Bader – konnte die Pestbeulen öffnen und dafür sorgen, daß der Eiter abfloß. Er gab diätetische Anweisungen und verordnete Verhaltensmaßnahmen, die der Kranke peinlich genau einzuhalten hatte. Wenn der Kranke verstarb, was bei der Pest zu erwarten war, dann mußte es erscheinen, als seien die höchst verwickelten ärztlichen Vorschriften nicht mit der erwarteten Gründlichkeit befolgt worden. Ebensowenig hilfreich waren die Empfehlungen der Ärzte an jüngere Kollegen.

Solange es in Deutschland so wenige Ausbildungsstätten für Ärzte gab und solange die Medizin so wenig zu tun vermochte, gab es auch außerordentlich wenig Ärzte. Wozu einen Arzt unterhalten, wenn ein Bader oder ein Scharfrichter das gleiche konnte? Noch im 15. Jahrhundert hatten mittelgroße Städte – wie Gießen, Marburg, Wetzlar – nicht einmal einen eigenen Arzt am Ort.

Pest und andere Infektionskrankheiten im Spätmittelalter

Die Möglichkeiten der Medizin waren lange Zeit höchst begrenzt – aber dennoch gab es neue Erkenntnisse. Als 1363 in der Stadt Siena ein Mädchen erkrankte, das eines Tages heiliggesprochen und später als die hl. Katharina von Siena bekannt wurde, erkannten die dortigen Ärzte, daß sie nicht an der Pest litt, die gerade in der Stadt grassierte, sondern an einem anderen eigentümlichen Leiden, den Pocken. Pocken und Pest scheinen im Italien des 14. Jahrhunderts häufig gemeinsam aufgetreten zu sein; gleichwohl lernte man die beiden voneinander zu unterscheiden. Allerdings erscheinen ausdrückliche Hinweise auf die Pocken zunächst so selten, daß man annehmen muß, sie seien längst nicht immer als solche erkannt worden – beispielsweise dann nicht, wenn von einer „Pestilenz" die Rede ist und es keinerlei Hinweise auf Bubonen gibt.

Auch die Grippe trat in Italien im 14. Jahrhundert als Massenerscheinung auf, wenigstens in den Jahren 1323 und 1367. 1387 hatte Vicenza unter einer Grippeepidemie schwer zu leiden. Die Grippe oder Influenza, wie man sie nannte – das war eine Anspielung auf den Einfluß (ital. *influenza*) der Sterne auf das Krankheitsgeschehen – dauerte in den großen Städten meist nur einen Monat, während die Pest oft ein halbes Jahr grassierte. Sie verlief mit akuten Entzündungen des Atmungstraktes und war für die Chronisten vielleicht weniger von Interesse, weil bei ihr die Sterblichkeit weitaus geringer war. Der Grippe erlagen in der Regel nur die Greise und die ganz Jungen.[18]

Epidemien von Influenza scheint es in Deutschland um diese Zeit auch gegeben zu haben; der Erreger, ein Virus, breitet sich durch Tröpfcheninfektion rasch aus, 1387, 1403, 1411, 1414, 1427 und noch später im Lauf des 15. Jahrhunderts scheint es mehrere größere Epidemien gegeben zu haben.[19] Auch die Pocken sind spätestens im 15. Jahrhundert hierzulande aufgetreten. Daneben gab es eine Reihe weiterer Krankheitsbilder, die massenhaft auftraten, von denen man aber heute nicht mit Sicherheit weiß, wie sie diagnostisch einzuordnen sind. Dazu gehört der Tarantismus oder Veitstanz. Was sich dahinter verbirgt, ist nicht ganz klar: Sein wichtigstes Symptom waren die „Tanzsucht"-Verrenkungen der Gliedmaßen, die mit Infektionskrankheiten des Nervensystems in Verbindung gebracht werden. Falls es wirklich eine Infektionskrankheit war, so scheint sie „eher den Massenhysterien ähnlich, die durch Schrecken und Verzweiflung in einer niedergedrückten, ausgehungerten und in einem heute unvorstellbaren Grade verelendeten Bevölkerung hervorgerufen werden" (Hans Zinsser) – ein Leiden, von dem wir uns heute kaum eine Vorstellung machen können.[20]

Die häufigsten chronischen Infektionskrankheiten des späten Mittelalters dürften Tuberkulose und Aussatz gewesen sein. Der Aussatz war seit langem bekannt, und die Menschen, die darüber zu befinden hatten – in der Leprosenschau –, waren erfahren. Gleichwohl ist anzunehmen, daß sich verschiedene Hautkrankheiten hinter diesem Begriff verbargen.

Die Lepra soll in England und Frankreich im späten Mittelalter abgenommen haben, und dies wird zuweilen dem Wüten der Pest zugeschrieben, die diese Kranken schnell dahinraffte. Möglicherweise sind diese Krankheiten auch in Deutschland zurückgegangen, wenngleich die Leprosenhäuser eine andere Sprache sprechen. Vielleicht haben Immunitätseffekte die Lepra zurückgedrängt und dafür eine andere Krankheit, mit einem dem Leprabakterium ähnlichen Erreger befördert, die Tuberkulose. Daß die Lepra langsam abnahm, dürfte aber vor allem der strengen Isolation der Kranken zuzuschreiben sein.[21]

Die Pest indessen zeigte sich im 15. Jahrhundert noch nicht auf dem Rückzug. Sie durchzog in – nicht immer deutlich erkennbaren – Wellen das Land: 1449 bis 1453, in den Jahren 1463/64, zwischen 1480 und 1486, von 1494 bis 1499 und im 16. Jahrhundert setzten sich diese

Bewegungen fort. Aus dem, was die Chronisten der Städte und der Klöster im späten Mittelalter Jahr für Jahr zusammentrugen und niederschrieben, machten die Historiker des 19. Jahrhunderts umfangreiche Bücher, die in endloser Reihenfolge – und Eintönigkeit – die Seuchenzüge auflisten:

Von 1452 bis 1454 geht in weiten Teilen Europas die Pest um, möglicherweise begünstigt von den Kriegszügen der Osmanen, die in diesen Jahren Konstantinopel nehmen. Die 1460er Jahre beginnen erneut mit ansteckenden Krankheiten in Deutschland; seit Mitte Juli 1462 wütet in Nürnberg die Pest, sie soll die Stadt ein Viertel ihrer Bewohner gekostet haben. In diesem Jahr, mit einem warmen, trockenen Sommer und einer guten Ernte, geht die Pest auch in Augsburg um, wo sie längere Zeit anhält, bis 1465 immer wieder aufflackert und gleichfalls mehr als 10000 Menschen tötet. Zerstörerisch wütet sie in dieser Zeit in Regensburg; und in Thüringen und im Meißnischen sollen ganze Orte ausgestorben sein. Im gleichen Jahr, 1462/63, grassiert sie in München und nimmt den bayerischen Herzog Johann IV. mit ins Grab. Im folgenden Jahr sucht sie Danzig auf und die nördlichen Küstenregionen, und sie tötet dort Zehntausende.

In den 1460er Jahren springt der Tod wild umher, einmal ist er in Danzig, ein andermal in Augsburg oder Erfurt, in Braunschweig, Magdeburg oder Stade, dann in Ulm oder Freiburg. Die Bevölkerung vieler deutscher Großstädte scheint in dieser Zeit stagniert zu sein. Die Stadt Frankfurt am Main zählt 1440 eine seßhafte Bevölkerung von 7000 Personen, ausschließlich der Juden und der geistlichen Personen; wenn man die Dienstboten und die gewerblichen Arbeiter dazurechnet, so sind es 8700 Menschen. Im Jahr 1420 stehen in Frankfurt 142 Häuser leer, 1428 sind es 193 – aber 1463 sind es fast doppelt soviel, nämlich 369.[22]

Die folgenden Jahrzehnte setzten das mörderische Geschäft mit gleicher Eintönigkeit fort. 1471 folgt einem dürren Sommer ein Massensterben in Meiningen; die Pest grassiert erneut in Frankfurt, in Ulm und Braunschweig, um nur einige größere Orte zu nennen. In den 1480er Jahren pflanzt sich die Geographie des Pesttodes weiter fort: über die Schweiz nach Deutschland und Italien; ein andermal vielleicht aus Österreich kommend, greift die Seuche nach Norden aus, von einem Massensterben in Krain und Kärnten ist zu lesen; 1483 regiert das Massensterben erneut in Nürnberg, in Frankfurt am Main und Aachen. „1484 Regnavit pestilentia in diversis provinciis Erfordiae circa X aut XII milia hominum morti sunt." Ob Erfurt oder Nürnberg, Danzig oder

Wien, ob 1462 oder 1481, hier 10000, dort 12 000 Tote – es ist immer das gleiche Bild.[23]

Im großen und ganzen, so scheint es, sind die Menschen zu müde, viele Worte zu verlieren über den Tod, der alle paar Jahre über sie hinwegzieht. Aus Italien kommen Nachrichten von neuen Krankheiten, die in dieser Zeit vermehrt auftraten – *mal del zucho* oder *del mazuch* nannte man eine, die, vor allem in Hungerzeiten, mit Bewußtseinstrübungen, einem Ausschlag und hoher Erwachsenensterblichkeit auftrat.

Im 15. Jahrhundert endet auch in der Seuchengeschichte ein Zeitalter. Die Frage ist, wie man die Zeit nennen soll zwischen 1350 und dem Ende des 15. Jahrhunderts? Das Zeitalter der Pest? Vielleicht, beherrscht werden diese Jahre von der Pest wie von keiner anderen Krankheit; aber die Pest geht weiter, über das Jahr 1500 hinaus, sie findet noch lange kein Ende. Das Zeitalter vor der Syphilis? So könnte man sagen, denn die Syphilis tritt, *vielleicht*, erstmals 1494 in Europa auf, im Gefolge der großen Entdeckungen.

Die historiographische Zäsur in der deutschen Seuchengeschichte am Ende des „Mittelalters" ist nicht tief. Aber irgendwann in der zweiten Hälfte des 15. Jahrhunderts gibt es einen Einschnitt in der Bevölkerungsgeschichte: die Schrumpfung der deutschen Bevölkerung, die im frühen 14. Jahrhundert einsetzt, hört jetzt auf, kehrt sich um ins Gegenteil – die deutsche Bevölkerung beginnt wieder zu wachsen, es wird freilich rund hundert Jahre dauern, schätzungsweise bis gegen 1560, bis sie den Stand von 1310 oder 1320 wieder erreicht haben wird.

Das späte Mittelalter steht unter dem Schatten einer schrumpfenden Bevölkerung, wie es unter der Geißel der Pest steht. „Die beiden Koeffizienten", nämlich für Gebürtlichkeit und Sterblichkeit, „liegen bei rund 40 von tausend, das heißt, was das Leben hinzubringt, nimmt der Tod wieder weg", schreibt Fernand Braudel.[24] Tausend Einwohner bringen, mit anderen Worten, im Jahr etwa vierzig Kinder zur Welt; und von den gleichen tausend Einwohnern sterben im Jahr so etwa vierzig. Aber Braudels Schätzung bezieht sich auf einen längeren Zeitraum; innerhalb einzelner Jahre sind die starken Schwankungen der Sterblichkeit auffälliger als die Konstanten.

Pest und Tod sind die große, allgegenwärtige Konstante dieser Zeit, zugleich die große Bedrohung. Vielleicht sind sie es, die das 15. Jahrhundert zu einem so „gläubigen Jahrhundert" gemacht haben: „Der Tod scheint kaum je realistischer gedacht, kaum je angstvoller gefürchtet worden zu sein als in diesem Zeitalter."[25] In dieser Zeit tauchen an den Mauern der Kirchhöfe, in den Kreuzgängen der Klöster und auch im neuentstehenden Buchdruck immer häufiger die Totentänze auf, die in Bild und Wort dem Betrachter einhämmern, was er doch nicht vergessen kann: *Memento mori.* Ergreifender noch und schöner sind die Worte, die zugleich an das bäuerliche Erbe erinnern, an den Umstand, daß noch immer mehr als achtzig von hundert Deutschen ihr täglich Brot auf dem Land verdienten und vom Land lebten:

> Es ist ein Schnitter, der heißt Tod, /
> hat G'walt vom großen Gott.

V. Eine neue Zeit beginnt

Mit dem Zeitalter der großen Entdeckungen und der protestantischen Reformationen beginnt ein neues Zeitalter. Zwar ist der Einschnitt am Ende des 15. Jahrhunderts für die Gesellschaftsgeschichte nicht annähernd so groß wie die Zäsur, welche die industrielle Revolution setzte, aber mit dem Ende des Mittelalters beginnt auch für die Geschichte der Seuchen eine neue Zeit. Daß die „vital revolution" des 18. und 19. Jahrhunderts ungleich wichtiger ist, ungleich folgenreicher, läßt sich leicht zeigen; man braucht sich nur die Entwicklung der Lebenserwartung anzusehen: Sie blieb, soweit man weiß, im Übergang vom Mittelalter zur Neuzeit unverändert. Sie betrug um 1500, was sie um 1300 gewesen war und wiederum im Jahr 1800 sein würde, nämlich wenig mehr als 30 Jahre für Mann und Frau – aber um 1900 war sie deutlich höher als hundert Jahre früher, und im Jahr 2000 wird sie weit mehr als doppelt so hoch sein als im Jahr 1800.

Gleichwohl bringt auch der Einschnitt gegen Ende des 15. Jahrhunderts für die Seuchengeschichte Neues:

Erstens: Die großen Entdeckungsreisen bringen auch neue Infektionskrankheiten nach Europa, oder es treten zumindest danach Infektionskrankheiten epidemisch auf, die man zuvor nicht von anderen unterschieden hatte. Die wichtigsten neuen Krankheiten dieser Art sind, für Europa, das Fleckfieber und die Syphilis; eine weitere, noch immer geheimnisumwitterte neue Krankheit des späten 15. und des 16. Jahrhunderts ist der englische Schweiß, *sudor anglicus.*

Zweitens: Die Neuzeit beginnt mit größeren Kriegen, sie wird zu einem Zeitalter der internationalen Kriege. Auf dem Balkan mehren sich die Zusammenstöße mit den Türken; zwischen Deutschland und Frankreich kommt es zu einer Reihe von militärischen Auseinandersetzungen. Die neuen Staaten beginnen sich besser auf diese Kriege einzustellen, an die Stelle des Lehnsaufgebotes tritt das leichter lenkbare Söldnerheer; bald beginnt das Zeitalter der stehenden Heere. Das Elend der Kriege aber begünstigt die Ausbreitung der Infektionskrankheiten.

Drittens: Die Erfindung des Buchdrucks mit beweglichen Lettern revolutioniert die Wissenschaften, auch die Medizin, und mit ihr die Lehre von den Epidemien: zwischen 1450 und 1500 erscheinen zahlreiche Schriften über die Pest und andere Seuchen. Obschon um 1500 nur sehr wenige Deutsche lesen und schreiben können, führt Gutenbergs Erfindung doch allmählich zu vermehrter Schriftlichkeit; das begünstigte nicht zuletzt auch die medizinhistorische Quellenlage.

Viertens: Die Renaissance fördert, ausgehend von Italien, die Wissenschaften und die Universitäten; auf den neuen Universitäten tritt das Studium der Medizin langsam in den Vordergrund. Erstaunlich weitblickende Einsichten werden vorgetragen, neue bahnbrechende Erkenntnisse über die mikrobiologische Natur der Infektionskrankheiten; allerdings haben sie vorerst keinen Einfluß auf das Leben der breiten Massen oder die Behandlung von Krankheiten.

Fünftens: Die Organisation der Medizin – und der Gesellschaft überhaupt – beginnt sich allmählich zu verbessern; der Zuwachs an Schriftlichkeit begünstigt die rationale, planende Hand des Staates. Immer mehr Städte leisten sich besoldete Ärzte. Es entstehen neue Spitäler, speziell solche für Kranke mit ansteckenden Leiden.

Sechstens: Nach mehr als hundertjähriger Stagnation beginnt die Bevölkerung wieder zu wachsen.

Der Übergang von Stagnation zu Wachstum – so gegen Mitte des 15. Jahrhunderts – ist vielerlei Verbesserungen zuzuschreiben. Es klingt paradox und ist doch unbestreitbar – je stärker eine Bevölkerung mit einem Krankheitserreger durchseucht ist, desto weniger kann er ihr anhaben. Westeuropa bleibt auch in den nächsten Jahrhunderten von Pestausbrüchen nicht verschont, und neue Seuchen kommen hinzu; aber sie sind weniger tödlich. Die Sterblichkeit beginnt zu sinken; die Bevölkerung wächst.

Europa und die Neue Welt

Die großen Entdeckungen brachten es mit sich, daß Krankheitserreger und neue Krankheiten zwischen Völkern ausgetauscht wurden, die sich bislang völlig unbekannt gewesen waren. Die Dezimierung der amerikanischen Urbevölkerung, der Indianer, durch eingeschleppte Seuchen, wird heute in der Literatur in der Regel als Tatsache akzeptiert.

Die Urbevölkerung der beiden amerikanischen Kontinente wurde lange Zeit gewaltig unterschätzt, genaue Zahlen sind aber auch heute noch nicht bekannt. Es mag sein, schreibt Eberhard Schmitt, „daß den Doppelkontinent damals schon an die 60–80 Millionen Menschen bewohnten". Wie viele davon durch Seuchen, Krieg oder durch mörderische koloniale Ausbeutung umgekommen sind, ist nicht genau zu ermitteln. Zweifellos übertreibt aber Las Casas, wenn er sagt, daß „gegenwärtig von mehr als drei Millionen Menschen, die ich ehedem auf der Insel Hispaniola mit eigenen Augen sah [!], nur noch zweihundert Einwohner vorhanden sind“.[1]

Es ist anzunehmen, daß die Pocken, diese fürchterliche Krankheit, von der Alten in die Neue Welt verschleppt wurden, wie umgekehrt möglicherweise Syphilis aus der Neuen Welt in die Alte kam. Fernand Braudel sagt, es stehe „außer Zweifel“, daß Amerika „durch die europäische Eroberung einen gewaltigen Aderlaß erfuhr, der seine Bevölkerung zwar vielleicht nicht gerade auf ein Zehntel, aber doch unvergleichlich stärker dezimierte als der Schwarze Tod und seine Begleitkatastrophen im finsteren 14. Jahrhundert die Europas“. Und sein Landsmann Emanuelle Le Roy Ladurie schreibt (1973) von einer „holocauste microbienne“, welche das Eindringen der Europäer in Amerika verursacht habe.[2]

Es sollen die Pocken gewesen sein, die sich in der amerikanischen Urbevölkerung so schrecklich austobten. Die Pocken geben dem, der sie übersteht, fast immer lebenslange Immunität; aber in Populationen, die mit ihnen noch nicht in Berührung waren, wüten sie dafür um so grausamer. Es gibt zwar auch die Auffassung, die Pocken seien bis zu Beginn des 16. Jahrhunderts in der Alten Welt nur in einer relativ milden Form bekannt gewesen – daher auch so wenig Hinweise auf ihr Wirken –, doch wird diese Auffassung von Pocken-Experten scharf bestritten, und Donald Hopkins behauptet sogar, die mildere Form, Variola minor, sei erst um die Jahrhundertwende aufgetreten, zuvor habe in der Alten Welt stets die schreckliche Art, Variola maior, geherrscht.[3]

Die neue Krankheit: Fleckfieber

Historisch ungemein folgenreich für die Europäer ist das Fleckfieber, das sich seit der zweiten Hälfte des 15. Jahrhunderts in Europa nachweisen läßt. Es wurde lange Zeit mit einer anderen Krankheit verwechselt, dem Typhus. Da Fleckfieber mit einem Ausschlag einhergeht, nennt man es heute auch Typhus exanthematicus, im Gegensatz zum Unterleibstyphus, Typhus abdominalis. Zu Verwechslungen kommt es selbst heute noch – vor allem in Übersetzungen aus dem Englischen, denn im Englischen wird das Fleckfieber als „typhus“ bezeichnet, der Unterleibstyphus hingegen als Typhus-ähnliches Fieber, „typhoid fever“.

Fleckfieber beginnt, nach einer Inkubationszeit von 10 bis 14 Tagen, mit raschem Fieberanstieg, bohrenden Kopfschmerzen, Abgeschlagenheit, Schüttelfrost, Aufgedunsenheit und Rötung des Gesichts, Bindehautentzündung – der Pest also gar nicht unähnlich. Auch beim Fleckfieber kommt es bei schweren Fällen zu einem Anschwellen der Lymphknoten am Halse, und zwar dann, wenn die Speicheldrüsen zu eitern beginnen. Weitaus häufiger als bei der Pest treten bei Fleckfieber Gefäßverschlüsse auf, was zu Gangränbildung führt, am häufigsten an den Beinen.

Nach seinem wichtigsten Symptom, dem rasenden Kopfschmerz, wurde es zunächst Haupt- oder Heubtkrankheit benannt, später auch nach dem Raum, in dem die Deutschen es kennenlernten: Morbus hungaricus. Die Truppen Kaiser Ferdinands I., die Mitte des 16. Jahrhunderts auf dem Balkan operierten, im Kampf gegen die Türken, wurden von dieser Krankheit schrecklich mitgenommen. Im 18. Jahrhundert und später, als das Fleckfieber längst in Deutschland heimisch war, benannte man es meist nach der Zeit, in der es auftrat: Kriegs- oder Hungertyphus, denn das Fleckfieber trat gehäuft in Kriegszeiten auf, und im Spätwinter, wenn die Nahrungsmittel zur Neige gingen.

Möglicherweise gab es die Fleckfieberepidemien schon im Mittelalter, aber die vorliegenden Beschreibungen sind zu ungenau, dies zu bekräftigen. Angeblich waren es venezianische Soldaten, die die Krankheit aus Famagusta mit nach Südeuropa brachten, wo sie sich schnell auszudehnen begann. Schon in den letzten Jahrzehnten des 15. Jahrhunderts traten in Kärnten, in Südeuropa und in Deutschland mehrmals Fleckfieberepidemien auf. Im spanischen Heer, das Ferdinand von Aragon gegen die Mauren führte, soll die Krankheit verheerender gewirkt haben als die Schwerter der Mauren. Als 1494 der französische König Karl VIII. in Oberitalien Krieg führte, soll er gleichfalls – neben der Syphilis – das Fleckfieber mitgebracht haben. In den 1520er Jahren, als fremde Söldnerheere Italien durchstreiften, suchten schwere Fleckfieberausbrüche dieses Land heim.[4]

Wie die Pest, so bedarf auch das Fleckfieber eines Vektors, um von einem Kranken zum andern zu kommen. Das Fleckfieber zählt zu den Rickettsiosen, sein Erreger ist die Rickettsie prowazeki; er ist nach dem amerikanischen Pathologen Howard Taylor Ricketts benannt, der 1910 während der Erforschung dieser Krankheit in Mexico City starb, keine 40 Jahre alt, und nach Stanislaus Prowazek (1875–1915), der sich gleichfalls um die Erforschung dieses Erregers verdient gemacht hat. Daß es zur Übertragung des Fleckfiebers eines Vektors bedarf – und daß diese Rolle zumeist die Kleiderlaus übernimmt, nicht die Kopflaus –, das erkannte 1909 der französische Bakteriologe Charles Nicolle.

Das Fleckfieber tritt beim Menschen in zwei Formen auf; wer eine von beiden überlebt hat, ist gegen beide immun. Die Letalität bei Fleckfieber ist niedrig im Kindesalter, doch geht sie mit steigendem Lebensalter dramatisch in die Höhe. Beim murinen Fleckfieber bilden – wie bei der Pest – Ratten ein wichtiges Reservoir. Das könnte auch der Grund sein, warum in der frühen Neuzeit Pest und Fleckfieber sich so häufig gegenseitig ablösten.[5]

Die „neue" Infektionskrankheit: Syphilis

Die zweite Infektionskrankheit, die am Ende des 15. Jahrhunderts in Europa epidemisch auftritt, ist die Syphilis. Ob sie tatsächlich erst nach der Entdeckung der Westindischen Inseln von Matrosen des Kolumbus nach Europa getragen wurde, oder ob sie schon seit langer Zeit hier heimisch war, darüber ist viel geschrieben und gestritten worden. Es ist fraglich, ob sich das je wird klären lassen. Vielleicht trat sie nach 1492 einfach in einer neuen, aggressiveren Form auf; wie es ja auch eine der Syphilis eng verwandte Krankheit gibt, die endemische Syphilis, die in heißen Zonen seit langem verbreitet und relativ gutartig ist. „Jedenfalls ist erwiesen, daß die Syphilis sich im 16. Jahrhundert auf sexuellem Wege in ganz Europa verbreitete und daß sie damals ein so schweres Krankheitsbild zeigte wie später nie wieder", schreiben zwei französische Epidemiologen. Das könnte bedeuten, daß sie bei den Völkern Europas tatsächlich als eine neue Krankheit auftrat und die Weitergabe über Generationen hinweg sie allmählich domestizierte. Es scheint auch, daß sie sich gegen 1500, im Verlauf der großen Entdeckungen, in anderen Teilen der neuentdeckten Welt – Indien, China und Japan – ausbreitete.[6]

Die Syphilis wurde in Mitteleuropa bald als „Franzosen" oder Morbus gallicus bezeichnet, weil sie aus Westeuropa hierher kam. Aber das ist natürlich keine exakte Bezeichnung: Von den „Franzeysen" oder „Franzosen" war in Nürnberg schon zuvor die Rede, 1372 – die Frage ist nur, was sich dahinter verbarg. Auch den Begriff ‚Lues' wird man für diese Zeit nicht unbedingt als Syphilis deuten; erst in späterer Zeit bezeichnet man damit das dritte Stadium der Syphilis, zuvor bedeutete der Begriff einfach Seuche. Allerdings scheint sich die Syphilis tatsächlich rasch ausgebreitet zu haben. In vielen Teilen Süddeutschlands, vor allem in den Städten, entstanden gegen 1500 neue Seuchenhäuser, die man als

„Franzosenhäuser" bezeichnete. Auch in Italien muß sich die neue Krankheit schnell ausgebreitet haben. Den Namen Syphilis erhielt sie dort, und zwar von einem Gelehrten, Girolamo Fracastorius, der in einem in lateinischer Sprache verfaßten Hexameter *Syphilis sive Morbus Gallicus* einem Hirten diesen Namen andichtete. Albrecht Dürer, der 1506 aus Furcht vor der Pest seine Vaterstadt floh, schrieb später aus Italien, er bete zu Gott „daz ich gehüt werd und sunderlich vor den Frantzosen".

Über die Herkunft der Syphilis und die Großen der Geschichte, die ihr Opfer wurden, ist viel geschrieben worden. Ein großer Humanist des 16. Jahrhunderts, ein Edelmann, der auch an Syphilis erkrankt war, Ulrich von Hutten, hat uns ein literarisches Zeugnis über das Leiden und die Behandlung der Krankheit hinterlassen. Hutten verfaßte zwei *Gesprächbüchlin*, in denen er die Dialoge, die er mit seinem „Feber" führte, niederschrieb: „Gingest du hinweg, wär mir viel lieber, wölchen dich so mühsam Gast ich doch des ersten Tages hätt austreiben sollen", sagt der Gastgeber, Hutten, zu seinem Gast, dem Fieber. Entgegnet das Fieber: „Lieber, so führ mich doch etwa zu einem, der nach lustigem, gutem Leben tracht, der mächtig reich sei, der Pferd, viel Diener, Nachtgänger, ein groß Gesind, hübsche Kleider, lüstig Garten und Bäder habe."

Hutten litt vermutlich auch noch an Malaria; das Fieber fragt ihn, ob er sich noch erinnere, „da ich viertäglich bei dir war, doch nit über sechs Monat lang". Auch von Aussätzigen und vom „Mal franzos" ist in diesem traurigen, an Vorwürfen reichen Zwiegespräch die Rede. Daß es sich um ein Leiden handelt, das durch Geschlechtlichkeit bedingt ist, wird in den Vorwürfen an das Fieber deutlich:

> Hutten: „Du verbrennst das Geblut."
> Feber: „Ich lesche aus die Brunst der Unkeuschheit."
> Hutten: „Du bringst Schmerzen."
> Feber: „Ich treib aus Unreinigkeit."

Ulrich von Hutten hat auch die Therapie beschrieben, die man seinerzeit – und noch lange später – anwandte. In seiner Schrift *Über die Gallische Krankheit* schildert er die Quecksilberkuren, von denen er elf am eigenen Leib durchlitten hat: Der Kranke wurde mit quecksilberhaltiger Salbe eingerieben und zugedeckt. „Die Kranken wurden in eine Hitzstube eingeschlossen, die ununterbrochen und sehr stark geheizt wurde, die einen zwanzig, die anderen dreißig Tage hindurch, einige auch noch länger [...]

Kaum lag der Kranke in der Schmiere, so begann er sich in einer seltsamen Weise matt zu fühlen. Von solcher Kraft war die Salbe, daß sie aus dem entferntesten Teil des Körpers das Krankhafte in den Mund zusammentrieb und von da aufwärts zum Hirn. Daher floß durch Rachen und Mund die Krankheit ab mit einem so großen und gewaltigen Schaden, daß die Zähne herausfielen, welche nicht ganz fest im Munde saßen. Allen schwärten Rachen, Zunge und Gaumen, das Zahnfleisch schwoll an, die Zähne wackelten, der Speichel floß ohne Unterlaß aus dem Mund, gleich von Anfang an furchtbar stinkend und so ansteckend, daß er alles sofort verunreinigte und besudelte. Daher wurden auch die damit benetzten Lippen geschwürig und die Innenseite der Wangen wund. Es stank die ganze Wohnung, und diese Art der Kur war so hart, daß die meisten lieber sterben als auf solche Weise kuriert sein wollten. [...] Vielen wurde das Gehirn so angegriffen, daß sie Schwindel bekamen, andere wurden tobsüchtig. Es zitterten dann nicht nur die Hände, sondern auch die Füße und der ganze Körper, die Sprache wurde stammelnd, bei einigen nicht mehr heilbar. Viele habe ich mitten in der Kur sterben gesehen. Einen kenne ich, der mit dieser Behandlung an einem Tage drei Bauern elendiglich umgebracht hat. Andere sah ich sterben, denen der Rachen zugeschwollen war [...], wieder andere, weil sie nicht harnen konnten. Nur wenige sind überhaupt genesen und auch diese nur durch dieses Wagnis, diese Bitternis und diese Leiden."[7]

Masern und Pocken

Einige weitere Krankheiten treten um diese Zeit erstmals auf oder werden erstmals genauer unterschieden von anderen und beschrieben, so daß man sie heute mit einiger Sicherheit diagnostizieren kann. Dazu zählen Masern und Pocken, beides hochkontagiöse Krankheiten, beides zunächst Krankheiten der Erwachsenen. Doch da diese Krankheiten so gut wie jedermann befallen können – sie werden wie Grippe durch Tröpfcheninfektion weitergegeben –, und da sie eine starke Immunität hinterlassen, wurden sie bald zu Infektionskrankheiten, die vorwiegend Kinder befallen.

Historisch ungleich wichtiger als die Masern waren für die deutsche Seuchengeschichte die Pocken oder Blattern. Beide Begriffe versuchen die Pusteln zu beschreiben, die auf der Haut der Erkrankten auftreten. Daß sie zur gleichen Zeit erstmals genauer beschrieben wurden, als die Syphilis sich über Europa auszubreiten begann, kann man daraus schließen, daß die Exantheme dieser beiden Krankheiten im Englischen ganz ähnliche Namen tragen: Pocken bezeichnet man im Englischen heute noch als *small-pox*, weil die Pusteln kleiner sind als die der Syphilis, die man im Gegensatz dazu als *big-pox* bezeichnete.

Möglicherweise sind sie in England früher aufgetreten, oder wurden dort früher erkannt, als in Deutschland: Gilbert Anglicus, ein englischer Mediziner, beschreibt die Pocken um 1240 in seinem *Compendium Medicinae;* er scheint mit ihnen vertraut gewesen zu sein. Von König Edward I. (1272–1307) aus dem Haus Plantagenet heißt es, er habe daran gelitten, und eine seiner Hofdamen soll nach einer Pockenerkrankung stets eine Maske vor dem Gesicht getragen haben. Aber eine Massenerkrankung scheinen die Pocken erst im 15. Jahrhundert geworden zu sein.

Im Orient hingegen waren Masern und Pocken seit langem heimisch, und die vorbildliche Monographie des persischen Arztes Rhazes aus dem 10. Jahrhundert, *Über die Blattern und Masern*, wurde im Abendland zwischen 1498 und 1866 mehr als vierzigmal aufgelegt. Luther nennt sie in seiner Bibelübersetzung „böse schwartze blattern“ (2. Moses 9:9). Treten die Pocken in dieser Form auf – schwärzlich, ineinanderfließend – so enden sie besonders häufig tödlich.[8]

Italien um 1500

Italien nimmt gegen 1500 auch in seuchengeschichtlicher Hinsicht eine einzigartige Rolle ein. Das Land ist gleichsam ein Mikrokosmos der Alten Welt: Zerfallen in mittelgroße Stadtstaaten, die untereinander häufig im Krieg stehen, unterhält es enge Beziehungen zum östlichen Mittelmeerraum, zur Levante, aus der viele neue Infektionskrankheiten ihren Weg nach Europa nahmen.

1494 fällt der französische König Karl VIII. in Italien ein; im Verlauf des nun anhebenden Krieges brechen schwere Epidemien von Syphilis und Fleckfieber aus. In den folgenden Jahrzehnten, derweil fremde Heere das Land durchstreifen, kommt es in Italien zu schweren Seuchen; auch Pest und Malaria, die inzwischen schon traditionellen Übel, bleiben nicht aus. 1512 malt Antonio Corregio, ganz unter dem Eindruck der Pest, die Madonna di San Sebastiano. In den 1520er Jahren wüten Pest und Fleckfieber gemeinsam. Der Bildhauer Benvenuto Cellini, selber aufs Krankenlager niedergeworfen, schildert die Anzeichen seiner Erkrankung, aber mit so allgemeinen Worten, als daß man sie heute nicht mit Sicherheit diagnostizieren kann. Aber er erwähnt, daß die Künstler aus Rom fliehen, in die Campagna – wo sie dann von der Malaria bedroht waren, dem chronischen Übel Italiens. Dort war das Leben der „schlechten Luft" wegen – *mala d'aria* – so gefährlich, daß Papst Pius V. die Arbeit an den sogenannten Türkentürmen unterbrechen ließ; sie sollten errichtet werden, um heransegelnde türkische Schiffe möglichst früh zu erspähen. Viele Todesfälle, die nicht genau beschrieben wurden, sind einfach der Malaria zuzuschreiben.[9]

Während in den Fiebersümpfen Latiums die Malariafliege brütet, geht in den großen Städten die Pest um. In Mailand sterben 1524 viele Tausende daran, und um ein Vielfaches höher soll die Zahl derer gewesen sein, die 1527 in Florenz von der Pest dahingerafft wurden. Als im gleichen Jahr die Truppen Kaiser Karls V. die Stadt Rom plünderten, brach in der Ewigen Stadt eine Seuche aus. „Bereits am 22. Juli waren zweitausendfünfhundert Deutsche der Seuche erlegen; die Straßen waren mit Toten und Sterbenden bedeckt", schreibt Ludwig Pastor in seiner vielbändigen *Geschichte der Päpste*, wobei er die Zahlen aus seinen Quellen möglicherweise allzu buchstabengetreu wiedergibt. „Bis in die Engelsburg drang die Pest und forderte mehrere Opfer unter den Dienern des Papstes. Den Berichten eines Venezianers zufolge starben an manchen Tagen bis zu tausend Menschen."

Nicht von ungefähr ist es in Italien, das seiner Zeit weit voraus ist, wo die neuen Infektionskrankheiten wie in einem Brennglas verschmelzen; nicht von ungefähr ist es im Italien der Renaissance – die ja auch ein wiedererwachtes Interesse für die Naturwissenschaften bedeutete –, wo die Epidemiologie neue, bahnbrechende Erkenntnisse zeitigt. Zwei Ärzte waren es, die sich durch ihre Beobachtungen auszeichneten, Geronimo Cardanus und Girolamo Fracastorius. Cardanus erkannte das Fleckfieber als eine eigene Krankheit und bezeichnete es als Morbus pulicaris, wörtlich: Flohbißkrankheit, weil sich auf der Haut der Erkrankten, vor allem am Rumpf, ein flohbißähnliches Exanthem zeigt. 1546 schilderte Fracastorius die klinischen Symptome dieser Krankheit.

Fracastorius war einer der weitsichtigsten Mediziner seiner Zeit. Er besaß Einsichten in die Verbreitung von Infektionskrankheiten, die besser in das 19. Jahrhundert passen als in das 16. Er war ein aristokratischer Arzt, eher der Typ des Gelehrten als der des Arztes am Krankenbett; trotzdem haben ihn bedeutende Persönlichkeiten seiner Zeit um Rat gefragt. Fracastorius war sich im klaren, daß die Gegenstände, mit denen zum Beispiel ein Pestkranker täglich hantierte, also das Bettzeug, die Kleider und vieles mehr, mit ansteckenden Giftstoffen benetzt waren, die dem bloßen Auge unsichtbar blieben. In seinem Werk *De Contagione et contagionis morbis* unterschied er drei Möglichkeiten der Übertragung:

nämlich *per contactum, per fomites* und *ad distans* – durch Berührung, durch Zwischenträger und auf eine gewisse Entfernung, also beispielsweise durch Tröpfcheninfektion. Fracastorius sprach von *seminaria*, die Krankheiten verbreiten, von winzigen „Krankheitssamen".[10]

Sein Name muß in Italien und auch im päpstlichen Hof einen guten Klang gehabt haben, denn als das große Reformkonzil der katholischen Kirche 1545 in Trient zusammentrat, ernannte der Papst ihn zum Ratgeber in medizinischen Dingen. Das Konzil von Trient (1545–63) erhielt diesen Namen zu Unrecht, denn bereits im Jahr 1546 brach in Trient eine Seuche aus, und nachdem zwanzig Bischöfe und Legaten verstorben waren, beschloß das Konzil auf seiner achten Session – am 11. März 1547, auf Anraten von Fracastorius –, seine weiteren Tagungen nicht in Trient, sondern in Bologna abzuhalten: es hat dann weitaus länger in Bologna getagt als in dem Ort, nach dem es als Tridentinum benannt wird.[11]

Die Reformation in Deutschland

Am Beginn der Neuzeit standen auch in Deutschland Seuchen und Tod. Gleich am Anfang des neuen Jahrhunderts kam erneut die Pest in einer tödlichen Welle; wo sie hinkam, tötete sie unzählige. Das Bewußtsein, täglich, ja stündlich dem Tod ins Auge zu schauen, war weit verbreitet. Die Angst vor dem unerwarteten, dem jähen Tod, der nicht einmal erlaubte, seine Sünden zu bereuen und zu beichten, sondern statt dessen unvorbereitet hinwegraffte und die Angst, in diesem Zustand der Sünde eines Tages vor seinen Schöpfer hintreten zu müssen, muß ungeheuer groß gewesen sein. Die Angst vor einem jähen Tod, *mors subita*, zog sich durch alle Schichten der Gesellschaft, denn sie waren alle von der Todesgefahr gleichermaßen betroffen, bis hinauf zum Kaiser, Maximilian I., von dem es heißt, er habe in den letzten sieben Jahren seines Lebens auf seinen Reisen stets einen Sarg mitführen lassen.[12]

„A fame, peste et bello, libera nos, Domine!" so lautete das Gebet; Pest, Hunger, Krieg und Tod bildeten die Apokalyptischen Reiter, die Albrecht Dürer so eindrucksvoll dargestellt hat. *Memento mori.* Der Tod und das Wissen, daß man ein Sterblicher war, waren ein Teil des irdischen Lebens.

In Martin Luthers Lebensweg spielt der Tod – und die Angst vor dem Tod – eine große Rolle, daher auch in seinem großen Lebenswerk, der

Reformation. Der junge Luther hatte gerade das Studium der Artes liberales beendet und sich als Student der Rechte eingeschrieben, als er, den jähen Tod eines Studienfreundes vor Augen, in einen Zustand von Schwermut verfiel. In dieser Gemütsverfassung überrascht ihn am 2. Juli 1505 bei Stotternheim ein schweres Gewitter. Unmittelbar neben ihm schlägt ein Blitz ein. Da ruft er in höchster Todesangst die hl. Anna an und gelobt ihr, er wolle ein Mönch werden. Fünfzehn Tage später, am 17. Juli, tritt er in Erfurt in den Orden der Augustiner-Eremiten ein. Es folgt das Studium der Theologie – und an dessen Ende stehen dann doch wieder die Zweifel, ob er in der Stunde seines Todes mit einem gütigen Gott rechnen darf.

Krankheit, Seuche und Tod haben Luthers Leben überschattet und das Leben der Menschen in Luthers Deutschland. In zeitgenössischen Briefen findet man allenthalben das Bewußtsein der Vergänglichkeit und die Angst vor dem Tod. Wer auf Reisen ging, der fragte in seinen Briefen an die Daheimgebliebenen, wer seit seiner Abreise verstorben sei. Gevatter Tod war der ständige Begleiter – „Mitten wyr iym leben sind / mit dem tod vmbfangen", um es mit den Worten Luthers zu sagen, des Mannes, der dieses Zeitalter am meisten geprägt hat.

Im Sommer 1505, als Luther in Erfüllung seines Gelübdes ins Kloster eintritt, wütet in Deutschland die Pest. Der Augsburger Künstler Anton Burgkmair führt einen großen dreiteiligen Altar aus, auf welchem der hl. Sebastian, Sigismund und andere Nothelfer zu sehen sind. Der Auftrag für diesen Altar kommt von Friedrich dem Weisen, Luthers Landesherrn, in dessen Ländern gleichfalls die Pest herrschte. Friedrich läßt noch einen weiteren Pestaltar anfertigen, der ein Kreuzigungstryptichon zeigt, mit den Pestheiligen Rochus und Sebastian.[13] 1508 ist die Pest in Nürnberg, wo sie schon 1505 getobt hatte, 1511/12 treffen wir sie in Augsburg. Statt der rund 1800 Toten, welche die Stadt im Durchschnitt jährlich zu beklagen hat, sind es anno 1511 gleich 4870, weitere 2980 im folgenden Jahr. Zur gleichen Zeit wütet die Pest in andern Städten Süddeutschlands, in München erinnert eine Malerei in der Kirche St. Peter an sie. Draußen auf dem Schrannenplatz tanzt ein Schäffler, um die Menschen zu erheitern, und erneuert den Tanz der Schäffler von 1463, gleichfalls ein Jahr der Pest. In den folgenden Jahren grassiert die Pest im Rheinland, dann in Basel, in Italien und Süddeutschland, in Augsburg tritt sie zwischen Juli 1520 und März 1521 auf und tötet an die viertausend Menschen. Als die Pest nach Norden zieht, auf Nürnberg zu, flieht Dürer mit seiner Frau erneut aus der Stadt, auch sein Freund, der Humanist Willibald Pirckheimer, macht sich auf und davon. Im September 1520 grassiert die Pest in Aachen, so daß die Krönung Kaiser Karls V. um Wochen verschoben werden muß.[14]

Was ist die Ursache der Pest? „Unsere Sünden", sagt Osiander, der Nürnberger Prediger, „unsere sünden / als unglaub / ungehorsam und undanckbarkeit." Diese Gedanken bilden den geistigen Hintergrund von Luthers Reformation. Ganze Städte laufen in den 1520er Jahren zur neuen Lehre über, zu einem neuen, ernst gemeinten, inbrünstig empfundenen Christentum.

Worum geht es den Städtern, die sich zur Erneuerung des Glaubens bekennen? Wollen sie in der Stunde ihres Todes, wie Luther, einen gnädigen Gott finden? Luther habe ihm „aws grossen engsten gehollfen", schreibt Albrecht Dürer, der sich bald der Reformation anschließt.

Auf seinen Reisen durch Deutschland hat mehrmals die Pest Luthers Weg gekreuzt; nicht nur einmal in seinem Leben wütete sie an Orten, an denen er sich gerade aufhielt. 1527 im Juli tritt sie wieder einmal in Wittenberg auf. Am 2. August entschließt sich die Universität, nach Jena abzuziehen. Luther bleibt mit seiner Familie zurück, er nimmt kranke Personen in seinem Haushalt auf. Am 19. August schreibt er an Spalatin: „Die Pest fängt hier zwar an, aber sie ist hinlänglich gnädig; aber es herrscht unter den Leuten eine merkwürdige Furcht und Flucht. In der ganzen Pestzeit bis heute gab es nicht über 18 Begräbnisse; jene in der Stadt befindlichen, Mädchen, Kinder und alle gezählt, dazugerechnet. Allerdings wütete sie in der untern Fischstadt heftiger. (...) Heute begruben wir die Frau von Tilo Denes des Bürgermeisters von Wittenberg, die gestern fast in meinen Armen verschied."

Im Spätherbst 1527 läßt das Sterben nach. Anfang November schreibt Luther aus Wittenberg: „In der Unterstadt, wo die Fischer wohnen, hörte die Pest schon auf; dort fangen die Hochzeiten und ihre Schmäuse wieder an; aber Sicherheit ist noch nicht da. Denn vor 8 Tagen war in der Stadt die Pest fast alle, kaum gab es an einzelnen Tagen einzelne Leichenbegräbnisse, aber plötzlich änderte sich die Luft, innerhalb zweier Tage waren an einem Tage 12 Leichenbegräbnisse gleichzeitig." Und am 29. November 1527 schreibt er an seinen Freund Justus Jonas: „Ich möchte Dich zu baldmöglichster Rückkehr einladen; die Pest ist milder; die Leute fangen wieder an zu heiraten und so sorglos zu leben, wie außer der Pestzeit." Wenig später sterben in Luthers Haus fünf Schweine – „der Herr schützte uns und sandte die Pest unter meine Schweine", schreibt Luther, der nicht wissen konnte, daß Schweine für die Pest wenig empfänglich sind.[15]

Wie viele Reformatoren – Gabriel Biel, Jean Calvin, Osiander, Theodor Bèze und andere –, so verfaßte auch Luther eine Schrift zu der Frage *Ob man vor dem Sterben fliehen möge*, dies zugleich ihr Titel. Luther bejahte dies grundsätzlich. „Man möge wohl fliehen, sonderlich die, die nicht mit Ämtern behaftet sind", schrieb er. Die Inhaber von Ämtern freilich sollten bleiben, wobei er unter Ämtern beides verstand, geistliche wie weltliche: „Demnach sind auch alle die, so in weltlichen Ämtern, als Bürgermeister und Richter und der gleichen, schuldig zu bleiben. Denn da ist abermals Gottes Wort, das die weltliche Obrigkeit einsetzt und befiehlt, die Stadt und das Land zu regieren, schützen und handhaben."[16]

Der Englische Schweiß

Eine weitere neue, damals wie heute geheimnisumwitterte Krankheit ging damals um, zufällig kam auch Luther mit ihr in Berührung. Es handelt sich um den englischen Schweiß, *sudor anglicus*. Diese Krankheit äußerte sich mit Herzschmerzen und Herzklopfen, begleitet von Kopfschmerz und Betäubung, bisweilen sogar von einem Delirium. In einigen Beschreibungen ist auch von einem Hautausschlag die Rede, aber nicht in allen. Das Exanthem soll in Gestalt von kleinen Bläschen an den Gliedmaßen aufgetreten sein, die „nicht ineinander übergingen, aber die Haut uneben machten". Das auffälligste Merkmal war der starke, übelriechende Schweiß, der bald nach dem Einsetzen des Fiebers ausbrach. Viele Kranke starben innerhalb kürzester Zeit, oftmals innerhalb eines Tages oder gar binnen weniger Stunden.

Der Englische Schweiß trat erstmals 1485 in England auf, im Heer König Heinrichs VII., am Ende der Rosenkriege. Die Zeitgenossen glaubten zunächst, diese Seuche raffe nur Engländer dahin. In England soll sie mit unglaublich hoher Letalität einhergegangen sein, 80 bis 90 Prozent in einigen kleineren Orten. Aber bald kam sie auch aufs Festland.

Seit Mai 1528 trat diese Krankheit erneut in London auf, in gewohnter Heftigkeit. Ende Juli 1529 zeigte sie sich in Hamburg und in einigen deutschen Städten an der Ostsee, bald auch in Königsberg und Danzig, in Lübeck und Bremen. Von dort breitete sie sich nach Süden aus. Im Spätsommer erreichte die Seuche Bayern, im Frühherbst trat sie in Augsburg auf, wo innerhalb von fünf Tagen mehr als 10000 Menschen erkrankten. Auch in Nürnberg, Amberg, Kempten, Landshut, Memmingen und Ulm läßt sie sich nachweisen. Sie scheint bis in das Elsaß vorgedrungen zu sein.

Im August verursachte sie in Hannover und Göttingen erhöhte Sterblichkeit, und kurz darauf auch in Marburg, wo in den ersten Oktobertagen Luther und Zwingli sich zu einem Gespräch zusammengefunden hatten, das als Marburger Religionsgespräch in die Geschichte einging. Die beiden Reformatoren disputierten dort über die Bedeutung des Wortes *Hoc est corpus meum* – vor allem darüber, ob die Kopula *est* hier gleichbedeutend sei mit ‚ist' oder mit ‚bedeutet'. Das Gespräch wurde infolge der Seuche vorzeitig abgebrochen; Luther reiste am 5. Oktober zurück nach Wittenberg.[17]

Im Herbst gleichen Jahres, während die Türken zum ersten Mal Wien belagerten, soll auch dort der Englische Schweiß aufgetreten sein und die Reihen der Belagerer gelichtet haben. Es ist allerdings anzunehmen, daß auch andere Seuchen im osmanischen Heer umgingen. Möglicherweise dehnte sich der Englische Schweiß sodann auch bis ins Ungarische aus.[18]

Um welche Krankheit handelte es sich beim Englischen Schweiß? Das ist bis heute umstritten. „Der später noch weit verbreitete ‚Schweißfriesel' wurde als eine gutartige Abart des englischen Schweißes angesehen", schreibt Collier; er sagt von ihr, sie sei „wohl auch die einzige Seuche, die vollkommen erloschen zu sein scheint". Als ‚Schweißfriesel' oder ‚Friesel' bezeichnete man verschiedene Ausschläge, die man nicht genauer bestimmen könne. Der Umstand, daß beim Englischen Schweiß am dritten bis sechsten Tag oft eine Gelbsucht ausbrach, besagt nicht viel, denn mehrere akut verlaufende Infektionskrankheiten bringen im Anfangsstadium eine Gelbsucht hervor: Neben der Virushepatitis sind es zum Beispiel die Leptospiren – wie die Weilsche Krankheit –, die von einem Ikterus begleitet werden, aber auch andere schwere und toxisch verlaufende Infektionskrankheiten wie Sepsis, Pneumonie oder Fleckfieber.[19]

Der rätselhafte Englische Schweiß, hinter dem sich vielleicht mehrere Krankheiten verbargen, hat immer wieder Mediziner und Historiker veranlaßt, ihn diagnostisch genauer zu bestimmen: Dietrich Oeter vermutet eine von Leptospiren hervorgerufene Krankheit und denkt vor allem an den Morbus Weil, räumt aber ein, daß die schnelle Ausbreitung nicht dazu paßt. Erich Püschel hat gleichfalls diesem Krankheitsbild seine Aufmerksamkeit geschenkt; er schildert die Symptome nach den zuverlässigsten Berichten und kommt zu dem unbestimmten Ergebnis, daß es „eine hochinfektiöse und hochfieberhafte, mit Schweiß und Schlafsucht und anderen, vorwiegend cerebralen Zeichen einhergehende Erkrankung war", wie sie etwa die Virusenzephalitis darstellt. Dies würde auch die rasche Verbreitung und die hohe Letalität erklären. A. Patrick hingegen denkt eher an eine infektiöse Darmerkrankung oder an eine Vergiftung, sei es Botulismus, sei es Ergotismus. Und Robert S. Gottfried, der zuletzt darüber geschrieben hat, hält gleichfalls eine Nahrungsmittelvergiftung für möglich, neigt aber eher dazu, den Englischen Schweiß für eine „abweichende Form von Influenza" zu halten – wozu aber weder die lange Inkubationszeit von drei Wochen noch die überaus hohe Letalität passen.[20]

Feldzüge

Das Zeitalter der Konfessionsspaltung war zugleich ein kriegerisches Zeitalter: Mehrmals kommt es in diesen Jahren zu militärischen Auseinandersetzungen mit dem Frankreich Franz' I. und mit den Osmanen, die sich über den Balkan ausbreiten und bis nach Wien vorstoßen, ja weiter noch, fast bis nach Regensburg. Im Innern des Reiches nehmen die Konflikte zwischen Katholiken und Protestanten zu, es kommt zum bewaffneten Kampf, zum Bürgerkrieg. Die Kriege bringen zwangsläufig Seuchen mit sich, denn die umherziehenden Soldaten tragen die Krankheiten von Ort zu Ort.

Deutsche Heere ziehen nach Südosten, um sich den türkischen Eindringlingen entgegenzustellen. In Ungarn breiten sich weite Landstriche ohne Wald aus, versumpfte Regionen mit stehenden Wassern, in denen die Malaria nistet. Ungarn wird zum „Friedhof der Deutschen" (Tiberius Győry). Was die Deutschen dort zu Tausenden dahinrafft, das ist seltener die Malaria, häufiger der Morbus hungaricus, das Fleckfieber.[21] Diese Krankheit tritt im deutschen Heer weitaus verlustreicher auf als im osmanischen, die Türken sind offenbar schon seit langem mit dieser Krankheit vertraut, und das Überstehen des Fleckfiebers bringt eine lebenslange Immunität mit sich. Vor allem die Feldzüge der Jahre 1544 und 1564 brachten den christlichen Heeren hohe Verluste.[22]

Die Soldaten Kaiser Karls V. zogen abwechselnd gegen Türken und Franzosen ins Feld, dazwischen auch noch gegen die deutschen Protestanten. Luther mußte es nicht mehr erleben, daß deutsche Katholiken und deutsche Protestanten gegeneinander in den Krieg zogen, er starb vor Ausbruch der Feindseligkeiten, im Februar 1546. Der Schmalkaldische Bund, die Protestanten, unterlagen in diesem Krieg; doch Kaiser Karl V. konnte die Früchte seines Sieges nicht genießen, denn kaum waren die Protestanten besiegt, in der Schlacht von Mühlberg, März 1547, da brechen neuerlich Epidemien aus, gehen Pestwellen über das Land und treffen vor allem die Ostseeküste; Lübeck und Danzig – und nicht nur sie – werden schrecklich heimgesucht im folgenden Jahr. Und kaum waren die Widersacher im Innern niedergeworfen, begann der Krieg mit Frankreich, der wiederum von großen Seuchen begleitet war: Bei der Belagerung von Metz, 1551/52, brachen im deutschen Heer Ruhr und Fleckfieber aus, und als diese Krankheiten ein Drittel der 80000 Mann verschlungen hatten, mußte Karl V. die Belagerung aufgeben. Karls kaiserlicher Nachfolger Maximilian II. mußte erneut gegen die Türken in den Kampf ziehen, gegen das Heer Suleimans des Prächtigen. Wieder brach das Fleckfieber aus und traf die Deutschen hart. Der Kaiser war gezwungen, einen Waffenstillstand abzuschließen. Seine Söldnerheere zogen sich zurück ins Reich – und verbreiteten die Seuche über weite Teile Deutschlands, Böhmens und Burgunds.[23]

Die Leiden der Städte

In der zweiten Hälfte des 16. Jahrhunderts wurden die Zeiten rauher; es setzte eine Klimaverschlechterung ein, die von Klimahistorikern bisweilen als „kleine Eiszeit" bezeichnet wird. Die Folge dieser Abkühlung in Europa waren schlechtere Ernten, und die minderen Ernteerträge – zusammen mit dem Bevölkerungswachstum – führen zu Steigerungen der Nahrungsmittelpreise. Fernand Braudel hat errechnet, daß ab dem Jahr 1543 – und zwar bis 1883 – ein Arbeitnehmer mehr als hundert Stunden arbeiten mußte, um den Gegenwert eines Doppelzentners Weizen zu verdienen. Die Preise für Nahrungsmittel stiegen nicht dramatisch an, wenn man sie über das gesamte 16. Jahrhundert hinweg verfolgt; aber in einzelnen Jahren war der Anstieg schmerzlich.[24]

Für die Zeitgenossen gehörten Hungersnöte und Pest unweigerlich zusammen, und noch die Historiker des 19. Jahrhunderts, die über die Seuchen große Monographien schrieben, faßten diese beiden Erscheinungen zumeist als zusammengehörig auf. Empirische Forschungen haben aber ergeben, daß dieser Zusammenhang nicht besteht, zumindest nicht zwischen Hunger und Pest. „Vergleicht man die Pestmortalität mit den Getreidepreisen, so findet man absolut keine Beziehung", schreibt der Hygieniker Karl Kißkalt. „Kaum einmal erhebt sich in einem Pestjahre oder im Jahre vorher der Weizenpreis über das Mittel." Was Kißkalt aufgrund seiner Forschungen über deutsche Städte schreibt, konnte Andrew Appleby für London bestätigen. Etwas anders könnte das Ergebnis lauten, wenn man nach einem Zusammenhang fragt zwischen Hungersnot und Fleckfieber.[25]

Viele europäische Großstädte der frühen Neuzeit waren Pestherde erster Ordnung; man braucht nicht die Hungersnöte zur Erklärung heranzuziehen, die Städte waren Pestherde und Zentren hoher Sterblichkeit, weil hier die Sauberkeit kaum größer war als auf dem Lande, und zugleich die Menschen ungleich dichter aufeinander saßen. Allerdings sind die Städte und ihre Bewohner nicht repräsentativ in dieser Zeit, die große Mehrheit der Deutschen – so etwa 85 Prozent – lebt noch immer auf dem Lande. Aber wir sind über das Leben in den Städten weitaus besser im Bilde, auch daher wird man die Seuchen besser in den Städten verfolgen als in den Dörfern.

Was die Einwohnerzahl der meisten Städte des 16. Jahrhunderts anlangt, so liegen sie noch immer im dunkeln. Man nahm keine Volkszählungen vor. Im Buch Chronik des Alten Testaments war es der Satan gewesen, der „sich gegen Israel (stellte) und David (reizte), daß er Israel zählen ließ“ (1. Chronik 21:1). Daraufhin ließ König David sein Volk zählen. „Dies alles aber mißfiel Gott sehr, und er schlug Israel. Da sprach David zu Gott: Ich habe schwer gesündigt, daß ich das getan habe“ (21:7–8). Volkszählungen waren unbeliebt, noch über das Mittelalter hinaus, und so ist man für die allermeisten Städte auf Schätzungen angewiesen, die sich oft auf Feuerstellen beziehen, auf die Zahl von wehrfähigen Männern, auf Steuerlisten und dergleichen. Das Konzil von Trient schrieb in der Mitte des 16. Jahrhunderts vor, Geburten und Taufen, Eheschließungen und Todesfälle seien in den Kirchenbüchern zu erfassen. Aber als das Konzil dies verfügte, war Deutschland konfessionell bereits gespalten; die Protestanten fühlten sich an die Verfügungen des Konzils nicht gebunden. Für die bayerischen Städte zum Beispiel liegen vor dem Ende des 16. Jahrhunderts nur wenige Zahlenangaben vor.

Eine Ausnahme bildet da Augsburg, damals – und noch für lange Zeiten – eine Freie Reichsstadt, deren Regiment allerdings von Katholiken und Protestanten paritätisch zusammengesetzt war. Augsburg besitzt für das gesamte 16. Jahrhundert ein ziemlich lückenloses Verzeichnis der Bevölkerungsbewegungen, so daß wir über die Einwohnerzahlen und über die Sterblichkeit gut unterrichtet sind. Augsburg mit seinen 56000 Einwohnern (1501) erlebte in der ersten Hälfte des 16. Jahrhunderts acht Pestjahre und verlor dabei mehr als 38000 Einwohner. In der zweiten Hälfte waren es sieben Pestjahre, 20000 Pesttote waren zu beklagen. Und in der ersten Hälfte des 17. Jahrhunderts kosteten neun Pestjahre die – bereits stark geschrumpfte – Augsburger Stadtbevölkerung weitere 34000 Pesttote.[26]

Die Höhe der Nürnberger Bevölkerungsbewegungen ist weniger gut gesichert. Nürnberg mit seiner großen rautenförmigen Stadtmauer, die im wesentlichen im 15. Jahrhundert fertig war, zählte 1431 gut 20000 Einwohner. Dann kamen die Hussiteneinfälle und 1437 die Pest; sie wirkte sich verheerend aus, die Zahl der Toten wird auf 10000 bis 13000 geschätzt, was allerdings unglaublich hoch erscheint. Ein Dutzend Jahre später, 1449, hatte die Stadt die ältere Einwohnerzahl nämlich bereits wieder erreicht, ja sogar – mit 22800 – ein wenig überschritten.[27]

In den ersten Jahren des 16. Jahrhunderts kommen mehrere Seuchen nach Nürnberg, darunter Pest und Syphilis. Über die Seuchen und die angewandte Therapie – vor allem Aderlaß und die Anwendung von Guajakholz gegen „die Franzosen“ – berichtet die Äbtissin Caritas Pirckheimer. Die Pest von 1533/34 fordert 5754 Menschenleben; genau zehn Jahre später wütete eine weitere Epidemie, sie kostete mehr als 1500 Menschenleben. Die schwere Pest von 1561 bis 1563 riß 9186 Menschen ins Grab, die Zahl soll zuverlässig sein. Im Jahr 1570 wüteten, vornehmlich unter Kindern, die Pocken und töteten rund 1600 Menschen in der Stadt. Pest und rote Ruhr kamen erneut in den 1570er Jahren und forderten rund 6500 Menschenleben; Fleckfieber und Grippe in den 1580er Jahren beraubten die Stadt erneut um circa 5000 Menschen. Aufgrund dieser hohen Seuchenverluste schätzt Rudolf Endres, daß Nürnberg etwa die Einwohnerzahl hatte, die Conrad Celtis in seinem Werk *De origine, situ, vercibus et institutis Norimbergae*, für das Jahr 1502 veranschlagt hatte, nämlich 52000.[28]

Das Leben in den Städten war kurz, die Sterblichkeit war höher als auf dem flachen Land. Nehmen wir einen Mann aus dem Volk, Albrecht Dürer. Seine Mutter hatte im Verlauf von 24 Jahren achtzehn Kindern das Leben geschenkt; von den achtzehn Neugeborenen erreichten drei das Erwachsenenalter. Albrecht Dürer war mit den Geißeln der Menschheit – Hunger, Krieg, Seuche und Tod – gut vertraut; er ist selbst vor der Pest aus der Stadt geflüchtet. Dürer starb 1528, im 57. Lebensjahr. Es gibt einen Holzschnitt von ihm, darauf ist er selber zu sehen, wie er auf seine geschwollene Milz zeigt. Man nimmt an, daß er an einer verschleppten Malaria starb, die er sich vielleicht in Italien zugezogen hatte.

Es ist nicht nötig, alle Seuchen und Nöte aufzuzählen, die in der zweiten Hälfte des 16. Jahrhunderts Deutschland überzogen. Es sind die bekannten Infektionskrankheiten: Pest und Ruhr, Fleckfieber und Grippe, deutlicher treten jetzt auch Pocken und Masern hervor. Zu Beginn der 1560er Jahre geht eine schreckliche Pestwelle über das Land. Selbst in den seuchenfreien Jahren leidet ein Drittel der Kranken im

Nürnberger Heilig-Geist-Spital an „hitzig Fieber". 1572 und 1585 tritt das Fleckfieber in der Stadt epidemisch auf.[29]

Der Versuch in den Städten, sich gegen die Infektionskrankheiten zu wehren, ist nicht durchweg erfolgreich. Im großen und ganzen war es in den spätmittelalterlichen und frühneuzeitlichen Städten in bezug auf die Hygiene wohl schlecht bestellt. Über die persönliche Hygiene des einzelnen ist wenig Zuverlässiges bekannt, doch ist anzunehmen, daß die Menschen des 16. Jahrhunderts, die viel Zeit aufbringen mußten, um ihre einfachsten Grundbedürfnisse zu befriedigen, wenig über Unsauberkeit und ihre Folgen nachdachten.[30]

Die Stadtväter waren sich einiger der Probleme durchaus bewußt; allein, wie sollten sie sie ändern? Ziemlich häufig ergingen von seiten der Kommunen Gebote und Erlasse, die Straßen sauberzuhalten, Kehricht und Spülicht nicht zum Fenster hinauszuwerfen, das Flußwasser nicht zu verunreinigen und dergleichen. Die Tatsache, daß diese Anordnungen so oft wiederholt wurden, deutet darauf hin, daß man sie längst nicht immer befolgte. Die Stadtväter versuchten von sich aus, der öffentlichen Unsauberkeit beizukommen, indem sie die Reinigung der Straßen und öffentlichen Plätze von städtischen Bediensteten durchführen ließen und beispielsweise die Trinkwasseranlagen sorgfältig überwachten. Auch die Tätigkeit der Apotheker, der Ärzte und anderer Heilpersonen unterstand in der Regel der Überwachung durch städtische Ämter.

In Seuchenzeiten, also erst *nachdem* eine Epidemie ausgebrochen war, erschienen in den Städten Pestordnungen. In Wien ergingen zwischen 1540 und 1600 sage und schreibe elf Pestordnungen; nicht ganz so viele waren es im gleichen Zeitraum in Nürnberg. Diese Pestordnungen versuchten zunächst eine Begründung für das Auftreten der Seuche zu geben – dabei verwiesen sie regelmäßig auf die Sündhaftigkeit der Menschen, auf die „Verpestung" der Luft und auf die astronomischen Konstellationen, welche das Übel angeblich begünstigten. Sodann gaben sie detaillierte Ratschläge, die man peinlich genau einzuhalten hatte – doch waren sie in der Regel so unbestimmt, der empfohlene Mittelweg so schmal, daß man ihn unmöglich einhalten konnte. Was die städtische Vorsorge gegen Seuchen betraf, waren die italienischen Kommunen des 16. Jahrhunderts den deutschen weit voraus.[31]

Die Pest in Venedig (1575/77)

Einige europäische Großstädte waren Pestherde erster Ordnung. Dazu zählten vor allem die Hafenstädte. Venedig war eine solche Stadt, wen könnte es wundern: eine Hafenstadt mit hohem Verkehrsaufkommen; eine Stadt, die enge Beziehungen unterhielt zur Levante; eine Stadt in der Lagune, mit feuchten Gassen und dumpfen Kellern, mit Kanälen, in denen die Ratten sich tummelten. Vor dem Ausbruch von 1575, der die Stadt wieder einmal weit mehr als ein Viertel ihrer Bewohner kostete, hatte Venedig sehr häufig Pestepidemien durchzustehen: zwischen 1348 und 1575/77 mehr als zwanzigmal.[32]

Ernst Rodenwaldt hat den Seuchenzug von 1575/77 in Venedig untersucht und ausführlich dargestellt. Er wollte damit zugleich einen *Beitrag zur Frage der Infektkette bei den Pestepidemien West-Europas* leisten. Seiner wichtigsten Schlußfolgerung, daß auch der Menschenfloh *(Pulex irritans)* die Pest massenhaft verbreiten könne, wurde heftig widersprochen.

Die Pest beginnt in Venedig im Frühsommer 1575. Die Signoria zögert zunächst, zuzugeben, daß es sich tatsächlich um die Pest handelt. Das ist üblich so, die Behörden möchten Unruhen vermeiden, daher spielen sie das Übel zunächst herunter. Aber seit Juli 1575 gibt es keinen Zweifel mehr, daß die zunehmende Sterblichkeit der Pest zuzuschreiben ist. Es ist kein ungewöhnlich verlustreicher Ausbruch; und im Winter verlischt sie wieder. Aber am 1. März 1576 bricht sie erneut aus, und diesmal sehr heftig. Es wurde eine der schwersten Heimsuchungen seit 1348. Am schlimmsten traf es die Unterschichten, die Menschen, die in engen Behausungen lebten, in unreinlichen, feuchten Löchern, die schlecht ernährt und versorgt waren. Hart traf das Übel die Barbiere und Chirurgen, denn nicht den akademisch gebildeten Ärzten, sondern ihnen oblag es, die Pestkranken in ihren Wohnungen aufzusuchen und zu behandeln; sie waren es, die die Kranken in ihren Wohnungen purgierten und zur Ader ließen, ihre Pestbeulen öffneten und versorgten. Sie waren der Infektion am stärksten ausgesetzt, und viele von ihnen bezahlten ihren Einsatz mit dem Leben.

In Pestzeiten erlahmte das gesamte öffentliche Leben in der Stadt. Ein Notar, der – mit Sondergenehmigung – ausgehen mußte, um einige Testamente zu erledigen, berichtet, er sei wie durch eine einsame Wildnis gewandelt. Die Schulen sind seit Juni 1576 geschlossen; das Ausfahren auf weißen Barken ist verboten, wie überhaupt das Tragen weißer Gewänder – das ist die traditionelle Trauerkleidung der Venezianer – untersagt ist.

Vieles versucht die Signoria durch Gebote und Verbote zu regeln. Sie untersagt beispielsweise den Handel mit alten Kleidern, weil sie zu Recht vermutet, daß hierin der „Pestzunder" verborgen sein könnte. Die städtischen Bediensteten freilich sind weiterhin gehalten, nach dem Tod eines Menschen dessen Kleidungsstücke sorgfältig zu inventarisieren, obwohl in Venedig bereits im 16. Jahrhundert bekannt war, daß Textilien selbst im Winter den Pesterreger monatelang beherbergen konnten.[33]

Ein Wort erscheint hier angezeigt zur Bedeutung der Kleidung und des Kleidertrödels in der Vergangenheit. Die Seuchen weisen ja auch hin auf Gewohnheiten, die einst von Wichtigkeit waren. Sich zu kleiden ist eines der menschlichen Grundbedürfnisse. Dieses Grundbedürfnis war nicht immer leicht zu befriedigen, denn Kleidung kostete viel Geld. Starb ein Mensch, so war oft das einzige, was er seinen Verwandten vererben konnte, seine Kleidung. Und weil viele nicht die Bekleidung in hinreichender Menge besaßen, konnten sie auf diesen Erbteil nicht verzichten.

Kleidung war teuer, und sie war unverzichtbar, daher spielte auch der Kleidertrödel, also der Vertrieb gebrauchter Kleidungsstücke, eine große Rolle. Man sah es der Kleidung nicht an, von wem sie kam – oder woran ihr Träger verstorben war. Kleidungsstücke waren ein begehrtes Gut, und in Seuchenzeiten gab es davon reichlich, denn die Toten ließen ihre Kleidung zurück bei den Lebenden – und mit ihnen oft die Todeserreger.[34]

Außerdem: Wer soll die Leichen aus ihren Häusern holen, sie fortschaffen und beerdigen? Keiner wollte freiwillig diese Aufgabe übernehmen. Die Signoria griff ein und verpflichtete zwangsweise Vagabunden und Unruhestifter, ja sogar Gefängnisinsassen, als sogenannte Picegamorti Dienst zu tun. Sie mußten, um Passanten auf sich aufmerksam zu machen, Glöckchen an den Beinen tragen und damit in die Häuser der Pestverdächtigen und der Toten gehen, um sie zu reinigen und die Leichen wegzuschaffen; sie mußten auch das Hab und Gut der Verstorbenen zusammenpacken. Eine höchst gefährliche Aufgabe. Viele von ihnen starben, denn sie waren, so folgert Rodenwaldt, „die ersten warmblütigen Wesen, auf die die ihrer Nahrungsquelle beraubten infizierten Flöhe übergingen". Hier in Venedig, wo niemals von einem Massensterben der Ratten die Rede war – und die Pest doch Tag für Tag ihre Opfer fand, kam Rodenwaldt zu der Schlußfolgerung, daß unmöglich einzig und allein der Rattenfloh der Überträger der Pest sein könne.[35]

Vielerlei Folgen der Krise und des Massensterbens waren seinerzeit zu beobachten, eine davon waren die gewaltigen Preissteigerungen. Die gleiche Menge an Besitz verteilte sich jetzt auf weniger Köpfe; außerdem ließ die Angst vor dem Tod die Wertschätzung alles Irdischen sinken. Gold und Juwelen verfielen „einer starken Entwertung".[36]

Die Pest hielt das ganze Jahr 1576 über an, erst 1577 schlief sie langsam ein, nachdem sie schon zuvor einmal von den Behörden – auch das trat regelmäßig ein – für erloschen erklärt worden war. Wie viele Todesopfer waren zu beklagen? Ältere Darstellungen haben die Zahlen stark übertrieben: So spricht Hecker von 100000 Toten, Schnurrer von 70000, Sticker von 80000, wobei er vielleicht weitere Territorien mit einbezieht. Rodenwaldt beziffert die Verluste mit 46000 Toten, und diese Zahl gilt heute als gesichert – 46000 Tote, darunter der greise Tizian († 27. 8. 1576), aus einer Bevölkerung von 160000.[37]

Natürlich befiel die Pest seinerzeit nicht nur Venedig, sie grassierte auch in anderen Städten Oberitaliens. Berühmt wurde die Pest von Mailand, 1576, weil ein späterer Heiliger, Carlo Borromäus, sich dort der Kranken annahm und aus eigenen Mitteln ein Spital für sie errichten ließ. Sie soll 16000 Mailänder das Leben gekostet haben, das war ein Zehntel der Bevölkerung.

Als im Jahr 1580 die Pest in Norditalien vorbei war, ließ Papst Gregor XIII. eine Pestmedaille prägen, um dem Heiland für diese Wohltat zu danken. In Venedig erbaute Andrea Palladio am Südzipfel der Stadt, gleich neben der Dogana di Mare, die strahlendweiße Kirche Santa Maria della Salute – auch sie ein Dank an die Muttergottes für die Befreiung von der Pest.

Pest und Ruhr in Uelzen

Uelzen, eine kleine Stadt im nördlichen Niedersachsen, etwa auf halber Strecke zwischen Hamburg und Braunschweig, wurde in der zweiten Hälfte des 16. Jahrhunderts von Seuchen heimgesucht, die zu Beginn der 1950er Jahre sehr sorgfältig erforscht wurden. Diese Untersuchungen wurden von Erich Woehlkens vorgenommen, einem Mathematiker, der vor allem den Regelmäßigkeiten nachspürte, die sich bei den verschiedenen Epidemien zeigten. Das macht seine Folgerungen besonders beachtenswert.

Uelzen hatte seinerzeit knapp 1200 Einwohner. Zu Zeiten der niedrigsten Sterblichkeit verschieden wenig mehr als 30 Personen pro Jahr.

Die Sterblichkeit konnte allerdings auch gewaltig in die Höhe schießen und ein Vielfaches davon erreichen: in 15 von 50 Jahren machte die Sterblichkeit wenigstens das Anderthalbfache aus, elfmal war sie doppelt so hoch, einmal war sie 10mal und einmal war sie fast 18mal so hoch; oder in absoluten Zahlen: im Jahr 1566, als in Uelzen die Pest grassierte, starben 295 Menschen, 1597 starben 554 Einwohner, zwei Jahre später 159.[38]

Die Pest der 1560er Jahre erreichte pandemische Ausmaße. Sie trat 1563 in Konstantinopel auf und nahm ihren Weg über die nordafrikanische Küste an die nördlichen Gestade des Mittelmeers, traf Venetien und breitete sich entlang der Seerouten bis ins nördliche Europa aus: London, Köln, Basel, Hamburg, Danzig – keine von ihnen blieb verschont. Von London scheint sie nach Norddeutschland übergesprungen zu sein, und von dort drang sie nach Süden vor.

Eine kleine Stadt wie Uelzen besaß damals, wie so viele kleine Städte, noch keinen eigenen Arzt. In Uelzen waren es, wie anderwärts, zwei Bader oder Barbiere, die die Kranken behandelten; sie konnten übrigens in ihren Wohnungen einige Patienten aufnehmen und sie – gleichsam stationär – versorgen. Außerdem wurde der Scharfrichter als Heilkundiger konsultiert, das war nicht ungewöhnlich, Henker waren in diesen Dingen sehr kenntnisreich und erfahren.[39] Es gab auch ein Hospital in Uelzen, das Hospital St. Viti vor dem Lüneburger Tor, das zwischen 1406 und 1412 als Leprosorium gestiftet worden war; doch sollten hier nur Personen aufgenommen werden, die sich selbst versorgen konnten. Die Feststellung des Pestbefalls geschah in Seuchenzeiten durch Pestärzte, das waren gelernte Bader, die von Amts wegen dazu eingesetzt waren. Wenn sie einen Kranken bei sich zuhause untersucht und die Diagnose Pest gestellt hatten, wurde vor dem Haus dieses Kranken ein Laken befestigt, oder an die Tür ein weißes Kreuz gemalt, um der Öffentlichkeit die Gefahr zu zeigen. Nach dem Ableben eines Pestkranken erfolgte die Bestattung sehr rasch: die Toten der Nacht wurden am nächsten Vormittag, die Toten des Tages noch am gleichen Abend beigesetzt. Die Pesttoten wurden in Uelzen zunächst von Tagelöhnern abgeholt; später bestand die Trägerschaft aus Bürgern. Im Bürgereid hieß es, daß man bereit wäre, notfalls das Leben für die Stadt einzusetzen, und dieser Eid galt in Kriegs- und Pestzeiten gleichermaßen ganz besonders.[40]

1597 trat in Uelzen erneut die Pest auf, diesmal war sie viel verlustreicher als 1566. Woehlkens hat den Verlauf dieser beiden Epidemien systematisch untersucht. Er verfolgte die Sterblichkeit in ihrem topographischen Verlauf und bemerkte, daß die Häuser am Rande der Stadt, in der Nähe der Stadtmauer also, vor allem aber die an den Toren oder Durchlässen, viel häufiger befallen waren als die im Stadtkern. Woehlkens, ein Vertreter der klassischen Theorie – die Pest werde nur durch Ratten und ihre Flöhe verbreitet –, gelangte zu der Überzeugung, daß die Hausratte nur bedingt standortgebunden ist, daß sie, in ihrem Wohlbefinden gestört – durch Lärm, Feuersbrünste, Nahrungsmangel, Überschwemmungen und dergleichen – durchaus weiterwandern kann, daß selbst kranke Tiere dann die Stadt verließen und weiterzogen, daß sie sich lieber auf Schiffen Unterschlupf suchten als in Wagen, daher werden Küstenstädte früher befallen als Landstädte, so folgerte er.[41]

Die Uelzener Stadtchronik übertreibt die Verluste von 1566 gewaltig, die Stadt sei „ganz nahrlos“ geworden, heißt es da. Vermutlich wollte man auf diese Weise beim Landesherrn eine Ermäßigung der Steuer erreichen. 1566 starb genau ein Viertel der Bewohner, 295 Menschen, davon 279 an der Pest. Daß ganze Häuser ausstarben, geschah 1566 nur in einem Fall. 1597 waren die Verluste höher: von 1600 Einwohnern starben 554, also mehr als ein Drittel, davon 510 an der Pest. 1566 mehrten sich die Sterbefälle, dazwischen lagen Intervalle von etwas mehr als dreißig Tagen Dauer; 1597 dagegen erfolgten die Todesfälle allesamt kurz hintereinander. 1566 gab es in 113 Haushalten Pesttodesfälle, 1597 in 174 Haushalten. 1566 starben pro Haushalt 2,34 Personen, 1597 gar 2,71 Personen. Es starben fünfmal mehr Mägde als Knechte, fand Woehlkens heraus, aber fast ebenso viele Väter wie Mütter. Er bemerkte auch, daß einzelne Berufsgruppen in Uelzen von der Pest besonders schlimm heimgesucht wurden, nämlich die rattenverdächtigen Bäcker und Knochenhauer; während die Pest – soll heißen: die Ratten – metallverarbeitende Berufe mieden; Ratten sind ziemlich lärmscheu.[42]

Woehlkens konnte auch beobachten, daß zwischen dem ersten Pesttod eines Menschen und dem Beginn einer Serie von Todesfällen oftmals einige Wochen vergingen, so an die fünf. Hingegen hörte das Sterben sehr plötzlich auf. Den Höhepunkt erreichte die Sterblichkeit im September oder Oktober, mit einem charakteristischen Doppelgipfel: die Sterblichkeit erreichte beispielsweise Mitte September einen Höhepunkt, fiel dann leicht ab, und erreichte in der ersten Oktoberhälfte noch einen zweiten Höhepunkt, der wenig unter – oder noch über – dem ersten lag.

„Die Pest und andere grassirende Kranckheiten nehmen ab und zu / nach des Mondes Gelegenheit“, zitiert Woehlkens einen Arzt des 16. Jahrhunderts, Herlicius. Auch der Schreiber des Uelzener Totenbuches fügt die Phasen des Mondes hinzu, und Woehlkens glaubte zunächst, die Helligkeit der Nächte könnte die Begattungsfreude der Ratten beeinflussen und demgemäß auch die Höhe ihrer Nachkommenschaft. Aber er fand keinen überzeugenden Zusammenhang. Es ist eher anzunehmen, daß im Spätsommer – im „Flohmonat" September – die Reifung neuer Flöhe die Übertragung der Krankheit und die Zunahme der Sterblichkeit bewirkt.[43]

Nach einer Epidemie wuchs die Bevölkerung ziemlich schnell. 1565, ein Jahr vor der Pest, zählte Uelzen 1180 Einwohner, davon überlebten knapp 900. Vier Jahre später war die Bevölkerungszahl von 1565 fast wieder erreicht, es fehlten nur 50 Personen. Nicht durch Neugeburten, sondern vor allem durch ländlichen Zuzug erfolgte die Vermehrung. In Pestjahren wurde in Uelzen weniger geheiratet; aber danach fanden viele Hochzeiten statt – wie es zuvor Luther von Wittenberg berichtet hatte –, die überlebenden Witwen und Witwer gingen erneut eine Ehe ein. Auch die Geburtenziffer war zeitweise relativ hoch: 65 Promille, errechnete Woehlkens.[44] Zu Silvester 1596 gab es in Uelzen 267 eheliche Gemeinschaften, davon waren 35 Zweitehen, zwei Drittehen und eine Viertehe. Damals dauerten, in Uelzen, von 448 Ehen 269 mehr als zehn Jahre; aber nicht einmal die Hälfte – nur 203 von 448 Ehen – dauerten fünfzehn Jahre oder mehr.[45]

Woehlkens hat auch eine Reihe kleinerer Städte in der Umgebung von Uelzen untersucht. Er stellte fest, daß in den kleineren Orten ringsumher oftmals keine Pestfälle verzeichnet waren, wenn in Uelzen die Pest umging. Andererseits gab es dort gehäuft Fälle von Pocken, Grippe und anderen, meist ungeklärten Sterbefällen. Bei den Epidemien in Kassel-Altstadt – in den Jahren 1565, 1566, 1567, 1568, 1575, 1576, 1584, 1585 und 1596 – konnte er ähnliche Gesetzmäßigkeiten feststellen wie in Uelzen.[46]

Auch an den kleineren Orten betrug die Peststerblichkeit niemals mehr als 35 Prozent; daraus hat Woehlkens gefolgert, daß dieser Prozentsatz niemals infolge von Pestepidemien überschritten wird. In Alfeld an der Leine erreichte die Peststerblichkeit 1597/98 fast diese Obergrenze. Im gleichen Jahr starben in Pattensen 25 Prozent der Bewohner an der Pest, weitere 7 Prozent an der Ruhr. Auch in Hildesheim belief sich der Anteil der Pesttoten auf rund 30 Prozent, weitere 5 Prozent Sterblichkeit forderte im gleichen Jahr die Ruhr.[47]

Neben Pest und Ruhr traten im letzten Drittel des 16. Jahrhunderts einige weitere Infektionskrankheiten in Uelzen epidemisch auf, darunter die Pocken (1574, 1579, 1583), Grippe (1564?, 1575?, 1585, 1586) und

Fleckfieber (1580); infolge der Pocken verdreifachte sich 1574 die Kindersterblichkeit.[48]

Im Sommer 1599 zog eine Ruhrepidemie durch weite Teile Mittel- und Norddeutschlands. Es war ein feuchter, warmer Sommer, günstig für die Fliegen. Celle hatte in diesem Sommer mehr als 200 Todesfälle allein durch Ruhr zu beklagen, Uelzen 138. Den Beschreibungen des zeitgenössischen Lüneburger Arztes Tobias Dornkreil zufolge schloß man auf eine Bazillenruhr – in Uelzen sprach man seinerzeit scheu vom „Hoffgang", wohl deswegen, weil der Abtritt in den meisten Häusern über den Hof zu erreichen war. Dornkreil erkannte, in welchem Maße die allgemeine Unreinlichkeit die Seuche begünstigte. Die Fliegen gingen den Weg von menschlicher Nahrung zu tierischer Ausscheidung – oder ebensooft umgekehrt. Dornkreil forderte daher, die Ausscheidungen in einer geschlossenen Grube zu versenken.[49]

Woehlkens' Untersuchungen bezüglich der Sterblichkeit ergaben, daß die Ruhr am häufigsten Kinder unter zehn Jahren und ältere Menschen ins Grab zog, übrigens häufiger Frauen als Männer. Die Letalität schwankte je nach Lebensalter zwischen 4 und 25 Prozent. Woehlkens nimmt an, daß von den rund 1050 Überlebenden der Pest von 1597 zwei Jahre später etwa 90 Prozent an der Ruhr erkrankten und davon 138 Personen starben. Die Sterblichkeit stieg in diesem Sommer steil an und erreichte ihren Gipfel am 5. August 1599, mit 38 Toten an einem Tag. Die Seuche hielt sich 15 Wochen in der Stadt.[50]

Innerhalb von drei Jahren (1597/99) verlor Uelzen 648 Personen allein an Pest und Ruhr – dies ist eine Einbuße von mehr als 40 Prozent. Die Zuwanderung zwischen 1600 und 1605 war allerdings so groß, nämlich 539 Personen, daß dieser Verlust fast wieder wettgemacht wurde. Man muß dabei aber auch bedenken, daß die Zugezogenen anderswo – vermutlich in der ländlichen Umgebung, aus der sie kamen – eine Lücke hinterließen.[51]

Terror, Hexen und Henker

Das Zeitalter der Konfessionsspaltung und der Konfessionskriege – so nennt man die Jahre zwischen der Veröffentlichung von Luthers Thesen (1517) und dem Ende des Dreißigjährigen Krieges (1648) – war ein Zeitalter des Terrors; nicht zu Unrecht hat Justus Hashagen dieses Zeitalter mit dem Kalten Krieg im 20. Jahrhundert verglichen. Das deutsche Volk war zerrissen damals, aufgespalten in Konfessionen, und diese Spaltung betraf keineswegs nur Glaubensdinge: selbst in so einfachen bürgerlichen Dingen wie dem Kalender bestand zwischen Katholiken und Protestanten keine Einigkeit, seit 1583 waren die deutschen Katholiken mit ihrem verbesserten katholischen Kalender den Protestanten um zehn Tage voraus. In konfessionell zersplitterten Territorien wie Franken oder Schwaben wirkte sich dies verheerend aus auf die Beziehungen zwischen den Konfessionen.[52]

Der Vorwurf der Hexerei wurde lange vor dem Eindringen der Pest in Westeuropa erstmals erhoben; bereits der *Sachsenspiegel* sah für Hexerei die Todesstrafe vor. Nicht im 14. Jahrhundert, wohl aber im 15. Jahrhundert nahmen die Hexenverfolgungen zu. War dies eine Folge der steten Bedrohung durch die Pest und andere Seuchen? Das Gefühl der existentiellen Bedrohung scheint im 14. und 15. Jahrhundert zugenommen zu haben; aber die Hexenverfolgungen beginnen nicht schlagartig mit dem Auftreten des Schwarzen Todes, sie beginnen zuzunehmen knapp hundert Jahre später, in den Jahrzehnten vor Ausbruch der Reformation. Da und dort waren die Hexenverfolgungen Teil der Anti-Ketzer-Bewegung.[53]

In Deutschland war es die Konfessionsspaltung, die die Hexenverfolgungen gewaltig schürte. Die Verfolgung von unliebsamen Personen, Andersgläubigen und Andersdenkenden, nahm im 16. Jahrhundert noch einmal zu und erreichte zwischen 1560 und dem Ausbruch des Dreißigjährigen Krieges (1618) ihren Höhepunkt; es fanden in diesen Jahrzehnten auch mehr öffentliche Hinrichtungen statt als davor oder danach.[54]

Die Hexenverfolgungen waren ein gesamteuropäisches Phänomen; aber Deutschland tat sich doch – soweit der heutige Forschungsstand dies zu sagen erlaubt – darin hervor. Und innerhalb Deutschlands waren es wieder besonders die konfessionell zersplitterten Räume wie etwa Franken, die sich bei den Hexenjagden durch ihren Eifer auszeichneten.[55]

Hexen wurden gelegentlich beschuldigt, sie hätten durch ihr unheilvolles Wirken Viehseuchen oder schlechte Ernten herbeigeführt; bisweilen warf man ihnen auch vor, sie hätten gesunde Menschen mit Salben bestrichen und bei ihnen die Pest hervorgerufen – „Und das ist Ursach, daß in etlichen Dörfern Pestilenz regiert“, heißt es in einer frühneuzeitlichen Quelle.[56] Aber dieser Vorwurf erfolgte selten genug, erstaunlich selten. Und der Vorwurf wurde auch gegen Menschen erhoben, denen man keineswegs nachsagte, Hexen zu sein.[57]

Hexenverfolgung und Pest waren gesamteuropäische Erscheinungen des späten Mittelalters und der frühen Neuzeit. Sie fallen – teilweise –

zeitlich zusammen. Möglicherweise hat die so schwer faßbare Angst vor dem Tod eine Stimmung erzeugt, die sich für die Verfolgung von Außenseitern als günstig erwies. Aber ein enger kausaler Zusammenhang zwischen der einen Erscheinung und der anderen läßt sich nicht schlüssig beweisen.

VI. Im Zeitalter des Dreißigjährigen Krieges

Der Dreißigjährige Krieg bildet den Höhe- und Schlußpunkt des konfessionellen Zeitalters und zugleich den Höhepunkt eines Zeitalters der Seuchen und der Zerstörung. Die erste Hälfte des 17. Jahrhunderts war kühl, in vielen Jahren gab es schlechte Ernten; die Sterblichkeit war hoch. Dies traf übrigens nicht nur für die Mitte Europas zu – auch Deutschlands Nachbarn mußten Religions- oder Bürgerkriege, Hungersnöte und kalte Jahre erdulden, die von Epidemien und hoher Sterblichkeit begleitet waren. Für Deutschland, die Schweiz, Italien und Spanien war es ein Schwarzes Zeitalter – ein Goldenes war es allein für die Niederlande, ein Silbernes für England.[1]

Am Vorabend des Großen Krieges

Im Verlauf des 16. Jahrhunderts war die Bevölkerung in Deutschland gewachsen, trotz der stets wiederkehrenden Seuchen. Sie belief sich am Ende des 15. Jahrhunderts auf etwa 13 Millionen und erreichte am Vorabend des Dreißigjährigen Krieges eine Zahl, die wohl um zwei oder drei Millionen höher lag als zu Beginn des 14. Jahrhunderts, so etwa 16 Millionen Einwohner vielleicht.[2] Es stiegen zugleich die Preise, die für Getreide im allgemeinen stärker als die für animalische Produkte, die Preise für Lebensmittel im großen und ganzen stärker als die für gewerbliche Produkte, die Preise insgesamt stärker als die Löhne – die Kaufkraft, mit anderen Worten, sank, wie die Zahl der Esser zunahm.[3]

Die Witterung war ungünstig, schon seit dem ausgehenden 16. Jahrhundert. Immer häufiger traten jetzt kalte Winter auf, denen ein kühles, nasses Frühjahr folgte; dadurch wurde die Reifung des Getreides beeinträchtigt. Das Jahrhundert begann mit einem ungewöhnlich harten Winter, das Jahr 1600 war ein Jahr der teuren Nahrungsmittel, der Seuchen und des Todes. Der Winter von 1607 auf 1608 blieb lange Zeit als *der hart Winter* im Gedächtnis der Zeitgenossen haften. Untersuchungen von Klimatologen zufolge lagen die Wintertemperaturen während des Dreißigjährigen Krieges deutlich – nämlich im Durchschnitt um 1,4 Grad Celsius – unter den heutigen.[4]

Die zwanzig oder dreißig Jahre vor 1600 waren Seuchenjahre, und die Seuchen setzten sich im 17. Jahrhundert fort. Bubonenpest, Fleckfieber, Pocken oder Masern – es vergeht kaum ein Jahr, ohne daß eine dieser Krankheiten da oder dort epidemisch auftritt. Gleich zu Beginn des Jahrhunderts wütet in Ostpreußen, vor allem in der großen Stadt Königsberg, eine schwere Pestepidemie, die viele tausend Tote zurückläßt. Auch Danzig wird im gleichen Jahr von der Pest schwer getroffen.[5] Im Jahr darauf ist es London, das von der Pest schrecklich heimgesucht wird: Über die Sterblichkeit von Woche zu Woche sind wir gut im Bild; es zeigt sich, daß Mitte August in einer Woche 2199 Menschen in London starben, dann sank die Ziffer auf 2091 Tote, in der folgenden Woche, der letzten im August, stieg sie erneut an. Im gleichen Jahr wütet in Lübeck das Fleckfieber und rafft 2500 Menschen dahin; es tritt zugleich in Hamburg in Erscheinung. 1604 bis 1606 sind schwere Pestjahre: Aus allen Teilen des Reiches kommen schlimme Nachrichten, die Pest grassiert in Lüneburg und Hamburg, etwas später in Frankfurt am Main, in Schlesien und Böhmen, in der Steiermark. Aus vielen kleineren Städten wird von Seuchen unbekannter Natur berichtet, es wäre unsinnig, sie alle aufzuzählen. Im Südosten stehen christliche Heere mit den Türken im Kampf, auch dort geht die Pest um; der junge Wallenstein soll sie und auch die ungarische Krankheit am eigenen Leib verspürt und überlebt haben.[6]

Die Städte sind für diesen Zeitraum weitaus besser erforscht als das flache Land; aber auch die Kenntnis über die Sterblichkeit in den Städten läßt zu wünschen übrig. Es muß daher bei sehr allgemeinen Aussagen bleiben – etwa, daß 1606 in Württemberg die Pest umging, in Aschaffenburg und in weiten Teilen des mittleren Deutschland, im folgenden Jahr in Goar am Rhein und in Koblenz, in Würzburg und, den Main entlang, auch im Spessart. Im gleichen Jahr wird in Nürnberg erhöhte Sterblichkeit festgestellt – 2322 Todesfälle, denen 1587 Geburten gegenüberstehen. In Regensburg beginnt eine Fleckfieberepidemie aufzuflackern, und der dortige Medicus Johannes Oberndorfer schreibt seinen *Kurzen und klaren Bericht von der Natur und Ursachen der Ungarischen Krankheit*, worin er festhält, daß das Fleckfieber kaum weniger Opfer dahinrafft als die Pest. Im gleichen Jahr flieht der sächsische Hof nach Annaberg und später nach Torgau, weil in sächsischen Landen die Pest grassiert. Allenthalten ist sie anzutreffen in diesem Jahr, in Sachsen und in Thüringen, in Schlesien und Niederösterreich.[7]

1608 scheinen die Krankheiten nachzulassen; doch schon im folgenden Jahr kehren sie mit doppelter Kraft zurück. Im Südwesten – vor allem im Elsaß und in Württemberg – regiert das Fleckfieber, in weiten Teilen Süd- und Südwestdeutschlands die Pest; die Universität Tübingen flieht in diesem Jahr nach Calw, nachdem die Stadt hohe Verluste zu beklagen hatte. In Lübeck gehen in diesem Jahr die Pocken um. In den folgenden Jahren wütet die Pest in Frankfurt am Main und in vielen Teilen Hessens und Thüringens, derweil in Schlesien die Influenza ihre Opfer sucht. 1611 wird die Schweiz und der Raum um den Bodensee sowie das Elsaß von schweren Seuchen heimgesucht; für die Stadt Basel liegen die – glaubhaften – Aussagen des Arztes Felix Platter vor. Demnach starben in einem Zeitraum von 15 Monaten von 6408 Erkrankten 3968 Personen – Kißkalt nimmt an, daß davon bestimmt 3600 auf das Konto der Pest gingen. Die Letalität hätte demnach rund 60 Prozent ausgemacht; von der Gesamtbevölkerung Basels starben während dieser Epidemie 38,7 Prozent. Die Pest grassiert in Tirol und im bayerischen Inntal; einzelne Orte, wie Brannenburg, erliegen ihr fast ganz. Das Nürnberger Heilig-Geist-Spital ist angefüllt mit Kranken, die am Morbus hungaricus leiden.[8]

So geht das weiter, Jahr für Jahr. Ende Juli 1613, während Kaiser Matthias in Regensburg Reichstag hält, bricht dort die Pest aus. Der Kaiser und sein Gefolge verlassen die Stadt. Sodann sperrt der bayerische Herzog, Maximilian I., Regensburg streng ab, läßt niemanden hinein oder heraus, nicht einmal Viktualien. Gleichwohl breitet sich in diesem und im folgenden Jahr in der Oberpfalz die Pest aus, die kurfürstliche Regierung flieht von Amberg nach Auerbach und bleibt dort von Anfang August 1613 bis Ende Januar 1614, obschon auch in dessen Umgebung einzelne Pestfälle bemerkt werden. In den folgenden Jahren, unmittelbar vor Kriegsausbruch, treten vorwiegend andere Krankheiten auf, Fleckfieber und Pocken, die Ruhr und andere – nicht näher bestimmbare – „hitzige Fieber“.[9]

Die Sterblichkeit ist hoch in diesen Jahren; aber wie hoch sie genau ist, das läßt sich nur für einzelne Orte in Deutschland sagen. In Frankfurt am Main beträgt sie in der zweiten Hälfte des 16. Jahrhunderts 51 Promille – in der ersten Hälfte des 17. Jahrhunderts liegt sie bei 68 Promille. In Nürnberg werden in den zwanzig Jahren vor 1618, bei einer Einwohnerschaft von knapp 50000, 32443 Menschen geboren, im gleichen Zeitraum sterben 38023 Bewohner; im Durchschnitt dieser zwanzig Jahre stehen jährlich 1622 Geburten also 1901 Verstorbene gegenüber. Die Stadt dürfte damals bereits ihren Bevölkerungshöhepunkt überschritten haben – diese Geburtenziffer wurde erst 1850 wieder erreicht, bei annähernd der gleichen Einwohnerzahl von 50000. Auch die Zahl der

Einwanderer sinkt zwischen 1569 und 1611 merklich ab und liegt längere Zeit unter dem langfristigen Mittel. Die Städte leben nicht aus eigener Kraft, sie sind auf die Zufuhr von frischem Blut von außen her angewiesen; in Bayern sind es nur kleinere Städte wie Ansbach oder Kempten, die kein Geburtendefizit aufweisen. Viele von ihnen werden in den nun folgenden Jahren drastisch schrumpfen.[10]

Der Krieg beginnt

Im Frühjahr 1618 bricht der Große Krieg aus. Der äußere Anlaß und die Frage, ob dies wirklich ein Religionskrieg war oder eher ein Krieg, in dem es um ständische Vorrechte ging, und welchen Anteil die Einmischung fremder Fürsten daran hatte, diesen Krieg zu verlängern, das alles tut hier nichts zur Sache. Wichtig sind allerdings die Heereszüge, denn sie werden begleitet von Seuchen. Die Heere sind Träger und Überträger von Infektionskrankheiten. Warum ist das so? Größere Ansammlungen von Menschen, die auf engem Raum zusammengepfercht sind – ob in Schiffen, Kasernen, Feldlagern oder Gefängnissen –, bilden eine Gefahr, wenn sie die einfachsten Regeln der körperlichen Hygiene vernachlässigen. Soldaten sind großen körperlichen Strapazen unterworfen, das macht sie einerseits wenig geneigt, noch ein hohes Maß an Energie für ihre Sauberkeit aufzuwenden, und es schwächt andererseits ihre Abwehrkräfte. Bleiben sie für längere Zeit in einem Lager an einem festen Ort, dann wird es schwierig, die Örtlichkeit sauberzuhalten, denn sie hinterlassen Ausscheidungen – krankmachende Ausscheidungen, wenn sie selbst krank sind. Die Suche nach Nahrungsmitteln erscheint ihren Führern zumeist als das vordringlichste Problem, denn die Männer verlangen zu essen; der militärische Sieg beschäftigt ihre Köpfe mehr als die Sauberkeit der ihnen anvertrauten Truppen. Grimmelshausen war mit diesem Problem vertraut; in seinem Roman *Simplicissimus* schreibt er von der „Qual“, in der er war, als er „etlich Monat wie in einem Ameißhauffen gesessen“.[11]

Der letzte äußere Anlaß zu diesem Krieg – der Prager Fenstersturz – wurde in Böhmen gegeben, und dort, ganz in der Nähe der Hauptstadt, kam es zu den ersten entscheidenden Kampfhandlungen. Die Schlacht am Weißen Berg, Anfang November 1620, kostete nur wenigen Teilnehmern das Leben: die Sieger, das kaiserliche Heer unter Tilly, zählte „kaum 250 Erschlagene“, schreibt Golo Mann. Die großen Verluste kamen erst später: auf dem Marsch nach Westen sollen 20000 Mann an

„hitzigen Fiebern" – wohl Fleckfieber –, Pocken und Ruhr verschieden sein.[12]

Für den Kaiser und sein Heer war mit diesem Schlag ein erster wichtiger Sieg errungen; nun hatte er in Böhmen, wo die protestantischen Stände sich gegen ihn erhoben hatten, die Möglichkeit, seinen Willen durchzusetzen. Der Krieg war mit dieser einen Schlacht freilich noch nicht gewonnen, denn der Verlierer, Friedrich V. von der Pfalz, den die Böhmen zu ihrem König gekürt hatten, war nach wie vor ein souveräner Fürst, der dank der Gelder seines englischen Schwiegervaters den Kampf mit neuen Armeen fortsetzen konnte. Seine Ländereien, die Pfalz am Rhein und die obere Pfalz, zwischen Franken und Böhmen gelegen, wurden jetzt von den Kaiserlichen eingenommen.

Es hieße die Geschichte der Seuchen allzusehr verkürzen, würde man nur auf die Epidemien zu sprechen kommen, die an den Orten des Kampfgeschehens ausbrachen. Es gab sie nämlich, vor wie nach 1618, überall in Deutschland: 1619 die Blattern in Leipzig und da und dort erhöhte Sterblichkeit infolge von Scharlach, die Pest in den Städten an der Ostsee. Im Jahr 1620, als weite Teile des deutschen Südens unter den Seuchenzügen der vorbeiziehenden Heere zu leiden hatten, ergriff die Pest die Stadt Königsberg und trieb die Sterblichkeit in die Höhe; Tausende von Toten soll sie gefordert haben. Nicht weniger tödlich ging sie um in Danzig, wo sie an die 12 000 Menschen tötete; hohe Verluste hatten auch kleinere Orte – wie Elbing, Schippenbeil, Rastenburg – zu verzeichnen.[13]

Die Verlagerung des Kampfgeschehens in den Westen, von Böhmen in die Pfalz, brachte auch die Seuchen nach Westen. Ernst von Mansfeld, der – ebenso wie der Markgraf von Baden – mit seinen Truppen auf der Seite des Winterkönigs stand, wurde aus der Pfalz vertrieben; der Markgraf von Baden mußte bei Wimpfen eine militärische Niederlage einstecken. Spanische Truppen unter Spinola drangen in die Pfalz vor – derweil im Badischen das Fleckfieber wütete, breiteten die Spanier Typhus und Ruhr aus, die bis hinauf nach Frankfurt am Main vordrangen. Im folgenden Jahr, 1623, zogen sich die Feldherren an der Seite Friedrichs V., Mansfeld und Christian von Halberstadt, nach Norden zurück, in den Niedersächsischen Kreis. Graf Tilly zog ihnen entgegen und schlug den Halberstädter am 6. August 1623 bei Stadtlohn. Der Krieg begann sich immer weiter auszubreiten; der protestantische Norden mußte um seine Freiheiten fürchten.[14]

Der Niedersächsisch-Dänische Krieg

Die erste Phase dieses langen Krieges, den Böhmisch-Pfälzischen Krieg, gewann der Kaiser; sie ging 1623 zu Ende. Nach einer kleinen Kampfpause ging es 1625 weiter, als der dänische König Christian IV. sich auf seiten der norddeutschen Protestanten einzumischen begann. Hunger und Not standen dräuend im Land, teure Zeiten standen bevor. Zu Beginn des Krieges, nach einer schlechten Ernte anno 1619, zahlte man für den Scheffel Korn 12 bis 13 Gulden, doch inzwischen waren die Preise angestiegen, jetzt zahlte man für den Scheffel Weizen an einigen Orten schon 66 Gulden, für Roggen 50, für Gerste 56. Die Ernten waren zwischen 1619 und 1628 häufig schlecht oder gar sehr schlecht.[15]

Die 1620er Jahre waren bereits schwere Seuchenjahre; es ist anzunehmen, daß der Krieg – soll heißen: die umherziehenden Heere – das Seine tat, die Krankheitserreger durch das Land zu bringen. 1625 wurden einige Ostseestädte vom Fleckfieber schwer heimgesucht, allein Lübeck verlor viele tausend seiner Bewohner. In Rostock, Wismar, Schwerin und Neubrandenburg wüteten Fleckfieber und Ruhr, bald gesellte sich die Pest dazu. Das ostpreußische Ermland verlor in diesem einen Jahr, 1625, angeblich hunderttausend Menschen. Aber auch viel weiter südlich, von Frankfurt gen Osten, entlang des Mains, bis nach Bamberg, und südlich davon, die Tauber entlang bis Mergentheim und Rothenburg, bis Gemünden und Würzburg wüteten Seuchen. Der Bischof von Bamberg floh in diesem Jahr mit seinem Hof nach Höchstadt an der Aisch. Es grassierten Seuchen in Thüringen und in Oberbayern – in Zittau gingen Blattern und Masern um, weiter östlich, in Schlesien, war es die Pest. Im Heere Wallensteins klagte man über Fieber, wohl Fälle von Ruhr, derweil in anderen Landesteilen, auch in Magdeburg und Osnabrück, die Pest ausbrach.[16]

Die Schweden führten seinerzeit, losgelöst von den Ereignissen des „Teutschen Krieges", einen eigenen Krieg gegen die alte Großmacht Polen; sie standen mit Truppen in Danzig, wo in diesem Jahr ebenfalls Seuchen ausbrachen. In Insterburg, Elbing, Rastenburg, Königsberg und Goldap und an weiteren Orten Ostpreußens soll es die Pest gewesen sein. Auch weit südlich davon, in den Ländern der Habsburger Monarchie, mußte man die Wirren der Zeit mit erhöhter Sterblichkeit – Ausdruck von Seuchen – bezahlen: in Teilen Böhmens wütete die Pest, desgleichen in Salzburg und in Ober- und Niederösterreich. In Wien begann der Tod umzugehen, der kaiserliche Hof zog sich nach Wiener Neustadt zurück.[17]

1626 war ein schlechtes Erntejahr. Das Frühjahr war naß und kalt, da konnte die Frucht nicht zur Reife kommen. Die Lebensmittel waren teuer, der Hunger ging um, und das hieß immer, daß im folgenden Jahr weniger Kinder geboren wurden. Die Unfruchtbarkeit der Frauen war eine Folge des Hungers. Ernst von Mansfeld versuchte in diesem Frühjahr, bei Dessau die Elbe zu überschreiten, wurde aber von Wallensteins Truppen abgewiesen. Im Sommer stieß er weit gen Osten, durch Schlesien hindurch bis zu den Karpaten, um sich mit den Truppen des Fürsten von Siebenbürgen, Bethlen Gabor, zu vereinigen und den Kaiser gleichsam von hinten anzufallen. Wallensteins Truppen zogen in diesem Jahr gleichfalls durch Schlesien, eine breite Spur von Pest und Tod hinter sich lassend. Derweil saß Graf Tilly in diesem Sommer in Göttingen, das vollgepfercht war mit Flüchtlingen – was Tag für Tag mit 50 bis 60 Toten zu bezahlen war.

Unter den dänischen Truppen in Norddeutschland brach in diesem Jahr die Pest aus, die Altmark und Teile Sachsens wurden davon schrecklich verheert. Eisleben zählte am Ende dieses Jahres mehr als dreitausend Tote. Einige Städte Mitteldeutschlands verloren in diesem einen Jahr ein Drittel ihrer Bevölkerung. Und nach der Schlacht von Lutter am Barenberge, die Graf Tilly gegen den Dänenkönig gewann, nahmen die Epidemien eher noch zu. Die Studenten im benachbarten Helmstedt flohen, als dort die Pest ausbrach; sie konnten nicht wissen, daß sie zwei Jahre dort verweilen würde.[18]

Je länger sich der Krieg hinzog, desto schlimmer wurden die Verhältnisse im Lande, auch dort, wo der Krieg im Augenblick gar nicht vorüberkam. 1627/28 waren vielerorts Pestjahre: in Niedersachsen und in Bremen, wo er unter Einheimischen wie Flüchtlingen viele Opfer fand, in Nürnberg und in weiteren Städten Frankens. In Augsburg starben 12000 Menschen – derweil nur 2300 im gleichen Zeitraum geboren wurden. Es waren Jahre des Hungers und des Todes. In Oberbayern zahlte man 1628 mehr als 100 Gulden für den Scheffel Weizen.

Ein breiter Gürtel von Pest und Tod zog sich durch das Land. Im niedersächsischen Uelzen schwelte am Übergang von 1627 auf 1628 die Pest, bei mildem Herbstwetter zog sie sich bis in den Winter hinein, zwischen September und März starben 378 Menschen, davon 280 an der Pest. Im Mecklenburgischen zogen Flüchtlingsströme umher und verbreiteten Schrecken und Krankheitskeime. Vom Nordwesten Deutschlands zog sich, da und dort weiße Flecken hinterlassend, eine Spur von Elend und Tod gen Süden, bis hinab in die Gegend nördlich des Bodensees, über Schwaben, Neuburg an der Donau und Landsberg am Lech. Und im folgenden Jahr wurde es nicht besser.[19]

Mit dem Friedensschluß von Lübeck, im Frühjahr 1629, ging diese zweite Phase des Krieges zu Ende. Vorläufiger Sieger in diesem langen Ringen waren noch immer der Kaiser und die katholischen Mächte des Reiches. Noch vor dem Abschluß des Lübecker Friedens erließ der Kaiser das Restitutionsedikt, das vieles von dem, was sich seit 1555 zugunsten der Protestanten in Deutschland entwickelt hatte, wieder rückgängig zu machen versuchte. Was Wunder, daß diesem Edikt augenblicklich widersprochen wurde. Während das katholische Habsburg den Status quo einer vergangenen Zeit wiederherstellen wollte, zogen sich im Norden neue Kräfte zusammen, um gerade dies zu verhindern, der König von Schweden, Gustav Adolf, war der bedeutendste Vertreter dieser Linie.

Der Schwedische Krieg

Mit der Intervention der Schweden in diesem Krieg beginnt ein neues Stadium. Der Krieg nimmt eine neue Form an, er wird zum Zermürbungskrieg. Die nun folgenden Jahre sind nicht minder hart und entbehrungsreich für die deutsche Bevölkerung. Die Seuchen nehmen fortan eher zu als ab; die Sterblichkeit steigt in diesen Jahren.

Vor 1630 war eine Vielzahl von Seuchen umgegangen, nicht immer unterscheidbar voneinander; aber im großen und ganzen dürften Fleckfieber, Pest, Ruhr, Grippe, Masern, Pocken und Scharlach eine beherrschende Rolle gespielt haben. Grimmelshausen gibt am Ende seines fünften Buches des *Simplicissimus* eine Schilderung ganz eigener Art:

„Das Viehe verdirbt vor Alter / und der arme Mensch vor Kranckheit: Der eine hat den Grind / der ander den Krebs / der dritte den Wolff / der vierte die Frantzosen / der fünffte das Podagram / der sechste die Gicht / der siebende die Wassersucht / der achte den Stein / der neunte das Grieß / der zehende die Lungensucht / der eylffte das Fieber / der zwölffte den Außsatz / der dreyzehende das Hinfallen / und der vierzehende die Thorheit! [...]
Der eine stirbt in der Wiegen / der ander in der Jugend auff dem Bett / der dritte am Strick / der vierte am Schwerd / der fünffte auff dem Rad / der sechste auff dem Scheiterhauffen / der siebende im Weinglas / der

achte in einem Wasserfluß / der neunte erstickt im Freß-Hafen / der zehende erworgt am Gifft / der eylffte stirbt gähling / der zwölffte in einer Schlacht / der dreyzehende durch Zauberey / und der vierzehende ertränckt seine arme Seel im Dintenfaß.
Behüt dich Gott Welt / dann mich verdreußt deine Conversation, das Leben so du uns gibst / ist ein elende Pilgerfahrt / ein unbeständigs / ungwisses / hartes / rauhes / hinflüchtiges und unreines Leben / voll Armseeligkeit und Irrthumb / welches vielmehr ein Tod als ein Leben zu nennen; [...] Dann obwol nichts gewissers ist als der Todt / so ist doch der Mensch nicht versichert / wie / wann und wo er sterben / und (welches das erbärmlichste ist) wo sein Seel hinfahren / und wie es derselben ergehen wird: Wehe aber alsdann der armen Seelen / welche dir O Welt / hat gedienet / gehorsambt und deinen Lüsten."

Vor 1630 hatte eine Vielzahl von Seuchen das Land heimgesucht; in den 1630er Jahren kam vermehrt die Pest und brachte „die schwersten Pestepidemien" (Neithard Bulst) hervor, die Deutschland seit der Epidemie des Schwarzen Todes durchzustehen hatte.

1630 beginnt die Witterung günstiger zu werden; die Sommer von 1630 und 1631 sind heiß und trocken, die Getreideernten fallen reichlich aus in diesen Jahren. Aber mit der Landung eines schwedischen Heeres erhält der Krieg einen neuen Impuls, und dem Kriegsgeschehen folgen unweigerlich neue Ausbrüche der Pest. Das schwedische Heer wurde bald von den grassierenden Seuchen, vor allem Pest und Ruhr, schwer in Mitleidenschaft gezogen. Wo die Truppen auf ihrem Weg nach Süden vorbeiziehen, hinterlassen sie Krankheit und Tod.

1632, auf seinem Zug nach Süden, stößt der Schwedenkönig mit seinem gewaltigen Heer bei Nürnberg mit Wallensteins Armee zusammen. Im Heer des Schweden gehen Fleckfieber und Skorbut um und verlangen hohe Opfer. In der Stadt Nürnberg werden mehrere tausend Personen in diesem Jahr von Seuchen verschlungen; im nördlichen Franken breiten die Seuchen sich aus, das ganze Bistum Bamberg und die Markgrafschaft Bayreuth haben schwer darunter zu leiden. Immer heftiger breiten sich jetzt die Epidemien aus. Es sind keine Zonen von Krankheiten mehr zu unterscheiden, die sich von gesunden Regionen klar abgrenzen, allenfalls der deutsche Nordwesten bleibt weitgehend verschont: überall Pest, Leiden, Tod. 1632/33 verliert allein die protestantische Bevölkerung Dresdens nahezu achttausend Menschen. In der Lausitz, in Sachsen, im Vogtland, in der Mark Brandenburg – Pest, Ruhr oder andere Übel, die Sterblichkeit ist hoch.[20]

In den Jahren 1632/33 kommt es zu entscheidenden Schlachten. Zwei bedeutende Feldherren, Graf Tilly und Gustav Adolf finden den Tod. Aber der Krieg geht weiter. Bald wütete die Pest im Südwesten des Reiches, wo sie vom Elsaß aus hereingeschleppt wird, bald wütet sie im Südosten Bayerns, wo die Schweden umherziehen, im Naabtal und selbst im Bayerischen Wald. Dann begegnen wir ihr wieder in Schlesien, in dessen Hauptstadt Breslau sie fast ein Drittel der Bewohner ins Grab reißt.[21]

Die beiden folgenden Jahre, 1634 und 1635, sind für weite Teile des Landes, vor allem für Bayern, die schlimmsten Seuchenjahre. Dabei dürften die umherziehenden Heere der wichtigste Faktor der Verbreitung gewesen sein. Einige große Städte verloren in diesen beiden Jahren viele tausend ihrer Einwohner, Kulmbach zwischen 1632 und 1635 fast die Hälfte. In Nürnberg sollen in diesen beiden Jahren, 1634/35, 18000 Menschen gestorben sein. Augsburg durchlitt zwischen 1627 und 1635 nicht weniger als sechs Pestepidemien; die Bevölkerung fiel zurück auf unter 17000. Es wurden in diesen Jahren etwa ebensoviele Orte ergriffen wie zur Zeit des Schwarzen Todes in der Mitte des 14. Jahrhunderts.[22]

Im September 1634 stoßen bei Nördlingen die feindlichen Heere aufeinander, Schweden und Kaiserliche. Die Pest hat diese kleine Freie Reichsstadt schon in der ersten Jahreshälfte so schwer heimgesucht, daß der Totengräber im Juni eine Besoldungserhöhung verlangte, weil er innerhalb von fünfeinhalb Monaten 1134 Tote hatte bestatten müssen. Nach der Schlacht vom September waren mehr als 350 Soldaten zu beerdigen. Und dann kamen noch einmal viele tausend Tote hinzu, Opfer von Seuchen. In der zweiten Jahreshälfte schnellte die Sterbeziffer in Nördlingen ruckartig nach oben: vor dem Jahr 1629 lag die Zahl der Verstorbenen jährlich zwischen 200 und 350, zwischen 1629 und 1633 lag sie bei 500 bis 600 – danach sprang sie hinauf bis auf 1800. Die Einwohnerzahlen von Nördlingen sind bekannt: 1600 waren es 8790 Personen, einige Jahre nach dem Krieg (1652) waren es gerade halb soviel. Der Bevölkerungsstand von 1618 wurde erst wieder im 20. Jahrhundert erreicht, im Jahr 1939.[23]

Die mittleren 1630er Jahre scheinen die Zeiten der höchsten Sterblichkeit gewesen zu sein im Verlauf dieses langen Krieges. Der Schwedenkrieg ist in vielen Teilen Deutschlands zu einem Synonym für Massensterblichkeit und Grausamkeit geworden. In Süddeutschland erinnern noch immer viele Votivtafeln an diese Zeit. Der große Pestzug, der sich in diesen Jahren von Südwest nach Nordost hinzog, bewegte die Bevölkerung von Oberammergau zu dem Gelöbnis, fortan alle zehn

Jahre durch ein Passionsspiel an den Kreuzestod des Heilands – und zugleich an das eigene Leiden – zu erinnern.[24]

Für viele deutsche Städte, kleine wie große, liegen Zahlen vor, wie viele Tote man in diesem oder jenem Jahre zu Grabe trug. Ob diese Zahlen den tatsächlichen Bevölkerungsverlust der jeweiligen Stadt auch nur annähernd genau widerspiegeln, ist fraglich. Gewiß wurden die Zahlen oft übertrieben – um Eindruck zu machen beim Landesherrn oder einfach aus Unkenntnis. Oft sind die Zahlen so hoch, weil auch die toten Flüchtlinge aus der Umgebung – oder tote Soldaten – zu den Verstorbenen gezählt wurden.

Seuchen – nicht nur in Deutschland

Während in Deutschland dreißig Jahre lang der Große Krieg regierte, gab es auch anderwärts, jenseits der deutschen Grenzen, Kriege und Tod, Pestepidemien und andere Seuchen, die Tausende dahinrafften. Daß es in anderen Ländern in diesen Jahren gleichfalls zu kriegerischen Konflikten kam, hatte teils mit den internationalen Verstrickungen des Hauses Habsburg zu tun, beispielsweise im Mantuaner Erbfolgekrieg, auch in dem Krieg, den Spanien gegen die Niederlande führte.

Im Verlauf des Mantuaner Erbfolgestreits kam es in Norditalien zu einem großen Pestausbruch, der vor allem die Städte Mailand, Venedig und Verona heftig traf. In Mailand soll damals Rattensterben beobachtet worden sein – dies wäre eine der wenigen historischen Pestepidemien in Europa, der nachweislich eine Epidemie unter den Nagern vorausging. Nicolas Poussin malte in diesem Jahr, 1630, die Pest der Pharisäer, also ein biblisches Thema, und er zeigt auf seinem Gemälde die herumliegenden Ratten – wobei man sagen muß, daß das Rattensterben bereits im Alten Testament ausdrücklich erwähnt wird. In Mailand soll fast die Hälfte der Bevölkerung, 60000 von 130000 Einwohnern, der Pest zum Opfer gefallen sein. Berühmt geworden ist diese Epidemie durch Alessandro Manzoni, der sie im 28. Kapitel seines Romans *Die Verlobten* schildert.[25]

Ähnlich hohe Verlustziffern werden für Venedig und Verona gemeldet. Beide Städte sollen 1630/31 ein Drittel ihrer Einwohner oder mehr verloren haben; Venedig zählte alleine im November 1630 weit mehr als 14000 Tote; und in Verona, wohin die Pest etwas später gelangte, sollen von 53000 Einwohnern knapp 33000 gestorben sein, wobei hier möglicherweise auch andere Krankheiten mitbeteiligt waren.[26]

Die Niederlande werden erst in der Mitte der 1630er Jahre von der Pest überfallen. 1635/36 sterben allein in Amsterdam mehr als 17000 Menschen an der Pest; auch Rotterdam und Harlem werden von diesem Übel schwer getroffen. In Leiden ist von mehr als 14000 Toten die Rede.

Ein seltsames Ereignis der Kulturgeschichte könnte mit dieser Epidemie von 1635/36 in enger Verbindung stehen: Die Niederlande erleben 1636 einen wahren Tulpenrausch, eine Tulipomanie. Tulpen, seinerzeit eine relativ neue Blume in Westeuropa – sie wurde erst in der zweiten Hälfte des 16. Jahrhunderts eingeführt –, erfreuten sich damals größter Beliebtheit und Hochschätzung. Mehr noch – und das macht das Ganze erst zur Manie –, es wurden für Tulpen unermeßlich hohe Preise bezahlt. Bei Auktionen wurden buchstäblich ganze Vermögen für eine einzige Tulpe hingegeben – bis dann im Februar 1637 der Rausch jählings verflog. Daß die Preise aber zuvor geradezu irrwitzige Höhen erreichten, könnte mit der Pest zu tun haben – mit der gesteigerten Todeserwartung, mit der Konzentration des Vermögens in wenigen Händen, mit einer Stimmung von Irrsinn als Folge der Angst vor der Pest und dem Tod.[27]

Im benachbarten England trat die Pest Mitte der 1630er Jahre gleichfalls auf; in London hatte sie zuletzt im Jahr 1623 einem Sechstel der Bevölkerung das Leben gekostet. Die 1620er Jahre waren für England eine harte Zeit, mit schlechten Ernten und niedrigen Geburtenziffern. 1636 brach in London erneut eine Epidemie aus; der charakteristische Doppelgipfel der Sterblichkeit – einmal Mitte, einmal Ende September – weist deutlich auf die Ursache hin: die Pest. Mehr als 10000 Todesopfer waren zu beklagen.[28]

Der Krieg mit Frankreich

Frankreich hatte unter seinem leitenden Minister Richelieu befriedigt gesehen, wie das Nachbarland sich zerfleischte. Zwischen den Schweden und der französischen Krone bestand eine Abmachung, daß Frankreich die schwedischen Truppen mit Geldern ausstatten würde für einen Feldzug in Deutschland. In den Jahren des Schwedischen Krieges bereits drang Frankreich gen Osten vor, sorgte in den habsburgischen Besitzungen im Elsaß für Unruhe und schob im Winter 1634/35 seine Truppen bis über den Rhein vor. Im Jahr darauf begann die offene Intervention in Deutschland, auf seiten des Protestantismus, auf seiten der Reichsstände, gegen den Kaiser.

Es wurde weiterhin gekämpft, aber der Krieg hatte doch seinen

Höhepunkt überschritten; es waren ermattete, ausgeblutete Heere, die sich jetzt gegenüberstanden. Die Seuchen freilich wüteten noch so heftig wie eh und je. Nach dem Eindringen der Franzosen brach im Südwesten des Reiches erneut die Pest aus. Nach dem Zeugnis des französischen Feldherrn Maréchal war die Pest von 1636 in Metz „die mörderischste und unheilvollste in unserem Lande in seiner neueren Geschichte". In den linksrheinischen Landstrichen am Oberrhein sah es gräßlich aus. „Alle Gewerbe lagen darnieder, der Landbau stand verödet, ganze Dörfer waren ausgestorben; [...] kein Gesetz galt mehr, rücksichtslos überließ man sich jeder angeflogenen Neigung, nährte sich vom Plündern, Rauben und Morden".[29]

Allein, es hielt die Pest nicht im Linksrheinischen, sie wanderte fort, ostwärts, durch Franken und Thüringen bis hinauf in die Mark Brandenburg. In Wittenberg, wo noch immer die Schweden standen, unter Banér, vernichtete sie ganze Dörfer; im Meißnischen herrschten indessen Ruhr, Typhus und Fleckfieber. Im Juni 1636 starben in Stendal, das sonst 120 bis 130 Tote jährlich zu beklagen hatte, knapp 2000 Menschen. In weiten Teilen Thüringens und Sachsens wüteten die Seuchen, durchfuhren Aschersleben und Zerbst, Wittenberg, Magdeburg, Merseburg. In Dresden starben 1635 nur noch 79 Personen, 1637 waren es mehr als 1000. In den folgenden Jahren wurden vermehrt die Länder an der Ostsee heimgesucht, die Neumark, Mecklenburg und Pommern. In Leipzig erlagen aus einer Bevölkerung von rund 15 000 weit mehr als 4000.[30]

Bisweilen glaubt man ein Muster zu erkennen, das Vordringen einer Seuche von da nach dort, wie eine sich ausbreitende Flut. Dann sind es wieder einzelne Flecken, wie Blutspritzer über die Karte Deutschlands verstreut. 1638 besetzen die Kaiserlichen Stuttgart, und schlagartig steigt die Sterblichkeit an. Da bricht, weit entfernt davon, in Königsberg die Pest aus. Im Oktober bitten die drei Königsberger Stadtteile die preußische Regierung, sie möge den Vorhafen von Pillau anweisen, fürderhin keine Schiffe aus Pommern oder andern verpesteten Häfen mehr einzulassen, es sei denn, sie hätten zuvor zwei Wochen in Quarantäne gelegen und jeden Verdacht von sich gestreift. Im folgenden Jahr bricht in weiten Teilen Ostpreußens, wieder einmal, die Pest aus; in Danzig stirbt im August dieses Jahres der Dichter Martin Opitz an der Pest. In Königsberg erreicht die Sterblichkeit in der vierten Pestwoche, das ist die Woche vom 10. bis 17. Oktober, einen ersten Höhepunkt, als 114 Tote zu verzeichnen sind. Dann sinkt die Sterblichkeit wieder ab. Der zweite Gipfel kommt drei Wochen später, in den ersten Novembertagen, mit

Eine Sanduhr

O Menschenkind beacht doch diese Warnung hier,
so dir bezeugt den Lauf deins Lebens für und für!
Bund * Unser Leben, schau, ringet stets im Kampf * Tod
bunt Wann es lang gewährt, ists ein bloßer Dampf Glück
Geld Hoffen uns erhält. Harren uns ernährt; Not
schallt Kummer, Krankheit, Sorg verzehrt Tück
Welt Wie im Glas geschwind schnell
wallt: klarer Sand durchrinnt Fäll.
hellt so allhier vergehet wie
Freud nicht bestehet Wind
bellt um und um hie
Neid Unsers Lebens Ruhm sind
Blut Ach! der blasse Tod Pracht
Mut ist ein Bot Macht.
frisch wohl bezüglet Zeit
steht und gar schnell geflüglet alt
risch gibet uns gar schlechte Frist scheid
geht; uns zu fällen sich stets rüst. bald
hier Heut vor abends droht er mir leid
Hohn Morgen kommet er und klopft deine Tür. Freud;
Zwier Es hilft kein Gewalt, es hilft nicht d'Pracht Feind.
Lohn. * Schön, klug, reich und stark jener nur verlacht. * Freund.
Drum, Mensch, bedenk es wohl, bleib wachsam und gerüst:
Klug sein und nicht viel Jahr die Ehr des Alters ist.

115 Toten. Zwischen Mitte September und Ende Dezember verliert Königsberg 1200 Menschen.[31]

Ein großes Leichentuch legt sich über Deutschland. Die Zeitgenossen spüren auf Schritt und Tritt die Allgegenwart des Todes, dem sie nicht entrinnen können: „Fleuch wo du wilt, des Todtes Bild stätz auf dich zilt", wie es in Tuntenhausen geschrieben steht, unter dem Bild eines Knochenmannes, der mit einer Armbrust auf den Betrachter zielt. „Wann du recht kenntest mich / so würdest bessern dich. Wann du vergisst schon meiner / vergiss ich doch nit deiner."

Die großen Dichter des Barockzeitalters haben dem Elend und dem Tod manch klagendes Wort nachgesandt. „Die Türme stehn in Glut, die Kirch ist umgekehret, / Das Rathaus liegt im Graus, die Starken sind zerhaun, / Die Jungfraun sind geschänd't, und wo wir hin nur schaun, / Ist Feuer, Pest und Tod, der Herz und Geist durchfähret", schrieb Andreas Gryphius in seinen *Tränen des Vaterlandes* bereits anno 1636. Und andere, Johannes Rist, Paul Gerhardt, Daniel von Czepko, Friedrich von Logau, Paul Fleming und viele mehr haben mit eindrucksvollen Worten der Zerstörung durch Soldateska und Krankheit gedacht, die das deutsche Volk in diesen dreißig Jahren erfuhr. „Wo jetzund Städte stehn, wird eine Wiese sein, / Auf der ein Schäferskind wird spielen mit den Herden. / Was jetzund prächtig blüht, soll bald zertreten werden; / Was jetzt so pocht und trotzt, ist morgen Asch und Bein."

Der Tod war allgewaltig, Millionen starben in diesen dreißig kummervollen Jahren; Millionen starben – getötet nicht von der Gewalt der Waffen, sondern vor allem von Krankheiten, die der eine weitergab an den andern. Der Dichter Johann Helwig hat in einem Gedicht, das er in Gestalt einer Sanduhr anordnete, dem Betrachter die irdische Vergänglichkeit des Menschengeschlechts vor Augen geführt (s. Seite 149).

Die Bevölkerungsverluste (1618–1648)

Wie hoch waren die Bevölkerungsverluste, die Deutschland im Verlauf dieses Dreißigjährigen Krieges entstanden? Über diese Frage ist in der Geschichtswissenschaft zeitweise heftig gestritten worden. Daß die Verluste hoch waren, vor allem auf dem Lande, sahen bereits die Zeitgenossen. „Bauern sind heute an einzelnen Orten zu wenige für die Größe des Ackerlandes. Die Gründe dafür liegen teilweise an den furchtbaren Verwüstungen des Dreißigjährigen Krieges", schrieb Samuel Pufendorf 1667 am Beginn des siebten Kapitels seines Buches *Die Verfassung des deutschen Reiches.*

Die Verluste wurden lange Zeit gewaltig überschätzt. Der Schriftsteller Gustav Freytag hat in den 1860er Jahren mit seinem dreibändigen Werk *Bilder aus der deutschen Vergangenheit* dazu beigetragen, diese Übertreibungen einer breiten Öffentlichkeit als Tatsachen zu vermitteln. „Deutschland, welches den Frieden festlich begeht, hat drei Vierteile seiner Bevölkerung verloren", schrieb Freytag, und an anderer Stelle: „Durch diesen Krieg wurde Deutschland gegenüber den glücklicheren Nachbarn, den Niederländern, den Engländern, um 200 Jahre zurückgeworfen." Und professionelle Historiker wie Karl Theodor von Inama-Sternegg und Karl Biedermann haben diese überzogenen Verlustzahlen in ihren Werken verbreitet.[31]

Schon vor der Jahrhundertwende begannen Gelehrte wie Bernhard Erdmannsdörffer, den Bevölkerungsschwund genauer zu bestimmen und zu relativieren. Einige Jahre später leitete der Historiker Robert Hoeniger mit einem Aufsatz *Der dreißigjährige Krieg und die deutsche*

Kultur (1909) eine nüchternere Bewertung ein. Daß an den Folgen der Kampfhandlungen Hunderttausende gestorben waren, hielt Hoeniger für möglich, und als Experte für Seuchen, der er war, wußte er auch, daß die Epidemien das deutsche Volk seinerzeit weitaus schwerer getroffen hatten als die Kämpfe. „Ungezählte Hunderttausende, deren Summierung sehr wahrscheinlich zu einer mehrfachen Millionenziffer steigt, sind durch sie fortgerafft worden", schreibt Hoeniger. „Genaue Berechnungen fehlen. Hier bleibt exakter historisch-statistischer Forschung noch unendlich viel zu tun übrig." Die Verluste, so schien es ihm, waren nach 1648 nicht so rasch behoben wie im 14. Jahrhundert, nach dem Schwarzen Tod.[32]

In den folgenden Jahrzehnten, zwischen Hoenigers Aufsatz und einer umfassenden Studie von Günther Franz (1943), erschien eine Vielzahl von Detailstudien zu diesem Thema; der amerikanische Historiker Theodore K. Rabb hat ihre Ergebnisse in einem Aufsatz knapp zusammengefaßt. Dabei gingen die Studien auch der Frage nach, ob der Niedergang Deutschlands schon vor dem Kriegsausbruch eingesetzt habe; 24 der 34 Studien kamen zu einer gegenteiligen Auffassung. Eine weitere Serie von örtlichen Untersuchungen, in den *Monographien Deutscher Städte* veröffentlicht, teilten diese Meinung, daß der Niedergang des Reiches nicht schon vor 1618 begonnen habe.[33]

Die bislang umfassendste Monographie über die deutschen Bevölkerungsverluste zwischen 1618 und 1648 legte 1943 Günther Franz vor; diese Arbeit erschien 1979 in vierter Auflage. Franz trägt zunächst die maßlosen Übertreibungen Gustav Freytags vor und lobt Erdmannsdörffer, daß er die Dinge ins Lot gebracht habe. Er ist sich im klaren, daß die Zahl der bei den Kampfhandlungen getöteten Soldaten – gemessen an der Dauer des Krieges – vielleicht weitaus geringer als angenommen war, 325000 bis 338000 Tote, wie man Ende des 19. Jahrhunderts geschätzt hatte. Viel höher war die Zahl der Toten, die an Infektionskrankheiten gestorben waren: „So war die Pest gewiß die Hauptursache des Bevölkerungsverlustes", schreibt Franz, und weiter: „Es ist schlechthin unmöglich, die Pesttoten nicht zu den Kriegsfolgen zu rechnen."[34]

Sodann begann er, die Verluste nach Regionen zu berechnen (s. Abb. Seite 152/153), denn natürlich waren die Verluste in einzelnen Gebieten unterschiedlich hoch. „Vorsichtiger Wertung nach wird man also rechnen müssen, daß in diesen 30 Notjahren etwa 40% der ländlichen Bevölkerung dem Krieg und den Seuchen zum Opfer gefallen sind. In den Städten mag der Verlust nur auf 33% geschätzt werden. Höher ist er meines Erachtens keinesfalls gewesen, eher noch etwas niedriger."[35]

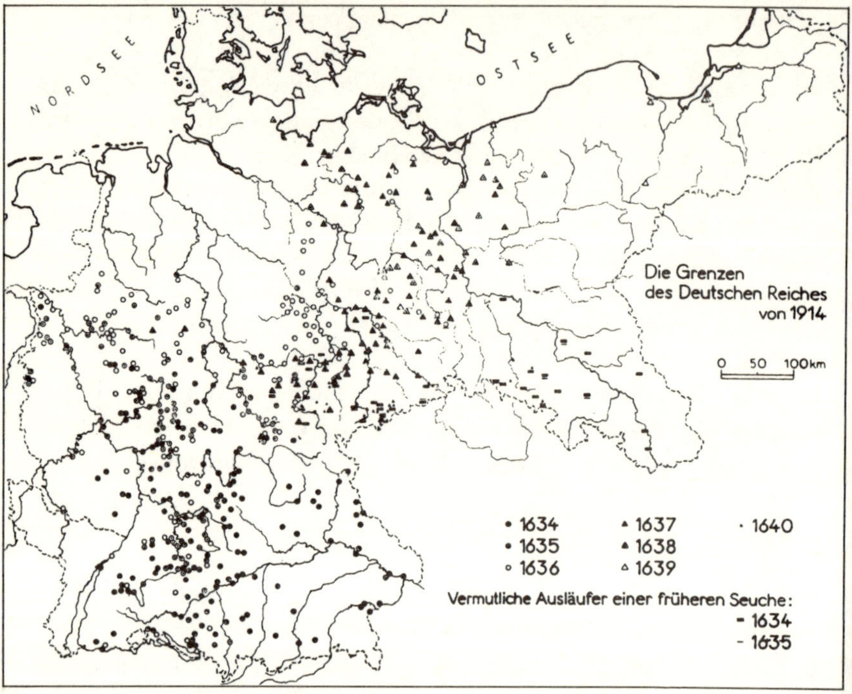

Die Ausbreitung der Pest in den deutschen Städten 1634–1640

Diese Zahlen wurden von den meisten deutschen Historikern akzeptiert; sie wurden seither immer wieder in allgemeineren Darstellungen und Atlanten der deutschen Geschichte wiederholt. Für einzelne kleinere Räume wurden Franzens Verlustziffern zwar in Zweifel gezogen oder berichtigt[36], nicht jedoch seine Gesamteinschätzung.

In den 1940er und 50er Jahren legten zwei amerikanische Historiker, Robert Ergang und Sigfrid H. Steinberg, Arbeiten vor, in denen sie Franzens Ergebnisse zu revidieren versuchten, wobei allerdings beide einen ganz anderen Ansatzpunkt wählten. Ergang betrachtete die Seuchen, von denen er zugab, daß sie die größeren Verluste verursacht hatten, nicht als Kriegsfolgen, denn „es gab sie vor und nach dem Krieg", wie er schrieb. Daß die Sterblichkeit hoch war, bestritt er überhaupt nicht. Ähnlich argumentierte Steinberg. Er wies darauf hin, daß die Armeen klein waren – entsprechend niedrig könnten nur ihre Verluste gewesen sein, meinte er. „Die größten Verluste wurden durch die gefürchteten Seuchen (...) verursacht", schrieb er weiter. Er nahm an, „daß die Sterblichkeitsziffer niemals über 12 v. H. hinausging und sich im Durchschnitt auf 6–8 v. H. belaufen haben dürfte."[37]

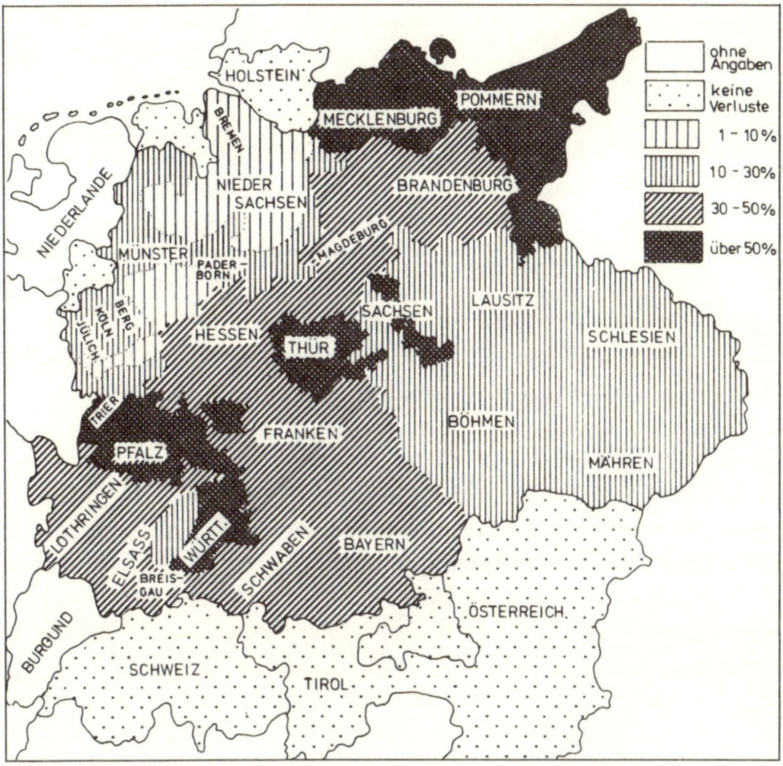

Die Bevölkerungsverluste während des Dreißigjährigen Krieges

In jüngster Zeit hat Hans-Ulrich Wehler die Verlustziffern von Franz in Zweifel gezogen und die These Steinbergs unterstützt. „Daß durchschnittlich 40% der ländlichen und 30% der städtischen Bevölkerung des Reichs umgekommen seien, ist eine übertreibende Behauptung“, schreibt Wehler, der Steinbergs durchschnittliche jährliche Sterblichkeitsziffer – von 6 bis 8 Prozent – allerdings zurücknimmt: Die „jährliche Todesziffer (habe) im Durchschnitt 4–6%, nie mehr als 8% der Gesamtbevölkerung“ betragen, schreibt er, während „die Geburtenziffern nicht selten erstaunlich hoch lagen“. Wehler kommt sodann zu dem Ergebnis, daß die Einwohnerzahl des Reiches „vermutlich um 15 Millionen im Jahre 1600, zwischen 15 und 16 Millionen im Jahre 1650“ betrug.[38]

Geht man von Wehlers Zahlen aus und setzt die deutsche Bevölkerung für das Jahr 1618 zum Beispiel mit 16 Millionen an, nimmt man ferner eine jährliche Geburtenziffer von 3,5 Prozent an – was erstaunlich hoch erscheint –, dann kommt man bei einer Sterbeziffer von 4,5 Prozent zu einer Reduzierung der Bevölkerung von 16 auf 11,8 Millionen in dreißig

Jahren. Setzt man die Geburtenziffer auf 3,5 Prozent und die Sterblichkeit auf 5,0 Prozent, wie Wehler dies erlaubt, dann kommt man zu einer Reduzierung von 16 auf 10,2 Millionen innerhalb von dreißig Jahren.

Die indirekten Folgen des Krieges, genauer: des Bevölkerungsrückganges, ergeben übrigens ein ganz ähnliches Bild. Die deutschen Getreidepreise fielen vom zweiten zum dritten Viertel des 17. Jahrhunderts stark ab; sie waren zwischen dem zweiten Viertel des 17. Jahrhunderts (1626/50) und dem zweiten Viertel des 18. Jahrhunderts (1726/50) immerhin um *ein Drittel* gefallen, und dies, obwohl zugleich die deutsche Landwirtschaft viele Fluren wüst werden ließ, und die Ertragsrelation – d. h. das Verhältnis von Aussaat zu Ernteertrag – sich seit der ersten Hälfte des 16. Jahrhunderts deutlich verschlechtert hatte. „Im ganzen läßt sich (...) feststellen, daß am Ende des Krieges *mehr als ein Drittel* der ehemaligen *Flächen nicht mehr im Kulturzustand* war."[39]

Die Gesamteinschätzung von Günther Franz wurde bis heute nicht durch eine überzeugendere ersetzt; es ist also vorläufig anzunehmen, daß seine Einschätzung der Realität am nächsten kommt. Man wird sich, solange keine zuverlässigeren Zahlen vorliegen, am besten einer vorsichtigen Sprache bedienen, wie Wilhelm Abel dies getan hat: „Vielleicht greift man nicht allzuweit fehl", schreibt er, „wenn die Bevölkerung Deutschlands für die Jahre vor und nach dem großen Krieg und bis zur Mitte des 18. Jh. wie folgt geschätzt wird: 1620 etwa 16 Millionen, 1650 etwa 10 Millionen und 1740 etwa 18 Millionen."[40]

VII. Das Ende der Pest

Das Heilige Römische Reich Deutscher Nation war in der Mitte des 17. Jahrhunderts ein ausgebranntes, entvölkertes Land, das einen schrecklichen Aderlaß erfahren hatte – wir haben kaum einen Grund, dies zu bezweifeln, auch wenn in anderen Ländern, die Niederlande ausgenommen, die Bevölkerungszahl in diesen Jahren gleichfalls stagnierte oder rückläufig war. Es folgte nun auf diesen Krieg von dreißigjähriger Dauer eine Zeit der wirtschaftlichen und der demographischen Stagnation, die wenigstens bis zum Jahr 1700 anhielt. In diesem Jahr, oder in den folgenden Jahrzehnten, erreichte die Bevölkerung des Reiches wieder ihre Zahl von 1618 – wann genau, darüber zu sinnen ist müßig, solange keine genaueren Untersuchungen vorliegen.[1]

In den Jahren davor wie in den Jahren danach gab es wieder Kriege: Im Westen gegen das Frankreich Ludwigs XIV., der immer skrupelloser die Grenzen seines Landes nach Osten verschob; im Südosten gegen die Osmanen, die 1683 ein zweites und letztes Mal die Stadt Wien belagerten, ehe sie dann in den folgenden Jahrzehnten endgültig aus den habsburgischen Ländern vertrieben wurden. Aber Deutschland wurde auch noch in andere Kriege verwickelt in diesen Jahren, in die beiden Nordischen Kriege nämlich, von denen der erste relativ kurz war (1655–1660); der zweite Nordische Krieg (1700–1721) kam zu Beginn des 18. Jahrhunderts, ihm folgte eine Reihe weiterer großer Kriege. Deutschlands Süden wurde zur gleichen Zeit von dem Krieg berührt, den die Westmächte mit dem Hause Habsburg um die Spanische Thronfolge (1701–1714) führten.

Der Stand der Medizin

Im Blick auf die Gesundheit und die Lebenserwartung änderte sich zunächst nicht viel: Weiterhin zerstörten Kriege die Fluren; durchziehende Heere trugen die Krankheitserreger epidemischer Krankheiten von da nach dort; Hungersnöte folgten auf schlechte Ernten, in diesem Zeitalter einer vormodernen Landwirtschaft mit ihren niedrigen Erträgen, die sich eher verringerten statt vermehrten; um die persönliche

Reinlichkeit des einzelnen blieb es so schlecht bestellt wie zuvor. Das menschliche Leben währte nicht lange – „life is short, nasty, and brutish", schrieb Thomas Hobbes, der englische Philosoph, ein Zeitgenosse. Die Lebenserwartung der Deutschen stieg nach dem Dreißigjährigen Krieg wohl wieder etwas an, aber sie war noch immer kümmerlich gering. Sechzig Lebensjahre waren ein hohes Alter, wer es erreichte, war ein Greis.

Nicht einmal die Fürsten und Könige erreichten in der Regel ein sehr hohes Alter, obwohl sie doch die gefährlichen Klippen der Kindheit längst hinter sich haben mußten, um den Thron zu besteigen, und die Medizin ihrer Zeit ihnen sicherlich das Beste bot, was sie eben hatte. Gleichwohl wurden die Kaiser der Deutschen nicht alt. Das Haus Habsburg stellte zwischen dem Jahr 1438 und dem Ende des Alten Reiches anno 1806 in fast lückenloser Folge den römischen König, der zugleich Kaiser war. Wie alt wurden sie? Albrecht II., seit 1438 römischer König, verstarb im Jahr darauf 42jährig an der Ruhr während der Kämpfe gegen die Osmanen auf dem Balkan. Sein Nachfolger, Kaiser Friedrich III. (1440–1493), regierte länger als ein halbes Jahrhundert und wurde fast 78 Jahre alt. Maximilian I. (1493–1519) starb im Alter von 60 Jahren, Karl V. (1519–1555) im Alter von 58 Jahren. Sein Nachfolger im Reich, Kaiser Ferdinand I. (1555–1564), wurde 61 Jahre alt, sein Nachfolger auf dem Kaiserthron, Maximilian II. (1564–1576) nur 49 Jahre. Kaiser Rudolf II. (1576–1609) erreichte gerade die 60, sein Bruder Matthias (1612–1619) starb im Alter von 62 Jahren. Der gottesfürchtige, intolerante Ferdinand II. (1619–1637) starb mit 59, Ferdinand III. (1637–1657) mit 49 Jahren. Leopold I. (1657–1705) regierte zwar fast ein halbes Jahrhundert lang, wurde aber nur knapp 65 Jahre alt; sein Sohn Joseph I. (1705–1711) starb mit 32 Jahren, und dessen Bruder und Nachfolger Karl VI. (1711–1740) zählte gerade 55 Jahre, als er 1740 seiner Tochter Platz machte. Maria Theresia (1745–1780), die man gern die „Kaiserin" nannte, wurde 63 Jahre alt; ihr Gemahl, Franz I. Stefan aus dem Hause Lothringen, nicht einmal 57 Jahre, und ihr gemeinsamer Sohn, Kaiser Joseph II. (1780–1790), starb mit 49 Jahren. Josephs jüngerer Bruder, Kaiser Leopold II. (1790–1792), vollendete nicht einmal das 45. Lebensjahr. Sein Nachfolger, Franz II. (1792–1806 bzw. 1835) wurde 77 Jahre alt. Im Durchschnitt standen diese 17 Monarchen im 57. Lebensjahr, als sie das Zeitliche segneten.

Die Sterblichkeit war hoch – und es gab Jahre, da stieg sie noch immer gewaltig an. Die Geburtenziffer war meist etwas höher als die Sterbeziffer; doch wenn Seuchen regierten, stieg die Sterblichkeit sprunghaft an, derweil die Geburtenziffer in Hungerzeiten merklich nach unten ging. Das waren die Merkmale jenes Zeitalters, wenigstens bis zu Beginn des 18. Jahrhunderts. Damals hörte in Mitteleuropa die Pest zu wüten auf. Über die Gründe des plötzlichen Erlöschens der Seuche weiß man bis heute nichts Genaues.

Was wußte die Medizin damals über die Verbreitung von Infektionskrankheiten, über die Ursachen ihrer Entstehung? Die großen Einsichten in das Wesen dieser Krankheiten kamen erst im Verlauf des 19. Jahrhunderts; aber es gab schon davor, bereits im 16. und 17. Jahrhundert, Erkenntnisse von ihrem Ursprung und ihrer Ausbreitung, ja sogar Vorstellungen von Mikroorganismen, die Krankheiten hervorrufen konnten.

Im letzten Drittel des 17. Jahrhunderts machten Medizin und Biologie in diesem Punkt bedeutende Fortschritte: Bislang galt noch immer der Lehrsatz des Aristoteles, daß auch aus toten Stoffen – durch Urzeugung – Lebewesen entstehen könnten. 1668 widerlegte Francesco Redi dies in einem Experiment; es wurde allerdings kaum zur Kenntnis genommen. Der niederländische Naturforscher Antoni van Leeuwenhoeck, der mit Vergrößerungsgläsern arbeitete, zeichnete einfache Bilder von Bakterien. Er berechnete, infolge seiner Beobachtungen, daß in einem einzigen Wassertropfen 2,75 Millionen solcher Kleinstlebewesen zusammengedrängt sein könnten. Thomas Sydenham, ein englischer Art, schrieb 1669 nach einem Jahr mit schweren Durchfallerkrankungen in England seine Folgerung nieder: „Einem fliegenreichen Sommer folgt ein durchfallsreicher Herbst." Man begann den Zusammenhang zu ahnen.

Bahnbrechend waren auch die Erkenntnisse eines deutschen Jesuiten namens Athanasius Kircher. Er war ein Universalgelehrter, dessen Gelehrsamkeit bisweilen die Grenzen zur Scharlatanerie überschritt. Als Mann der Kirche hielt er sich lange Zeit in Rom auf. In seinem Buch über die Landschaft Latium geht er ausführlich auf die große Plage dieser Region ein, die Malaria. Er untersuchte Auswurfstoffe von Kranken – Eiter und dergleichen – und sah mit Hilfe von Vergrößerungsgläsern Mikroorganismen, die sich in den Absonderungen von Kranken finden lassen, die an Pest, Pocken, Dysenterien oder Fleckfieber leiden. Kircher stand in Briefverkehr mit Gottfried Wilhelm Leibniz, und der forderte ihn 1670 auf, die Körpersäfte von gesunden Menschen unter das Mikroskop zu nehmen – „Weil solches wird tausenderley Dinge entdecken machen, wird man in kurzer Zeit zu solchen Resultaten kommen, so alle bisherigen übertreffen".[2] Bald erschien Kirchers Buch *Scrutinium physico-medicum contagiosae luis quae dicitur pestis;* 1680 lag es in deutscher

Übersetzung vor. Dieses Werk ist „von größter Bedeutung für die Entwicklung epidemiologischen Denkens",[3] denn Kircher entwickelte hier eine neue Theorie von der Übertragbarkeit von Infektionskrankheiten, die auf seinen Beobachtungen beruhte.

Natürlich gab es auch in anderen Bereichen der Medizin Fortschritte und neue Einsichten, beispielsweise im Bereich der Anatomie und der Physiologie. Der Engländer William Harvey entdeckte den Blutkreislauf, der Italiener Marcello Malpighi fand in der menschlichen Niere das funktionsfähige Kleinelement, das nach ihm benannt ist, das Malpighische Körperchen. Aber diese neuen Erkenntnisse einzelner großer Geister bewirkten keine Wende in der Heilkunde; im großen und ganzen beharrte die Medizin als angewandte Wissenschaft bei den Einsichten eines Aristoteles und eines Galen, die Lehre von den vier Körpersäften blieb weiterhin die bestimmende Grundlage medizinischen Denkens, der Glaube an die Macht der Gestirne blieb ungebrochen. Die Therapie zeigte wenige Neuerungen, welche den Kranken vermehrt Heilung zu bieten vermochten, allenfalls in der Diagnostik kam man voran, immer mehr Krankheiten lernte man jetzt voneinander zu unterscheiden.[4]

Fleckfieber

Fleckfieber und Typhus abdominalis sind Infektionskrankheiten, die man im 17. und 18. Jahrhundert noch nicht unterscheiden konnte, wiewohl scharfsinnige französische Ärzte bereits 1607 bei der Untersuchung von Leichen bemerkten, daß sich in dem Dünndarm von Menschen, die an Typhus abdominalis verstorben waren, Geschwüre zeigten, welche der Petechialtyphus, das Fleckfieber, nicht hervorbrachte.[5] Dennoch gab es zwischen diesen beiden Krankheiten vorläufig keine klare Unterscheidung, und wo in dieser Zeit von Typhus die Rede ist – oder von Lagerfieber, Faul- und Nervenfieber oder Heubtkrankheit –, da ist häufiger an Fleckfieber zu denken als an den Unterleibstyphus.

In den Jahrzehnten vor und nach 1700, noch zur Zeit der Türkenkriege auf dem Balkan, erschienen etliche gelehrte Studien über das Fleckfieber. Der Schaffhausener Arzt Heinrich Skreta von Schrotnau und Zavorzig verfaßte 1685 einen *Kurzen Bericht von der allgemeinen Lagersucht*, darin erwähnt er die Verstopfung der feinen Blutgefäße infolge dieser Erkrankung und schildert auch die anderen Symptome ausführlich. Er bemerkte auch, daß die Bewohner eines Hauses nicht gleichzeitig erkrankten, sondern nacheinander, jeweils nach einer Pause von vielen Tagen, was mit der Generationenfolge des Überträgers, der Kleiderlaus, zu erklären ist. Er untersuchte die Kranken nicht nur von Kopf bis Fuß, er nahm auch ihr Blut unter das Mikroskop und entdeckte darin winzige flache rundliche Gebilde, die er beschrieb.

Andere Autoren beschäftigten sich weniger mit den Anzeichen – den „Zufällen", wie man damals sagte –, welche das Fleckfieber hervorrief; sie beschränkten sich darauf, ihre Vermutungen über die Ursachen dieser Krankheit darzulegen. Andreas Caspar Georgi geht in seiner Dissertation *De febre Hungarica quam vulgus cephalgiam epidemiam vocitat* von 1687 den Ursachen nach und kommt zu dem Ergebnis, daß Fleckfieber vor allem durch falsche Ernährung hervorgerufen wird.[6]

Es war nicht die Ernährung, es war die Unsauberkeit der Truppen, welche das Fleckfieber ausbreiten half. Preußische Soldaten, die an den Feldzügen gegen die Türken beteiligt waren, schleppten die Krankheit mit nach Preußen, wie bayerische Soldaten sie nach Bayern trugen. Der Arzt Rosini Lentilii schreibt 1698, die Soldaten des bayerischen Kurfürsten Max Emanuel, die an der Belagerung von Mainz beteiligt waren, hätten die Städte Gundelfingen, Lauingen, Höchstadt, Donauwörth und noch weitere mit Fleckfieber infiziert. Ein paar Jahre später, zu Beginn des Spanischen Erbfolgekrieges, wurde Augsburg von Truppen belagert, was die Sterblichkeit innerhalb der Stadt deutlich ansteigen ließ. Augsburg hatte damals – bei einer Einwohnerzahl von rund 30000 – etwa 900 Tote im Jahr, doch in dem Jahr der Belagerung waren es 1245 Menschen, die in der Stadt verstarben, und im Jahr darauf waren es mehr als 3000.[7]

Zu Beginn des 18. Jahrhunderts waren die großen Fleckfieberseuchen noch nicht vorbei, sie kamen erst. Die stehenden Heere und die langanhaltenden Kriege förderten dieses Übel gewaltig; vermehrt trat das Fleckfieber jetzt auch in den Städten auf, vor allem aber an solchen Orten, wo Menschen unter unhygienischen Bedingungen auf engem Raume miteinander lebten. Was die Soldaten das ‚Lagerfieber' nannten und die Militärchirurgen folgerichtig *febris castrensis*, das hieß andernorts Gefängnisfieber, denn auch dort trat es häufig auf. Und als anno 1711 an der kleinen Universität Altdorf eine fieberhafte Seuche die Runde machte und man um eine Diagnose verlegen war, da sprach der große Altdorfer Gelehrte Lorenz Heister – er wird oft als der Begründer der wissenschaftlichen Chirurgie in Deutschland bezeichnet – einfach von einem „Universitätsfieber", denn die meisten Betroffenen waren Universitätsangehörige, Menschen, die nicht nur Tisch und Wohnstatt miteinander teilten, sondern auch ihre Läuse und Flöhe.[8]

Weitere akute Infektionskrankheiten

Eine Reihe weiterer Infektionskrankheiten läßt sich für diese Zeit bereits deutlich bestimmen, dazu zählen vor allem die Pocken, ferner Masern und Scharlach, Influenza und Ruhr. Die Pocken traten wenigstens seit dem späten Mittelalter auf, sie wurden im 17. Jahrhundert als eine eigene Krankheit erkannt, die bei Kindern wie bei Erwachsenen auftrat, wobei der Begriff Blattern zunächst beides beschreibt, Masern und Pocken. Sie traten überall auf, in den Städten wie auf dem Lande. „Es regiren nicht allein aller ortten uffm Landt, und fast in allen Landen, wie auch in hiesiger Stadt, die blattern und hitzige fiber, und sterben der Kinder viel, und sollen zu Eger über die 300 Kinder verstorben sein", schrieb der Hofer Apotheker Michael Walburger unter dem 11. Mai 1654 in sein Hausbuch. An den folgenden Tagen machte er weitere Eintragungen über Kinder aus der Nachbarschaft, die verstorben waren.[9]

Scharlach und Masern traten damals gleichfalls auf; in England schreibt man es dem gelehrten Arzt Thomas Sydenham zu, die beiden voneinander unterschieden zu haben. Scharlach wurde im Mittelalter, wenn man dem Medizinhistoriker August Hirsch folgt, in Deutschland niemals beschrieben; aber er scheint im Verlauf des 17. Jahrhunderts epidemisch aufgetreten zu sein, ein Arzt namens Döring soll ihn 1627 in Breslau und ziemlich genau zur gleichen Zeit Daniel Sennert in Wittenberg beschrieben haben. Die Masern traten gleichfalls im Verlauf des 17. Jahrhunderts epidemisch auf; sie wurden zunehmend von anderen Krankheiten unterschieden. Pocken, Scharlach und Masern sind hochkontagiöse Krankheiten; die Letalität war beträchtlich.[10]

Ruhr war gleichfalls eine Infektionskrankheit, die im späten 17. Jahrhundert erkannt wurde, und im Verlauf des 18. vielerorts epidemisch auftrat. Diphtherie scheint im 17. Jahrhundert hierzulande noch selten aufgetreten zu sein; erst in der Mitte des 18. Jahrhunderts wird da und dort von kleinen Epidemien berichtet – ihre große Bedeutung nahm diese Krankheit, als Kinderkrankheit, jedoch erst in der zweiten Hälfte des 19. Jahrhunderts an.[11]

Eine weitere Krankheit, die im 19. Jahrhundert in ihrem ganzen schrecklichen Ausmaß auftrat und doch dem 17. Jahrhundert nicht unbekannt war, war das Puerperalfieber, das Frauen im Kindbett traf, „welches am dritten Tage, unter plötzlichem Aufhören der Lochien und unter Delirien und Friesel eintrat, und am siebenten Tage tödtete", wie Schnurrer über eine kleinere Kindbettfieberepidemie von 1667 schrieb.[12]

Chronische Infektionskrankheiten: Lepra und Tuberkulose

Von den beiden alten chronischen Infektionskrankheiten Aussatz und Tuberkulose war die Lepra nach dem Dreißigjährigen Krieg im Rückgang begriffen. In England soll sie schon im späten Mittelalter deutlich zurückgegangen sein, dies angeblich als eine Folge des Schwarzen Todes; in Frankreich wurden gegen Ende des 17. Jahrhunderts die letzten Leprosorien geschlossen – vielleicht haben die Hungersnöte der 1690er Jahre die letzten Kranken in den Tod getrieben.[13] In Deutschland, in den Niederlanden und in Skandinavien war die Lepra seinerzeit noch weit verbreitet; allerdings scheint der Dreißigjährige Krieg auch hierzulande die Krankheit zurückgedrängt zu haben. Die Reichsstadt Nürnberg, ein Zentrum für die Diagnostizierung der Lepra im süddeutschen Raum, hatte während des Krieges die sogenannte Sondersiechenschau – die Aussätzigen hießen auch Sondersieche – nicht mehr durchgeführt; bei der Schau von 1574 waren mehr als 2500 Sondersieche gezählt worden. Einige Jahre nach dem Westfälischen Friedensschluß von 1648 wurden in Nürnberg nur noch 150 Personen „geschaut", und in den folgenden Jahren nahm die Zahl noch mehr ab. Diese Kranken kamen nicht alle aus der Umgebung von Nürnberg; sie kamen von weit her, um ihre Krankheitszeichen von Fachkundigen begutachten zu lassen.[14]

Die Leprosenhäuser blieben aber weiterhin geöffnet, es wurden dort im Verlauf des 18. Jahrhunderts allerdings auch andere Kranke einquartiert, vornehmlich solche mit chronischen Infektionskrankheiten wie Krätze oder Syphilis, oder solche, deren Anblick man der Öffentlichkeit ersparen wollte.[15] Warum diese alte Krankheit in West- und Mitteleuropa aufhörte, ist noch nicht restlos geklärt; wahrscheinlich hat die Isolation der Kranken doch ihre Wirkung gezeitigt. Im 19. Jahrhundert gab es den Aussatz nur noch vereinzelt in Europa, vor allem an den Küstenstreifen des Mittelmeerraumes – aber auch in Norwegen, wo die Lepra bis über 1850 hinaus im Zunehmen begriffen war. In Norwegen gab es gegen 1860 mehr als 2500 Leprakranke, rund 1,7 Promille der Gesamtbevölkerung litt an Aussatz, und in einzelnen Dörfern an der Westküste waren es gar 7 Prozent. Nicht von ungefähr war der Entdekker des Lepraerregers, Gerhard Armauer Hansen, ein Norweger.[16]

Die letzten großen Pestausbrüche

In den Jahren nach 1648 war die Pest noch immer der schrecklichste Würgengel in deutschen Landen. In vielen kleineren bis mittleren Städten trat sie in dieser Epoche bereits nicht mehr auf – in Städten wie Göttingen, Augsburg, Tübingen, Hannover, Uelzen zum Beispiel;[17] andere Städte – vor allem sehr große wie Danzig oder Wien – wurden aber noch immer von ihr heimgesucht. Hafenstädte wie Danzig waren ohnehin gefährdet, denn sie lebten vom Handelsaustausch, vom Verkehr mit dem Binnenland und mit den Ländern in Übersee. Die große Pest von 1653 kostete mehr als 11000 Menschenleben, ein Sechstel der Danziger Bevölkerung; weitere Seuchenzüge in den folgenden Jahren zeitigten etwas geringere Verluste.[18]

Die Pestepidemien waren in der zweiten Hälfte des 17. Jahrhunderts weitaus weniger verlustreich als in den Anfangszeiten der Pest; aber die Verluste wurden trotzdem als schmerzlich empfunden. Man verstand inzwischen, daß der Staat von der Größe seines Volkreichtums Nutzen schöpfte, daher wollten sich die Staaten möglichst viele ihrer Einwohner erhalten. Als in den 1660er Jahren der Kirchenstaat von einer schweren Pestepidemie heimgesucht wurde, versprach Papst Alexander VII. allen Pestkranken und allen, die ihnen Hilfe gewährten, einen vollkommenen Ablaß von ihren Sünden.

Im Mittelmeerraum trat in den 1660er Jahren häufig die Pest auf, auch in der Levante, und von dort griff sie Ende 1664 nach London über. Die ersten Todesfälle erfolgten noch im Spätherbst. Während des Winters ließ die Pest nach; im Spätwinter begann das Fleckfieber Menschenleben zu fordern. Dann, in der zweiten Maihälfte des folgenden Jahres brach wie ein Vulkan die Pest aus. Über ihren Verlauf sind wir gut im Bilde, zwei bedeutende Zeitgenossen haben darüber reiche Aufzeichnungen hinterlassen: der eine der beiden, Samuel Pepys, später Sekretär der Admiralität, berichtete in seinem Tagebuch über den Fortgang der Pest Tag für Tag; der andere, Daniel Defoe, der Verfasser des *Robinson Crusoe*, verfaßte ein Buch mit dem Titel *A Journal of the Plague Year* (dt. *Die Pest zu London*) – dieses Buch erschien allerdings erst 1722, denn Defoe war, anders als Pepys, nur ein kindlicher Augenzeuge, er wurde erst gegen 1660 geboren und schrieb sein *Journal* als erwachsener Mensch nieder. Trotzdem lohnt es sich, dieses Buch zu lesen; Defoe hat „in dem fingierten Tagebuch eines Bürgers eine ausgezeichnete Darstellung der Londoner Pest gegeben", befindet der Pest-Fachmann Georg Sticker.[19]

Während des Sommers 1665 lag in London das gesamte öffentliche Leben darnieder; der Handel mit dem Ausland stockte, der Verkehr war unterbrochen. Die Stadt London verlor rund 70000 Menschen. Der charakteristische Doppelgipfel der Sterblichkeit lag in diesem sehr heißen Sommer ungewöhnlich früh: in der ersten Septemberwoche, die am 5. September endete, starben 6988 Menschen; in der folgenden Woche waren es nur 6544 Todesopfer – in der nun folgenden dritten Septemberwoche erreichte die Pest mit 7165 Todesfällen ihren absoluten Höhepunkt. Viele wohlhabende Bürger waren bei Sommeranfang aus der Stadt geflohen; es war dies, schrieb Defoe, „zuvörderst eine Pest der Armen".[20]

Von London griff die Pest auch auf das Land über, die Stadt Colchester hatte den Sterblichkeits-Doppelgipfel etwas später, in der dritten September- und in der ersten Oktoberwoche, mit 159 beziehungsweise 161 Toten. Dort hielt sich die Seuche bis ins folgende Jahr. Zu bedenken ist hier freilich, daß die Engländer damals noch nach dem Julianischen Kalender datierten, nach dem Gregorianischen lag alles um zehn Tage später.

Im gleichen Jahr wie in London, nämlich 1664, brach die Pest auch in Amsterdam aus. Für die Niederlande zahlte es sich bereits im 17. Jahrhundert aus, in klingender Münze, daß sie sich Spanien entzogen hatten und sich nun als Handelsmacht ausbreiteten; aber der Verkehr mit anderen Küstenstädten brachte auch vermehrt die Pest und andere Seuchen. In Amsterdam nahm das Sterben allerdings längst nicht die Ausmaße an wie in London, was vielleicht mit der Sauberkeit zu tun hat, denn schon im 17. Jahrhundert war die Sauberkeit in den niederländischen Haushalten, soweit man das heute beurteilen kann, vorbildlich. Amsterdam war halb so groß wie London; in London gab es in der schlimmsten Pestwoche weit mehr als 7000 Tote, in Amsterdam hingegen nur wenig mehr als 1000.[21]

Ende der 1660er Jahre breitete sich die Pest in den Rheinlanden aus, was mit den Kriegszügen Ludwigs XIV. – den sogenannten Devolutionskriegen – zu tun haben mag oder auch nicht. Sie trat bereits im Sommer 1665 in Köln auf, man klebte auf die pestverseuchten Häuser ein Bildnis des Heilands als Salvator mundi. Im Winter war sie nicht mehr zu spüren, aber im folgenden Jahr flackerte sie wieder auf. Als die Stadt Köln im August 1666 ein Dankesfest feierte, erwies sich dies als verfrüht, sie kam erneut, und erst im März 1667 konnte die medizinische Fakultät der Universität Köln die Stadt endlich für seuchenfrei erklären. Inzwischen waren 9000 oder 10000 Tote zu beklagen.[22]

In diesen Jahren, 1665 bis 1668, zog die Pest durch die Rheinlande, nach Norden wie nach Süden, fast alle Rochuskapellen der Erzdiözese Köln stammen aus dieser Zeit. Als die Stadt Bingen ergriffen wurde, gelobten die Bürger am 16. Juni 1666, zu Ehren des hl. Rochus eine Kapelle zu errichten, dies war der Ursprung einer alljährlichen Wallfahrt dorthin, am 16. August, dem Namenstag dieses Pestheiligen. In anderen Teilen, oder an anderen Orten, des Rheinlandes wurde der hl. Sebastian als Pestheiliger bevorzugt; auch sein Namenstag, der 20. Januar, wurde noch im 19. Jahrhundert feierlich begangen.[23]

Entlang des Rheins stieß die Pest nach Süden vor. Als sie ins Mainzische kam, verließ der Mainzer Kurfürst die Stadt und wich für einige Zeit nach Würzburg aus. Die Schiffahrt auf Rhein, Main und Mosel wurde gesperrt. Nun drang die Pest in die Seitentäler des Rheins vor, und sie breitete sich nach Nordosten aus, ins Westfälische. Im Münsterland fürchtete man, die Welt werde untergehen. Obschon die Behörden versuchten, jeden Kontakt mit verseuchten Orten abzubrechen, rückte die Seuche doch voran. Wo es leerstehende Leprosenhäuser gab in dieser Gegend, wurden sie jetzt als Pesthäuser verwendet, wo man die Kranken isolierte, bis sie genasen oder verschieden. Im August 1668 ließ das Sterben nach.[24]

In Frankreich bildet das Jahr 1670 eine Zäsur: davor gab es nicht ein Jahr, in dem die Pest nicht mehrere Orte heimgesucht hatte. In Deutschland gibt es eine solch klare Grenze nicht oder noch nicht; aber die Pest trat nun auch hierzulande seltener auf, in Deutschlands Osten häufiger als im Westen. Es zeigte sich jener Mechanismus, der paradox wirkt: Je länger eine Region mit der Pest vertraut ist und je stärker durchseucht sie ist, desto leichter fällt es ihrer Bevölkerung, dem Übel künftig zu widerstehen.[25]

Einer großen, berühmten Epidemie ist hier noch zu gedenken, der Pest von Wien, 1678/79. Wien war zuletzt 1654/55 von der Pest heimgesucht worden, die hölzerne Pestsäule am Graben, 1662 errichtet, erinnert noch heute daran.[26] 1678 brach die Pest in Wien erneut aus, und zwar in den Teilen der Leopoldstadt, die häufig von der Donau überflutet waren. Daß es die Pest war, versuchten die Behörden zunächst zu vertuschen, wie man dies gewöhnlich tat. Im Januar 1678 erließ die Regierung eine neue Infektionsordnung. Als in der warmen Jahreszeit die Pest aufflackerte und der Tod sein Leichentuch über Wien legte, flohen die Bürger scharenweise aus der Stadt – der kaiserliche Hof zunächst nach Mariazell, später sogar bis nach Prag; die Verordneten der Stände, die für das Sanitätswesen zuständig waren, flüchteten nach

Krems und mußten zurückgerufen werden. Das öffentliche Leben erlosch; die Schulen wurden geschlossen. Nun geschahen all die Dinge, die man inzwischen kennt: Niemand war bereit, den Pestkranken zu helfen; Chirurgen, so heißt es, mußten gefesselt zu den Kranken hingeschleppt werden. Keiner wollte die Toten wegschaffen; der Polizeichef der Stadt, ein Prinz Schwarzenberg, der zugleich von der Regierung zum Vorsitzenden der Pestkommission bestellt wurde, zwang inhaftierte Verbrecher, die Leichen aus den Häusern zu holen und zu beerdigen. Schwarzenberg griff hart durch; aufsässige, räuberische Pestknechte ließ er aufknüpfen. Er ließ aus seinem Vermögen Pestlazarette errichten. Seine aufopferungsvolle Tätigkeit brachte ihm den Namen Pestkönig ein.[27]

In der letzten Septemberwoche, als die Sterblichkeit ihren Höhepunkt überschritten hatte, wagte sich der Hof zurück. Ein feierliches Hochamt sollte das Ende dieser Epidemie anzeigen, die freilich noch im Oktober 20 bis 30 Tote wöchentlich forderte, zuvor waren es 200 bis 300 gewesen. Es erging das Gelöbnis, der Dreifaltigkeit zum Dank eine Marmorsäule zu errichten; dies geschah, neben der älteren Pestsäule aus Holz, zwischen 1687 und 1693. Zu Weihnachten hielt Abraham a Santa Clara eine seiner berühmten Predigten, „Wie bist du denn gewest, du berühmte kaiserliche Residenzstadt Wien anno Christi 1679?“

Als man Bilanz zog am Ende dieses Jahres, da fand man, daß Wien niemals mehr Menschen innerhalb eines einzigen Jahres verloren hatte: Mehr als 70000 Tote, so behaupteten die einen; in anderen Darstellungen war von 60000 Toten innerhalb der Stadt und weiteren 30000 in den Vorstädten die Rede. Nun hatte Wien kurz vor 1680 nur etwa 80000 bis 100000 Einwohner; die erste Volkszählung, 1754 unter Maria Theresia durchgeführt, ergab eine Einwohnerzahl von 175000. Spätere Forschungen ergaben, daß sich etwa 7200 Pesttote genau erfassen lassen; es ist aber anzunehmen, daß viele weitere Personen nicht erfaßt wurden oder auf der Flucht verstarben, so daß eine Schätzung von 12000 Toten realistisch sein könnte. Ein Verlust von 12 bis 15 Prozent der Bewohner einer Großstadt: das zeigt zugleich, daß die Pest im Rückgang begriffen war.[28]

Das alte Wiener Lied vom lieben Augustin entstand übrigens während dieser Pest von 1679 – dieser Mann aus dem Volk soll angeblich im Vollrausch mit Pesttoten zusammen in eine Leichengrube geworfen worden sein und überlebt haben. Allerdings berichtet Defoe in seinem *Journal of the Plague Year* 1722 von einem gleichen Vorgang in London während der Pest von 1665.[29]

Wiens Umgebung blieb nicht verschont von dem Übel, ebensowenig wie andere Städte. In Graz herrschte die Pest 1680, zuvor schon im Waldviertel, wo manche Mariensäule – mit den Pestheiligen St. Sebastian und Rochus und der hl. Rosalia – an sie erinnert. Vielleicht war es dieser Ausbruch, der Adalbert Stifter dazu bewegte, eine Geschichte über die Pest in den Dörfern des Waldviertels und des Mühlviertels, seinem Heimatland, zu schreiben; er nannte diese Novelle zunächst *Das Pestmännchen*, später gab er ihr einen anderen Namen, nämlich *Granit*. Über die Waldregionen am Rande des Böhmischen Kessels griff die Seuche weiter, nach Böhmen und in den Osten Deutschlands. Sie wütete 1680 in Prag nicht weniger heftig als zuvor in Wien. Noch im gleichen Jahr trat sie in Leipzig und Dresden auf; im Jahr darauf in Magdeburg, Eisleben, Halle, von dort stieß sie bald nach Thüringen und nordwärts in die Mark Brandenburg. An der nordöstlichsten Universität Preußens, in Königsberg, achtete man auf alle Studenten, die aus diesem Raum kamen, von Leipzig oder Halle geflohen waren, um dort der Pest zu entgehen.

Die Pest und der Nordische Krieg

Die 1690er Jahre waren kalt, und die Pest war auf dem Rückzug. Doch gleich nach der Jahrhundertwende, zu Beginn des zweiten, des großen Nordischen Krieges, trat sie wieder in Erscheinung. Bereits 1702 gab es in den Feldlazaretten des schwedischen Heeres in Pintschew und 1704 in Lemberg eine stark erhöhte Sterblichkeit, was auf eine Seuche hindeutete; in der Stadt Breslau traten einige Fälle von Pest auf. 1707, als in Warschau und Krakau die Sterblichkeit zunahm, stellten die preußischen Behörden im Osten mehr Wachen auf und achteten darauf, daß keine Verdächtigen die Grenzen nach Preußen überschritten; Straßenverbindungen und Brücken wurden unterbrochen, um eine Seuche fernzuhalten.[30]

Sehr zuverlässig waren diese Kontrollen selten, denn es wurde beispielsweise Schlachtvieh aus dem Osten oder Südosten zum Markt getrieben,[31] von dem niemand wußte, ob es nicht Krankheitserreger in seinem Fell mit sich trug. Der Amtshauptmann von Rastenburg, Fabian von Knobelsdorff, berichtete, daß in den masurischen Ämtern Rhein und Lyck etwa tausend Personen aus Polen eingefallen waren, die sich auf der Flucht vor dem Tod befanden. Die Grenzwache von Lyck wurde beschuldigt, einen schwungvollen Handel mit Gesundheitspässen zu betreiben, was damals keineswegs ungewöhnlich war.[32]

Der Winter von 1708 auf 1709 war überaus kalt, er hat sich tief in das

Bewußtsein der Zeitgenossen eingegraben. Er war noch nicht zu Ende, als in Insterburg die ersten Pesttoten gemeldet wurden. Die Böden waren noch derart fest gefroren, daß sie wochenlang nicht begraben werden konnten. Bald trat in Danzig die Pest auf. Dort starben gewöhnlich jede Woche etwa fünfzig Menschen – aber von Mitte Juni bis Mitte August starben wöchentlich mehrere hundert, und in der ersten Septemberwoche waren es sogar mehr als 2200. Dann war die Zahl der Toten wieder rückläufig, auf knapp 1000 die Woche Ende Oktober, und nach dem 9. November waren es noch knapp 500 Tote wöchentlich. Danzig, diese große alte Hafenstadt, verlor – zusammen mit ihren Vororten – angeblich mehr als 23000 Menschen.[33] Von hier breitete sich die Pest noch weiter aus, über die Ostsee nach Skandinavien, wo sie in Stockholm und Kopenhagen wütete.[34]

Weiter östlich, in der Ukraine, operierte indessen das schwedische Heer. In der Schlacht von Poltawa, Juli 1709, schlug Zar Peter der Große die Schweden. In den folgenden Monaten breitete sich die Pest im südlichen Ostpreußen rasch aus. Viele Menschen flüchteten in die Wälder. Im fernen Berlin begann man sich auf einen Ernstfall einzurichten: Es entstand ein neues Pesthaus, aus dem dann später die Charité hervorging, und es wurde ein eigenes Pest-Kollegium gegründet.[35]

Von Danzig aus wanderte die Pest inzwischen nach Königsberg. Zeitgenossen schien es, als ob einige Schneidergesellen aus Danzig die Seuche mitgebracht hätten. Es bedarf wohl kaum einer solchen Erklärung; immerhin zeigt sie aber, welche Bedeutung man ganz allgemein den textilverarbeitenden Gewerben bei der Übertragung der Pest zuschob.

In Königsberg sah es in diesem Sommer trostlos aus. Die Regierung plante zunächst, in die zwanzig Kilometer entfernte Stadt Brandenburg am Frischen Haff überzusiedeln, wie sie es schon zuvor in Seuchenzeiten getan hatte. Aber nicht dorthin ging sie schließlich, sondern nach Wehlau. Sie verhängte strenge Kontrollen über den Handels- und Güterverkehr, um die Verbreitung der Pest zu drosseln. Diese Maßnahmen riefen in Königsberg Arbeitslosigkeit und Nahrungsmangel hervor. Die Preise für Nahrungsmittel stiegen – und dies um so mehr, als sich von außerhalb Menschen in ihrer Angst in diese Stadt geflüchtet hatten, wie dies in Krisenzeiten üblich war, und die Nachfrage erhöhten.

Innerhalb Königsbergs versuchte man gleichfalls, durch Sperren und Kontrollen die Ausbreitung zu behindern. Quartiermeister hatten je zehn bis zwölf Häuser zu überwachen, einen Block; sie sollten vor allem darauf achten, daß keinerlei Tiere sich von Block zu Block fortbewegten.

Häuser, in denen die Pest aufgetreten war, wurden isoliert. Die Pestkranken mußten in ihren Wohnungen bleiben, weil in den Spitälern und Pesthäusern der Stadt nicht genug Platz für sie war. Sie durften ihre Häuser nicht verlassen, Zuwiderhandelnden war die Todesstrafe angedroht; nur die Pestbediensteten durften zu ihnen gehen. „In den Pesthäusern lagen die meisten Kranken auf Stroh, auch wohl gar auf der bloßen Erde und mit ihren Kleidern bedeckt", schrieb der Königsberger Pestchirurg Peter Wodick. Die Pestchirurgen – Barbiere – mußten gut bezahlt werden, sonst waren sie für ihre gefährliche Aufgabe nicht zu haben. Ab 22 Uhr bestand Ausgehverbot – danach war die Zeit der Totenträger, die infizierte Häuser aufsuchten und die Toten mitnahmen und sie auf ihren mit Glocken behangenen Wagen abfuhren. Auf den Straßen brannten Feuer. Spät in der Nacht, zwischen 1 und 7 Uhr morgens, kamen die Pestärzte und brachten Arzneien und Lebensmittel in die Pesthäuser.[36]

Im Spätsommer und Frühherbst stieg die Sterblichkeit stark an. Königsberg hatte in seuchenfreien Zeiten 30 bis 40 Tote die Woche – als die Pest auf ihrem Höhepunkt stand, zwischen dem 13. und 20. Oktober, waren es 650. Die Vorstädte sahen aus, als sei jedes Leben in ihnen erloschen.

Am 21. Dezember 1709 ließ die Regierung die über die Stadt verhängte Blockade wieder aufheben; wer wollte oder mußte, durfte nach einer Quarantäne die Stadt wieder verlassen. Aber ganz erloschen war das Massensterben noch nicht: in der letzten Woche des Jahres 1709 wurden 426 Tote registriert, davon war mehr als die Hälfte der Pest zuzuschreiben, nämlich 230; weitere 106 Menschen waren an Fleckfieber oder Pocken gestorben – beide Krankheiten treten bevorzugt im Winter auf –, die restlichen 111 Personen an anderen Krankheiten. Die Pest hielt sich noch in Königsberg bis Mitte April. Im Sommer 1710 flackerte sie erneut auf. Königsberg verlor in dieser einen Epidemie 9000 bis 10000 Menschen, fast ein Viertel seiner Bewohner.[37]

In England war die Pest im 16. und 17. Jahrhundert vorwiegend eine Krankheit der Städte;[38] zu Beginn des 18. Jahrhunderts wütete sie in Ostpreußen in kleinen Dörfern und abgelegenen Weilern nicht weniger heftig als in großen Städten wie Danzig oder Königsberg. In der Umgebung von Rhein, am Rheiner See, einem Ausläufer des Spirding-Sees, starben einige Ortschaften fast aus. „Im Bauerndorfe Lawken sind 153 Personen gestorben und kaum noch 30 am Leben", berichtete der Pfarrer von Rhein, Grabovius, im September 1710 dem Oberburggrafen Rauschke.[39] Selbst auf der Kurischen Nehrung, weitab vom Festland, herrschte die Pest. Einzelne Fischerdörfer wie Pillkoppen und Kunzen starben fast aus. Der Pestfriedhof von Pillkoppen wurde noch am Ende des 19. Jahrhunderts im Baedeker als eine grausige Sehenswürdigkeit angepriesen.[40] Nach amtlichen Aufzeichnungen der Stadt Lötzen vom 1. Juni 1711 waren dort seit 1709 rund 800 Menschen verstorben, nur etwa 130 waren noch am Leben. Allenburg bezifferte seinen Verlust auf 593 Seelen – nur 11 Personen sollen dort überlebt haben. 1710 starben in Heiligenbeil nach den Kirchenbüchern 1113 Menschen, auch amtliche Aufzeichnungen des Königsberger Stadtarchivs bestätigen dies.[41]

In Ostpreußen starben in seuchenfreien Jahren gewöhnlich 15 000 Menschen; in den drei Pestjahren 1709–11 waren es mehr als 230000. Die Bevölkerungszahl betrug zuvor rund 600 000 Seelen. Noch viele Jahre später war Ostpreußen der Schwerpunkt der preußischen Ansiedlungspolitik, der „Repeuplierung" – bis aus dem Salzburgischen und aus der Schweiz kamen Siedler herbei und ließen sich in diesem menschenarmen Land nieder.[42]

In Litauen und in der Mark Brandenburg trat die Pest etwas später auf, auch dort mit verheerenden Folgen. Litauen hatte seinerzeit schätzungsweise 175 000 bis 200 000 Einwohner, davon starben 95 000 an dieser Seuche, die 1710/11 auftrat – ob es in jedem Fall die Pest war, sei dahingestellt; es ist anzunehmen, daß auch andere Infektionskrankheiten – wie Fleckfieber und Pocken – beteiligt waren. In Litauen war die Sterblichkeit 14mal höher als in gewöhnlichen Jahren. Die Verluste in der Mark waren niedriger; sie machten vielleicht ein Drittel der Gesamtbevölkerung aus.[43]

Noch ließ die Pest sich nicht eindämmen. Sie breitete sich aus, entlang der deutschen Küsten nach Hamburg und weiter gen Westen, bis nach Bremen und ins Oldenburgische. Das alte Hamburger Pesthaus mußte wieder in Dienst treten, zum letzten Mal; zeitweise sollen achthundert bis tausend Menschen dort untergebracht gewesen sein, insgesamt soll Hamburg neun- bis zehntausend Menschen verloren haben. Auch Schleswig und Holstein wurden schwer heimgesucht; Glückstadt hatte hohe Verluste.[44]

Und die Pest hörte nicht auf zu wüten, sie zog hinunter bis ins Hannöversche und, weiter östlich, hinein nach Böhmen und begann sich dort auszubreiten. Besonders heftig traf sie Böhmens Hauptstadt. Als man vom Näherkommen der Pest erfuhr, baten die Prager Juden darum, ihr Ghetto in der Altstadt verlassen und auf eine Flußinsel in der Moldau übersiedeln zu dürfen; sie versprachen sich davon bessere Luft und hygienischere Verhältnisse. Die Bitte wurde ihnen abgeschlagen. Sie mußten zusammengepfercht in ihrem alten Ghetto bleiben. Die Pest wütete schrecklich in ihren Reihen, angeblich noch mörderischer als in den von Christen bewohnten Stadtvierteln Prags.

Im gleichen Jahr kam sie nach Wien, ein letztes Mal, und sie ergriff viele der Häuser, die sie auch beim letzten Ausbruch nicht verschont hatte. Als die Sterbeziffern höher und höher stiegen, gelobte Kaiser Karl VI., dem hl. Carl Borromäus zu Ehren eine Kirche errichten zu lassen, damit das Sterben nachlasse. Ende August, Anfang September überstieg die Sterblichkeit ihren Höhepunkt. Anderthalb Jahre später wurde der Grundstein zur herrlichen Karlskirche gelegt.[45]

Von Wien stieß die Seuche, vielleicht auf dem Wasserweg, nach Regensburg vor und weiter nach Westen. In Regensburg war sie seit Juli 1713. Man könnte das Regensburg von damals als die Hauptstadt im Reich bezeichnen: es war der Tagungsort der deutschen Ständevertretung, des Reichstags, der seit 1667 als Immerwährender Reichstag in Regensburg saß. Deswegen hatten Gesandtschaften aus vieler Herren Länder am gleichen Ort ihre Vertretungen. Die Seuche begann in Regensburg nur langsam Fuß zu fassen; die Sterblichkeit war im August so niedrig, daß der Reichstag sich nicht beunruhigen ließ. Erst Anfang September, als die Sterbefälle sich häuften, brach die Reichsversammlung auf und begab sich nach Augsburg. In Regensburg starben Ende September täglich dreißig bis vierzig Personen; diese Zahl verringerte sich bis Ende November auf fünf. Während des Winters hielt das Sterben an; das Pestlazarett wurde Mitte Februar 1714 geschlossen. Die über die Stadt verhängte Sperre wurde erst im Mai aufgehoben.[46]

Soweit dieser Pestzug einzelne deutsche Städte und Landstriche noch aufsuchte, war dies das letzte Mal, zumindest in epidemischer Ausbreitung, einzelne Fälle dürften auch später noch vorgekommen sein.[47] Dieser letzte große Pestausbruch in Mitteleuropa brachte ein reiches Schrifttum hervor, da gab es Schriften zuhauf, mit so praktischen Titeln wie *Kurtze und nöthige Unterweisung, wie man sich bei der jetzigen Contagion vor dem pestilenzialischen Gifft bewahren und kuriren könne*, dem man noch den Zusatz: *Für den Land- und gemeinen Mann* angehängt hatte. Bedeutsam ist das Werk eines Arztes namens Eggerdes, der in Schlesien tätig gewesen war. Eggerdes war zugleich Leibarzt des Kurfürsten von Trier; er war bezüglich der Pest ein überzeugter Anhänger der Kontagionstheorie, hatte allerdings noch keine klare Vorstellung, wie man die Pest von anderen Krankheiten abgrenzen könne. Er hielt noch immer dafür, daß das Pestgift auch andere Krankheiten hervorrufen könne. Die Pestliteratur hörte noch lange nicht auf, denn vorläufig wußte niemand, daß die Pest am Ende war. Ein Arzt namens Kanold ging in seiner Schrift *Einiger Medicorum Sendschreiben* vor allem auf seine therapeutischen Erfahrungen mit der Pest ein. Er hatte bemerkt, daß die meisten angewandten traditionellen Mittel den Kranken nicht halfen. „Venaesectio hat keinem geholffen", schrieb er, und auch die anderen Mittelchen wie Brech- oder Abführmittel führten eher zum Tod als zur Genesung: „Vomitorio und Purgentia haben etliche in principio gebraucht, aber funesto cum eventu", berichtet er in dem Kauderwelsch, das seinerzeit nicht nur von Ärzten niedergeschrieben wurde. „Wo man die Krancken mit vielen Medicinen geplaget, noch vielmehr gestorben, als wo man gar keine Medicin gebracht", so faßt er seine ärztlichen Erfahrungen zusammen.[48]

Matthäus Gottfried Purmann gab in seinem Buch *Der Aufrichtige und erfahrne Pest-Barbierer* (Breslau 1738) noch vielerlei Ratschläge, „Wie man nicht allein alle Arten der Geschwulsten, Pest-Beulen, Carbunckel, Drüsen-, Pfeffer-Körner, etc. nach deren Ursachen recht erkennen und unterscheiden, sondern auch ohne Zufälle glücklich und geschwind curiren könne; Dabey alles dasjenige, was einem Chirurgo zu wissen nöthig, treulich angezeiget wird." Er konnte noch stolz auf der Titelseite vermerken: „Aus selbst-eigener Erfahrung mitgetheilet" – aber seine Erfahrungen vermochten der folgenden Generation in Deutschland nicht mehr zu helfen, denn die Pest war am Ende, wenigstens hierzulande.

Letztes Aufflackern

Aus dem Raum zwischen Rhein und Oder verschwindet die Pest im zweiten Jahrzehnt des 18. Jahrhunderts; aber in vielen anderen Teilen Europas tritt sie, seltener jetzt, noch immer epidemisch in Erscheinung. Bisweilen wird die Pest im Süden Frankreichs, 1720/22, als der letzte große Pestausbruch in Westeuropa bezeichnet. Richtig ist, daß die Pest damals gewaltige Beute machte, nicht ihre letzte freilich.[49]

Sie wurde 1720 wieder einmal von See her in Marseille eingeführt; das „Pest-Schiff", die *Grand Saint-Antoine*, wurde 1980 im Hafen von Marseille von Tauchern entdeckt und geborgen. Kaum in der Stadt angelangt, beginnt die Pest sich von dort auszubreiten, ziemlich schnell, mit einer Geschwindigkeit von 500 bis 1000 Metern am Tag. In Marseille beträgt die Mortalität 43,7 Prozent, an einigen kleineren Orten mehr als 50 Prozent. Sie berührt insgesamt 146 Ortschaften und läßt 120000 Tote zurück.[50]

Was Wunder, daß sie weiterhin als akute Bedrohung empfunden wird? Solange sie bedrohlich erschien, mußten die Staaten sich dagegen schützen. Das Haus Habsburg tat dies durch einen Cordon sanitaire. Darunter verstand man zunächst buchstäblich einen „Sperrgürtel zum Schutz gegen das Einschleppen epidemischer Krankheiten" – im übertragenen Sinne wurde der Begriff erst seit 1919 verwendet, erstmals von französischen Politikern, um auf die Gefahr der Infizierung anzuspielen, die von dem jungen bolschewistischen Rußland ausging.

Nach den großen Siegen des Prinzen Eugen gegen die osmanischen Heere ordnete Kaiser Karl VI. am 22. Oktober 1728 an, einen Pestkordon in Gestalt eines Palisadenzaunes an der habsburgischen Grenze gegen die Türkei zu errichten. Dieser Grenzzaun war rund zweitausend Kilometer lang. Er war unterbrochen von sogenannten Kontumazstationen, welche die Reisenden passieren und wo sie in Pestzeiten ihre Quarantäne zubringen mußten.[51]

Nach der großen Pest im Süden Frankreichs folgte 1743 ein großer Ausbruch auf Sizilien, der alleine die Stadt Messina mehr als sechzig Prozent ihrer Einwohner kostete. Eindrucksvoll ist die Schilderung der Quarantäne, welcher sich der junge Jean-Jacques Rousseau unterziehen mußte. Er reiste von Toulon mit dem Schiff und wurde in Genua in Quarantäne genommen, was er in seinen *Bekenntnissen* ausführlich schildert.[52]

Auch in Osteuropa war die Pest weiterhin eine Gefahr. Noch im letzten Drittel des 18. Jahrhunderts trat sie dort epidemisch auf. Sie breitete sich seit 1769 von Transsylvanien her nach Polen aus, weiter nach Wolhynien und Ostgalizien. Sie befiel 47 Städte und 580 Dörfer, Warschau blieb frei. Die Bürgerkriegswirren in Polen begünstigten sicherlich die Ausbreitung der Seuche.[53] Die künftigen Teilungsmächte Preußen und Österreich lagen bereits auf der Lauer. Am 29. August 1770 verfügt der preußische König Friedrich II., entlang der Netze einen Kordon zu errichten und Reisende sowie Waren einer strengen Kontumaz zu unterziehen; alle Reisenden aus notorisch infizierten Provinzen und Orten seien auszuschließen, vor allem aber sei der Umgang mit ausländischen Juden zu vermeiden. Brücken wurden niedergerissen oder einfach unpassierbar gemacht; am Wegesrand wurden Galgen und Warnungstafeln aufgestellt. Preußen nahm diese Pest in Polen zum Anlaß – oder zum Vorwand –, noch vor der ersten Teilung Polens im Jahr 1772 seine Grenze nach Osten vorzuschieben.[54]

Im Sommer 1771 brach die Pest in Moskau aus. Als sie an ihrem Höhepunkt stand, im September, tötete sie täglich bis zu neunhundert

Menschen. Offiziellen Schätzungen zufolge starben weit mehr als fünfzigtausend Moskauer, etwa ein Viertel der Einwohnerschaft.[55]

In den folgenden Jahrzehnten begegnet man der Pest in Osteuropa und im Orient immer wieder: in Galizien 1795/96, wenig später in Konstantinopel, dann an der Küste Nordafrikas und in Ägypten. Das Bild von Antoine-Jean Gros, „Bonaparte bei den Pestkranken von Jaffa", erinnert daran, daß in der Levante die Pest herrschte, während Napoleon sich mit seinem Expeditionskorps in Ägypten aufhielt – und Napoleon legte großen Wert darauf, sich zusammen mit den Pestkranken zu zeigen, um seinen Soldaten zu beweisen, daß davon keine Gefahr ausging.[56]

Noch um das Jahr 1800 war die Pest im östlichen Mittelmeerraum nichts Ungewöhnliches. Als die Briten die Insel Malta übernahmen, herrschte dort die Pest. 1816 brach in Noja in Apulien eine kleine Epidemie aus, 1820 auf den Balearen, sie forderte 12000 Todesopfer. Davor und danach trat sie immer wieder auf dem Balkan auf, an den Südgrenzen des Russischen Reiches, im Kaukasus und nördlich des Schwarzen Meeres. Vor allem Kriege zwischen dem Russischen und dem Osmanischen Reich halfen die Pest verbreiten, wie anno 1828/29, als der Kriegsausbruch von einem Aufflackern der Beulenpest begleitet war. Seuchen erhöhten die Sterblichkeit in den Armeen gewaltig: noch während des Russisch-Türkischen Kriegs, der 1878 im Frieden von San Stefano beendet wurde, starben im russischen Heer etwa 18mal mehr Soldaten an Krankheiten als an den Folgen von Verwundungen.[57]

Weil diese Bedrohung aus dem Südosten nicht nachließ, unterhielt die k. u. k. Monarchie weiterhin ihren Pestkordon. Im Jahr 1830 mußte die Semliner Anstalt, die für die Post aus Konstantinopel zuständig war, zweimal die Woche an die 30000 Briefe empfangen und nach Wien weiterleiten, die für Europa oder Amerika bestimmt waren. Die Briefe, deren Empfänger in Österreich ansässig waren, wurden mit Zangen geöffnet und durchräuchert; die Briefe für das Ausland wurden einfach mit einem Stempel versehen, daß sie lediglich von außen mit Dampf gereinigt worden seien.[58]

Als Moltke als junger Militär im Winter 1836/37 in Richtung Konstantinopel reiste, um sich von dort weiter nach Kleinasien zu begeben, traf er unterwegs auf Dörfer, in denen kurz zuvor die Pest gehaust hatte. Trotz langer Erfahrungen mit dieser Infektionskrankheit war man doch erstaunlich leichtsinnig im Umgang mit Kleidungsstücken von Pestkranken. Moltke berichtete, wie „Soldaten, welche soeben einen Kameraden eingescharrt [...], die Erbschaft des Verblichenen unter sich (aufteilten) und waren sehr vergnügt über eine Jacke oder ein Paar Beinkleider, die ihnen mit größter Wahrscheinlichkeit binnen dreimal vierundzwanzig Stunden den Tod brachten".[59]

Im letzten Viertel des Jahrhunderts erhebt die Pest noch einmal in Mesopotamien ihr Haupt – und da Karl May seine Romanfigur Kara Ben Nemsi in diesem Raum reisen läßt, hängt er ihm auch die Pest an: im zweiten Band seiner sechs Balkan-Romane, *Von Bagdad nach Stambul*, schildert Karl May eindrucksvoll, wie er sich „in den Krallen der Pest" befand (10. Kap.).

In den 1890er Jahren beginnt im Fernen Osten eine gewaltige Pestpandemie, die vor allem Indien und Teile Chinas traf. Jetzt erst, im Jahre 1894, wurde der Pesterreger gefunden und die Übertragungsweise geklärt; mit dieser Pestpandemie begannen die modernen medizinischen Erkenntnisse über diese Krankheit. Nachwehen dieser großen Pandemie gab es noch im 20. Jahrhundert in Westeuropa: im Gefolge des Ersten Weltkriegs, 1919 bis 1923, gab es in Paris hundert bis hundertfünfzig Fälle von Pest;[60] zu Beginn der 1920er Jahre herrschte in Griechenland eine kleine Epidemie mit wenigstens zweihundert Pestfällen,[61] und es gab bei Kriegsende, im Jahre 1945, in der korsischen Hauptstadt Ajaccio eine kleine Pestepidemie. Auch während des Vietnam-Krieges kamen amerikanische Soldaten mit der Pest in Berührung.[62] Noch in dem Jahrzehnt 1969/78 gab es weltweit rund 27000 Fälle von Pest, mehr als 20000 davon in Asien.[63]

Warum hört die Pest auf?

Für das Verschwinden der Pest im Lauf des 18. Jahrhunderts aus Deutschland und bald auch aus Westeuropa, etwas später aus Osteuropa, wurden viele Erklärungen angeboten, auch monokausale; keine einzige jedoch vermag den Rückgang der Pest – für sich genommen – befriedigend zu begründen. Das wäre auch erstaunlich: Wo so viele Zwischenglieder notwendig sind wie im Falle der Pestübertragung – der Erreger, verschiedene Arten von Vektoren, Ratten und schließlich eine Reihe von menschlichen Lebensumständen –, besteht eine Vielzahl ökologischer Wechselwirkungen. Andererseits könnte die völlige Entfernung eines Faktors genügen, die Verbreitung der Krankheit zu unterbinden.

Rattus rattus, die Hausratte von einst, lebte mit dem Menschen unter einem Dach, häufig in einem Holzhaus. Wo es Holzhäuser gab und heute noch gibt, in Osteuropa, blieb die Pest auch am längsten heimisch –

aber sie verschwand schließlich auch von dort, obwohl in weiten Teilen des westlichen Rußland auch heute noch Menschen in Holzhäusern leben. In Westeuropa verdrängte das steinerne Wohnhaus seit dem Mittelalter das Holzhaus – die Pest blieb bis ins frühe 18. Jahrhundert.[64] Die Pest verschwand um das Jahr 1700 auch aus Indien, obwohl sich dort in puncto Bauweise nichts änderte.

In London hörte die Pest nach ihrem großen Ausbruch von 1665 auf. Danach kam der große Brand in der Innenstadt, und danach wurde dort aus Stein gebaut. Aber die Stadtteile der Armen, wo die Pest fürchterlich gewütet hatte, entkamen der großen Feuersnot. Gleichwohl blieb auch den armen Vororten nach 1665 die Pest fern.[65]

Hausbau, Wohnkultur, Reinlichkeit und Hausratte *(R. rattus)* stehen in einem unentwirrbaren Verhältnis zueinander. „West-Europa verdankt seine Befreiung von der Pest ausschließlich der Anwesenheit der Wanderratte", behauptet Woehlkens. Richtig ist, daß seit dem frühen 18. Jahrhundert die Wanderratte *(R. norvegicus)* die Hausratte verdrängt hat, und damit entfiel das Zusammenleben von Mensch und Ratte unter einem Dach.[66] In Westeuropa fällt die massenweise Ausbreitung der Wanderratte mit dem Erlöschen der Pest auffällig zusammen, nicht aber in Osteuropa: In Moskau kam es 1771 noch zu einer großen Pestepidemie, obwohl doch die Wanderratte dort schon lange zuvor die Hausratte abgelöst hatte. Und in England erscheint die Wanderratte erst 1727, während doch die Pest schon sechzig Jahre früher aufhörte.[67]

Haben die letzten großen Pestausbrüche – London 1665, Marseille 1720/22 – die Ratten zeitweise gänzlich ausgelöscht? Warum haben dann nicht schon frühere große Epidemien – wie die in London von 1603 oder die von 1625 – das gleiche bewirkt? Gerade dort, wo vor der Pest Rattensterben in größerem Ausmaß beobachtet wurde, endete die Pest erst sehr spät.[68] Richtig ist wohl, daß die Wanderratte, die im frühen 18. Jahrhundert in Westeuropa die Hausratte verdrängte, die Verbreitung der Pest behinderte, sie auf jeden Fall nicht begünstigte.

Dupâquier führt klimatische Gründe an, warum die Pest aufgehört haben könnte: Die Abkühlung des 17. Jahrhunderts könnte die Pest in Europa geschwächt haben.[69] Die Pest – genauer: Ratten und Flöhe – brauchen bestimmte Temperaturen, um voll funktionsfähig zu sein; in unseren Breiten ist am ehesten die heiße Jahreszeit für sie optimal. Aber warum kam im späten Mittelalter ausgerechnet dann die große Epidemie nach Westeuropa, als dort eine Abkühlungsphase bereits eingesetzt hatte? Warum trat 1771 die Pest in Moskau so verheerend auf und nicht in Neapel, das sie rund hundert Jahre zuvor verlassen hatte?

„Das große Arcanum ist Reinlichkeit“, so hatte Moltke 1836 aus der europäischen Türkei geschrieben, die Verhütung der Pest betreffend. Wo es Reinlichkeit gab und die anderen Faktoren fehlten, hatte es die Pest sicherlich schwer. „Durch die große Aufmerksamkeit, die man der Reinlichkeit schenkt, scheint man auf lange Zeit die Pest aus London vollständig vertrieben zu haben“, so schrieb bereits Malthus am Ende des 18. Jahrhunderts.[70] Wahrscheinlich hat Sauberkeit, öffentliche wie persönliche, eine Rolle gespielt, die Pest zurückzudrängen, aber unmöglich sie allein. Es fehlen auch die zuverlässigen Hinweise dafür, daß es um 1750 auf Europas Straßen und in seinen Häusern wesentlich reinlicher aussah als im Jahr 1500.

Was haben staatliche Quarantänemaßnahmen bewirkt? Tatsächlich haben die absolutistischen Staaten des 17. und 18. Jahrhunderts – die Habsburger noch im 19. Jahrhundert – allerhand getan, um durch Absperrungen, Quarantäne und andere Maßnahmen die Ausbreitung der Pest zu behindern. Möglicherweise wurden diese Maßnahmen im Lauf der Zeit auch wirkungsvoller. Vor der Mitte des 17. Jahrhunderts waren sie auf jeden Fall wenig hilfreich, zumindest im Mittelmeerraum, wo sie zuerst angewandt wurden: Venedig hat sehr früh begonnen, seinen Handelsverkehr zu beaufsichtigen, um die Pest fernzuhalten. Vergebens. Zwischen 1348 und 1650 fanden in Venedig etwa fünfundzwanzig größere Pestausbrüche statt.[71] Trotzdem ist nicht auszuschließen, daß die – vielleicht strengeren – Maßnahmen der Landstaaten im 18. Jahrhundert größere Wirkung zeitigten.

Pestbakterien, Pestflöhe, Ratten und Menschen – welche Veränderungen könnten in ihrem Immunsystem stattgefunden und die Pest blockiert haben? Wenn beispielsweise die Ratte immun geworden war gegen den Pesterreger und nach der Infizierung durch den Floh nicht mehr starb, dann bestand für ihre Flöhe keine Notwendigkeit, abzuwandern und fortan auf einem anderen Tier zu schmarotzen und dieses Tier zu infizieren. Empirische Studien haben gezeigt, daß Ratten tatsächlich resistent werden und ihre Immunität gegen die Pest vererben können.[72] Nun ist Immunität ein sehr komplexer Sachverhalt, und das letzte Wort ist darüber noch nicht gesprochen.

Vorstellbar wäre es immerhin, daß sorgfältig durchgeführte Quarantänemaßnahmen eine so wenig kontagiöse Krankheit wie die Pest eindämmen können, die Ägypter haben es im frühen 19. Jahrhundert bewiesen. Erst damals lieferten sich die Anhänger der Kontagionstheorie und die Antikontagionisten – einzig und allein auf die Pest bezogen – einen heftigen Streit. Vor dem Jahr 1700 wäre dieser Streit schwer vorstellbar gewesen, dafür waren die Erfahrungen zu eindeutig: von einem Pestkranken ging die Gefahr der Ansteckung aus.

Auch die Frage nach der menschlichen Immunität gegenüber der Pest wurde schon gestellt. Die Pest hörte auf, als das Zusammenleben der Menschen immer dichter wurde, als in Deutschland – beispielsweise – die Verluste des Dreißigjährigen Krieges ausgeglichen waren und die Menschen enger auf dem Boden saßen als vierhundert Jahre zuvor. Warum hört ausgerechnet jetzt die Pest auf in diesem Raum? Die menschliche Immunität ist vermutlich nicht so hoch und so lange anhaltend, daß sie eine solche Krankheit ausmerzen könnte; und die Frage der Vererblichkeit ist ohnehin zweifelhaft.[73]

Was die Pest anlangt: ihr erstes Auftreten, ihre überaus rasche Verbreitung, ihre hohe Mortalität im 14. Jahrhundert – und schließlich ihr Verschwinden im 18. Jahrhundert –, da liegt noch vieles im dunkeln. Es gibt kaum einen Grund, die hohe Letalität der Pest in Zweifel zu ziehen: sie beträgt 50 oder 60 bis 80 Prozent für die Beulenpest. Gleichwohl scheint die Mortalität stark abgefallen zu sein, von vielleicht einem Drittel zur Zeit des Schwarzen Todes bis auf 10 oder 12 Prozent in den großen mitteleuropäischen Städten des späten 17. und frühen 18. Jahrhunderts. War es da immer und ausschließlich die eine Krankheit, mit der man es zu tun hat?

Auch der Umstand, daß die klassische Übertragungstheorie – nämlich durch Ratten – fast ausschließlich in England verbreitet ist, während kontinentaleuropäische Sozialhistoriker und Mediziner viel mehr die Übertragung durch den Menschenfloh *Pulex irritans* ins Auge fassen als Möglichkeit, muß verwundern. Solange selbst die einzelnen Faktoren der Übertragung so wenig klar vor Augen liegen, ist es außerordentlich schwierig, die Ursache des Verlöschens der Pest überzeugend darzulegen. Vorläufig ist das Erlöschen der Pest „eines der größten Mysterien der Medizingeschichte überhaupt".[74]

VIII. Das Ende des vormedizinischen Zeitalters

In der ersten Hälfte des 18. Jahrhunderts hört die Pest auf, in Westeuropa epidemisch aufzutreten. Rückblickend ist dies ganz deutlich zu sehen – die Menschen des 18. Jahrhunderts freilich wußten es noch nicht; für Johann Peter Süßmilch, den Begründer der historischen Demographie in Deutschland, war sie weiterhin eine latente Bedrohung. Mit dem Ende der Pest beginnt, seuchengeschichtlich gesprochen, nicht über Nacht ein neues Zeitalter. Nur ganz langsam wird es anders in Europa; nur zögernd bricht eine neue Zeit an. Infektionskrankheiten und Seuchen gibt es weiterhin – indes ihre Letalität ist niedriger als die der Pest; sie liegt bei keiner der hierzulande massenweise grassierenden Epidemien über 60 Prozent. Das könnte auch ein Grund sein, warum die deutsche Bevölkerung jetzt schneller zu wachsen beginnt, warum sie jetzt ziemlich kontinuierlich wächst.

Bevölkerung und Sterblichkeit

Die deutsche Bevölkerung war um das Jahr 1700 etwa ebenso groß wie um das Jahr 1300; sie war, mit anderen Worten, rund vierhundert Jahre lang „stehend". Um das Jahr 1700 befinden sich die deutschen Länder noch immer in einem vorstatistischen Zeitalter, und man ist, was seine Bevölkerung anlangt, auf ziemlich grobe Schätzungen angewiesen. In Italien, Frankreich und England war man in diesem Punkt schon weiter als hierzulande: Die Franzosen machten in ihren überseeischen Besitzungen schon im ausgehenden 17. Jahrhundert Aufzeichnungen über die Größe der Bevölkerung; im festländischen Frankreich, im Mutterland, hielt man sich vorerst noch etwas zurück. Gleichwohl liegen für das frühe 18. Jahrhundert ziemlich genaue Zahlen vor: Die französische Bevölkerung betrug damals 22,5 Millionen Einwohner. Zuvor, unter der kriegerischen Herrschaft Ludwigs XIV., war die Bevölkerung nur ganz langsam gewachsen, in einigen Krisenjahren auch geschrumpft. 1740 betrug die französische Bevölkerung 24,6 Millionen. Sie war innerhalb von dreißig Jahren um knapp 10 Prozent gewachsen. Für die gesamte erste Hälfte des 18. Jahrhunderts nimmt Jacques Dupâquier ein Wachstum von 11 Prozent an, für die zweite Hälfte eines von 18,8 Prozent.[1]

Während die Gebürtlichkeit in diesem Zeitraum – in Frankreich und wahrscheinlich auch in Deutschland – nur ein deutliches Auf und Ab zeigt, den guten oder schlechten Ernten und den Kriegsläuften folgend, weist die Sterblichkeit noch immer extreme Schwankungen auf. Extrem hoch war sie in Frankreich in den Jahren 1676, 1680, 1693/94, 1705, in den kalten Wintern zwischen 1709 und 1710, 1719 und 1729. Allein 1693/94 sollen 10 Prozent aller Franzosen gestorben sein, und zwar nicht infolge einer einzelnen Epidemie, sondern infolge von Hungersnöten und Krankheiten, welche einer katastrophalen Ernte folgten.[2]

Für Deutschland, mit seiner Vielzahl von Fürsten und Territorien, liegen uns für diese Zeit noch keine genauen Bevölkerungszahlen vor. Immerhin ließ Friedrich Wilhelm von Brandenburg, der Große Kurfürst, 1672 für Berlin und Brandenburg „Populationslisten" anlegen. Einzelne Staatsrechtler forderten damals schon, wie später die Merkantilisten, daß man die Höhe der eigenen Bevölkerung kennen und sie steigern müsse. Hermann Conring schreibt in seinem *Thesaurus totius orbis quadripartituts* von 1675, es sei von Bedeutung, ob die Bevölkerung größer oder kleiner sei.[3]

Wie groß war die deutsche Bevölkerung um 1700? Das ist vorläufig unmöglich zu sagen. Die Bevölkerungsverluste des Dreißigjährigen Krieges werden im allgemeinen mit 33 bis 40 Prozent angegeben; sie sollten demnach in den gut fünfzig Jahren bis 1700 nicht ausgeglichen worden sein. Um einen Bevölkerungsrückgang von einem Drittel zu beheben, bedarf es eines jährlichen Wachstums von 0,8 Prozent – fünfzig Jahre lang. Und 0,8 Prozent jährliches Wachstum ist sehr hoch, das hat die deutsche Bevölkerung nicht einmal im 18. Jahrhundert erreicht. Vermutlich wurde die Bevölkerungsgröße von 1618 – also 15 bis 16 Millionen – erst gegen Mitte des 18. Jahrhunderts wieder erreicht.[4] Das Bevölkerungswachstum in Deutschland war niedrig, wohl kaum höher als im Westen Europas. Süßmilch schätzt die Bevölkerung Deutschlands – „nebst Böhmen, Schlesien und dem Königreich Preussen", wie er schreibt – für das Jahr 1765 auf 24 bis 25 Millionen; aber das war sicher deutlich übertrieben, auch wenn man bedenkt, daß Preußen und Böhmen nicht einfach Teile „Deutschlands" waren; die Bevölkerung Böhmens wurde damals auf gut 2,5 Millionen geschätzt. Selbst wenn man aber für Böhmen und Preußen gut 3 Millionen abzieht, ist die Zahl von 21 bis 22 Millionen noch immer überzogen. Man müßte wenigstens, wie es Süßmilchs Kommentator vorschlägt, noch einmal zehn Prozent abziehen, um eine realistische Größenordnung zu erreichen.[5]

Es ist anzunehmen, daß die Bevölkerung im Verlauf des 18. Jahrhunderts allmählich schneller zu wachsen beginnt – nicht nur in England, sondern auch in Deutschland. Für Deutschland liegen allerdings keine zuverlässigen Daten vor. Für England liegen Berechnungen über Sterbe- und Geburtenquote vor: Die Sterbequote soll demnach 1740 bei 31,7 Promille gelegen haben, 1760 bei 26,7 Promille und 1820 bei 20 Promille – sie wäre also bereits vom ersten zum zweiten Drittel des 18. Jahrhunderts deutlich abgesunken. Die Geburtenziffer soll 1740 und 1760 bei 33,3 Promille gelegen haben – eine Geburten-/Begräbnisrelation von 111 : 100 konstatiert für die Jahrhundertmitte ein Dr. Short –, 1820 lag sie bei 33,8 Promille.[6] Es ist nicht anzunehmen, daß die Differenz zwischen Geburten- und Sterbeziffer in Deutschland bereits im Verlauf des 18. Jahrhunderts so schnell zuzunehmen begann.

Nicht nur Seuchen bedrohten diese langsam wachsende Bevölkerung, die gegen Jahrhundertmitte größer wurde als sie je zuvor gewesen war. Um 1760 war die deutsche Bevölkerung größer als vor dem Schwarzen Tod; doch die Ertragsrelation der Böden – also das Verhältnis von Saatgut zu Ernteertrag – war jetzt schlechter als im späten Mittelalter.[7] Hungersnöte drohten jetzt häufiger; nicht von ungefähr behauptet Malthus am Ende des Jahrhunderts, das Wachstum der Nahrungsmittel könne mit dem Wachstum der Bevölkerung nicht Schritt halten – und wenn die Bevölkerung schneller wächst als das Brot, dann folgt der Tod.[8] Das Bevölkerungswachstum stagnierte. In Frankreich ließ sich das beobachten, beispielsweise während der Hungersnöte der 1690er Jahre, als die Getreidepreise mächtig anzogen: Zwischen dem Anstieg der Nahrungsmittelpreise und der Zunahme der Beerdigungen fand man einen positiven Korrelationskoeffizienten von 0,29, zwischen Preisen und Eheschließungen einen negativen von 0,48 und zwischen der Preisbewegung und den Geburten gar von 0,79.[9]

Die Pocken

Müßte man dieses Zeitalter mit einer einzigen epidemisch auftretenden Infektionskrankheit bezeichnen, so müßte man es wohl das Zeitalter der Pocken nennen. Die Pocken töteten im späten 18. Jahrhundert jährlich schätzungsweise 400000 Europäer, davon etwa 70000 Deutsche. Vielerlei Folgekrankheiten waren ihnen zuzuschreiben: Erblindung, Taubheit,

Lähmungen. Sie waren im 18. Jahrhundert so weitverbreitet, daß Kinder gemeinhin erst nach dem Überstehen der Pocken zur Familie gerechnet wurden. „Es ist aus der Erfahrung erwiesen, daß fast alle Menschen die Pocken bekommen, und ich glaube nicht, daß ihnen unter hundert Personen eine entgeht", schreibt Süßmilch, der hier allerdings doch stark übertreibt. Voltaire dürfte den Anteil der Gepockten zuverlässiger treffen, wenn er in seinem kleinen Roman *Candide* schreibt: „Wenn ein Heer von 30000 Mann gegen eines von gleicher Größe antrat, konnte man sicher sein, daß auf jeder Seite etwa 20000 Pockennarbige standen." Immerhin waren sie so weit verbreitet, daß in vielen Steckbriefen der Zeit die Pockennarben des gesuchten Verbrechers beschrieben sind – daß aber in anderen Steckbriefen ausdrücklich erwähnt wird, daß der Gesuchte *keine* Pockennarben aufweist.[10]

Die Pocken waren keine neue Krankheit damals in Europa; aber sie griffen um diese Zeit – geographisch gesehen – weiter aus, möglicherweise nahm sogar ihre Virulenz zu. Die Pocken sind eine überaus ansteckende Krankheit, der Kontagionsindex liegt – wie bei Masern – wenig unter 100. Wo die Krankheit neu ist und eine Bevölkerung noch keine Immunität ausbilden konnte, wüten die Pocken entsetzlich. Island zählte 1703 gut 50000 Einwohner – vier Jahre später, nach einer schweren ersten Pockenepidemie, blieben davon noch 34000 übrig; rund 18000 Inselbewohner waren den Pocken erlegen.[11]

Die Pocken waren eine „demokratische" Krankheit – dank ihrer hohen Kontagiosität vermochte sich keine soziale Schicht gegen sie wirksam zu schützen. Durch Dienstboten, Mätressen, Hauslehrer und dergleichen kamen die Fürsten mit dem einfachen Volk und zwangsläufig auch mit den Pocken in Berührung. „Am Neujahrstag dieses Jahres [1750], als ich mich frisieren wollte", schreibt Katharina die Große in ihren Memoiren, „sah ich, daß mein Frisierbursche [...] ein rotes Gesicht und ganz verschwollene Augen hatte. Ich fragte ihn, was ihm fehle; er antwortete, er habe starkes Kopfweh und Fieber. Ich schickte ihn fort mit dem Befehl, zu Bett zu gehen, weil er wirklich zu nichts mehr fähig war. Er entfernte sich, und am Abend meldete man mir, die Pocken hätten sich bei ihm gezeigt. Ich kam mit der Angst, die Pocken gleichfalls zu bekommen, davon: Obwohl er mich gekämmt hatte, steckte ich mich nicht an."

Möglicherweise hatte Katharina durch eine leichte, unerkannt gebliebene Erkrankung in ihren Kindheitstagen Immunität gegen die Pocken erworben. Johann Georg IV. von Sachsen hatte weniger Glück als die Zarin: er küßte seine an den Pocken versterbende Geliebte auf den Mund und starb wie sie wenig später an den Blattern.[12]

Nur selten entkamen die Fürsten- und Königshäuser dem Übel. In den europäischen Herrscherdynastien gab es berühmte Pockenfälle: Die englische Königin Anne schenkte elf Kindern das Leben. Kein einziges davon überlebte die Mutter; ihr Thronfolger starb anno 1700 an den Pocken. Berühmt wurden auch einige Pockenerkrankungen im Hause Habsburg: Kaiser Leopold I. verlor 1662/63 während einer Pockenepidemie zwei seiner Sprößlinge. Mit Ausnahme des Sohnes Joseph zogen sich alle seiner 16 Kinder die Pocken zu. Kaiser Joseph I. war bereits seit 1705 regierender Monarch, als er im Frühjahr 1711 ein Hospital besuchen mußte. Wahrscheinlich infizierte er sich dort mit dem Pockenerreger, einem Virus. Auf jeden Fall erkrankte er wenig später an den Pocken und starb am 17. April 1711, zweiunddreißigjährig. Dieser Todesfall gab dem Spanischen Erbfolgekrieg (1701–1713) eine völlig neue Wendung: Joseph I. hatte keine Söhne, nur Töchter, daher fielen nun die habsburgischen Länder an seinen Bruder Karl, der bereits spanischer König war und jetzt – im Oktober 1711 – auch noch zum Reichsoberhaupt gewählt wurde. Eine erdrückende Vormachtstellung des Kaiserhauses schien sich anzubahnen; Frankreich sah sich jetzt von Süden (Spanien) und von Osten (Deutschland) durch den gleichen Habsburger bedroht. Wiens Verbündeter, die englische Krone, sah in der Vereinigung Spaniens mit Österreich gleichfalls eine gefährliche Machtanhäufung auf dem Kontinent, daher bemühte sich Großbritannien, den Spanischen Erbfolgekrieg zu beenden, was im Frieden von Utrecht geschah. So nahmen die Pocken Einfluß auf die große Politik.[13]

Zu Beginn des 18. Jahrhunderts begannen die Pocken vermehrt aufzutreten. 1711, im gleichen Jahr wie Kaiser Joseph I., starb in Frankreich der Dauphin an den Pocken; Liselotte von der Pfalz hat in ihren Briefen vom französischen Hof immer wieder die Pocken erwähnt. 1713 wütete in Paris eine fürchterliche Pockenepidemie, sie soll 20000 Menschen das Leben gekostet haben. Auch in Deutschland traten die Pocken jetzt vermehrt auf.[14]

War gegen diesen Würgengel kein Kraut gewachsen? Die gängigen Heilmittel waren empirisch gewonnen, das soll einfach heißen: man versuchte dies oder jenes, meist mit wenig Erfolg. Die Landbevölkerung, heißt es, verwendete einen aus Schaf- oder Gänsekot gepreßten Saft und genoß ihn mit Korn oder Branntwein vermengt. Was die Ärzte in den Städten anzubieten hatten, war möglicherweise weniger ekelhaft; aber es ist fraglich, ob es mehr Erfolg versprach.[15]

Die Pocken kamen aus dem Osten. Dort waren sie seit langer Zeit zuhause: Erste sichere Kunde von ihnen vermitteln arabische Quellen,

Avicenna behandelte sie in seinem vierten Buch. Ob sie bereits der römischen Antike bekannt waren, gilt als fraglich; immerhin gibt es aber bei Galen Beschreibungen, die auf die Pocken passen könnten.[16] Im Orient, wo sie seit langem bekannt waren, wußte man sich auch am frühesten gegen sie zu wehren: Noch früher wohl in Indien und China, aber auch im Osmanischen Reich gab es eine Form der passiven Impfung, die um das Jahr 1670 in die Hauptstadt Konstantinopel gekommen sein soll. Auch in Rußland wußte man vorbeugende Mittel gegen die Pocken: Man verwendete den Schorf abheilender Pockenpusteln, vermischte ihn mit Honig und impfte mit dieser Mischung die Kinder; danach schickte man sie ins Dampfbad und ließ sie gehörig schwitzen. Diese Form der Impfung soll aus Samarkand nach Rußland gebracht worden sein – ein lebendiger Beweis für das asiatische Erbe Rußlands. In China soll man bereits im 12. Jahrhundert mit den Eiterkrusten von Pockenkranken Gesunde geimpft haben, indem man ihnen den Pockeneiter in die Nasenlöcher rieb.[17]

Auch in Afrika sollen einheimische Stämme schon seit langem eine passive Form der Pockenimpfung praktiziert haben. Die Europäer erfuhren davon auf Umwegen: Die schwarze Sklavenbevölkerung, die im Verlauf des 17. Jahrhunderts gewaltsam von Westafrika nach Nordamerika gebracht worden war, klärte ihre weißen Herren schon kurz nach 1700 über diese Möglichkeiten auf. Sehr früh begannen in den britischen Kolonien in Nordamerika aufgeklärte protestantische Geistliche wie Cotton Mather, sich für die Pockenimpfung einzusetzen. Benjamin Franklin trat später in Cotton Mathers Fußstapfen und verfocht nach dem Tod eines Sohnes gleichfalls diese Pockenvorbeugung.[18]

In Westeuropa, so scheint es, wurden die Möglichkeiten der Pockenimpfung nur langsam bekannt. Ein schottischer Arzt namens Peter Kennedy, der kurz zuvor durch den – noch immer von den Türken beherrschten – Peloponnes gereist war, veröffentlichte 1715 in London ein Buch über diese Impfung. Berühmter wurde ein Schreiben, das Lady Montagu, die Gemahlin des englischen Gesandten an der Hohen Pforte, einer Freundin im heimatlichen England schickte. Darin heißt es: „Die Pocken, bei uns so verheerend und allgemein verbreitet, sind hier infolge der sogenannten Impfung vollkommen harmlos. Eine Masse alter Frauen vollzieht diese Operation gewerbsmäßig alljährlich im Herbst, im Monat September, wenn die große Hitze vorüber ist. Alsdann schickt einer zum andern, um zu fragen, ob vielleicht eine Familie Pocken haben möchte, es bilden sich Gruppen, und wenn dieselben, gewöhnlich 15–16 an der Zahl, beisammen sind, kommt die alte Frau mit einer Nußschale, gefüllt mit Stoff der besten Gattung von Pocken. Sie fragt: ‚Welche Ader soll ich Ihnen öffnen?‘ öffnet dieselbe sofort mit einer langen Nadel, was nicht mehr Schmerz verursacht, als wenn man sich einfach ritzt, bringt in die Wunde so viel Stoff, als auf dem Nadelkopf haftet und verbindet die kleine Wunde. [...] Kinder und junge Personen spielen den Rest des Tages wohl und munter miteinander, bis zum 8. Tage. Dann werden sie von Fieber ergriffen und hüten zwei, sehr selten drei Tage das Bett. Im Gesicht treten sehr selten mehr als 20–30 Pusteln auf, die keine Narben hinterlassen, und in 8 Tagen sind die Kranken so munter wie vor der Impfung. [...] Alljährlich lassen Tausende diese Operation an sich vollziehen... Ein tödlicher Verlauf ist noch niemals beobachtet worden, und ich glaube, ich bin von der Sicherheit des Experimentes so vollkommen befriedigt, daß ich die Absicht habe, dasselbe an meinem lieben kleinen Sohn zu versuchen.“[19]

Nach Versuchen an einigen zum Tode verurteilten Verbrechern ließ der englische König Georg seine eigenen Kinder impfen. In England, das weltoffener und moderner war als der Kontinent, wo auch die Entwicklung des Gesundheitswesens schon etwas weiter vorangekommen war, scheint auch diese Form der passiven Impfung früher angenommen worden zu sein. Im Januar 1727 führte ein Gelehrter namens Dr. James Jurin, Sekretär der Royal Society of London, aus, das Risiko, an den Pocken zu sterben, sei für den Nicht-Geimpften mehr als zehnmal höher als für den Geimpften: es belaufe sich auf 2 : 17 für den Nicht-Geimpften, jedoch nur auf 2 : 182 für den Geimpften.[20]

England begann sich gegen das Übel zu wehren, indem man – Schritt für Schritt – die Impfung einführte, die Inoculation. Dies hat ganz sicherlich den englischen Bevölkerungsanstieg begünstigt – und auf diesem Umweg vielleicht auch die Industrialisierung und Urbanisierung. Allerdings soll sich die Pockenimpfung zunächst nur auf dem Land und in den Kleinstädten ausgebreitet haben, nicht in London und anderen Großstädten. In London, heißt es, achtete man gleichwohl sehr früh darauf, kein Hauspersonal einzustellen, das nicht bereits die Merkmale einer Pockenerkrankung aufwies.[21]

In Deutschland ging das Einpfropfen der Pocken – oder das Blattern-Beltzen, wie man in Anlehnung an landwirtschaftliche Techniken bald sagte – nur sehr zögerlich voran. Zwar hat bereits 1721 ein Dr. Abraham Vater eine Schrift über *Das Blattern-Beltzen oder die Art und Weise die Blattern durch künstliche Einpfropfung zu erwecken* veröffentlicht, und im gleichen Jahr soll ein Mann namens Eller, in Bernburg, gegen die Pocken geimpft haben; aber richtig auszubreiten begann sich die Variolation, die

„Einpockung" mit Menschenpocken, erst in der zweiten Hälfte des 18. Jahrhunderts. Goethe, der 1758/59 die Pocken durchmachte, schreibt in *Dichtung und Wahrheit*, sie seien in seiner Kindheit in Deutschland „von reisenden Engländern" eingeimpft worden, die damit viel Geld verdienten.[22]

Von der möglichen Vorbeugung wurde vorerst in Deutschland nur ganz wenig Gebrauch gemacht. Mitte der 1730er Jahre zog eine schwere Pockenepidemie durchs Land und raffte Tausende dahin. Es war noch lange nicht die letzte.[23]

Winter um 1740

Die 1740er Jahre begannen mit einem bitterkalten Winter. Schon Anfang November 1739 waren viele Flüsse in Deutschland zugefroren; der frühe Wintereinbruch machte der Seefahrt auf der Ostsee schon in den letzten Oktobertagen ein Ende. Die herbstlichen Feldarbeiten konnten infolge des frühen Kälteeinbruchs nicht zu Ende geführt werden – was schlimme Folgen haben sollte für die Erträge des folgenden Jahres.

Soweit sich heute noch feststellen läßt, war dies der längste und einer der kältesten Winter der Neuzeit. 1740 gilt in England als das kälteste Kalenderjahr seit Beginn der Temperaturaufzeichnungen (1659). Die mittlere Gesamttemperatur lag in diesem Jahr für Mittelengland bei 6,8 Grad Celsius, was allenfalls für die Shetland-Inseln angemessen wäre. Diese Temperatur lag 2,3 Grad Celsius niedriger als das langfristige Mittel, das erste Halbjahr lag sogar um 3,4 Grad niedriger.[24] Erschrekkend tief waren die Temperaturen in den menschlichen Wohnräumen: Der erwähnte Dr. Jurin berichtet, im Treppenhaus seines gemauerten Hauses habe die Temperatur drei Grad Celsius unter Null gelegen, und in seinem Arbeitszimmer ein Grad über Null.

Die niedrigste gemessene Temperatur für Deutschland betrug in diesem Jahr minus 23 Grad Celsius; in Warschau wurden minus 32 Grad gemessen. Aus dem deutschen Nordosten wird von erfrorenen bäuerlichen Nutztieren berichtet, was nicht weiter erstaunen kann: Im Münsterland, unweit von Cloppenburg, hat man vor einigen Jahren versucht, historische Raumtemperaturen in einem Bauernhaus nachträglich zu messen oder zu rekonstruieren. Diese Messungen ergaben, daß die Temperaturen in der Tenne, wo sich das Vieh aufhielt, selten auch nur um 5 Grad Celsius höher lagen als außerhalb des Hauses; aber auch im Herdraum lagen sie nur 7 bis 8 Grad darüber.[25]

Brennstoff war knapp damals, für die große Mehrzahl armer Leute war er unerschwinglich. Noch hundert Jahre später, 1837, zählt der Brockhaus Feuerungsmittel zu den Grundbedürfnissen des Menschen – ein Grundbedürfnis, das 1740 weitgehend unbefriedigt bleiben mußte.[26] Die Kälte war nicht nur schmerzlich, sie konnte auch nachteilige Folgen auf die Gesundheit haben: Wenn die Temperatur in Wohnräumen für längere Zeit unter 8 Grad Celsius fällt, kann dies für die Bewohner kritisch werden, ganz besonders für ältere Menschen. Längerfristige Unterkühlung mindert die Abwehrkräfte des Körpers, vor allem gegen Infektionen der Atemwege. Zeitgenössischen Zeitungsmeldungen zufolge wurden damals viele verhungerte Menschen in ihren Behausungen aufgefunden; in Wirklichkeit dürften sie wohl erfroren oder an einer Lungenentzündung verstorben sein.

Die ungünstige Witterung hielt einige Zeit an. Auf den kalten langen Winter 1739/40 folgte 1740 ein nasser Herbst; der Sommer 1741 war sehr trocken, der folgende Winter 1741/42 erneut kalt. Insgesamt waren die Jahre von 1740 bis 1743 sehr trocken. Als Folge davon fielen die Ernten schlecht aus, für Mensch und Tier herrschte Nahrungsmangel.

Der Zusammenhang zwischen Nahrungsmangel – oder besser vor allem: Proteinmangel – und Infektionsanfälligkeit ist noch keineswegs eindeutig bewiesen, so scheint es. Gleichwohl besteht zwischen der Höhe der Getreidepreise einerseits und der Sterblichkeit und Gebürtlichkeit andererseits ein Zusammenhang, das hat man schon im 18. Jahrhundert bemerkt: Stiegen die Preise für Nahrungsmittel für längere Zeit an, so kam es auch zu einem Anstieg der Sterblichkeit und zeitversetzt zu einem Rückgang der Geburten. Der Geburtenrückgang ist leichter erklärt als der Anstieg der Sterblichkeit: Die Ernährungssituation war ohnehin prekär im 18. Jahrhundert, und wenn Frauen eine Zeitlang nicht ein Minimum an Nahrungsmitteln erhalten, dann verlieren sie zeitweise ihre Fruchtbarkeit – Hungeramenorrhoe setzt ein. Der Anstieg der Sterblichkeit ist weniger leicht erklärt; eine erhöhte Infektionsanfälligkeit wird vielfach bestritten. Aber Nahrungsmangel führte auch dazu, daß Menschen scharenweise umherzogen, auf der Suche nach Brot und nach Feuerungsmitteln, und diese Umherziehenden mußten sich häufig den Unbilden der Witterung aussetzen. Außerdem benötigen Hungernde mehr Wärme; es ist anzunehmen, daß sie sich aufgefundene Lumpen überwarfen, was beispielsweise die Gefahr erhöhte, Kleiderläuse aufzunehmen. Außerdem wurden 1741/42 die Gefängnisse voller und voller, denn die Kleinkriminalität nahm zu, vor allem der Holzdiebstahl in den Wäldern. Wer das Pech hatte, ins Gefängnis zu kommen, dessen Risiko, an Fleckfieber zu erkranken, nahm stark zu – Gefängnisse waren Infektionsherde erster Ordnung.[27]

Die preußische Regierung tat ihr Bestes, Arbeitslosigkeit und Vagantentum einzudämmen. Sie gab aus den staatlichen Getreidespeichern Vorräte ab, um den Hungernden zu helfen; im Mai 1740 – wenige Tage vor der Regierungsübernahme durch Friedrich II. – waren die staatlichen Magazine fast leer. Die preußische Regierung zeigte gegenüber ihren Untertanen mehr Hilfsbereitschaft als die Regierungen anderer Länder, schreibt der amerikanische Sozialhistoriker John D. Post. Friedrich II. erlaubte sogar, aus dem Osten Getreide zu importieren – und dies trotz der ökonomischen Theorie des Merkantilismus, die solche Importe eigentlich sehr ungern sah.[28]

Eine Welle von Seuchen – vor allem kältebedingte Infektionskrankheiten – breitete sich aus. Festzustellen ist zunächst ein Anstieg der Säuglings- und Kindersterblichkeit, ja in einigen deutschen Städten erreichte sie damals einen Höhepunkt. In Landsberg am Lech, keiner sehr großen Stadt, daher auch nicht übermäßig gefährdet, starben 46,2 Prozent der Neugeborenen im ersten Lebensjahr. 1742 war die Zahl der Verstorbenen in Landsberg 3,6 mal höher als die Zahl der Neugeborenen: 263 Verstorbene bei nur 73 Geburten, während in den 1730er Jahren die Zahl der Neugeborenen nur um knapp 10 Prozent niedriger gewesen war als die Zahl der Toten. Aus den Kindern, die diese Jahre durchlebten und überlebten, wurden schwächliche, wenig widerstandsfähige Erwachsene. Erwachsene können den Proteinmangel besser verkraften als Kinder, deren Wachstum sofort unterbrochen wird.[29]

Die Sterblichkeitswelle, welche zu Beginn der 1740er Jahre die Erwachsenen traf, bestand vor allem aus Darmerkrankungen – Dysenterien – und „hitzigen Fiebern", wie man damals sagte, dahinter verbarg sich am häufigsten Fleckfieber und Rückfallfieber (Febris recurrens), beides von Läusen übertragen. 1742/43 trat die Influenza seuchenartig auf – es ist anzunehmen, daß die sozialen Gegebenheiten das Ihre beitrugen, die Erreger zu verbreiten. Diese Infektionskrankheiten trieben die Sterblichkeit in die Höhe – und doch nicht auf das Zehnfache oder mehr, wie dies zuvor in Pestjahren häufig gewesen war. Am besten sind wir über einige bayerische Städte im Bilde, deren Sterblichkeit systematisch erforscht wurde: In Passau zum Beispiel erhöhte sich die Zahl der Begräbnisse zwischen 1740 und 1742 auf etwas mehr als das Doppelte. Die Sterblichkeit Weidens stieg von 28,9 Promille im Jahr 1738 auf 56,6 Promille 1740. In Berlin erhöhte sich die Sterblichkeit gleichfalls, von 40,9 Promille im Jahr 1739 auf 56,9 im Jahr darauf. In

Preußen war der Anstieg der Sterblichkeit am eindrucksvollsten zu beobachten in den Gegenden um Magdeburg, Mansfeld, Halle und Halberstadt, weiter östlich vor allem in Pommern.[30]

Der Anstieg der Sterblichkeit läßt sich nur am Beispiel einiger Städte und Territorien verfolgen, nicht für Deutschland als Ganzes. Die Sterbeziffer, berechnet in Verstorbenen je tausend Einwohner, liegt für die erste Hälfte des 18. Jahrhunderts nicht geschlossen vor; in den vorliegenden Zahlen fehlen einige Bevölkerungsgruppen – vor allem Juden, Säuglinge, Arme, Vaganten. Aus den lückenhaften Daten hat man versucht, die Höhe der Sterblichkeitswelle zu errechnen: Bezeichnet man das gesamte Jahrzehnt 1735 bis 1744 mit der Indexziffer 100 (1735/44 = 100), so waren die ersten beiden Jahre „gute" Jahre mit niedriger Sterblichkeit (1735 = 84). Schon im folgenden Jahr stieg die Sterblichkeit infolge einer Pockenepidemie massiv an (1736 = 116), im Jahr darauf war sie fast ebenso hoch (1737 = 114). 1738 und 1739 entsprach sie ziemlich genau dem Mittel dieser Jahre (1738 = 99; 1739 = 98); aber die Kältewelle der frühen 1740er Jahre ließ sie wieder deutlich ansteigen: auf 112 für 1740 und auf 110 für 1741. Dann fiel sie weit unter den Durchschnitt: 1744 war sie nur noch bei 78. Ausschläge um zwanzig oder dreißig Prozent nach oben oder unten waren also selbst für ein ganzes Volk in der Mitte des 18. Jahrhunderts keine Seltenheit.[31]

Kriegsläufte

Das 18. Jahrhundert ist kaum weniger als das 17. ein Zeitalter der Kriege. Während der ersten beiden Jahrzehnte sucht der Nordische Krieg (1700–1721) den Norden und Nordosten Deutschlands heim, derweil der Süden vom Spanischen Erbfolgekrieg (1701–1713) verwüstet wird. Der Polnische Erbfolgekrieg (1733–1738) nach dem Tod des polnischen Königs August des Starken, der zugleich sächsischer König war, wird teils auf dem Boden des Reiches ausgefochten. Kaum ist er zu Ende, fällt der junge Preußenkönig Friedrich II. in Schlesien ein und entreißt Maria Theresia, die im gleichen Jahr 1740 den Thron bestiegen hat, diesen Teil ihres Erbes; in den beiden Schlesischen Kriegen (1740–1748) verliert Habsburg den größten Teil Schlesiens. In der Mitte des Jahrhunderts wütet der Siebenjährige Krieg (1756–1763). Die erste polnische Teilung, 1772, und der Bayerische Erbfolgekrieg (1778/79) sind Kriege von kurzer Dauer – doch am Ende des Jahrhunderts beginnen die Kriege gegen das revolutionäre Frankreich, später die Kriege Napoleons, die erst 1815 ein Ende finden.

Die Kabinettskriege des 18. Jahrhunderts bringen nur relativ kleine Heere ins Feld, einige zehntausend Mann auf jeder Seite. Sie besitzen nicht die Zerstörungskraft der modernen Kriege, der Weltkriege. Aber sie zerstören Dörfer und Fluren und schädigen den Landmann, der seine Steuern zahlt und seine Söhne in den Krieg schicken muß. Und der Krieg begünstigt die Seuchen, denn die umherziehenden Truppen, verdreckt und verlaust, wie sie waren, trugen vielerlei Erreger von Krankheiten mit sich herum. Die Soldaten selber, in ihren engen, schlecht sitzenden Uniformen, aus denen sie oft wochenlang nicht herauskamen, waren anfällig für Infektionen. Sie litten an chronischen Hautkrankheiten, an „Krätze" oder „Lagerräude", wie man das auch nannte, und das war noch das geringste Übel. Das Leben in einem Feldlager oder auf einem Schiff war gefährlich, weitaus gefährlicher als der Kampf in der Schlacht.[32]

Fiel Friedrich von Preußen in Schlesien ein, um dem Hause Habsburg diese alte Provinz zu entreißen, so versuchte der bayerische Kurfürst Karl Albrecht den Kaisertitel für sich zu gewinnen. Während sie ihre Heere über fremde Fluren trieben, drangen fremde Truppen in ihre angestammten Länder und drangsalierten die einheimische Zivilbevölkerung. Bayern wurde schwer mitgenommen, als seine Verbündeten sich zurückzogen und die feindlichen Heere Österreichs ins Land kamen. In den bayerischen Städten brachen Fieber und Durchfallerkrankungen aus.[33]

Ende Juni 1743 stießen bei Dettingen Franzosen und Engländer aufeinander. Die Verluste der Franzosen, der bayerischen Verbündeten, wurden auf 4000 Mann geschätzt, die ihrer Widersacher auf 3000 Mann. Im englischen Heer brachen Ruhr und Fleckfieber aus – die Ruhr schrieb man dem Genuß unreifen Obstes zu. Sir John Pringle, ein hoher englischer Militär, später Generalinspekteur des englischen Militärgesundheitswesens, hielt das faulige Stroh, auf dem die Soldaten schliefen, und die verschmutzten Abtritte für „den Hauptzunder" der Ruhr. Er stellte sich die Frage, wie mit den Abtritten vorsorglich zu verfahren sei, damit von ihnen keine Gefahren ausgingen. Eine Antwort fand er darauf nicht.[34]

Im Verlauf des Siebenjährigen Krieges wurden vor allem Deutschlands Norden und Osten in Mitleidenschaft gezogen. Die umherziehenden Truppen brachten die Krankheitserreger von einer Stadt in die andere. In Schlesien, dessen Besitz der preußische König zu sichern wünschte, operierten österreichische und preußische Truppen – Breslau,

Schweidnitz und das schlesische Landeshut werden vom Fleckfieber überfallen. 1758 sollen weit mehr als 7000 Soldaten in Breslau am Fleckfieber gestorben sein. Die katholische Bevölkerung der schlesischen Hauptstadt hatte 5000 Tote zu beklagen, die protestantische mehr als 4000. Landesgrenzen vermögen solche Epidemien nicht anzuhalten. Die staatlichen Grenzen verschwimmen, wie die Heere und die Seuchenzüge. Während des Siebenjährigen Krieges gelangte die Ruhr aus Deutschland in die Schweiz, wie dann später das Fleckfieber aus Rußland nach Preußen hineinspringt und sich dort ausbreitet.[35]

Neue Rekrutenaushebungen und Fluchtbewegungen aus den Heeren bringen die Seuchen auch in den Norden Deutschlands, nach Mecklenburg, Schleswig und Holstein, worüber der aufgeklärte Arzt und Staatsmann Johann Friedrich Struensee in seinen zahlreichen Schriften berichtet hat. Nach der Schlacht von Kunersdorf, Ende August 1759, breiteten sich Epidemien von Ruhr und Fleckfieber aus; die Fleckfieberepidemie im Raume Pinneberg hat Struensee in einem amtlichen Bericht beschrieben. In diesem Jahr lag die Sterblichkeit in ganz Deutschland ziemlich hoch.[36]

In den Heeren wie in den Dörfern, welche die Truppen durchziehen, leben Mensch und Tier Seite an Seite. Auch die Tiere werden in Kriegszeiten häufiger von Seuchen befallen. In den 1750er Jahren breitet sich in Norddeutschland eine Maul- und Klauenseuche aus. Struensee erkennt als erster ihre Übertragungsweise, durch Ansteckung, und experimentiert mit einer Impfung.

Waren die Seuchen erst einmal ausgebrochen, dann war es schwierig, sie zu bekämpfen. Vorbeugung war einfacher, das erkannten so aufgeklärte, vorausblickende Ärzte wie Struense. Er wußte auch, wie die einheimische Bevölkerung, vor allem auf dem Lande, Seuchen zu verheimlichen suchte, um etwaigen Quarantänemaßnahmen zu entgehen. Wollte Struensee sich ein Bild machen, ob in einem ländlichen Gebiet eine Seuche ausgebrochen war, so befragte er nicht nur die Bauern nach toten Menschen oder Tieren, nein, er schaute sich selber in den Dörfern um und hielt Ausschau nach aufgeworfenen Gräben, wo man vielleicht die Opfer verscharren wollte, ob Mensch oder Tier. 1759 verfaßte er eine *Kurtze Anweisung, wie man sich bey dem seit einiger Zeit im Schwange gehenden hitzigen Fieber zu verhalten hat.* Darin verlangte er, daß „die Einwohner jedes Ortes, wo diese Krankheit sich zeigen sollte, anzuhalten (seien), die Todten [...] nicht zu verstecken!“ Er wollte auch den gemeinsamen Leichenschmaus nicht dulden, weil ihm schien, daß dort nur neue Todeskeime weitergetragen wurden. An der Ruhr Verstorbene sollten ohne Totenschein, in ein Leintuch gehüllt, der Erde übergeben und „mit einer Schicht ungelöschtem Kalk bedeckt werden"; das Stroh, mit dem der Tote in Berührung gekommen war, sollte man verbrennen. „Das Stroh, worauf solche Kranke gelegen, muß ansteckend seyn", schrieb er in einer anderen Schrift, *Vom Ruhrgang*. „Da es oft durch und durch von Blut und Excrementen verunreinigt ist, sollte man es nicht erst nach der Genesung oder dem Tod des Kranken durch frisches erneuern. Schlimm ist, daß auf einem Strohsack oft zwey bis drey Kranke zugleich liegen."[37]

Daß die Auswurfstoffe gefährlich waren, wenn die Ruhr umging, ahnten auch andere – allein, wie sollte man sie beseitigen? Karl von Hessen beschreibt eindrucksvoll, wie die Latrinen aussahen, die er 1779 während des Bayerischen Erbfolgekrieges zu sehen bekam: „Die neben dem Lager angelegten Abtrittsgruben und der Boden zwischen diesen und den Zelten waren ganz rot vom Blut der Leute, die sich hin- und herschleppten. Unzählige große Fliegen tanzten über diesem schrecklichen Ort. Wir hatten vielleicht zehntausend Kranke, von denen eine ungeheure Menge starb."[38]

Militärärzte und Feldscher, die die Truppen begleiteten, waren gegen die seuchenhaft auftretenden Infektionskrankheiten machtlos, so machtlos wie gegen die von Waffen hervorgerufenen Verletzungen. Wer ernstlich verletzt wurde, ob von einer Schußwaffe oder einem Säbel, der mußte dem Tod als möglichem Ende ins Auge sehen. Selbst bei kleineren Verletzungen schritten die Chirurgen zur Amputation – hundert Jahre vor der Entdeckung der Narkose –, nach dem Grundsatz, es sei besser, ein womöglich vom Gasbrand infiziertes Glied zu verlieren als sein Leben. Doch der Verletzte verlor oft beides, zuerst – unter grausamen Schmerzen – das Körperglied und später noch das Leben.

Nach der Schlacht von Torgau (8. Nov. 1760), im Siebenjährigen Krieg, sollen von 9742 Verwundeten etwa 2000 an Wundstarrkrampf gestorben sein. Emile Zola hat noch weit mehr als hundert Jahre später nach Augenzeugenberichten beschrieben, wie im Deutsch-Französischen Krieg (1870/71) französische Chirurgen Verwundeten – im Stehen – innerhalb von wenigen Minuten den verwundeten Arm amputierten.

Gleichermaßen machtlos stand die Medizin den epidemisch auftretenden Infektionskrankheiten gegenüber. Es fehlte die Einsicht vom Entstehen dieser Krankheiten, und für eine wirksame Therapie fehlten die modernen Medikamente. Gegen die Fieberschübe des Fleckfiebers empfahl J. S. Haan in seinem *Traktat von der Krafft und Wirkung des kalten*

Wassers, 1738 erschienen, kalte Waschungen, die er angeblich mit gutem Erfolg selber angewandt hatte.[39] Erfahrene Militärärzte wie Pringle verließen sich auf die alten Mittel. Der Aderlaß, schreibt Pringle, sei „das vornehmste Mittel in der Kur inflammatorischer Krankheiten", aber man solle dieses Allheilmittel nicht zu spät anwenden. „Überhaupt sind die jungen Practici zu sparsam mit dem Aderlassen und verschieben zu lange", meinte er.[40]

In den Kriegen des 18. Jahrhunderts starben sicherlich weitaus mehr Soldaten an Infektionskrankheiten als an Schuß- oder Stichverletzungen. Das war noch weit ins 19. Jahrhundert hinein eine Selbstverständlichkeit: Noch im Österreichisch-Preußischen Krieg von 1866 erlagen mehr Soldaten den epidemisch auftretenden Krankheiten als ihren Verletzungen.[41]

Die allgemeine Not

Seit der Mitte des 18. Jahrhunderts saßen in Mitteleuropa die Menschen dichter auf dem Boden als je zuvor, und je enger sie – vor dem Zeitalter der Industrialisierung – dort nebeneinander siedelten, desto größer war die allgemeine Armut. Deutschland war übervölkert. Es gab – gemessen an der technisch-industriellen Entwicklung des Landes – zu viele Menschen, auch wenn die Bevölkerungsdichte um ein Vielfaches niedriger war als heute.[42]

Noch immer befindet sich dieses Land, demographisch gesprochen, in „Phase I", das heißt, die Sterblichkeit ist ziemlich hoch, nur geringfügig niedriger als die Geburtenziffer. Auf tausend Einwohner sterben im langfristigen Mittel jährlich noch immer 35 bis 40, während es in Frankreich nur etwa 35 sind, in England noch etwas weniger. Deutschland ist ein Nachzügler – demographisch wie auch technisch-industriell.[43]

Die Bevölkerung drängt sich relativ dicht auf dem Boden; die Erträge der Landwirtschaft sind karg, „mittelalterlich". Die Folge davon sind Hungersnöte, welche die agrarhistorische Forschung in Anlehnung an die französische Geschichtsschreibung als „Krisen älteren Typs" bezeichnet, Krisen also, verkürzt gesagt, die noch nicht von Stockungsspannen des industriellen Absatzes herrühren, sondern witterungsbedingt waren. Und da sie witterungsbedingt waren, breiteten sie sich zumeist auch über größere Räume aus, so daß das eine Land dem anderen nicht geben konnte, was man dort gebraucht hätte.[44]

Nach dem Gesetz von der Anomalie der Agrarmärkte, wie es der englische Statistiker Gregory King damals aufgestellt hat, steigen die Agrarpreise um 30 Prozent, wenn die Bevölkerung um 10 Prozent steigt; wächst aber die Bevölkerung um 20 Prozent, so steigen die Preise für Nahrungsmittel gleich um 80 Prozent. Aus Kings Anomalie läßt sich folgern, daß die Preise für Nahrungsmittel auch dann gewaltig nach oben springen, wenn zum Beispiel eine Mißernte deutlich niedrigere Erträge in die Scheuer fährt. Die Nahrungsmittelpreise sind wenig elastisch, die Preise steigen viel stärker als die Nachfrage.[45]

Man könnte hier auf einzelne Agrarkrisen dieser Art hinweisen, etwa auf die Krise von 1771/72, aber das ist gar nicht nötig, denn der gesamte Zeitraum – das späte 18. und das frühe 19. Jahrhundert – zeigte diese stete Notlage; das Gesetz der abnehmenden Bodenerträge wurde offenkundig. England ausgenommen, wuchs die Bevölkerung in Mittel- und Westeuropa schneller als die Nahrungsmittel; in Deutschland kehrte sich dieser Trend erst gegen 1830 um.[46] Schon die Zeitgenossen bemerkten, daß die Getreidepreise bedeutend stärker stiegen als die durchschnittlichen Löhne für ihre Arbeit. Schlechte Ernten – also solche Ernten, bei denen der Ertrag um 15 Prozent oder mehr von einer normalen Ernte nach unten abwich – waren nicht selten, etwa jedes vierte Jahr brachte eine solche Ernte. Die Not war zeitweise so groß, daß einzelne deutsche Regierungen ihre Untertanen aufforderten, die Spatzen zu erlegen, damit diese unnützen Fresser nicht den Menschen die Nahrung wegfräßen.[47] Das waren Maßnahmen, die noch im 20. Jahrhundert von Regierungen in der Dritten Welt verfügt wurden, um dem Hunger der Menschen beizukommen.

In den guten und den durchschnittlichen Jahren hatte die große Mehrheit ihr Auskommen; in den schlechten Jahren ging es eher schlecht als recht. Und die Mißernten kamen immer häufiger. „In den Jahren 1769 und 1770 hatte der häufige und anhaltende Regen und starke Schneefall gegen dreißig Überschwemmungen zur Folge gehabt, wodurch Samengetreide und Wiesenbau vollkommen zu Grunde gerichtet wurden“, heißt es in Fronmüllers *Chronik der Stadt Fürth*[48] – man könnte ähnliches auch irgendwo anders nachlesen, denn ähnliches geschah in ganz Deutschland. Das Frühjahr 1770 war bitter kalt; Ende März sank die Temperatur noch einmal auf minus 11 Grad Celsius. Die gesamte Wintersaat erfror, auch die Sommersaat wurde durch Kälte, Regengüsse und nachfolgende Überschwemmungen schwer geschädigt. Nicht selten wurde Getreidepilz beobachtet, das Mutterkorn (Cornutum secale) – massenweise trat in diesem Jahr der Ergotismus auf. Auch 1771 war ein feuchtkaltes Jahr. Auf den Viehweiden wucherte fingerdick das Wassermoos und verhinderte den Graswuchs, Viehseuchen waren die Folge. 1771/72 waren die Preise für Nahrungsmittel überaus hoch: Für Weizen zahlte man am 26. Januar 1770 11 Gulden 36 Kronen den Scheffel. Die Ernte war 1770 so schlecht, daß man im folgenden Jahr, unmittelbar vor der Ernte, am 14. Juni 1771, mehr als das Dreifache zahlte: jetzt kostete der gleiche Scheffel 41 Gulden 38 Kronen. Wer zuvor, in normalen Zeiten, drei Viertel seines Einkommens für Nahrungsmittel hingelegt hatte, wovon sollte der jetzt leben?

Was waren die Folgen einer solchen Hungerkrise? Nur einige der großen gesellschaftlichen Folgen sollen hier angesprochen werden, vor allem solche, die mit Epidemien zu tun hatten: Es ist längerfristig zu beobachten, daß die Menschen nicht sehr groß waren damals, denn die durchschnittliche Körpergröße eines Menschen hat mehr mit der Ernährungssituation in der Zeit seines Heranreifens zu tun als mit genetischen Faktoren. Die Menschen waren klein, sagen wir um 1750 – und sie wurden in der Folge eher noch etwas kleiner. Es gibt wenige Quellen und wenige Untersuchungen darüber; und wo es sie gibt, muß man sich fragen, ob sie wissenschaftlich genügend aussagekräftig sind. Die Größe von Kindern in Waisenhäusern – die gab es massenweise damals – kann man nicht heranziehen, denn diese Kinder waren nicht repräsentativ. Aber Rekrutenerhebungen kann man verwenden; sie liegen für Teile der k.u.k. Monarchie vor. In Ungarn erreichten die Rekruten gegen 1820 – mit einer durchschnittlichen Körpergröße von 163,7 Zentimeter – den Tiefststand. In Böhmen waren die Rekruten 1790 nur 160,8 Zentimeter groß. In Galizien fiel die Körpergröße der Rekruten von 168,9 Zentimetern im Jahr 1750 auf 158,8 Zentimeter anno 1820.

Im Blick auf den Gesundheitszustand der Dorfbewohner kannte sich niemand besser aus als die Konskriptionsleute. In einem unterfränkischen Bezirk waren 1815 von 19790 Gemusterten nur 9156 tauglich, obwohl die Musterungsoffiziere sicherlich nicht wählerisch waren, und nur 1220 konnten schließlich eingezogen werden. Ähnlich war es in Sachsen: Zwischen 1826 und 1854 kamen von 3,37 Gestellten nur einer zu den Tauglichen, von zehn jungen Männern also gerade drei. In ganz Sachsen wiesen 31 Prozent der Gestellten eine allgemeine Schwächlichkeit auf; auf Berufsgruppen bezogen: Metzger und Bäcker waren ungleich kräftiger als Schneider oder Schuster.[49]

Ein wichtiges Indiz für den allgemeinen Lebensstandard einer Bevölkerung bildet der Fleischkonsum, und der war in den Jahrzehnten vor und nach 1800 außerordentlich niedrig. In Österreich soll der Fleischverbrauch pro Kopf zwischen 1750 und 1850 um etwa 50 Prozent abgenommen haben; gegen 1850 wurde der Tiefpunkt durchschritten. In den Ländern des Deutschen Bundes lag der Fleischverbrauch 1816 bei etwa 14 Kilogramm pro Kopf, danach stieg er langsam an.[50]

Diese Menschen waren für chronische Infektionskrankheiten besonders anfällig. In diesen schlechten Jahren stieg daher die Sterblichkeit. Sie erreichte, von einem hohen Niveau ausgehend, zu Beginn der 1770er Jahre noch einmal einen Höhepunkt. Sie stieg nicht, weil Menschen jetzt buchstäblich verhungerten – das geschah wohl nur in seltenen Fällen –, häufiger starben Menschen an akuten Darmerkrankungen, weil sie in ihrer Not Ungenießbares zu sich genommen hatten. Sie stieg auch, weil hungernde Aussätzige oder Tuberkulosekranke an jedem kleinen Infekt, einer Grippe oder was auch immer, sterben können.

Einige Zahlen sollen die erhöhte Krisensterblichkeit unterstreichen: Sachsen mit seinen ca. 1,63 Millionen Einwohnern verlor 1770/71 mehr als 150000 Tote. Der Geburtenausfall infolge der Hungerkrise belief sich auf etwa 36000. Zieht man die Neugeborenen ab, so bleibt noch immer eine Übersterblichkeit von 60000 – Sachsen verlor also rund 6 Prozent seiner Einwohner. In Bayern verdoppelte sich in diesen beiden Jahren die Sterblichkeit. In der Freien Reichsstadt Nürnberg, das damals noch eine eigenständige kleine Republik bildete, war 1772 die Zahl der Toten mehr als dreimal so hoch wie die der Neugeburten: 602 Geburten standen 1889 Todesfälle gegenüber; in beiden Jahren – 1771 *und* 1772 – stand die Sterblichkeit weit über 7 Prozent. Etwa ebenso hoch war die Sterblichkeit im Königreich Böhmen. In Bayern verdoppelte sich die Sterblichkeit in diesen beiden Jahren.[51]

Dann ist noch zu sprechen von der vagierenden Bevölkerung, die in diesen Jahren stets noch mehr anschwoll. Sie war ohnehin groß genug, ohne daß man heute imstande wäre, sie annähernd genau zu beziffern: Schätzungen reichen von 3 bis 10 oder gar 15 Prozent.[52] In Teilen Südwest- und Süddeutschlands, besonders in den waldreichen Mittelgebirgsregionen, rotteten sich Räuberbanden zusammen. Die deutschen Duodezstaaten vermochten dieser Bedrohung kaum Herr zu werden; die Bandenmitglieder flohen von einem Kleinstaat zum nächsten.

Muß man darauf hinweisen, daß diese Menschen auf der Straße, die von der Hand in den Mund lebten, von Bettel und Gaunerei, die sich in feuchten Wäldern und dumpfen Höhlen herumtrieben, die keine Wäsche zum Wechseln und keinen Ofen zum Wärmen hatten, weder ein Dach über dem Kopf noch ein Bett – muß man darauf hinweisen, daß diese Menschen gesundheitlich besonders gefährdet waren? Kaum einer von ihnen wurde alt. Manch einer mag es als ein Glück betrachtet haben, eine Zeitlang im Gefängnis zuzubringen. Aber selbst dort drohten Krankheit und Tod: „Als mir bey der ersten Thüröffnung dieser unerträgliche stinkende Dampf entgegen wallte, konnte ich es kaum ohne Üblichkeit etliche Minuten darinnen aushalten“, schreibt der aufgeklärte Staatsmann Struensee nach dem Besuch einer solchen Strafanstalt. „Von den unflätigen Ausdünstungen ungesäuberter, schwitzender, stinkender, krätziger Menschen, von bösem Hauche ihrer Exkremente bildet sich eine die Sinne umnebelnde Wolke, die dem Eintretenden den Othem verschlägt.“ Die Gefangenen waren nicht selten angeschmiedet und saßen in dunklen, schmutzigen, ungelüfteten, nur selten beheizten Räumen, auf fauligem Stroh. Vielerlei Ungeziefer kroch umher und quälte die Gefangenen. Trostlos waren die Umstände in einem Magdeburger Gefängnis, das in den 1720er Jahren erbaut worden war. „Ein einziges Zimmer“, heißt es, „faßte die Gefangenen, alte und junge, weiblichen und männlichen Geschlechts, 48 an der Zahl, in sich; hier spannen sie Wolle, hier aßen und schliefen sie auch zum Teil auf halbvermodertem Stroh, hier verrichteten sie auch ihre Notdurft. Ein unerträglicher Gestank hatte sich durch das ganze Gemach verbreitet, der Fußboden war mit Schmutz überzogen. (...) Ich konnte es hier nicht lange aushalten. Noch trauriger waren die Behälter, wo die Mannspersonen auf einem feuchten Fußboden die Nächte durch schliefen oder vielmehr durchwachten, denn das Ungeziefer, das unzählbar war, gestattete ihnen nicht, zu schlafen. Um es zu vertilgen, goß man öfters im Sommer soviel Wasser hinein, daß dieses 8 Zoll über der Erde stand, und doch wurde es nicht vertilgt! Hier blieben auch die Unglücklichen gemeiniglich, wenn sie erkrankten – und das Erkranken war häufig – und mußten oft genug den Tod als Wohlthat ansehen lernen. Sie riefen ihn auch oft genug gewaltsam herbei.“[53]

Nicht eine Folge der akuten Not- und Hungerjahre, aber doch eine der Folgen von chronischer Not, von ständiger Überbeanspruchung war die allgemeine Unsauberkeit. Es ist schwierig, über sie zu schreiben, denn sie ist quellenmäßig wenig sichtbar – über das Alltägliche verliert man bekanntlich wenig Worte, zumal der Standard der Sauberkeit ein anderer war als heute. Menschen, die erschöpft sind von langer Arbeit, von Hunger und Kälte gequält, machen keine großen Anstrengungen, um sich reinzuhalten. Ob sich die hygienischen Bedingungen seit dem Mittelalter verändert hatten, ist noch immer die Frage.[54]

Die große Mehrheit der Bevölkerung verrichtete ihre Körperpflege achtlos. Unsauberkeit versuchte man eher zu verdecken als sie zu beseitigen. Ein Bad oder Haarewaschen, das war so gut wie unbekannt. Wer es sich leisten konnte, der zog Puder und Pomade einer Waschung mit Wasser und Seife vor. Die chronischen Leiden einiger Infektionskrankheiten – der Haarausfall und die bei Syphilis gleichfalls auftretenden Geschwüre – ließen sich durch Perücken und durch Spitzengewänder ganz gut verbergen. Verdächtige Pusteln im Gesicht konnte man überkleben – wofür gab es die Schönheitspflästerchen? Wilhelmine von Bayreuth, die Schwester Friedrichs II., schreibt in ihren Memoiren über ihre Standes- und Zeitgenossen: „Sie hatten ihre Haare in Gestalt von Perücken zugestutzt, in welchen Läuse, welche ihren Stammbaum wenigstens so weit wie sie selbst hinaufführen konnten, ihren Sitz aufgeschlagen hatten." Läuse, Flöhe und Wanzen werden selten erwähnt in den Quellen der Geschichte; man darf aber deswegen nicht annehmen, daß man mit diesen Tierchen nicht vertraut gewesen wäre.

Die große Mehrheit der einfachen Leute hat wenig hinterlassen über das Leben im Alltag. Wir wissen über den Alltag Ludwigs XIV. mehr als über Millionen einzelner seiner Untertanen. Nur schemenhaft nimmt ihre Welt vor unserem Auge Gestalt an. Der Zustand ihrer Kleidung, vor allem der ihrer Leibwäsche, die Sauberkeit ihres Bettzeugs, die Sauberkeit ihrer Küchen und Wohnräume – darüber ist wenig Zuverlässiges bekannt.

Die allgemeine Nachlässigkeit in bezug auf die Hygiene förderte eine Reihe von Infektionskrankheiten ganz entscheidend. Das Fleckfieber beispielsweise hätte sich nicht im gleichen Maß verbreitet, hätte die Bevölkerung in Stadt und Land damals schon baumwollene oder leinene Unterwäsche getragen und sie oft genug – d. h. wenigstens einmal die Woche – gewechselt und gewaschen. Aber um Unterwäsche war es schlecht bestellt: bis weit ins 19. Jahrhundert hinein trugen viele Menschen überhaupt keine; sie diente eher der Abwehr der Kälte als der Hygiene.

Bisweilen muß man sich des Ausspruchs eines Großen bedienen, um einen Sachverhalt zu beschreiben – wie allgemein zutreffend ein solches Zitat ist, das sei dahingestellt. Beim Essen beispielsweise, so scheint es, griff man noch im 17. und 18. Jahrhundert mit den Händen zu, wenigstens die Landbevölkerung, die große Masse des Volkes. „Wozu hat uns denn Gott fünf Finger an jeder Hand geschenkt?" fragte der Barockdichter Johann Michael Moscherosch. „Gabeln sind von ihm geschaffen, um das Heu aufzuladen und nicht das Essen", meinte er, und diese Weisheit wurde beherzigt. Das hatte Folgen für Leib und Leben seiner Zeitgenossen: Magen- und Darmkrankheiten, vor allem im Sommer, zur Erntezeit, und wer sich das Essen aus einem Topf mit andern teilte, der teilte sich mit ihnen auch die Krankheitserreger. Die Ruhr war die Krankheit der Schnitter und der im Freien kampierenden Soldaten und Landstreicher und wandernden Handwerksburschen, und gerade diese Menschen wurden jetzt immer häufiger. Die Franzosen bezeichneten Typhus und Ruhr ganz zutreffend als die „Krankheiten der schmutzigen Hände". Nur in den Städten und natürlich nur bei den gehobenen Ständen hatte sich im 18. Jahrhundert bereits der Gebrauch von Gabeln durchgesetzt.[55]

Der Tod in den Städten

„Kain wohnte seinem Weibe bei; da ward sie schwanger und gebar den Henoch. Und er ward Erbauer einer Stadt." Nach dem Buch Genesis war der erste namentlich erwähnte Stadtgründer ein Sohn Kains. Das hatte, möglicherweise, für die Menschen in der Vergangenheit eine Bedeutung – auf alle Fälle mißtrauten die Landmenschen den Stadtbewohnern. „Omne malum ab urbe" – die Stadt war für sie die Wurzel allen Übels.

Man mißtraute der Stadt auch in medizinischer Hinsicht, und dies nicht zu Unrecht. „Eines der größten Verkürzungsmittel des menschlichen Lebens ist: *das Zusammenwohnen der Menschen in großen Städten*", schrieb der große Arzt Christoph Wilhelm Hufeland kurz vor dem Jahr 1800. „Fürchterlich ist das Übergewicht, das die Mortalität derselben in den Totenlisten hat. In Wien, Paris, London und Amsterdam stirbt der 20. bis 23. Mensch, während das rund herum, auf dem Lande, nur der 30. oder 40. stirbt. *Rousseau* hat vollkommen recht, wenn er sagt: der Mensch ist unter allen Tieren am wenigsten dazu gemacht, in großen Haufen zusammen zu leben."[56]

Tatsächlich war das Leben auf dem Lande gesünder – soll heißen: länger – als in den Städten, und je größer die Stadt, desto kürzer in ihr das Leben. „Das Leben auf dem Lande und in kleinen Städten ist dem langen Leben günstig", schreibt Hufeland weiter, „in großen Städten ungünstig. In großen Städten stirbt gewöhnlich jährlich der 25. bis 30., auf dem Lande der 40., 50."[57] Das würde eine ländliche Sterblichkeit von 20 bis 25 Promille bedeuten, eine städtische von 33 bis 40 Promille; vermutlich ist die ländliche etwas geschönt.

Die Zahlen, die Johann Peter Süßmilch diesbezüglich nennt, gehen noch mehr ins einzelne: Süßmilch setzte – Jahrzehnte früher als Hufeland – „die allgemeine Sterblichkeit auf 1/36 fest", also auf knapp 3 Prozent, was wohl eher zu niedrig gegriffen ist. Er nennt für Dörfer eine Sterblichkeit von 1:40, also 2,5 Prozent, für Kleinstädte von 1:32, das entspricht 3,12 Prozent, für sehr große Städte in der Größenordnung von Berlin von 1:28, das entspricht 3,457 Prozent, und für riesengroße Städte wie Rom oder London gar von 1:24 oder 1:25, also von rund 4 Prozent.[58]

In Deutschland konnten die größeren Städte noch im 18. und selbst zu Beginn des 19. Jahrhunderts ihre Substanz nicht halten; sie waren auf den Zuzug von außen angewiesen, wenn sie nicht schrumpfen wollten. England war diesbezüglich Deutschland voraus: London hatte bereits gegen 1790 jährlich mehr Geburten als Todesfälle. In Deutschland lag es diesbezüglich noch immer umgekehrt, in den größeren Städten war die Sterblichkeit durchwegs höher als auf dem Lande. In Berlin zum Beispiel wurden zwischen 1749 und 1795 in 30 von diesen 46 Jahren weniger Menschen geboren, als die Stadt an Toten zu beklagen hatte.[59]

Deutschland hatte gegenüber seinen Nachbarn den Vorteil, daß es nicht übermäßig verstädtert war, und seine Städte waren auch nicht riesengroß. Die größten Städte Europas waren Paris, London, Rom. Um 1800 gab es in Deutschland nur drei Städte mit mehr als 100000 Einwohnern, das war Wien mit 247000, Berlin mit 172000 und Hamburg mit 130000. Dresden, Breslau und Königsberg hatten 50000 bis 60000 Einwohner, darunter gab es eine Vielzahl mittlerer bis ganz kleiner Städte. Süßmilch schätzt die städtische Bevölkerung auf ein Drittel, aber das ist für das späte 18. Jahrhundert viel zu hoch gegriffen: in Wahrheit betrug sie nur ein Fünftel oder allenfalls ein Viertel damals; im Jahr 1816 lebten in Preußen erst 27,9 Prozent der Bewohner in Städten, und von den rund 40 Millionen Einwohnern des neugegründeten Deutschen Bundes hauste damals nur knapp eine Million, 2,4 Prozent, in einer Stadt mit mehr als 4000 Einwohnern.[60]

Warum war die Sterblichkeit in den Städten höher? Süßmilch macht dafür „Müßiggang, Faulheit, Überfluß in Essen und Trinken, Ausschweifungen der Lüste, der Leidenschaften und Laster" verantwortlich; aber das war bestimmt nur die halbe Wahrheit. Die Sterblichkeit war höher in den Städten, weil zum einen sich die Elendesten aus der Landbevölkerung dorthin flüchteten; sie war höher, weil es in der Stadt um die Hygiene kaum besser bestellt war und zugleich das enge Zusammenleben die Ausbreitung von Infektionen begünstigte. Da gab es außerdem bauliche Traditionen, die sich nicht über Nacht ändern ließen, in der Gestalt von Stadtmauern beispielsweise, außerhalb derer man sich nicht ansiedeln mochte, also blieb man innerhalb der Mauern, im Schutz der Stadt, und drängte sich lieber in der Enge des Schmutzes und der Übervölkerung zusammen. Die meisten deutschen

Städte veränderten zwischen 1350 und 1800 ihr Weichbild so gut wie überhaupt nicht.

Städte, die an Flüssen gelegen waren, hatten ihre eigenen Probleme. Nehmen wir Hamburg und seine Nachbarstadt Altona, das seinerzeit noch nicht zu Hamburg gehörte. Altona war nach dem sogenannten Schwedenbrand von 1713 planmäßig wiederaufgebaut worden, als eine offene Stadt, ohne Befestigung; es hatte seine bauliche Tradition abgestreift und war als eine neue Stadt entstanden. Wenn Zuzug von außen kam, Altona hatte Platz. Nicht hingegen das benachbarte Hamburg, wo man immer dichter zusammenlebte und wo man nach unten ging statt nach außen, in Lagerräume und feuchte unterirdische Gemäuer – in Keller, von denen es hieß, man könne dort Elbbutt und Schellfisch fangen. Diese Keller waren zugleich Brutstätten für Typhus und andere Darmkrankheiten.

Zwischen den Hamburger Straßen und Häuserzeilen verliefen die Kanäle, die man in Hamburg als Fleete bezeichnet. Rambach schrieb über sie in seinem *Versuch einer physisch-medizinischen Beschreibung von Hamburg:* „Die Fleete nehmen aus Gassen und Häusern eine Menge Unreinlichkeiten auf. [...] Wer an einem Fleete wohnt, darf es ungescheut zum Rezipienten seiner tierischen Ausleerungen machen; und das thut auch ein jeder." Die erkerartigen Aborte der Hamburger richteten sich geradewegs in die Fleete, aus der man sein Wasser nahm. Was Wunder, daß Typhus und andere Darmkrankheiten kursierten. Und man brauchte, um die Erreger aufzunehmen, keineswegs das Trinkwasser aus verschmutzten Flüssen zu schöpfen – es genügte das Wasser aus den öffentlichen Brunnen. Über die Aborte beziehungsweise die Senkgruben von Paris schreibt Mercier: „Die nächtliche Leerung verbreitet den scheußlichen Geruch im ganzen Viertel und kostet manchem der Unglücklichen das Leben, deren Elend man an der gefährlichen und widerlichen Tätigkeit ermessen kann, der sie nachgehen. Diese Senkgruben sind oft so schlecht angelegt, daß ihr Inhalt sich in die benachbarten Brunnen vergißt. Die Bäcker, die sich für gewöhnlich des Brunnenwassers bedienen, verzichten deswegen nicht darauf; und das alltäglichste Nahrungsmittel wird unweigerlich durchtränkt mit diesen mefitischen und bösartigen Bestandteilen." In vielen großen Städten gab es daher Wasserträger, die sauberes Wasser, oder was sie dafür hielten, gegen ein kleines Entgelt ins Haus brachten.[61]

Diese Form der Unsauberkeit brachte vor allem Kleinkinder ums Leben. Die Säuglings- und Kindersterblichkeit war in den Städten hoch, viel höher als auf dem Lande. „Die erste Ursache, welche die Sterblichkeit in Städten vergrößert, liegt in der größeren Hinfälligkeit der Kinder in Städten", schrieb Süßmilch. „Es wird gezeigt werden", schrieb er weiter, „daß von volkreichen Städten gemeiniglich unter 10000 Gestorbenen allein 3000 Kinder im ersten Jahre des Alters gestorbene Kinder sind." Süßmilch beobachtete die Sterblichkeit in einigen Großstädten über einen längeren Zeitraum – er war sich der Bedeutung des Gesetzes der großen Zahl bewußt – und stellte fest, daß von 1000 Verstorbenen in Berlin fast die Hälfte, nämlich 491, Kinder unter fünf Jahren waren. In Wien waren es 466, in Breslau 457. In der Provinz Pommern hingegen war die Kindersterblichkeit weitaus niedriger, weil es dort weniger Städte gab. Ludwig Formey, ein bedeutender Berliner Arzt, schätzte, daß zwischen 1779 und 1794 mehr als die Hälfte der Neugeborenen – 52,4 Prozent – „in den ersten Jahren ihres Lebens wieder zu Grabe getragen werden".[62]

Woran starben die Kinder in den Städten? Sie starben teils an den „Kinderkrankheiten", wie man später sagte, also an Pocken, Masern, Mumps, Scharlach, Diphtherie. Die Todesursachen wurden im 18. Jahrhundert und noch später mit laienhaften Bezeichnungen geschildert; sehr oft ist in den Aufzeichnungen von „convulsivischen Krankheiten", von „Fraisen" oder „Krämpfen" die Rede. Diese „Krämpfe" waren zumeist auf akute Darminfektionen zurückzuführen, welche häufig durch verdorbene Speisen verursacht wurden – indem man beispielsweise verdorbenes Flußwasser aus der Spree oder der Elbe für die Herstellung des Kinderbreis verwendet hatte. Aus diesem Grund sprachen sich die Ärzte und Pädagogen dieses Zeitalters der Aufklärung immer wieder dafür aus, die Säuglinge an der mütterlichen Brust zu stillen oder sie wenigstens einer zuverlässigen, gesunden Amme zum Stillen zu übergeben. Jean-Jacques Rousseau hat in seinem Roman *Emile* (1762) den Müttern geraten, ihre Kinder selbst zu stillen.

Erstaunlich niedrig hingegen war seinerzeit die Sterblichkeit der Wöchnerinnen; das berüchtigte Kindbettfieber, das in der ersten Hälfte des 19. Jahrhunderts epidemisch auftrat, war im 17. und 18. Jahrhundert noch wenig in Erscheinung getreten. Zwar war es um die Geburtshilfe traurig bestellt, die Hebammen ungebildete, rohe Weiber; aber die Sterblichkeit der Wöchnerinnen war niedrig, in den meisten Orten unter einem Prozent.[63]

Schließlich noch ein Wort zur Sterblichkeit in den Städten am Ende des 18. Jahrhunderts, am Ende der frühen Neuzeit, die zugleich eine Epochengrenze darstellt, denn im 19. Jahrhundert setzen machtvoll Industrialisierung und eine neue Urbanisierung ein. Die Sterblichkeit war in den deutschen Städten noch immer hoch; aber sie war – im Vergleich zum 16. oder 17. Jahrhundert, als noch die Pest umging – doch deutlich gefallen, und die Ausschläge nach oben waren längst nicht mehr so gewaltig wie zuvor. Für Straßburg nahm man für die Jahre 1577 bis 1633 eine Sterblichkeit von mehr als 55 Promille an, für 1684 bis 1691 nur noch von 41 Promille. Für Frankfurt am Main wird die Sterblichkeit zwischen 1533 und 1700 auf 45 bis 48 Promille geschätzt. In Königsberg stand die Sterblichkeit zwischen 1769 und 1786 bei 33,6 Promille, zwischen 1787 und 1803 bei 31,9 Promille. In Berlin betrug die Sterblichkeit in dem Zeitraum 1720 bis 1800 fast 39 Promille, wobei von Jahr zu Jahr und von Jahrzehnt zu Jahrzehnt beträchtliche Schwankungen auftraten: in den 1730er Jahren lag sie beispielsweise bei 44,5 Promille, und im Hungerjahr 1772 erreichte sie 67,5 Promille, 1795 stand sie bei 49,2 Promille und 1801 bei 42,8 Promille.

Nach dem Jahr 1800 fiel sie deutlich ab, und je weiter das 19. Jahrhundert vorrückt, desto mehr. Sie lag im gesamten 19. Jahrhundert – mit 29,96 Promille – fast um ein Viertel niedriger als in den achtzig Jahren vor 1800. Und im Jahr 1894 fiel die Sterblichkeit in Berlin erstmals unter die 20-Promille-Schwelle. Etwas niedriger als in Berlin lag sie stets in Leipzig; dort stieg sie aber im Krisenjahr 1800 auf 52,7 Promille. In Stuttgart lag die Sterblichkeit zwischen 1770 und 1812 bei 33,3 Promille.[64]

Wem war diese Besserung zuzuschreiben? Der medizinischen Grundversorgung? Das ist nicht anzunehmen, denn die Medizin als praktische Wissenschaft war noch immer in einem trostlosen Zustand, und die Ärzte waren dünn gestreut. Im Jahr 1795, als Berlin 156000 Einwohner zählte, praktizierten nur 40 bis 50 Ärzte in dieser Stadt, einer für mehr als 3000 Einwohner; darüber hinaus gab es freilich noch eine Vielzahl von Wundärzten. „Es werden in den Städten, doch nur in den großen, Ärzte für Arme gehalten. Aber was ist einer für einen Ort, der 50, 100 und mehr tausend Einwohner hat“? fragte Süßmilch mit Recht. Er schlug daher vor, „daß alle zwey Meilen von einander, auf guten Stellen, mit einer mäßigen Belohnung ein Prediger bestellet würde, der zugleich die Arzeneywissenschaft studiret hätte“.[65]

Die Krankheiten

Welche Infektionskrankheiten waren es, die jetzt die Menschen ins Grab rissen? Sehr häufig traten in diesem Zeitraum die Pocken auf. „Es scheint, als wollten sie in bezug auf Schrecken und Verheerungen die

Rolle der Pest übernehmen, welche Anfang dieses Säkulums bey uns erlosch", schrieb Philipp Gabriel Hensler, ein Arzt, der sich um die Bekämpfung der Pocken besonders verdient gemacht hat. Sie waren in der zweiten Hälfte des 18. Jahrhunderts eine der schwersten, vielleicht die schwerste Volkskrankheit. Schätzungsweise jedes neunte Kind starb an den Pocken, bevor es das 10. Lebensjahr vollendete. Nach den Schätzungen des zeitgenössischen Bückeburger Arztes Faust büßten im 18. Jahrhundert zehn Prozent der deutschen Bevölkerung durch Pocken ihr Leben ein. Vor allem die großen Städte wurden epidemisch davon heimgesucht, das hochkontagiöse Pockenvirus ging an den wenigsten Nicht-Immunen vorbei. Wien alleine verzeichnete zwischen 1732 und 1749 fünf größere Ausbrüche. Gegen Ende des Jahrhunderts, als die Kriegswirren der Französischen Revolution Mitteleuropa überfielen, flackerten die Pocken noch einmal auf. Wien, das im Jahresdurchschnitt 560 Pockentote zu verzeichnen hatte, verlor anno 1800 knapp 3300 Menschen an die Pocken, aus einer Einwohnerzahl von 250000. Süddeutschland wurde mächtig heimgesucht, alle paar Jahre ging eine Pockenepidemie wie ein Flächenbrand über das Land. 1802 waren fast 16 Prozent aller Verstorbenen in Bayern Pockentote.[66]

Man mußte ihnen nicht gleich erliegen, die Letalität ist bei den Pocken weitaus niedriger als bei der Pest. Von den Kindern kamen zwei Drittel durch, von sieben Erwachsenen sechs. Aber die Pocken hinterlassen schreckliche Schädigungen: ein- oder beidseitige Erblindung, Taubheit, Lähmung, Erkrankungen des Rückenmarks. Sie konnten den Überlebenden riesige kraterförmige Narben ins Gesicht reißen. Maria Theresia, die sie erst als 50jährige Frau durchlitt, 1767, soll danach, heißt es, alle Spiegel aus den Wohnräumen ihrer Residenz haben entfernen lassen, um sich nicht mehr anschauen zu müssen, und sie habe sich auch nicht mehr, oder seltener, in der Öffentlichkeit gezeigt. Der kleine Mozart erlitt sie während der gleichen Epidemie von 1767 – die Anziehungskraft des Wunderknaben nahm danach beträchtlich ab. Gluck, Haydn, Mozart, Beethoven, um nur vier bedeutende Komponisten des späten 18. Jahrhunderts zu nennen, überstanden alle die Pocken und waren von ihnen gezeichnet. Wenn auf Portraits oder anderen Konterfeis der Großen die Pockenkrater nicht zu sehen sind, dann darf man sich darüber heute nicht wundern: Die Maler hatten den Auftrag, derartige Details zu übersehen. Noch im 20. Jahrhundert ließ Joseph Stalin, der die Pocken als Kind durchgemacht hatte, Photographien seiner Person entsprechend retouchieren. Katharina die Große, die ihr Leben lang Angst vor den Pocken hatte, schreibt über ihren späteren Gemahl:

„Bevor er die Pocken gehabt hatte, war er ganz hübsch." Als sie ihn danach wieder zu Gesicht bekam: „Ich war erschrocken, als ich ihn sah, er war von den Pockennarben derartig entstellt, daß er nicht wiederzuerkennen war." Sie hatte zeit ihres Lebens eine krankhafte Angst vor diesem Leiden, dem sie immer entging. Als General Apraxins Tochter, in dessen Haus sie verkehrte, die Pocken bekam und starb, argwöhnte sie, man habe sie absichtlich infizieren wollen.[67]

Bei der Auswahl von seinesgleichen war man in den fürstlichen Häusern vorsichtig, und zwar nicht nur in standesmäßiger Hinsicht, sondern auch mit Blick auf die Pocken. Der spätere Kaiser Joseph II. hatte 1757 als 16jähriger die Pocken. Nach dem Tod seiner ersten Gemahlin – sie starb an den Pocken – legte er großen Wert darauf, eine Prinzessin zu finden, die die Krankheit bereits hinter sich hatte. Es kam anders: Die Auserwählte hatte sie noch nicht gehabt und starb im Mai 1767 an den Pocken, zugleich auch Maria Theresias Tochter Josepha, die einmal den Königsthron von Neapel hätte besteigen sollen; eine weitere Tochter Maria Theresias und die „Kaiserin" selber überlebten diese Epidemie.[68]

Es ist nicht nötig, diese „demokratische" Krankheit nur an den Fürsten und Großen zu verdeutlichen, die Pocken waren auch die Krankheit der breiten Massen. In der schöngeistigen Literatur gibt es unzählige Hinweise auf sie. Goethe erwähnt gleich im ersten Buch seines autobiographischen Werkes *Dichtung und Wahrheit* seine eigene Erkrankung, und er nennt drei weitere Personen, die von den Pocken gezeichnet waren: einen Hofrat Hüsgen, einen jungen Engländer und einen Tischler namens Lerse. Für Heinrich Heine, rund fünfzig Jahre nach Goethe geboren, hatten die Pocken nicht mehr die gleiche gefährliche Bedeutung wie für Goethe: Für ihn waren die Pockennarben nur Symbol, nur Poesie, daher schrieb er von seinem Herzen, daß es „die schlechtvernarbeten Spuren in so reicherlicher Fülle (trägt), daß es aussieht wie die Gipsmaske des Mirabeau".

Am Ende des 18. Jahrhunderts wüteten sie noch einmal entsetzlich; Deutschland verlor innerhalb von drei Jahren, zwischen 1794 und 1796, rund 200000 Menschen daran. Das Zeitalter der Aufklärung war zugleich das Zeitalter der Pocken. Man darf diesen Begriff aus der Ideengeschichte für die Medizingeschichte nur bedingt verwenden; aber gerade mit Blick auf die Pocken hat er eine gewisse Berechtigung: 1768 erschien in der alten Drucker- und Verlegerstadt Leipzig unter dem Titel *Verzeichniss der vornehmsten Schriften von den Kinderpocken und deren Einpfropfung* eine Bibliographie, die nicht weniger als 817 Titel umfaßt. Eine

Ergänzung dazu, 1791 erschienen, führte weitere 310 Titel zu diesem Thema auf.[69]

Ungleich weniger wichtig waren die Masern, auch sie eine akute Virusinfektion, die vorwiegend durch Tröpfcheninfektion übertragen werden. Sie traten seit der Mitte des 18. Jahrhunderts häufiger als städtische Epidemien auf. In Berlin riß 1751 eine Masernepidemie „unter den gemeinen Leuten in 10 Sommerwochen 500 Kinder" ins Grab; innerhalb von 18 Wochen waren es 600, „die größten Theils wären zu retten gewesen, wenn die öffentliche Anstalten in einer bessern Verfassung gewesen wären", heißt es bei Süßmilch. „In Pommern sturben in eben diesem 1751sten Jahre an Kindern bis zum 7ten Jahre 5578, da sonst daselbst nur gegen 3000 zu sterben pflegen. Nach den eingezogenen Nachrichten sind in selbigem Jahre die Masern allda sehr schädlich gewesen, so wie im folgenden 1752ten Jahre es die Pocken gewesen".

Die Masern waren, wie die Pocken, eine überaus ansteckende Krankheit; aber anders als die Pocken endeten sie nur selten tödlich – gerade die Berliner Mortalitätsstatistik des späten 18. Jahrhunderts macht dies deutlich.[70]

Verzeichniß derer, an unten stehenden Krankheiten, in den Jahren von 1784 bis 1795, verstorbenen Personen	im Jahre 17$\frac{84}{85}$.	im Jahre 17$\frac{85}{86}$.	im Jahre 17$\frac{86}{87}$.	im Jahre 17$\frac{87}{88}$.	im Jahre 17$\frac{88}{89}$.	im Jahre 17$\frac{89}{90}$.	im Jahre 17$\frac{90}{91}$.	im Jahre 17$\frac{91}{92}$.	im Jahre 17$\frac{92}{93}$.	im Jahre 17$\frac{93}{94}$.	im Jahre 17$\frac{94}{95}$.	Summa totalis der 11. Jahre
An den Pocken	51.	1077.	298.	53.	914.	814.	76.	698.	545.	68.	932.	5526.
– – Rötheln	13.	103.	7.	12.	51.	101.	2.	6.	105.	57.	623.	1080.
– – Masern	3.	11.	1.	1.	12.	14.	2.	–	9.	–	50.	103.
Am Scharlachfieber	–	5.	2.	3.	–	4.	2.	5.	17.	134.	57.	209.
– Durchfall und Ruhr	53.	62.	50.	41.	46.	40.	24.	31.	36.	77.	100.	560.
– Stickhusten	–	–	–	52.	122.	52.	33.	74.	66.	65.	68.	532.

Als eine ziemlich neue, epidemisch verlaufende, aber vorerst keineswegs allzu weite Bevölkerungskreise umfassende Krankheit wird man die Diphtherie bezeichnen müssen. Der Name war seinerzeit noch nicht gebräuchlich, auch nicht in seiner älteren Form: Diphtheritis, den der französische Arzt Bretonneau 1826 prägte. Ende des 18. Jahrhunderts bezeichnete man sie in Deutschland meist als „häutige Bräune", als Angina oder als Croup. Sie soll in Europa seit dem Jahr 1600 nachweisbar sein, vor allem in dessen Süden. In Deutschland trat sie erstmals epidemisch Ende der 1750er Jahre in Berlin auf, 1764 in Frankfurt am Main, im folgenden Jahr in Göttingen, 1775 in Wertheim am Main. Süßmilch scheint auf sie anzuspielen, wenn er schreibt: „Sie tötet in 3 Tagen. Sie fängt mit einer Heiserkeit und Verstopfung an und ist mit heftigen Schmerzen in der Brust verknüpft. Bisher hat man noch kein Mittel dagegen gehabt, und sie ist noch zur Zeit wenigen Ärzten bekannt. [...] Man fängt erst jetzt hier an, darauf aufmerksam zu werden, und gibt sie für ansteckend aus." Sie war kurz zuvor in verschiedenen Dörfern der Neumark aufgetreten und hatte in mehreren Dörfern einige Kinder unter zehn Jahren getötet.[71]

Die Diphtherie blieb noch für längere Zeit eine relativ seltene, kaum bekannte Krankheit. Mehr wurde über sie erst bekannt zu Beginn des 19. Jahrhunderts, nachdem der holländische Kronprinz, ein Neffe Napoleons I., an ihr erkrankte und Napoleon eine Preisfrage ausschreiben ließ über das Wesen dieser Krankheit. Es war ein Arzt aus Bremen namens Albers, dessen Arbeit seinerzeit ausgezeichnet wurde.[72]

Eine weitere Infektionskrankheit, die epidemisch verlief und durchaus tödlich enden konnte, waren die Röteln. In England bezeichnete man sie als „German measles", weil ein deutscher Arzt namens Johann Storch sie als eine Abart der *measles* (Masern) beschrieben hatte. An sich keine ernste Erkrankung, vermochten die Röteln doch in diesen elenden Jahren unter dem elendsten Teil der Bevölkerung Kinder in den Tod zu reißen. Die Berliner Rötelnepidemie von 1794/95 kostete mehr als sechshundert Kindern das Leben.[73]

Auch die Grippe, die Influenza, spielte im Verlauf des 18. Jahrhunderts, und vor allem gegen dessen Ende, in epidemiologischer Hinsicht eine zunehmend größere Rolle. 1729 ging von Rußland eine große Grippewelle aus – der Begriff Grippe kommt vermutlich aus dem Russischen –, die im Winter 1729/30 in Deutschland grassierte, vorwiegend im Süden. Häufig wurde sie damals als Febris hectica bezeichnet. 1742 breitete sich von Italien her eine Influenzaepidemie aus, die im folgenden Frühjahr nach Frankreich und Deutschland ausgriff und viele Menschenleben forderte. 1776 grassierte erneut die Grippe in epidemischer Form in Deutschland. Eine weitere Epidemie, die größte des 18. Jahrhunderts, zog 1782 durch deutsche Lande und trieb vor allem in den Städten die Sterblichkeit in die Höhe.[74]

In diesen Zeiten der allgemeinen Not nahmen auch die chronisch schleichenden Infektionskrankheiten zu, die Infektionskrankheiten mit langen Inkubationszeiten und niedriger Kontagiosität, die infolge dieser Eigenschaften nicht in Gestalt von Epidemien – also von plötzlichen Massenausbrüchen – auftreten. An erster Stelle ist hier, was die Mortalität anlangt, die Tuberkulose zu nennen, vor allem die Lungentuberkulose. In den Sterbelisten der Stadt Wien war sie seit der zweiten Hälfte des 18. Jahrhunderts die unumstrittene Herrscherin, sofern nicht gerade eine Pocken- oder Fleckfieberepidemie ihr diesen Rang streitig machte. In Wien war sie bereits so sehr verbreitet, daß man sie einfach als Wiener Krankheit bezeichnete, Morbus Viennensis. 1815 starben in Wien 11 520 Menschen; rund ein Viertel davon, nämlich 2859, starben an der Tuberkulose. Und je mehr im Verlauf des 19. Jahrhunderts die Industrialisierung und Urbanisierung einsetzte, je dichter die Menschen von nun an in den Städten zusammenlebten, desto größer wurde auch dieses Problem. Auch in der großen Stadt Berlin war sie ein schlimmes Übel; Formey nimmt an, daß jährlich mehr als tausend Berliner daran verstarben.[75]

Zu diesen chronischen Krankheiten, welche zuverlässig Jahr für Jahr auftraten und Todesopfer forderten, ohne sich aber sprunghaft zu vermehren, gehörte auch die Syphilis, die Lustseuche, deren Verbreitung an gewisse Bedingungen geknüpft ist: die Syphilis wird fast nur durch Geschlechtsverkehr übertragen. Sie war ein beständiges Leiden, dazu eine heimtückische, oftmals unerkannte Krankheit: In ihrem zweiten und dritten Stadium können praktisch alle Organe befallen werden, und die Symptome sind ziemlich unklar. In den großen Städten, wo es Bordelle gab, wurden die Prostituierten regelmäßigen Untersuchungen unterzogen, um die Ausbreitung der Syphilis einzudämmen. Auch die Insassen anderer öffentlicher Häuser – Armen- und Arbeitshäuser, Gefängnisse – wurden diesbezüglich überprüft. Wer von der Lustseuche befallen war, mußte sich, notfalls unter Zwang, einer Heilkur unterziehen, die längst nicht immer das Übel auszukurieren vermochte. In Berlin fand man im Januar 1795, daß von 358 untersuchten „Lustmädel", wie Ludwig Formey schreibt, 23 venerisch waren, sie wurden in die Charité eingewiesen, um sich behandeln zu lassen.[76] Die Syphilis wurde noch immer mit Quecksilberkuren bekämpft: Die Kranken wurden in sogenannte Salivationsstuben gesetzt, wo man ihnen das Quecksilber verabreichte, was einen gewaltigen Speichelfluß auslöste, daher der Name Salivationsstube. Infolge dieser Behandlung traten oft Quecksilbervergiftungen auf – mit Bluthusten, Erbrechen, blutigen Durchfällen und Zahnausfall. War der Kranke sehr wohlhabend, dann half diese Kur wenigstens dem Arzt. Der junge Arzt Friedrich Schiller muß daran gedacht haben, als er 1782 in seinem Schauspiel *Die Räuber* schrieb: „Ich kenne einen Doktor, der sich ein Haus von purem Quecksilber gebauet hat." (1. Akt, 2. Szene.)

Krieg um 1800

Die Französische Revolution am Ende des 18. Jahrhunderts brachte unruhige Zeiten mit sich. Frankreich versuchte, in einer blutigen Revolution sein altes Herrschaftssystem hinwegzufegen und es durch ein neueres, modernes zu ersetzen. Die Folge dieser Revolution waren zunächst bürgerkriegsähnliche Zustände im Inneren, später auch Krieg nach außen, der die französischen Soldaten weit umher führte: bis nach Ägypten und Spanien, Italien und schließlich nach Rußland. Deutschland, von Frankreich mit Krieg überzogen und besetzt, war jahrelang der Schauplatz von Schlachten, in deren Gefolge weitläufige Seuchen auftraten, was die Sterblichkeit noch einmal mächtig in die Höhe trieb. Erst nach 1815, mit dem Abgang Napoleons von der Bühne der Geschichte, kehrten langsam bessere, ruhigere Jahre ein.

Schon 1792 erklärt die Revolution Deutschland den Krieg. „Teuerung, Hungersnot, Seuchen und Krankheit, Pest und Tod werden die Folgen euerer Verblendung sein", rief der Nürnberger Arzt und Aufklärer Joh. Benjamin Erhard den deutschen Fürsten zu, als diese ihre Untertanen in einem Feldzug nach Frankreich führten. Im Herbst 1792 erlitten die deutschen Heere bei Valmy eine schwere Schlappe. Goethe, der mit seinem Herzog, Carl August von Sachsen-Weimar, an diesem Feldzug teilnahm, hat in seinem Bericht *Campagne in Frankreich 1792* mehrere Hinweise gegeben auf das „schreckliche Wetter", dem bald böse Fieber folgen würden. „Es zog schon eine ununterbrochene Kolonne Krankenwagen, zwischen den zur Seite aufgehäuften Pflastersteinen, durch die zum Sumpf gefahrene Stadt", schreibt er an einer Stelle. „Überdrängt war die Stadt von Blessierten und Kranken." Bei den Kämpfen im Umkreis von Metz brachen schwere Epidemien aus. Zwischen 1792 und 1795 wurden allein in den Metzer Krankenhäusern 64000 Kranke versorgt. Das Fleckfieber grassierte epidemisch und kostete mehreren tausend Menschen das Leben; im Mai 1793 griff die Seuche nach Frankfurt am Main aus.[77]

Der Feldzug von 1792 offenbarte die ganze Hilflosigkeit der Medizin. Die preußische Armee verfügte über viel zu wenige ordentlich ausgebildete Armeechirurgen – das waren noch immer die Feldschere von einst, Wundärzte, die in Barbierstuben eine dreijährige Ausbildung in Bartputzen, Aderlassen und Pflasterherstellung genossen hatten und jetzt die verletzten und an Fiebern erkrankten Soldaten wiederherstellen sollten. Der preußische König Friedrich Wilhelm III. gründete infolge der niederschmetternden Erfahrungen in diesem Feldzug in Berlin eine „Pflanzschule“ für angehende Militärchirurgen; man bezeichnet sie zumeist mit dem französischen Wort Pepinière; aus ihr gingen im 19. Jahrhundert etliche bedeutende Ärzte hervor.

Westeuropa war Deutschland damals weit überlegen – wirtschaftlich, technologisch und auch in der Medizin. In Mitteleuropa war man es noch gewohnt, „mit zwanzig, dreißig, fünfzig und mehr Todesfällen vom Hundert in chirurgischen Kliniken und Gebärhäusern zu rechnen“.[78] Napoleon I. war dazu nicht bereit. Er achtete auf die Gesundheit seiner Soldaten, soweit der Staat hier Vorsorge treffen konnte. Anno 1805 zum Beispiel ließ er seine Soldaten gegen die Pocken impfen. Gegen die schweren Infektionskrankheiten freilich, die infolge seiner Kriegszüge epidemisch auftraten, vermochten auch seine Mediziner wenig zu tun. Achtzig bis neunzig Prozent der Verluste, die seine Grande Armée hinnehmen mußte, waren nicht die Folge von Verletzungen, sondern die Folge von Krankheiten.[79]

Im Orient war Napoleon – persönlich – der Pest begegnet. In Mitteleuropa brachen andere, weniger tödliche Krankheiten aus, als die Franzosen hier Krieg führten. Anno 1800, als sie das bayerische Heer bei Hohenlinden schlugen, wüteten in weiten Teilen Deutschlands die Pocken. In vielen Städten brachen Seuchen aus, darunter solche mit so kuriosen Krankheitsbildern, wie sie einst der Englische Schweiß hervorgerufen hatte.[80]

Während die Franzosen in Mitteleuropa Krieg führten, herrschten in weiten Teilen Deutschlands Seuchen. Nach der Schlacht von Austerlitz, Dezember 1805, gingen im südlichen Mähren schwere Fieberepidemien um. Weiter nördlich, in den bei Österreich verbliebenen Teilen Schlesiens, starben zwischen Januar und April 1806 weit mehr als 50000 Menschen an fieberhaften Erkrankungen, die man damals als Faulfieber und Nervenfieber bezeichnetet. 1809 wurden, nach der Schlacht von Wagram, Napoleons Truppen vom Fleckfieber ergriffen, scharenweise. Die Wiener Hospitäler waren übervoll. In den medizinischen Zeitschriften erschienen unzählige Aufsätze über diese Fieber.[81]

Im Oktober 1806 erlitten die Preußen zwei blutige Schlappen. Die folgenden Jahre brachten schwerste Notzeiten nach Deutschland. An vielen Orten wüteten Epidemien, besonders Masern, Scharlach, Keuchhusten und Diphtherie. Zwischen 1802 und 1807 verdreifachte sich in Königsberg die Sterblichkeit der Neugeborenen; 1807 war die Zahl der Gestorbenen mehr als dreimal so hoch wie die Zahl der Geburten: 6392 Toten standen nur 1949 Geburten gegenüber. Auch in Danzig traten verheerende Seuchen auf; in Berlin und Wien schnellte die Sterblichkeit jählings empor.[82]

Im Jahr 1808 zogen Napoleons Soldaten bis nach Spanien und breiteten dort ein Leichentuch aus. Allein bei der Belagerung von Saragossa, von Juni bis August 1808, und dann erneut von Dezember 1808 bis Februar 1809, starben von den 100000 Einwohnern dieser Stadt mehr als die Hälfte am Fleckfieber, von den 30000 Soldaten weit mehr als die Hälfte. Saragossa mußte sich unterwerfen. 1810 kam noch das Gelbfieber hinzu; die Franzosen bekamen seine Folgen auf ihrem Rückweg zu spüren.[83]

Für Frankreichs deutsche Verbündete bekamen Seuchen eine neue Bedeutung, als Napoleon sich entschloß, von Deutschland aus nach Rußland vorzustoßen. Im Juni 1812 zog er im deutschen Nordosten eine riesige Armee zusammen, 400000 Mann stark.[84] Es herrschte große Hitze, Typhus und Ruhr gingen um. Ende Juni stieß die Armee über die russische Grenze vor. Kerckhoff, der als Arzt das 3. französische Corps unter Marschall Ney bis Moskau begleitete und seine Beobachtungen unter dem Titel *Observations médicales faites pendant les campagnes de Russie en 1812 et d'Allemagne en 1813* veröffentlichte, schätzte, daß bereits im August 1812 rund 80000 Mann an epidemischen Dysenterien litten. Auf dem Rückzug kamen andere Krankheiten hinzu, vor allem Fleckfieber und Lungenentzündungen, Gelbsucht, vielleicht auch Diphtherie. Nicht die wenigen Schlachten gegen das russische Heer dezimierten die Grande Armée so verheerend, sondern die Seuchen.[85]

Mit den Überresten des geschlagenen Heeres fluteten Krankheiten nach Deutschland herein. Von Berlins 155000 Einwohnern starben 1812 etwa 5200, im Jahr darauf waren es mehr als 7000, davon rund 2000 an Fleckfieber. In Deutschland gingen 1813 die Kämpfe weiter; es bedurfte noch einiger Schlachten, ehe Napoleon besiegt war. Aus einzelnen großen Orten, wo es zu militärischen Zusammenstößen gekommen war – Lützen, Dresden, Leipzig –, liegen gräßliche Beschreibungen vor:

„Es war ein schauderhafter Anblick, die Wagen voll nackter Todten, in den abschreckendsten Stellungen untereinander geworfen, von den Krankenhäusern abfahren und an den Orten ihrer Bestimmung anlangen zu sehen. Das gemeine Volk gab ihnen zuletzt den Namen ‚Fleischwagen'. Viele Todte sollen in die Elbe versenkt sein. Mehrere Elbschiffe voll hier weggebrachter Kranken und Verwundeten wurden von den Franzosen selbst zwischen Dresden und Meissen auf der Elbe angezündet (man sagte, weil sie von den Preussen angegriffen worden wären). Schon mit der Hälfte des Monates Mai (am 8. Mai 12 Uhr Nachmittags rückten die ersten Franzosen ein), fingen die entsetzlichen Tage an, in welchen mancher einzelne Besitzer bedeutend grosser Häuser 2–3–400 Mann Einquartierung eingelegt bekam. Bald wurden die Verwundeten, Grindigen, Schäbigen und bereits Angesteckten sichtbar, die in zahlloser Menge von Bautzen, theils zu Fuss, an Pfählen, abgebrochnen Dach- und Planken-Latten sich jämmerlich fortwälzend, theils auf Schiebkarren gefahren, da alles andere Fuhrwerk entweder vernichtet oder geflüchtet war, in schauderhaften Gruppen anlangten. Viele dieser Elenden sanken ohnmächtig auf und an der grossen Brücke auf Baumstämme nieder und blieben nicht ohne Erquickung von Dresdner Einwohnern, dahingegen die stolzen französischen Gardisten sich nie eines daliegenden Schmachtenden annahmen. Dieser, den Krankheitsstoff allgemein verbreitende Haufe ward jetzt selbst in die Wohnhäuser der Bürger verlegt, da 25 Hospitäler sie nicht ferner aufzunehmen im Stande waren. Die schmutzigste Unreinlichkeit war nun in Häusern, Höfen, auf Strassen und öffentlichen Plätzen herrschend. Todtes Vieh, gefallne Pferde, lagen auf den Strassen oft halbe Tage. Vor den Thoren begrub man sie kaum mehr, oder so obenhin, dass die Aeser hervorstachen. Einzelne Rümpfe waren in das helle und schöne Weiseritzwasser gestürzt und lagen da zu Jedermanns Schau. Die schreckliche Hungersnoth, der Mangel an aller Zufuhr und die dadurch veranlasste Theurung der geringsten Victualien, die noch dazu von der schlechtesten Beschaffenheit waren, trat dazu. Eltern, die ihre Kinder nicht mehr zu sättigen wussten, stürzten sich in die Elbe oder brachten sich ums Leben. Ganze Familien starben aus. Einzelne Häuser stehen (1814) noch leer.“[86]

In Dresden und Leipzig starb nach den Schlachten auch ein beträchtlicher Anteil der städtischen Zivilbevölkerung. In Dresden verschieden mehr als 21000 französische Soldaten, die meisten am Fleckfieber, von der Stadtbevölkerung weitere etwa 5000 Menschen. Leipzig verlor 1813 mehr als zehn Prozent seiner Wohnbevölkerung. Nach der großen Völkerschlacht von Leipzig bemerkte man, daß die kranken Soldaten, die in offenen Schuppen lagen, weitaus häufiger mit dem Leben davonkamen als diejenigen, die in den überfüllten Hospitälern untergebracht waren.[87]

Die Befreiungskriege verliefen für Deutschland ziemlich verlustreich. Die Stadt Danzig, wo Napoleons Truppen sich verschanzt hatten, eine Garnison von 36000 Mann, Menschen aus aller Herren Länder, wurde fast ein Jahr lang von den Russen belagert. Schon im Februar 1813 brach in der Stadt das Fleckfieber aus. Bald starben Tag für Tag hundert Soldaten an dieser Seuche; zeitweise lagen 15000 von ihnen auf dem

Krankenlager. Als der Februar um war, zählte man 2000 Tote, im März noch einmal 4000 Tote, im April weitere 3000 und noch einmal 2000 im Mai. Dann wurde es besser. Jetzt begann unter der Zivilbevölkerung von Danzig – 40000 Menschen – das Fieber zu grassieren. Als die Russen ihre Belagerung abbrachen, spät im November, waren wenig mehr als 20000 Soldaten übrig. Die Stadt hatte 5600 Einwohner verloren, zuletzt waren viele verhungert.[88]

Nicht weniger verlustreich verlief die Belagerung von Torgau an der Elbe. Der preußische General Tauentzien belagerte dort die Franzosen seit September 1813. Es fehlte an allem. Alleine im November 1813 starben dort 8000 Menschen. Die Not in den Lazaretten war schrecklich, täglich wurden 300 Soldaten von Fiebern dahingerafft. Nach den Angaben der Totengräber sollen allein zwischen September 1813 und März 1814 von den französischen Soldaten mehr als 20000 verstorben sein.[89]

In Deutschlands Norden breiteten sich die Seuchen westwärts aus, bis Hamburg und noch weiter. Altona, das selber nur 24000 Einwohner hatte, mußte zeitweise mehr als 17000 Flüchtlinge beherbergen. Es erlebte eine schwere Fleckfieberepidemie mit weit mehr als tausend Toten.[90]

Auf ihrem Weg nach Westen zog die französische Armee ein Band von Krankheit und Tod hinter sich her. Die Städte, die sie berührte, erlitten hohe Verluste infolge von Seuchen. Mainz und Wiesbaden wurden vom „ansteckenden Nervenfieber" ergriffen, zwischen November 1813 und Mai 1814 starben in Mainz 7000 Soldaten. Auch in Frankfurt am Main brach das Fleckfieber aus, die Zivilbevölkerung blieb allerdings weitgehend verschont. Nur langsam griffen die Epidemien auf Deutschlands Süden über, auf das nördliche Bayern stärker als auf das südliche. In Bamberg, in Bayreuth, auf der Plassenburg bei Kulmbach – allenthalben waren die Hospitäler übervoll. Nürnberg hatte 1814 noch einmal eine Sterblichkeit von mehr als fünf Prozent; die Zahl der Sterbefälle war doppelt so hoch wie die der Geburten. In Regensburg gab es mehr als 300 Fleckfieberfälle. In ganz Bayern sollen es 18000 Fälle gewesen sein, wovon rund 3000 tödlich endeten.[91] Der deutsche Südwesten kam etwas später an die Reihe, 1814. Städte wie Karlsruhe und Freiburg im Breisgau, später dann die Gebiete jenseits des Rheins, das Elsaß und die Pfalz, litten schwer unter den Seuchen. Bis weit nach Frankreich hinein trugen die Überlebenden von 1812 die Krankheitserreger. Selbst in der französischen Hauptstadt machten sich noch Ausläufer davon bemerkbar: 1814 war in Paris die Sterblichkeit knapp 50 Prozent höher als in den beiden Jahren davor.[92]

Das Fleckfieber erwies sich als überaus ansteckend, denn sein Überträger, die Kleiderlaus, war in diesen Notzeiten allenthalben anzutreffen. Besonders gefährdet waren Ärzte und andere Personen, die Tag für Tag mit den Kranken zu tun hatten. Für Deutschland wird der Verlust an Ärzten auf fünfhundert geschätzt, das ist eine sehr hohe Zahl.

Die Jahre 1813/14, die Zeit der Befreiungskriege, bilden in Deutschland das Ende eines vorstatistischen Zeitalters. Bis 1815 sind nicht für alle deutschen Städte die genauen Einwohnerzahlen zu ermitteln; und die Heereszüge und der Flüchtlingsstrom machen die Zahlen noch verwirrender und ungewisser.[93] Eine genaue Statistik des Todes läßt sich für 1813/14 nicht geben; sie wäre überdies für die einzelnen Regionen höchst unterschiedlich. In Deutschland mit seinen 23 oder 24 Millionen Einwohnern soll etwa jeder zehnte am Fleckfieber erkrankt sein – alleine dies ein unerhörter Vorgang, wenn man bedenkt, wieviel Pflege ein einzelner Kranker wochenlang bedurfte. Zehn oder fünfzehn Prozent dieser zweieinhalb Millionen Erkrankter dürften dem Fleckfieber erlegen sein, bestimmt weit mehr als 200000 Deutsche.[94]

IX. Der Durchbruch der Medikalisierung

Schon im ausgehenden 17. Jahrhundert hatten einzelne große Geister von einer wirkungsvolleren Medizin geträumt, von besserer Gesundheit und einem längeren Leben. Was könne es, nächst der Tugend, Wichtigeres geben als die Gesundheit, fragte sich der Philosoph Gottfried Wilhem Leibnitz gegen Ende seines Lebens. Er hatte weitreichende Vorstellungen von der zukünftigen Tätigkeit eines Arztes. Er hat bereits gegen Ende des 17. Jahrhunderts darauf hingewiesen, daß es nützlich wäre, Medizinaltopographien zu erstellen, also statistische Erhebungen über Sterblichkeit und Gebürtlichkeit, über die Häufigkeit einzelner Krankheiten in einzelnen Regionen, über Lebensweise und Gesundheitszustand eines Volkes in seinen Provinzen. Die ersten Medizinaltopographien erschienen dann Mitte des 18. Jahrhunderts.[1]

Im Verlauf des 18. Jahrhunderts, in Mitteleuropa später als in England und Frankreich, setzt sodann eine Entwicklung ein, die man im Englischen als *sanitary awakening* bezeichnet.[2] Ein neues Gesundheitsbewußtsein erwachte; doch es dauerte seine Zeit, bis die Dinge wirklich besser wurden. Es dauerte Jahre und Jahrzehnte, ehe die alten Zeiten aufhörten – die alten Zeiten: da die Nächte dunkler und die Winter kälter, die Schmerzen rasender, die Fieber hitziger und die menschlichen Behausungen unwohnlicher waren, da das Leben noch immer war wie zu Zeiten des Thomas Hobbes: „short, nasty, and brutish". Was die Lebenserwartung der Deutschen anlangt, so sah es um 1800 noch immer schlecht aus, verglichen mit einer späteren Zeit sogar sehr schlecht, sie war um 1800 kaum höher als ein halbes Jahrtausend zuvor.

Immerhin, die Bevölkerung wuchs, in der zweiten Hälfte des 18. Jahrhunderts vermutlich schneller als in der ersten. Ein jährliches Wachstum von 0,7 Prozent oder geringfügig mehr erscheint glaubhaft. „Nach dem Abschluß des Befreiungskampfes und damit der Napoleonischen Ära betrug die 1816 zum ersten Male einigermaßen genau gezählte Bevölkerung Deutschlands etwa 24 Millionen Menschen."[3]

Die Bevölkerung wuchs; aber für Johann Peter Süßmilch wuchs sie zu langsam, er hielt ein durchschnittliches jährliches Wachstum von einem Prozent für möglich. Das Ziel dieses protestantischen Pfarrers war es, dem biblischen Wort „Seid fruchtbar und mehret euch" Nachdruck zu verleihen, indem er auf gesellschaftliche Unzulänglichkeiten hinwies. Er begann 1741/42 ein gewaltiges Werk vorzulegen, in drei Bänden, in dem er immer wieder dieses Ziel ansprach. 1765 erschien dieses Werk – *Die göttliche Ordnung* – in dritter Auflage; es war dies der erste größere Versuch einer Bevölkerungsgeschichte und -statistik Deutschlands. Süßmilch hat damit einen wichtigen Beitrag geleistet für die wissenschaftliche Demographie in Deutschland.[4]

Die Aufklärung

„Medizinische Aufklärung", so definierte 1798 Johann Karl Ostermann in Anlehnung an ein Wort von Immanuel Kant, „ist der Ausgang eines Menschen aus seiner Unmündigkeit in Sachen, welche sein physisches Wohl betreffen." Im Zeitalter der Aufklärung erwachte das Bewußtsein, daß vieles auch im Gesundheitsbereich im argen lag. Die Aufklärer, viele Ärzte unter ihnen, riefen nach Besserung. Struensee prangerte den alten Brauch an, daß Kranke sich eher Scharfrichtern, Badern und Quacksalbern anvertrauten als Ärzten. „Scharfrichter, Schinderknechte, ungeschickte Hebammen haben die Freiheit, ungestraft die Einwohner zu verstümmeln, zu lähmen, ungesund zu machen, zu töten, die Kinder in der Geburt umzubringen, die Frauen zu fernerem Gebären untüchtig zu machen und überhaupt mit dem bedauernswürdigen Volke umzugehen, wie sie wollen", schrieb er. „Verliert der Staat nicht hierunter entsetzlich?"[5]

Nun stand es allerdings mit der Medizin als einer angewandten Wissenschaft seinerzeit noch immer höchst bescheiden. Noch immer beherrschten traditionelle Behandlungsmethoden wie Aderlaß und Purgativa das Feld. Kaltwasserbehandlungen kamen damals gerade in Mode – man denke nur an die Erfolge von Vincenz Prießnitz –, und bei fieberhaften Erkrankungen vermochte man damit die Symptome zu kurieren. Aber es fehlte im allgemeinen an wirksamen Medikamenten; vor allem aber: Es fehlte die Einsicht in die physiologischen und pathologischen Abläufe im menschlichen Körper.[6] Große Systeme beherrschten weiterhin das medizinische Denken – sie gaben vor, man könne die Krankheiten auf *eine* Universalursache zurückführen. Die medizinische Forschung war bescheiden. Die Universitäten waren klein, die medizinischen Fakultäten unbedeutend. In ganz Deutschland gab es um das Jahr 1800 drei- bis viertausend Medizinstudenten – bedeutend mehr als anno 1660, als es nur etwa ein Zehntel davon gegeben hatte.[7] Die Universität

Helmstedt besaß 1769 noch nicht einmal ein Skelett zum Studium des menschlichen Knochenbaues; in Tübingen bekam der Medizinstudent noch zu Beginn des 19. Jahrhunderts im Verlauf seiner – damals dreijährigen – Ausbildung nur zwei Leichensektionen zu sehen, obwohl doch in Mitteleuropa seit langem die Leichen von Hingerichteten für diesen Zweck freigegeben waren.[8] Über „epidemische Verhältnisse" lernte der junge Arzt im Studium so gut wie nichts, klagte 1823 der Mediziner Friedrich Nasse. Bis gegen die Mitte des 19. Jahrhunderts war die medizinische Ausbildung ein Bücherstudium, mit wenig Labortätigkeit und wenig Anschauungsmaterial – über ihr praxisfremdes Studium in den 1840er Jahren haben noch Ärzte wie Hermann Helmholtz und Rudolf Virchow geklagt.[9]

Was Epidemien und die ihnen zugrundeliegenden Infektionskrankheiten anlangt, begann man seinerzeit die Zusammenhänge zu ahnen. „Eine ansteckende Krankheit nennen wir diejenigen, in welcher etwas, uns ganz Unbekanntes, aus einem kranken Körper ausgeht, und in einem andern gesunden, in welchen es gekommen ist, dieselbe Krankheit hervorbringt. Hierzu ist oft nicht nötig, daß man mit dem Kranken einen unmittelbaren Umgang habe", hieß es in Krünitz' *Ökonomischer Encyclopädie*. Man begann das „Unbekannte" zu ahnen. 1786 kamen die Begriffe Bazillus, Spirillum und Vibrio auf; der dänische Arzt Friedrich Müller bezeichnete damit winzig kleine Lebewesen, die imstande waren, Krankheiten zu übertragen oder hervorzurufen. 1839 entdeckte der in Berlin tätige Internist Johann Lucas Schönlein einen Pilz als Krankheitserreger. 1840 sprach Jacob Henle, ein Lehrer Robert Kochs, von einem Contagium animatum, von einem belebten Ansteckungsstoff, der Infektionskrankheiten hervorrief.[10]

„Medicinische Policey"

Ein bedeutendes Zentrum der medizinischen Aufklärung im deutschsprachigen Raum war das kaiserliche Wien; hier war es vor allem Johann Peter Frank, der die Medizin und das Gesundheitswesen zu reformieren suchte. Er hatte in Italien studiert, wo man im öffentlichen Gesundheitswesen schon ein Stück weiter war als in Deutschland. „Der größte Teil der Leiden, die uns bedrücken, kommt vom Menschen selbst", meinte er, und das wollte er abschaffen. Die alten Hospitäler hielt Frank zu Recht eher „für eine Quelle der Sterblichkeit als des gesuchten Heils". Er betrachtete es als das Ziel einer guten „medicinischen Policey", „Krankheitsursachen, welche entweder ins Große auf die Völker wirken oder von der Willkür einzelner, nicht so sorgfältiger Menschen abhängen, [...] durch obrigkeitliche Vorsorge“ beheben zu lassen.[11]

Diese Vorstellungen fanden im Kaiserhaus einen entschiedenen Förderer: 1784 ließ Kaiser Joseph II. in Wien ein Allgemeines Krankenhaus errichten, ein Hospital, das nicht mehr chronisch Kranke und sieche Menschen aufnahm, die keine Aussicht auf Heilung hatten, sondern akut und chronisch Erkrankte, denen die Medizin zu helfen vermochte. Dieses Allgemeine Krankenhaus fand 1789 seine schönste Nachahmung im süddeutschen Raum, in Bamberg, dessen Fürstbischof gleichfalls ein Herz hatte für seine Untertanen. Das Bamberger Krankenhaus verfolgte den gleichen Zweck: nicht Pflege, sondern Heilung wollte es bringen. Es war zugleich das Krankenhaus der unteren Volksschichten. Man rechnete, daß sich durchschnittlich fünfzig Kranke aufhalten würden – richtete aber mehr als doppelt so viele Betten ein, um für Epidemien und andere Notfälle gerüstet zu sein. Viele städtische und akademische Lehrkrankenhäuser haben später der Bamberger Einrichtung einiges abgeschaut.[12]

Das neue Krankenhaus war – anders als das alte Spital – ein Ort der Heilung und zugleich der medizinischen Forschung. Öffentliche Krankenhäuser, schrieb Nathanael Hulme, seien „als die großen Pflanzschulen der praktischen Erkenntnis in der Heilkunst anzusehen, und ihr Nutzen ist so einleuchtend, daß dergleichen nunmehr in ganz Europa eingerichtet worden sind“. Als er diese Zeilen schrieb, 1772, machte man damit gerade einen Anfang.

Hufeland verlangte vom neuen Krankenhaus, etwas später, aber ganz ähnlich: „Hülfe den ärmeren oder verlassenen Kranken, Vervollkommnung der Heilkunst durch genauere Beobachtung und unter Aufsicht angestellte Versuche und Bildung der Wund-Aerzte zum practischen Heilgeschäft.“[13] Das neue Krankenhaus wurde zur bahnbrechenden Neuerung: der medizinische Fortschritt fand zum größten Teil im Krankenhaus und seiner näheren Umgebung statt.

Viele weitere staatliche Maßnahmen setzten nun ein, welche eine bessere Gesundheit der Einwohner zum Ziel hatten. Preußen richtete im Dezember 1808 im Ministerium des Innern eine Unterabteilung für das Medizinalwesen ein. Diese Abteilung war zuständig für alle Bereiche der Human- und der Veterinärmedizin, für das Arznei- und Krankenhauswesen. Sein Kontrollorgan war die Sanitätspolizei. 1835 wurde ein Regulativ erlassen, welches vorsah, daß jeder Bürger beim Auftreten von ansteckenden Krankheiten Anzeige erstatten mußte; es sah des weiteren eigene Infektionskrankenhäuser vor, Überwachung des Trinkwassers, Vorschriften für Desinfektionsmaßnahmen, die Einrichtung von Sanitätskommissionen in den Stadt- und Landkreisen und ein Verbot, welches die Zusammenrottung von Menschenmassen in Seuchenzeiten regelte.[14]

Der Staat begann, sich der Gesundheit des einzelnen anzunehmen. „Jetzt will man alles gesund und wohlgebildet machen, lauter starke frische Leute sollen erzielt werden, damit sie Krankheiten und Seuchen besser widerstehen können", schrieb ein Namenloser 1789. Als Medikalisierung bezeichnet man, mit einem Wort Michel Foucaults, diese Bewegung, die im 18. Jahrhundert einsetzte und ihren Siegeszug im 19. fortsetzte. Sollte man eine einzige Neuerung nennen, um ihren ersten großen Erfolg und ihre große Bedeutung zu unterstreichen, so würde man wohl am besten die Pockenschutzimpfung nennen.

Die Pockenimpfung

Wenn sie erst einmal ausgebrochen waren, war gegen die Pocken kein Kraut gewachsen. Man konnte ihnen allenfalls zuvorkommen, wie man es in England schon seit Anfang des 18. Jahrhunderts machte: Man infizierte einen Menschen absichtlich mit der Lymphe eines Pockenkranken, um einen leichten Fall von Pocken hervorzurufen, welcher aber den Infizierten aktiv immunisierte. Das war nicht ungefährlich, man konnte an dieser absichtlich herbeigeführten Erkrankung sterben. Aber es war, statistisch gesprochen, weitaus gefährlicher, zu warten, bis die Pocken von sich aus zugriffen. Das Risiko wurde von vielen Ärzten und Aufklärern seinerzeit berechnet und in zahlenmäßige Relation gestellt.

Und es kamen immer wieder Pockenepidemien. Sie überzeugten vermutlich mehr Menschen von der Notwendigkeit der Impfung als die in undurchschaubaren Brüchen ausgedrückten Zahlen der Gelehrten. Der schwere Pockenausbruch von 1752 in London, als 17 Prozent aller Toten von den Pocken dahingerafft waren, überzeugte das Londoner College of Physicians, daß man den Pocken (lat. *variola*) durch Variolation – so nannte man diese Impfung – zuvorkommen müsse.[15]

In Frankreich führte ein gewisser La Condamine 1754 eine regelrechte Aufklärungskampagne zugunsten dieser Impfung, unterstützt darin von Voltaire, der selber eine kleine Schrift *Sur l'Insertion de la petite vérole* verfaßt hatte. Aber im großen und ganzen mißtraute man in Frankreich dieser Impfung. „Wieviel Zeit benötigen erwiesene Ideen, um den Pas de Calais zu überschreiten?" klagte Voltaire. 1763 untersagte das Parlement de Paris strengstens, diese Impfung anzuwenden, und auch hohe Kirchenmänner sprachen sich dagegen aus. Erst der Tod Ludwigs XV. am 19. Mai 1774 – an den Pocken – brachte den Umschwung. Ludwig wurde von seinen Ärzten noch mit der klassischen Heilmethode traktiert, dem Aderlaß. Nach dem dritten Aderlaß reichte man in Frankreich die Letzte Ölung; um den Hof nicht zu erschrecken, ließen die Ärzte in diesem Fall gleich beim zweiten Aderlaß ein großes Becken Blut ab. Vergebens. Der König starb. Drei Jahre später, 1777, starb Kurfürst Max III. Joseph, der letzte bayerische Kurfürst aus der Münchener Linie der Wittelsbacher, gleichfalls an den Pocken.[16]

Spektakuläre Fälle wie diese wirkten oft wegweisend. In Rußland hatte bereits einige Jahre zuvor Katharina die Große englische Experten anreisen lassen, um ihren Hof gegen das Übel zu immunisieren. Im gleichen Jahr 1768 ließ Maria Theresia einen niederländischen Arzt nach Wien kommen, Jan Ingen-Housz, um von ihm die Geheimnisse des Impfens zu erfahren. Ihr Leibarzt, van Swieten, war skeptisch. Jetzt wurde in den Wiener Waisenhäusern geimpft. Im folgenden Jahr, Herbst 1769, bewirkte eine Pockenepidemie in Dänemark, daß der dänische König seinem Leibarzt Struensee erlaubte, den Kronprinzen zu impfen. 1775 erlaubte die preußische Krone, daß man sich impfen ließe, kurz zuvor war ein enger Verwandter König Friedrichs II. an den Pocken verstorben.[17]

In den deutschen Staaten machten neben den „reisenden Engländern", von denen Goethe schrieb, nach der Jahrhundertmitte deutsche Ärzte die ersten Impfversuche. Ein Magdeburger Arzt namens Keßler und der Sohn des Hamburger Orientalisten Reimarus, der seit 1757 in Hamburg praktizierte, sollen die ersten gewesen sein. Reimarus hatte in Edinburgh und London studiert. Während einer Pockenepidemie in Hamburg und Altona begann Struensee, die Kinder in den Waisenhäusern zu impfen. Man darf dies keinesfalls als Zynismus deuten, als einen medizinischen Versuch an Wehrlosen. Struensee wußte, welcher hohen Infektionsgefahr diese Kinder ausgesetzt waren, daher empfahl er, „alle noch nicht gepockten Waysenkinder bey ihrer Aufnahme zu belzen".[18]

Es gab gelehrte Anhänger der Pockenimpfung, des Pockenbeltzens, wie es auch gelehrte Widersacher gab. Süßmilch war ein Verfechter des Beltzens, weil er bei seinen Berechnungen zu dem Ergebnis gekommen war, daß die Pocken „vermöge der vielen Proben durch die Einpfropfung fast ganz unschädlich können gemacht werden, daß kaum unter 300 Eingepfropften einer stirbt, daß sie auch nicht wiederkommen, wie man ohne Grund eingewant hat. [...] Jetzt wendet man noch vor, es würde ein Eingriff in die Vorsehung seyn", schrieb er. „Ich will zugeben, daß Eltern ihre Kinder nicht dürfen in Gefahr setzen. Man wird mir aber auch dagegen müssen zugeben, daß Eltern aus zweyen Übeln und Gefährlichkeiten das kleinste wählen müssen, wenn sie beide unvermeidlich sind. [...] Da nun unter 1000 Todten 80 sind, die an den Pocken gestorben, so folgt, daß von allen Menschen der 12te Theil an den Pocken stirbt. Da ferner aller Menschen, bis auf sehr wenige, die Pocken ausstehen müssen; so folgt, daß von allen, so die Pocken haben, welches fast alle Menschen sind, der 12te Theil verstirbt. Nun ist aber durch die in Engeland und in dem englischen Amerika gemachten Versuche hinlänglich dargethan worden, daß unter denen, so die eingepfropften Pocken ausgestanden haben, kaum einer von 300 bis 400, ja mehrern, zufällig daran gestorben ist. Wir wollen nur 300 als das wenigste annehmen. So verhalten sich denn die an den gemeinen Pocken Gestorbene zu den eingepfropften Gestorbnen wie 12 zu 300, oder wie 1 zu 25. Es ist also die Gefahr bei den eingepfropften 25 mal geringer als bey den ordentlichen. Die Hoffnung, glücklich durch die Pocken zu kommen, ist 25 mal größer."[19]

Am Ende seiner ausgiebigen Argumente wies Süßmilch darauf hin, daß auch die Seefahrt gefährlich sei; da sie sich aber wirtschaftlich lohne und das Risiko gering sei, fahre man weiterhin zur See. Dieses Argument wollte einem der größten Geister des Jahrhunderts, Immanuel Kant, nicht gefallen. In seiner *Metaphysik der Sitten* erwiderte er: „Wer sich die Pocken einimpfen zu lassen beschließt, wagt sein Leben aufs Ungewisse: ob er es zwar tut, um sein Leben zu erhalten, und ist so fern in einem weit bedenklicheren Fall des Pflichtgesetzes, als der Seefahrer, welcher doch wenigstens den Sturm nicht macht, dem er sich anvertraut, statt dessen jener die Krankheit, die ihn in Todesgefahr bringt, sich selbst zuzieht."[20]

Kurz vor dem Jahr 1800 kam eine neue Form der Impfung auf. Stallmägde hatten bemerkt, daß die Kuheuter oft von pockenähnlichen Pusteln befallen waren. Bei der Melkerin entwickelten sich dann an den Händen Entzündungsbläschen, sie fieberte einige Tage und war bald wieder vollkommen genesen. Fortan war sie erfahrungsgemäß immun gegen die – weitaus bösartigeren – Menschenpocken. Landwirtschaftliches Personal soll schon im 18. Jahrhundert mit den Kuhpocken experimentiert haben.

Es ist nicht notwendig, an dieser Stelle einen Prioritätsstreit auszufechten, wer die Impfung mit Kuhpockenlymphe als erster entdeckt hat. Aber richtig ist wohl, daß man in den letzten Jahrzehnten des 18. Jahrhunderts mehrmals über ebendiese Erfahrung mit Kuhpocken in gelehrten Blättern lesen konnte. So hieß es 1769 in den Göttinger *Allgemeinen Unterhaltungen*, daß Menschen, die einmal die Kuhpocken gehabt haben, sich „gänzlich schmeicheln, vor aller Ansteckung von unseren gewöhnlichen Blattern gesichert zu sein". Im *Wandsbeker Boten* stand geschrieben, ein Pächter habe fünf seiner sechs Kinder mit Kuhpocken geimpft und als das sechste Kind später an den Pocken erkrankte, steckte es die andern nicht an. Ein Holsteiner Hauslehrer namens Peter Plett impfte in den 1790er Jahren drei Kinder eines Pächters mit den Kuhpocken; als einige Jahre später deren Geschwister erkranken, sollen die drei gesund geblieben sein.[21]

Der englische Landarzt William Jenner hat auf jeden Fall bemerkt, daß die alte bäuerliche Spruchweisheit – „Wer die Kuhpocken gehabt hat, kann die Menschenpocken nicht bekommen" – richtig war. Er bemerkte, daß diese Personen nach der Inokulation mit Menschenpocken keine Reaktion zeigten. Nach mehr als tausend Experimenten mit Kuh- und vielleicht auch mit Pferdepocken teilte er der Royal Society seine Entdeckung mit. 1798 verfaßte er eine dünne Schrift, die bald unter dem Titel *Untersuchung über die Ursachen und Wirkungen der Kuhpocken* in deutscher Sprache vorlag. Jenners Folgerungen lauten:

- Man darf Menschen nicht mit den viel gefährlicheren Menschenpocken impfen, sondern nur mit Kuhpockenlymphe;
- und man kann die Kuhpockenlymphe von Mensch zu Mensch übertragen.

Diese neue Form der Impfung bezeichnete man nicht mehr als Variolation, sondern nach dem Ursprungsstoff der Lymphe als Vakzination (*vacca*, lat. Kuh). Aber nicht einmal diese – weniger gefährliche – Form der Impfung fand ausschließlich Befürworter. „Die Kuhpocken inoculire ich so wenig wie die natürlichen", schrieb der aufgeklärte Arzt Joh. Benjamin Erhard, an sich kein Feind von Neuerungen. „Ich habe gegen die ersten noch den Grund, daß sich nicht vorhersehen läßt, was aus dieser endemischen Krankheit, wenn sie sich den menschlichen Körper in verschiedenen Gegenden aneignet, werden wird, und ob dadurch dem menschlichen Körper nicht unabsehbares Elend bereitet wird." War es denn überhaupt vertretbar, Menschen eine tierische Substanz einzuimpfen? War dies nicht eine Herabwürdigung des Menschen? Es wurde von Fällen berichtet, wo jemand nach der Einimpfung gebrüllt hatte wie eine Kuh oder um sich gestoßen hatte wie ein Stier.[22]

Am eindrucksvollsten hat die *Oeconomisch-technologische Encyclopädie* von Krünitz, in ihrem langen Eintrag ‚Pocken (Schutz- oder Kuh-)‘, die Argumente gegen die neue Vakzination zusammengefaßt: „1) Die absolute Unmöglichkeit an den Kuhpocken zu sterben ist nicht erwiesen. [...] 2) Daß die Kuhpocken nicht unbedingt gegen die natürlichen Blattern schützen. [...] 3) Daß die Einimpfung nicht jedesmahl haftet und deshalb nicht selten mehrmahlen wiederholt werden muß, imgleichen: 4) daß öfters auch von der ächtesten Kuhpockenmaterie dennoch falsche Kuhpocken entstehen, welche die Menschen nicht vor der Ansteckung der natürlichen Blattern sichern. [...] 5) Können aber nicht, heißt es ferner, mit dem Kuhpockengift zugleich auch andere Krankheitsstoffe eingeimpft werden? [...] 6) Daß, da die Kuhpocken ursprünglich eine Viehkrankheit sind, durch Mittheilung derselben der menschliche Körper gleichsam degradirt, und durch die Beymischung thierischer Säfte und thierischer Schärfen verschlechtert werden könne. [...] 7) Endlich so gibt es auch in Rücksicht der natürlichen Blattern noch einen ziemlich herrschenden Irrglauben unter dem Volke, der die Ausbreitung der Kuhpocken erschwert, und den man deshalb etwas umständlich erörtern muß. Man hält nähmlich die natürlichen Blattern für eine Art Sauerteig, den jedes neugeborne Kind mit auf die Welt bringt, und der, wie jeder Sauerteig, eine Gährung hervorbringen müsse. Der Ausbruch der natürlichen Blattern sey nun nichts anders, als das Produkt dieser Gährung.“[23]

Einige dieser Argumente enthielten durchaus ein Fünkchen Wahrheit; aber nach den großen Pockenepidemien um 1800 waren die Befürworter der neuen Vakzination einfach in der Überzahl. Am 1. September 1801 fanden in der Wiener Klinik in Anwesenheit von Joh. Peter Frank die ersten öffentlichen Versuche mit der Vakzination statt. Zunächst war es jedem einzelnen überlassen, ob er sich und seine Nachkommen impfen lassen wollte. Doch forderten jetzt von allen Seiten Aufklärer, Ärzte und auch Geistliche, dieses Geschenk des Himmels anzunehmen. 1802 dichtete ein Ungenannter:

So raffte fast in allen Zonen
Die Blatternpest mit wilder Hand
Die Menschen hin zu Millionen,
Eh die Vernunft ein Mittel fand,
Das uns, wenn man es weislich nützt,
Vor diesem Erdenübel schützt.[24]

Von allen Seiten kamen jetzt Schriften, meist von Befürwortern der Vakzination. Der schwäbische Medizinalrat Wetzler forderte von der bayerischen Regierung Gelder für die Impfung: „Es gab sich nämlich im ganzen Regierungsbezirke Straubing kein Landarzt mit der Einimpfung der Kuhpocken ab, und die Eltern scheueten die Kosten der Impfung", schreibt er. Er verlangte von der Regierung, sie sollte eigene Impfärzte ernennen, die die Vakzination unentgeltlich vornehmen sollten. In weiten Teilen Deutschlands halfen Geistliche, die Vakzination durchzuführen.[25]

Bald setzten sich auch einzelne deutsche Regierungen für die Vakzination ein. 1803 erließ die preußische Regierung ein Reglement, in dem sie „die Beförderung der Schutzblatternimpfung nunmehr zu einem besonderen Augenmerk Unserer Staatsverwaltung" erklärte, „damit das menschliche Pockenübel, welches im Durchschnitt jährlich mehr als 40 000 Menschen in Unsern Landen wegrafft, sobald als möglich vertilgt und ausgerottet werde". Eine zentrale Lösung, also von Reichs wegen, konnte es nicht geben, denn gerade um diese Zeit, 1806, löste sich das Reich unter den Hammerschlägen der französischen Heere auf – Napoleon I. freilich war weitblickend genug, seine Soldaten vermittels Vakzination in guter Gesundheit zu halten, was seine Nachfolger vernachlässigten.[26]

Es war Bayern, das neuerrichtete Königreich von Napoleons Gnaden, das im August 1807 als erster deutscher Staat die *Impfpflicht* einführte; noch im gleichen Jahr folgte Hessen, im Jahr darauf Österreich; Baden schrieb 1815 und Württemberg 1818 allen Neugeborenen die Erstimpfung vor. Es stellte sich jedoch bald heraus, daß eine einmalige Impfung nicht genügte, nur die Zweitimpfung, die Revakzination, vermittelte einigermaßen zuverlässige Immunität gegen die Pocken – das war die Lektion, die man aus einigen Pockenepidemien in europäischen Großstädten zog: Edinburgh 1817, Berlin 1823, Hamburg 1824, Paris 1825. Das Königreich Württemberg führte 1829 für die größeren Kinder die Revakzination ein; ab 1834 wurden in Preußen die Rekruten ein zweites Mal gegen Pocken geimpft.

Rückschläge gab es trotzdem immer wieder. Als der greise Goethe im Februar 1831 erfuhr, daß im benachbarten Eisenach Pockengeimpfte an den Pocken erkrankt waren, sagte er, wie Eckermann mitteilt: „Dennoch aber bin ich dafür, daß man von dem strengen Gebot der Impfung auch ferner nicht abgeht, indem solche kleine Ausnahmen gegen den unübersehbaren Wohltaten des Gesetzes nicht in Betracht kommen."[27]

Die Pocken gingen zurück, aber sie verschwanden noch nicht gänzlich aus Deutschland. Pockennarbige Gesichter waren noch lange zu sehen: Theodor Fontane schreibt, in seiner Kindheit habe man von den Pokkennarbigen gesagt, „der Teufel habe Erbsen auf ihrem Gesicht gedroschen", und der junge Fontane kannte einen, der hatte „nicht erbsengroße Kuten, sondern halbhandbreite Narbenflächen" im Gesicht. Die von den Pocken Gezeichneten wurden weniger, aber sie verschwanden nicht ganz, und je geringer ihre Zahl wurde, desto größer wurde die Sorglosigkeit der Bevölkerung, was das Impfen anbetrifft. Die Berliner Pockenepidemie von 1858 berührte an die 4500 Personen, von denen immer noch ein Prozent verstarb. Weitere – und weit schwerere – Pockenepidemien folgten in den 1860er und 1870er Jahren. Ein engagierter Arzt wie der Freiburger Internist Adolf Kußmaul veröffentlichte noch im Jahr 1870 seine *Zwanzig Briefe über Menschenpocken- und Kuhpokkenimpfung*, um seine Zeitgenossen wachzurütteln.[28]

Mensch und Umwelt

In den Jahrzehnten vor und nach 1800 setzten Kräfte ein, die Natur dort zu bändigen, wo sie für Menschen krankmachend wirkte. Wo es stehende Gewässer gab, ob im Norden oder Süden Deutschlands, da gab es Mücken und Stechfliegen, auch die Anopheles, die Überträgerin der Malaria. Der Höhepunkt der Malaria-Neuerkrankungen war in Deutschland der September. Die Anophelesfliege überwinterte hierzulande in Häusern. Wie weitverbreitet Stechfliegen waren, kann man von Goethe erfahren, der als Student in Straßburg, in den 1770er Jahren, gern in den Rheinauen spazierenging, wo man, wie er schreibt, „nicht versäumen (durfte), feinlederne Unterstrümpfe zu tragen, um (sich) gegen die Rheinschnaken zu sichern, welche sich an schönen Sommerabenden über die Auen und Gärten zu verbreiten pflegen".[29]

Diese Fliegen waren nicht nur lästig, sie waren gefährlich. Die Malaria ist eine ernstzunehmende Infektionskrankheit. Friedrich Schiller litt zeit seines Lebens an der Malaria, die er sich in den 1780er Jahren in Mannheim zugezogen hatte. Solange der Flußlauf des Rheins nicht begradigt war, standen in der Stadt Frankfurt oft wochenlang die Keller unter Wasser und boten der Anopheles den besten Nährboden. Das Wechselfieber, die Malaria, war „eine der häufigsten Erkrankungsformen", die man in den Frankfurter Krankenhäusern antreffen konnte, schreibt ein Frankfurter Arzt. Aber selbst bis in die deutschen Mittelgebirge, bis hinein nach Schlesien beispielsweise, quälte das Wechselfieber die Bevölkerung.[30]

Pläne und Versuche, Malariasümpfe und stehende Altwasser trockenzulegen und die Räume dann landwirtschaftlich zu nutzen, gab es in

Fülle, vor allem natürlich in Italien, wo die Malaria seit der Antike ein schweres Problem war. Im 18. Jahrhundert setzte diese Reformbewegung erneut und verstärkt ein, nicht zuletzt deswegen, weil die Anbauflächen knapp wurden. Kaiser Josephs II. Bruder, Leopold, der Erzherzog der Toskana gewesen war, bevor er 1790 den verwaisten Kaiserthron bestieg, war ein bedeutender Reformer. Allerdings blieb Leopold nicht viel Zeit – er starb 1792 im Alter von 44 Jahren. Leopolds Plan war es, die Malariasümpfe in seinem Herrschaftsbereich trockenzulegen.[31]

Napoleon I. wollte, weiter südlich, die römische Campagna sanieren. Da gab es alte Pläne, die bis in die Antike zurückreichten. Doch die Trockenlegung ging langsam vonstatten, davon berichteten Reisende immer wieder. Charles Dickens bezeichnete die Campagna in seinen *Pictures from Italy* als „die bestgeeignete Begräbnisstätte der Toten Stadt". Die Umgebung Roms blieb noch für lange Zeit eine Wüstenei, wo hagere Gestalten von Hirten mit eingesunkenen Wangen ihre Schafe weideten, wo die Dea Febris umging, als laste ein Fluch auf dieser Landschaft. In Henry James' kleinem Roman *Daisy Miller* (1879) geht es, medizinhistorisch gesprochen, um die Malaria, um die Fieberdünste, die an den schwülen Sommerabenden den römischen Sümpfen entwichen. Die gleichnamige Heldin dieses Romans begeht den Fehler, mit ihrem Galan dort des Abends zu flanieren, und nicht infolge eines moralischen Fehltritts, sondern infolge der Malaria findet die junge, unschuldig-naive Amerikanerin den Tod.

Noch im Jahr 1888 schreibt Werner Sombart über diese Region: „Das ist Italien: So reich an Sonnenschein und Leben, an Himmelsbläue und Farbenpracht, und allerorts vom Fieber angefressen."

In den 1880er Jahren starben in Italien jährlich 30000 bis 40000 Menschen an der Malaria. Aber diese Zahl war im Abnehmen begriffen: 1881–83 starben von 100000 Italienern jährlich 182 an der Malaria, 1884–86 waren es 116, 1887–89 nur noch 99.[32]

Auch in Deutschland gab es im Verlauf des 19. Jahrhunderts eine Reihe von Versuchen, stehende Gewässer trockenzulegen und durch Umweltmaßnahmen chronische Infektionskrankheiten einzudämmen. Dies war zwar nicht der wichtigste Grund, warum in den Jahrzehnten nach 1817 der Oberlauf des Rheins begradigt wurde; aber eines der Ergebnisse war eine deutlich „rückläufige Malaria-Bewegung etwa seit den 1850er Jahren bis 1900"; zuvor, bis zur Mitte des 19. Jahrhunderts, war die Malaria auch hierzulande eine „weit verbreitete und häufige Krankheit".[33]

Ganz war das Malaria-Problem in Deutschland damit freilich noch nicht gelöst: in den Küstenregionen, vor allem an der Ostsee, und auch in anderen wasserreichen Gegenden Deutschlands gab es die Malaria weiterhin endemisch. In Schleswig und Holstein zählte man in den Jahren 1861/62 mehr als 40000 Fälle, und noch mehr verbreitet war die endemische Malaria in Bayern, an den großen Alpenseen, wo sie fast überall endemisch vorkam. „Größere malariafreie Gebiete existierten kaum vor der Jahrhundertwende", faßt ein Experte den Sachverhalt zusammen.[34]

Rückschläge

Das 19. Jahrhundert – und vor allem dessen zweite Hälfte – war ein Zeitalter des medizinischen Fortschritts: der fallenden Sterblichkeit und der steigenden Lebenserwartung. Aber der Fortschritt kam nicht über Nacht, und er geschah nicht unaufhörlich; er wurde unterbrochen von Rückschlägen: Pocken, Masern, Gelbsucht, Windpocken, Typhus, Frieseln, echte Blattern, Scharlach, Gehirntuberkulose, Auszehrung, Lungenblutung, vermutlich infolge von Lungentuberkulose – das alles sind Krankheiten, die Thomas Mann in seinem Roman *Buddenbrooks* erwähnt. *Buddenbrooks* handelt zwischen 1835 und den 1870er Jahren, und in dieser Zeit gab es all diese genannten Krankheiten.

Alte Krankheitsherde flackerten wieder auf, die Pocken oder das Fleckfieber beispielsweise; der zunehmende Verkehr zwischen den Staaten brachte aber auch ganz neue Krankheiten aus fernen Erdteilen – wie die Cholera asiatica – nach Mitteleuropa. Das flache Land blieb eher das Residuum der alten Leiden; in den Städten traten bevorzugt die neuen auf. Doch die Städte wurden immer mehr und immer größer; Industrialisierung und Urbanisierung gingen Hand in Hand.

Die Cholera: In den 1830er Jahren rüttelte eine ganze neue Krankheit Europa auf, die Cholera. Der Name war altbekannt: Aretäus von Kapadozien (um 81–128 n. Chr.) soll bereits wesentliche Symptome dieser Infektionskrankheit beschrieben haben: die unstillbaren Durchfälle verbunden mit Erbrechen, und die Folgen davon, nämlich die Exsikkose, die mit starken Wadenkrämpfen einherging, mit Erkalten der Gliedmaßen und verfallenem Aussehen – man sprach bald von der Facies cholerica –, in jedem zweiten Fall kam der Tod. Autoren des 16. Jahrhunderts führten als Ursache dieser Erkrankung den Genuß verdorbener Speisen an; ein Ludwig Tralles schrieb 1753, sie erscheine unter verschiedenen Verlaufsformen. Es ist allerdings nicht anzunehmen, daß diese Autoren tatsächlich die Cholera asiatica meinten. Cholera asiatica nannte man diese *neue* Infektionskrankheit, die erstmals 1831 nach Mitteleuropa kam, um sie von der längst bekannten einheimischen Gallenruhr (Cholera nostras) zu unterscheiden.[35]

Die Cholerapandemie, die zu Beginn der 1830er Jahre nach Europa kam, nahm ihren Anfang 1816/17 in Hinterindien. Möglicherweise spielten Erschütterungen im Witterungsgeschehen bei ihrer Verbreitung eine Rolle.[36] Auf jeden Fall breitete sich die Krankheit von dort aus, nach Singapur, Sumatra, Ceylon und nach Westen. Es ist nicht nötig, ihren Weg zu verfolgen. Von Interesse ist vielleicht, daß 1825 der zweite Band von Schnurrers *Chronik der Seuchen in Verbindung mit den gleichzeitigen Vorgängen in der physischen Welt und in der Geschichte der Menschen* erschien. Am Ende dieser zweibändigen Chronik wird von der Cholera berichtet – wie sie Jahr für Jahr vorrückt, von Unterbengalen nach Maskat, nach Schiras und Bagdad, wie sie 1822 Aleppo erreicht. Und am Ende dieses zweiten Bandes heißt es: „Ja, es wurde sogar die Behauptung gewagt, daß sie in vier Jahren bereits am Rhein eintreffen könnte."[37]

Als Schnurrer diese Zeilen schrieb, stand sie in Astrachan, wo sie angeblich zwei Drittel der Erkrankten tötete. Der Krieg zwischen Rußland und Persien (1826/28) tat das Seine, die Seuche ins Russische Reich zu tragen. 1830 langte sie in Odessa an, Ende September 1830 war sie in Moskau, wo sie bis Mitte Februar 1831 von insgesamt 8731 Erkrankten 4500 tötete. Die Bittgottesdienste in der Himmelfahrtskathedrale im Kreml verhallten ungehört. Von Moskau zog die Cholera weiter, nord- und westwärts, sie erreichte St. Petersburg, das von einem großen Militärkordon umstellt worden war. Die Cholera ergriff die Stadt und schlich dann entlang der Ostsee, nach Mittel- und Westeuropa. Auch der dreifach gesicherte Militärkordon, den die preußische Regierung gegen Rußland hatte aufstellen lassen, nützte nichts; die Unruhen in Polen halfen im Gegenteil, die Seuche weiterzutragen. Im Frühjahr 1831 war die Cholera in Königsberg und Danzig – Schopenhauer soll ihretwegen fluchtartig Berlin verlassen haben. In Königsberg erkrankten insgesamt 2221 Menschen an der Cholera, 1327 starben – das war mehr als zwei Prozent der Einwohner. Im Regierungsbezirk Königsberg, außerhalb der Stadt, waren nur 139 Tote zu beklagen, bei 254 Fällen von Cholera.[38]

Von Deutschlands nordöstlichstem Punkt breitete sie sich west- und südwärts aus. Im Juni 1831 war sie in Posen und Bromberg, im August in Hinterpommern, dann in Vorpommern, im Oktober in Hamburg. In Pommern richtete sie wenig Unheil an, dazu war das Land zu wenig verstädtert. Die Kreise Schivelbein, Neustettin und Belgard blieben frei, nur in Köslin trat sie tödlich in Erscheinung. Noch im Hochsommer trat sie auch schon in Schlesien auf, vor allem im Kreis Beuthen. Bemerkenswert war von Anfang an, wie sie bevorzugt entlang der schiffbaren Flüsse auftrat, etwa entlang der Oder, wo sie die vier Regierungsbezirke an der Oder angriff, nicht jedoch die fünfzehn Bezirke, die davon entfernt lagen.[39]

In Hamburg zählte man bis Ende November 858 Fälle und 451 Tote; einige neue Erkrankungen erfolgten im Dezember. Im folgenden Jahr kam sie erneut. Die Anfälligkeit war in den niedriggelegenen Teilen der Stadt viermal größer als in den hochgelegenen. Insgesamt erkrankten 1831/32 in Hamburg 3349 Bewohner, 1652 starben. Auch Berlin erlitt hohe Verluste: von seinen 230000 Einwohnern wurden 2271 ergriffen und 1426 starben.[40]

Die westlichen Teile Preußens wurden erst 1832 berührt, aber weniger stark. Der Rheinhafen Düsseldorf unternahm weitreichende Vorsichtsmaßnahmen: Der Reiseverkehr wurde eingeschränkt; Einreisende aus verseuchten Gebieten mußten sich einer zehntägigen Quarantäne unterziehen; Pässe und eigens für diesen Zweck ausgestellte Karten wurden mit entsprechenden Vermerken versehen; der Warenverkehr wurde gedrosselt. Die Behörden widmeten den gefährdeten öffentlichen Örtlichkeiten vermehrt ihr Augenmerk. Überdies herrschte in diesen Jahren noch eine schwere Grippeepidemie in weiten Teilen Deutschlands.[41]

Insgesamt hatte Preußen in dieser ersten Choleraepidemie rund 41000 Tote zu beklagen. Der Süden Deutschlands, auch ganz Bayern, blieb von dieser ersten Epidemie verschont. Nicht so Österreich: Die Cholera wütete bereits im August 1831 in Wien und hielt dort bis März 1832 an. Von 4362 Befallenen starben 2188 – das entsprach einer Letalität von ziemlich genau 50 Prozent, wie sie bei der Cholera „unbehandelt" – oder auch mit unwirksamen Methoden und Arzneien behandelt – die Norm ist.[42]

Bald griff die Cholera auf Westeuropa über. Frankreich steckte – nach der Revolution von 1830 – noch in einer wirtschaftlichen Flaute, als sie kam. Vor allem die großen Städte im Norden – Lille, Rouen, Paris – waren schwer betroffen; alleine die Hauptstadt hatte mehr als 18000 Tote zu beklagen. Das berühmteste Opfer war der Ministerpräsident, Casimir Périer, der am 16. Mai 1832 starb.[43] Die französische Choleraepidemie von 1832 wurde gleich zweimal literarisch beschrieben: von Victor Hugo in seinem Roman *Les Misérables* und, glänzend, von Heinrich Heine in *Französische Zustände*.

Schwer heimgesucht wurde auch England. Die Choleraepidemie von 1831/32 kostete 32000 Menschenleben. Innerhalb einer Generation, zwischen 1831/32 und 1866, verlor England schätzungsweise 110000 Menschen, Opfer der Cholera.[44]

Noch während die Seuche in der Ausbreitung begriffen war, versuchten Mediziner, ihr gleichsam entgegenzureisen, um sie so bald wie möglich kennenzulernen. Ein neuer Zweig der Medizinalgeographie, die medizinische Kartographie, erhielt hier wichtige Impulse. Karten versuchten, den Weg der Cholera von Indien nach Osteuropa zu verfolgen, und bereits 1831 entstand eine erste „Cholera-Karte" von Berlin. Allerdings führte dieser Zweig anfangs in die Irre, denn diese neue Kartographie glaubte zunächst, man könne dem Genius epidemicus gleichsam im Umweg über den Genius loci auf die Spur kommen.[45]

Wie waren die sozialen Reaktionen in diesen beiden – gegenüber Deutschland schon weiter fortgeschrittenen – Gesellschaften, England und Frankreich? Sie waren unterschiedlich, auch diffus. In Paris hatte man bemerkt, daß die Cholerasterblichkeit in den Elendsvierteln größer war als in den vornehmeren Stadtteilen. Das schürte den Klassenhaß. Auch der Anti-Klerikalismus nahm in Frankreich zu. Freilich sahen die Armen auch, daß die Reichen noch viel mehr um ihr Leben bangten als sie. „Wer mehr als 20000 *livres* Renteneinkommen bezieht, hat furchtbare Angst", meinte ein Zeitgenosse. In England hingegen scheint die Hinneigung zu den Tröstungen der Religion größer geworden zu sein. Auf jeden Fall nahm in England das Reformbestreben zu.[46]

Die Cholera ist eine interessante Erscheinung, da sie – als eine völlig neue, völlig unbekannte Krankheit – relativ moderne Gesellschaften überfiel. Die bisherige Erfahrung lautete, daß man Krankheiten zurückdrängte, besiegte: Pest, Lepra, Pocken und andere.

Jetzt trat plötzlich eine neue schreckliche Krankheit auf. Es wurde viel über sie geplaudert, in allen Kreisen und Schichten war davon die Rede. „Die Verhandlungen wegen der Cholera morbus umständlich durchgesprochen", notierte der greise Goethe am 18. Juni 1831 in sein Tagebuch. Und sie trat ungeheuer dramatisch auf – die Hälfte derer, die sie ergriff, war binnen weniger Tage tot, und zwar auf eine gräßliche Art und Weise. Das machte den Leuten Angst. Es war der Beweis, daß unbegreifliche, unvorhersehbare, unabwendbare und zugleich tödliche Bedrohungen in der Luft lagen – buchstäblich: in der Luft, wie man glaubte –, gegen die sich diese erhabene Zivilisation nur ungenügend zur Wehr setzen konnte.

Die Choleraliteratur ist Legion. Massenweise gab es Anweisungen und Empfehlungen, wie man sich in Zeiten der Cholera verhalten solle. Beliebt waren traditionelle Mittel – Cholera-Schnäpse zum Beispiel. Auch Knoblauch, Leibbinden und Suppen wurden empfohlen. Sie offenbarten die ganze Hilflosigkeit. In der wissenschaftlichen Literatur der Zeit stritten sich sofort die Kontagionisten mit den Anti-Kontagionisten, die die Krankheit auf einen Genius epidemicus oder einen Genius loci zurückführen wollten. Geschrieben wurde ungeheuer viel über sie; aber nirgendwo gab es rationelle, das heißt auf Kausalerkenntnis beruhende Therapie.[47]

Bezeichnend ist das Gutachten, das die Universität München im Dezember 1831 erstellte. Es machte tellurischen Kräften große Zugeständnisse. Andreas Röschlaub, seinerzeit neben Joh. Nepomuk von Ringseis ein bekannter Vertreter der romantischen Medizin, meinte, daß die Causa efficiens der Cholera nicht ein Ansteckungsstoff sei, sondern ein „eigenartiges wirksames Wesen, das von Zeit zu Zeit in den Luftgebieten anderer Gegenden sich bilde und entwickle". Die Unklarheit einer an Hegel geschulten Sprache machte es nicht einfacher, über die möglichen Ursachen nachzudenken.[48]

Die zweite Choleraepidemie, 1836/37, kam auch nach Bayern. Norddeutschland war diesmal wieder betroffen; aber die Seuche gelangte nicht von dort nach dem Süden, sondern aus Italien, über die Alpen. Im nördlichen Deutschland wütete sie bereits im Sommer 1836; Berlin hatte Mitte August bereits weit mehr als 2300 Tote zu verzeichnen. Nach Bayern kam sie etwas später. Noch am 7. Oktober 1836 erhielt der Nürnberger Korrespondent der *Augsburger Allgemeinen* Zeitung folgende beschwichtigende Notiz: „Nach Briefen aus vielen Gegenden Deutschlands steht man zu unserm größten Erstaunen in dem Wahne, daß die Cholera in München sey. Viele Fremde sind dadurch abgehalten worden, nach München zu kommen, viele Quartiere für das Oktoberfest wurden abbestellt, und wirklich ist die geringe Anzahl von Fremden bei dem heurigen Feste auffallend bemerkbar. Man kan daher nicht genug wiederholen, daß keine Spur von Cholera weder in München noch in der ganzen Umgegend ist, und auch nicht der geringste Grund vorhanden, zu glauben, daß diese gefürchtete Krankheit hier auftreten werde."[49]

Die Cholera kam. Sie wütete in München während des Winters 1836/37 und kostete knapp einem Prozent seiner Bevölkerung das Leben. Eine rationelle Therapie fehlte noch immer. Der Brockhaus empfahl als Gegenmittel: „Die besten und zuverlässigsten sind Furchtlosigkeit, eine einfache nüchterne Lebensweise, Vermeidung von Erkältungen,

Schwelgereien, Ausschweifungen, übermäßigen geistigen und körperlichen Anstrengungen."

Der nächste große Cholera-Ausbruch kam im Jahr der europäischen Revolution, 1848. In England, das von dieser Revolution verschont blieb, starben im Verlauf dieser Epidemie mehr als 55 000 Menschen an der Cholera, allein in London ein Prozent der Bevölkerung. Die Stadt Paris verlor weit mehr als 15 000 Menschen, Preußen in den drei Jahren 1848–50 mehr als 85 000, Rußland angeblich über eine Million. Die revolutionären Wirren von 1848 begünstigten sicherlich die Ausbreitung der Cholera. Ob umgekehrt auch die Cholera – die ja doch die Hilflosigkeit der Regierenden zeigte – die Umsturzbewegung anfachte, darüber ist bislang nichts geschrieben worden.[50]

Die Cholera ist weniger an einzelne Jahreszeiten gebunden als Pest oder Fleckfieber; aber sie neigt – wie so viele Infektionskrankheiten – doch dazu, im Sommer stärker aufzutreten, weil dann ihre Erreger schneller wachsen. In Berlin fand man den ersten Choleratoten Ende Juli, als die Barrikadenkämpfe längst vorbei waren und die Angst des Volkes, die Reformforderungen könnten scheitern und der alte Schlendrian so weitergehen, größer war als die Angst der Regierungen vor weiterem Aufruhr. Der erste Berliner Choleratote war „ein Fuhrmann vom Schiffbauerdamm, der in der Nacht vom Sonnabend auf den Sonntag um 2 Uhr plötzlich unter heftigem Durchfall, Brechen und krampfhaften Erscheinungen erkrankte, sehr bald ein cyanotisches Aussehen bekam, der pulslos wurde und marmorkalt, während er über brennende Hitze innen klagte, und 9½ Uhr (nach 7½ Stunden) in der Charité verstarb". Viele der Tageszeitungen verfolgten das Seuchengeschehen ganz genau; in Berlin druckte eine ganz neue Wochenzeitung, *Die Medicinische Reform*, laufend Berichte über den Fortgang der Epidemie. Auch in fachwissenschaftlichen Zeitschriften erschienen häufig Berichte über die Cholera.[51]

Die politischen Kämpfe der Revolution kosteten Berlin einige hundert Tote; die Cholera tötete in der zweiten Jahreshälfte 1848 rund 1600 Berliner, weitere 3500 im folgenden Sommer. Die Berliner Sterblichkeit, die seit 1842 stets unter 25 Promille gelegen hatte, stieg 1848 auf 27,9 und im folgenden Jahr gar auf 32,7 Promille. Die Seuche griff diesmal weit umher. In Preußen blieben nur die Regierungsbezirke Merseburg und Erfurt frei. Allein Preußen hatte 1849 mehr als 85 000 Fälle zu verzeichnen, mehr als die Hälfte davon endeten tödlich. Aber nicht alle deutschen Staaten waren gleichermaßen betroffen, Sachsen zum Beispiel hatte 1849 nur 488 Choleratote.[52]

Wie schon zuvor, so gab auch diese Epidemie dem Laienpublikum und den Ärzten reichlich Stoff für Spekulationen. Ob die Krankheit nur als eine lokale Erscheinung des Darmes oder als eine generalisierte, nämlich des Blutes, aufzufassen sei? Ob sie ansteckend sei? Ob die reiswasserähnlichen Stühle der Kranken das „Wesen" dieser Krankheit ausmachten? Warum sich das Gift gerade im Blut ausschwitze? Man versuchte die alten Allerwelthilfsmittel, auch den Aderlaß. Der junge Arzt Adolf Kußmaul war während des kurzen Feldzugs gegen Dänemark mit dabei. Er befolgte den Rat seiner Vorgesetzten und ließ ein paar cholerakranke Soldaten zur Ader. „Es waren die einzigen Aderlässe, die ich bei der Cholera zeitlebens gemacht habe", schrieb er nach ihrem Tod.[53]

Zu Beginn der hungrigen 1850er Jahre trat die Cholera Jahr für Jahr auf. Am heftigsten wütete sie 1854, als sie wiederum in vielen deutschen Städten auftrat. „Auf der Ferne liegen blutig dunkel die Donnerwolken des Krieges, und über die Nähe haben Krankheit, Hunger und Not ihren unheimlichen Schleier gelegt; – es ist eine böse Zeit!" schrieb Wilhelm Raabe Mitte November 1854, gleich zu Beginn seiner *Chronik der Sperlingsgasse;* er spielte damit auf den Krimkrieg und die Cholera an.

Diesmal waren vor allem Bayern und Teile des deutschen Ostens betroffen; wahrscheinlich wurde sie von Österreich nach Bayern eingeschleppt. In München fand in diesem Sommer eine Industrieausstellung statt, sie zog viele Besucher dorthin, insgesamt fast 200000. Mittlerweile waren auch weite Teile Deutschlands durch die Eisenbahn miteinander verbunden. Das alles half, die Seuche auszubreiten. Bayern hatte in diesem einen Cholerazug mehr als 7300 Tote zu beklagen, allein die bayerische Hauptstadt verlor in dieser Epidemie 25,8 Promille ihrer Einwohnerschaft an die Cholera. Die prominenteste Verstorbene war die Königinmutter Therese, die Gemahlin Ludwigs I. In Preußen erkrankten mehr als 57000 Personen, mehr als 30500 starben 1855 an der Cholera.[54]

Diese Epidemie von 1854/55 rief die Gelehrten auf den Plan. Man hatte bemerkt, daß einige Städte sehr stark befallen waren, andere so gut wie überhaupt nicht, so zum Beispiel Würzburg, wo nur drei Choleratote zu beklagen waren. Max Pettenkofer folgerte daraus, daß dies mit der Beschaffenheit des Bodens zu tun haben müsse. „Was den Grund und Boden anbelangt, auf welchem Würzburg steht, so ist derselbe großentheils felsiger Art", schrieb er. „Mir ist bis jetzt kein Ort bekannt geworden, welcher von der Cholera epidemisch ergriffen worden wäre, soweit derselbe auf Felsen liegt, obwohl Cholerakranke häufig an solche Orte gelangt und dort gestorben sind. Nach meiner Ansicht kann

Würzburg seine Thore gastfreundlich den Choleraflüchtlingen öffnen, ohne besorgen zu müssen, eine Epidemie unter seine Bewohner zu bringen.“ Auch was Pettenkofer in Nürnberg und Fürth zu sehen bekam, bestätigte ihn in seiner Auffassung: „Alle von der Cholera ergriffenen Orte und Ortsteile sind auf porösem, von Wasser und Luft durchdringbarem Erdreich gebaut.“ 1855 legte Pettenkofer ein Buch vor über seine *Untersuchungen und Beobachtungen über das Auftreten der Cholera nebst Betrachtungen über Maßregeln, derselben Einhalt zu thun.*[55]

Aber Pettenkofer hatte bei seinen Untersuchungen über Bodenbeschaffenheit, über Alter, Stand und Wohnort der Choleratoten völlig versäumt, die Brunnen und das Trinkwasser in seine Überlegungen einzubeziehen. In der Münchner Altstadt, wo er seine ersten Beobachtungen anstellte, war die Trinkwasserzufuhr völlig unübersichtlich, und Pettenkofer bemerkte immerhin, daß in der Münchner Straße „Im Tal“ in den Häusern mit eigenem Wasseranschluß nur halb so viel Cholerafälle vorkamen wie in den Häusern ohne eigenen Wasseranschluß. Er richtete sein Augenmerk auf ganz andere Dinge, eben auf den Boden. Pettenkofer löste mit seinen Thesen eine wissenschaftliche Kontroverse aus. Er erhielt Zuspruch von dem Gießener Chemiker Justus Liebig; am meisten Widerspruch bekam er von dem – damals in Würzburg lehrenden – Pathologen Rudolf Virchow. Die Kontroverse wurde teils in ausländischen Zeitungen ausgetragen, in der *Medical Times* und der *Gazette Hebdomadaire de Médecine* in Paris, wohin die Streithähne ihre Offenen Briefe sandten.[56]

Die Entscheidung über die Frage, ob Würzburg gegen die Cholera immun sei, kam 1866, als Preußen und Österreich gegeneinander in den Krieg zogen und es im nördlichen Franken zu einigen Schlachten kam. Es starben in diesem Krieg weitaus mehr preußische Soldaten an der Cholera als an ihren Verletzungen; es starben in Preußen in diesem Jahr weitaus mehr Menschen an der Cholera, als der gesamte Krieg an Menschenleben forderte. Das Bayern südlich der Donau blieb von Kampfhandlungen verschont, es blieb auch von der Cholera verschont. Nicht so Würzburg und einige kleinere Städte in seinem Umkreis. Nach einigen Scharmützeln im Sommer 1866 brach im August in Unterfranken die Cholera aus; etwa 650 Menschen starben daran, mehr als die Hälfte davon in der Stadt und im Bezirksamt Würzburg.[57]

Am verlustreichsten war diese Epidemie für die beiden kriegführenden Großmächte Preußen und Österreich. Einzelne große Städte wie Berlin oder Breslau hatten mehrere tausend Tote zu beklagen. Neben der Cholera war der Krieg ein Nichts: An Schußverletzungen starben im preußischen Heer 4000 Soldaten, an der Cholera 4500, an Krankheiten insgesamt mehr als 5200. Die Choleraepidemie kostete Preußens Zivilbevölkerung weitere 110000 Tote, Österreich mehr als 106000. Zwischen 1815 und 1914 erreichte die Sterblichkeit auf dem Territorium des späteren Deutschen Reiches in diesem einen Jahr, 1866, mit 30,6 Promille ihren Höhepunkt. Der Vorfriede von Nikolsburg und der Friede von Prag kamen so schnell zustande, weil man sich vor der anrückenden Cholera schützen wollte.[58]

Subjektive Zeugnisse einzelner, die sich vor dieser tödlichen Seuche fürchteten, sind nicht eben häufig. Adalbert Stifter hat eines hinterlassen. Er hielt sich im Sommer 1866 in seinem Geburtsort im Böhmerwald auf und fürchtete, die Cholera könne ihn erreichen. Am 17. Oktober bat er einen Arzt, ihn wissen zu lassen, ob er gefährdet sei. „Ich besuche Linz nur dann wieder", schrieb er, „wenn es von dieser Seuche vollständig frei ist; denn meine Nerven sind noch so reizbar, daß ich eine lächerliche Furcht vor dieser Krankheit habe."[59]

Obwohl sich Max Pettenkofer bezüglich Würzburgs gründlich geirrt hatte, beharrte er doch auf seiner Bodentheorie. Er hatte gerade im Jahr davor, 1865, in München den ersten deutschen Lehrstuhl für öffentliche Hygiene erhalten und galt als eine Autorität. Auf der Cholera-Konferenz in Weimar, 1867, führte er das Wort und trug erneut seine Theorie vor. Auch die Choleraausbrüche zu Beginn der 1870er Jahre vermochten ihn in seinen Überzeugungen nicht zu erschüttern. „Die Theorie, welche die Erscheinungen durch die Annahme erklären wollte, daß bei epidemischem Vorherrschen in einem Jahr sehr viel Quellen des Trinkwasserbezuges in großer Ausdehnung durch Choleraausleerungen verunreinigt worden seien, während dies in Jahren, in welchen die Cholera schlummert, selten oder gar nicht der Fall gewesen sei, verfehlt ganz und gar sowohl die Thatsachen des weitverbreiteten Herrschens der Krankheit, als auch das Vorkommen einzelner Fälle zu erklären", schrieb er. „Man hat keinen Beweis dafür, daß eine an Cholera leidende Person in sich selbst irgend ein specifisches Gift vermehrt oder (...) durch Ausscheidungen ein solches Gift verbreitet."

Daß Cholerakranke ein „specifisches Gift" in sich trugen, einen belebten Giftstoff – das Choleravibrio –, den sie durch ihre Ausscheidungen verbreiteten, so daß er – im Umweg über das Trinkwasser zumeist – auch anderen zugeführt wurde, das bewies rund zehn Jahre später Robert Koch, der das Vibrio entdeckte.[60]

In England war man, was die Ursachen der Cholera anbetraf, ein Stück weiter als in Deutschland. Bereits 1849 legte der englische Chirurg John Snow eine Veröffentlichung vor, *On the Mode of Communication of Cholera*, in der er die Vermutung äußerte, diese Krankheit sei übertragbar, und zwar durch ein Gift, das sich im Körper eines Erkrankten vermehrte. Die Choleraepidemien der Jahre 1854 und 1866 berührten auch Großbritannien; sie verliefen allerdings weit weniger dramatisch als die früheren Ausbrüche beziehungsweise die gleichzeitigen Epidemien auf dem Festland. Die späteren Seuchenzüge – die von 1873, 1884 und 1892 – berührten England fast überhaupt nicht.[61]

Nach 1866 trat die Cholera auch in Deutschland weniger verlustreich auf. Als 1883 in der preußischen Provinz Posen eine größere Epidemie auszubrechen begann, taten die preußischen Behörden alles, um die Seuche einzudämmen. Nach der Entdeckung des Erregers durch Robert Koch ließ die Regierung das Flußwasser durch Bakteriologen kontrollieren.

Eine letzte große Choleraepidemie trat in Deutschland im Jahr 1892 auf, und zwar in Hamburg. Sie begann Mitte August. Am 21. August, einem Sonntag, ereignete sich der zweite Cholera-Todesfall; zu diesem Zeitpunkt waren etwa 250 Menschen erkrankt. Die Behörden der alten Hansestadt wollten zunächst nichts sehen, sie verharmlosten, beschwichtigten. Die Bürger waren weniger sorglos, schließlich ging es um ihr Leben. Am 22. August wurden an den Hamburger Reichsbahnschaltern mehr als achttausend Fahrkarten mehr verkauft als gewöhnlich, am folgenden Tag noch einmal weitere viertausend mehr als sonst. Viele Hamburger flüchteten einfach. Jetzt begann auch der Senat aufzuwachen aus seiner Lethargie. Die öffentlichen Veranstaltungen wurden abgesagt. Die Kirchen hielten Fürbittgottesdienste ab; und die Hamburger, in religiösen Dingen sonst eher gleichgültig, drängten in die Gotteshäuser. Sie waren wochenlang zum Bersten gefüllt.[62]

Besonders betroffen von dieser Epidemie – und zugleich von der Sterblichkeit – waren die Armenviertel, vor allem die sogenannten Gängeviertel der Kirchspiele St. Michaelis und St. Jacobi, in denen die Bewohner unter unbeschreiblichen Bedingungen hausten. Vielerorts schöpfte man das Trinkwasser unfiltriert aus der Elbe. Robert Koch, inzwischen zum Leiter des Reichsgesundheitsamtes zu Berlin avanciert, kam angereist; er, der jahrelang in Posen auf dem Lande gelebt hatte, schrieb entsetzt: „Ich habe noch nie solche ungesunden Wohnungen, Pesthöhlen und Brutstätten für jeden Ansteckungskeim angetroffen wie in den sogenannten Gängevierteln, die man mir gezeigt hat, am Hafen, an der Steinstraße, an der Spitalerstraße oder an der Niedernstraße." Koch faßte seine Beobachtungen zusammen mit den Worten: „Ich vergesse, daß ich mich in Europa befinde."[63]

Als die Cholera im Oktober 1892 in Hamburg langsam zu Ende ging, zählte man mehr als 8500 Tote, das sind etwa 13 Promille der Bevölkerung. Im benachbarten Altona starben nur wenig mehr als 2 Promille der Bewohner an der Cholera, und in Wandsbek war die Cholerasterblichkeit noch geringer. Warum Hamburg – und nur Hamburg – von diesem Übel so heftig ergriffen wurde, das war bald bekannt: Hamburg entnahm sein Trinkwasser aus der Elbe, und es besaß noch keine wirksame Reinigungsanlage. Nach dem großen Brand in der Stadt anno 1842 hatte man allzu sorglos versucht, im alten Schlendrian weiterzumachen. Aber die große Seuche von 1892 bewies, daß es so nicht weitergehen konnte.[64]

Die Cholera wirkte wie „eine große Peitsche" (Thomas Nipperdey), die die Regierungen zu Reformen antrieb. Keine andere Krankheit des 19. Jahrhunderts war so neu, so schrecklich und so tödlich wie sie. Medizinische Gesellschaftsreformer wie Robert Koch betrachteten sie als einen „Verbündeten", und wo sie – wie zum Beispiel in Australien – nicht auftrat, da bedauerten Reformer, daß ihnen dieser Antrieb versagt geblieben war.[65]

Noch einmal die Pocken: Nach der Einführung der Impfpflicht gegen die Pocken in Bayern, 1807, war diese Bedrohung noch lange nicht gebannt, denn nicht alle Staaten des Deutschen Bundes machten ihren Untertanen die Impfung zur Pflicht. Außerdem genügt eine einmalige Vakzination im ersten Lebensjahr nicht; es bedarf wenigstens einer zweiten, um einigermaßen immun zu sein. Aber selbst in den deutschen Staaten, wo die Impfung vorgeschrieben war, ließen nach der Jahrhundertwende immer weniger Eltern ihre Neugeborenen impfen: in den zehn Jahren vor der Reichsgründung (1871) wurden in Bayern von hundert Neugeborenen nur siebzig geimpft. Was Wunder, daß es auch in Bayern immer wieder zu kleineren örtlichen Epidemien kam, beispielsweise 1870 in Oberfranken, vor allem in Forchheim.[66]

Zu einer großen nationalen Pockenepidemie, der größten, verlustreichsten in der deutschen Geschichte überhaupt, kam es erst nach – und wohl auch infolge – des Deutsch-Französischen Krieges von 1870/71. Frankreich hatte schon vor dem Krieg, 1869, etliche Pockenfälle im Lande gehabt, angeblich aus Nordafrika eingeführt. Möglicherweise nahm die Virulenz des Pockenvirus zu, nachdem sie von einer ethnischen Gruppe auf eine andere übergesprungen waren. Auf jeden Fall verbreitete sich nach Kriegsausbruch das Übel explosionsartig; 1871 war kein einziges Department mehr verschont.[67]

Emile Zola hat den Kriegsschauplatz 1870/71 nicht besucht, anders als Theodor Fontane, der ihn als Reporter bereiste und ausführlich darüber berichtete. Zola stützte sich, als er seinen Roman *Le Debâcle* (dt. *Der Zusammenbruch*) schrieb, vor allem auf Augenzeugenberichte. In diesem Roman schreibt Zola vom „Saal der Verdammten, also derer, die von Ruhr, Typhus und Pocken befallen waren. Viele hatten die schwarzen Blattern. Sie wälzten sich hin und her, schrien in unaufhörlichem Fieberwahn, richteten sich auf und standen in ihren Betten wie Gespenster". Im preußischen Heer wüteten am schlimmsten Typhus und Ruhr, bei den Franzosen die Pocken. Besonders schwer betroffen war Paris, das während des Winters 1870/71 monatelang von preußischen Truppen belagert wurde. In den Jahren vor 1870 starben in Paris jährlich etwas mehr als 24000 Menschen – im Jahr der Belagerung waren es mehr als 75000, davon mehr als 8000 an den Pocken, weitere 4800 an Typhus. Hunger und Kälte machten den Belagerten schwer zu schaffen; angeblich wurden im Winter 1870/71 sogar Ratten feilgeboten.

Im Deutschen Reich breiteten sich die Pocken 1871 sehr ungleichmäßig aus. Es war deutlich zu spüren, daß in den einzelnen Gliedstaaten dieses neugegründeten Gemeinwesens sehr unterschiedliche Impfregelungen vorherrschten. Einzelne Städte wurden schrecklich in Mitleidenschaft gezogen, Rastatt in Baden und Freiburg und Konstanz etwa, andere sehr viel weniger. In Hessen hatte die Pockensterblichkeit 1863 bis 68 bei 0,47 Fälle je 10000 Einwohner gelegen – 1871 betrug sie 12,08. Bayern wurde von der Seuche relativ wenig berührt; aber eine einzelne Stadt wie Augsburg hatte doch 234 Pockentote, 45,7 Fälle je 10000 Einwohner. Kleve hatte 1871 eine Pockensterblichkeit von 4,8 auf 10000 Einwohner, Neuss von 9,3, Barmen von 24,8 – aber Essen von 52,9, Düsseldorf von 56,2 und Duisburg gar von 100,7 und noch ein wenig höher war sie in Hamburg, nämlich 107,9. Heftig tobten die Pocken in Sachsen, wo man zuvor so heftig gegen die Wiederimpfung vom Leder gezogen hatte.[68]

Sehr hoch war die Sterblichkeit auch in Preußen. In Berlin waren schätzungsweise 530000 Kinder nur einmal geimpft worden, rund halbsoviele zweimal und etwa 20000 überhaupt nicht. Entsprechend war die Sterblichkeit: Bei Pockenerkrankung

- ohne Impfung starben zu 14 Prozent,
- bei einmaliger Impfung starben zu 2 Prozent,
- bei zweimaliger Impfung starben zu 0,5 Prozent.[69]

Wo die Säuglingsimpfung Pflicht war, starben viel häufiger die älteren Pockenkranken; wo sie nicht Pflicht war, starben die Jüngeren. Folgende Zahlen machen dies deutlich: Von 100 Personen, die an den Pocken starben, waren

	Erstimpfung Pflicht		Erstimpfung nicht Pflicht	
	Bay. 1870/75	Hessen 1870/72	Sachsen 1872	Niederlande 1870/73
0–20 J. alt	22,4	21,8	76,3	68,3
20–60 J. alt	59,0	65,4	21,9	29,6
über 60 J. alt	18,6	12,8	1,8	2,1
	100,0	100,0	100,0	100,0

Hervorzuheben bleibt noch, daß ein „Impfstaat" wie Bayern – gemessen an der Kopfzahl seiner Bewohner – nur etwa ein Drittel so hohe Pockenverluste hatte wie Preußen. In Bayern starben 1871/72 nur etwa 8000 Menschen an den Pocken, in Preußen rund 125000. Das Deutsche Reich verlor im Verlauf dieser Pockenepidemie (1871–73) mehr als 180000 Einwohner nur an diese eine Infektionskrankheit.[70]

Von Mitteleuropa breiteten sich die Pocken aus: in die Schweiz und nach Belgien (1871 mehr als 21000 Pockentote), in die Niederlande (knapp 20000), in die Donaumonarchie (mehr als 110000 Pockentote) und weiter nach Osten sowie nach Italien; auch in England (ca. 44000 Tote), Irland, Skandinavien und Rußland waren zu Beginn der 1870er Jahre Pockenepidemien anzutreffen. Kleinere Epidemien – mit weit mehr als tausend Toten – gab es noch nach der Jahrhundertwende in den meisten europäischen Staaten.[71]

In Preußen-Deutschland verstand man die Lektion. In Preußen wurden sofort sämtliche Rekruten revakziniert. Die Abgeordneten des Reichstages appellierten an die Regierung, jetzt als Gesamtstaat zu tun, was die einzelnen Regierungen zuvor gemeinsam nicht getan hatten. Im Februar 1874 wurde eine Gesetzesvorlage eingebracht, am 14. März wurde sie vom Reichstag bewilligt; am 8. April 1874 setzte Kaiser Wilhelm I. seine Unterschrift darunter. Das Gesetz sah vor, daß fortan alle Neugeborenen im Deutschen Reich zwangsweise gegen die Pocken zu vakzinieren seien, und bei allen Zwölfjährigen mußte diese Vakzination wiederholt werden; im Weigerungsfalle drohte eine Geldstrafe von 50 Mark oder drei Tage Haft.

Bismarcks Kaiserreich war eher ein autoritärer als ein liberaler Staat, und gelegentlich wurde Zwang angewandt, um dem einzelnen sein „Recht auf Gesundheit", von dem liberale Ärzte gesprochen hatten, zu gewährleisten.

Typhus und Hungertyphus: Zwei Krankheiten müssen hier noch einmal erwähnt werden, die im 19. Jahrhundert nicht aufhörten, die Deutschen heimzusuchen, alte Krankheiten, mit denen man seit langem vertraut war, die man lange Zeit miteinander verwechselt hatte, nämlich Fleckfieber und Typhus abdominalis. Der Unterleibstyphus trat jetzt vor allem als eine Krankheit der Städte auf, das Fleckfieber – das man auch Hungertyphus oder Typhus exanthematicus nannte – als eine Krankheit des flachen Landes und der Stadt.

Das Fleckfieber hatte während der Befreiungskriege weite Teile Deutschlands überzogen und war auch danach nicht ferngeblieben. Kleinere Epidemien gab es immer wieder, da oder dort, nicht selten in den Waldgebirgen: 1852 im Spessart und zugleich in der Rhön beispielsweise.[72]

Eine wahrhaft große Fleckfieberepidemie fand 1847/48 im östlichen Oberschlesien statt. Diese Epidemie ist natürlich nicht die Ursache der Revolution von 1848, sie ist allenfalls eine der mittelbaren Ursachen; denn sie ist ein Ausdruck der Armut und der allgemeinen Not, die seinerzeit in Deutschland herrschten, und diese allgemeine Not war einer der Gründe für die Unzufriedenheit, die sich 1847/48 in Aufständen Luft zu machen versuchte. Es waren Not, Hunger und Krankheit, welche die breiten Volksmassen nach Reformen rufen ließen. In dieser einen Epidemie erkrankten 80000 Menschen, 16000 starben. Im oberschlesischen Kreis Pless mit seinen 69000 Einwohnern starben 1846 2399 Menschen, also 3,48 Prozent der Bevölkerung – aber 1847 starben 6877, das waren 9,97 Prozent. Von 97 Personen berichteten die Ärzte, sie seien „verhungert". General von Natzmer warnte den preußischen König, „in den schlesischen Zuständen (liege) der Keim zu einer bevorstehenden Umwälzung".[73]

Diese Fleckfieberepidemie wurde bekannt, weil sie einem später sehr berühmten jungen Arzt die Möglichkeit gab, an die Öffentlichkeit zu treten, Rudolf Virchow. Die preußische Regierung entsandte ihn im Februar 1848 – buchstäblich in den letzten Tagen des „Vormärz" – in das hungergeplagte Seuchengebiet. Virchows Bericht, 180 Seiten stark, war ein einziger Aufschrei gegen die Vernachlässigung dieser Provinz von seiten der preußischen Regierung. Virchow beschreibt realistisch, was er dort zu sehen bekam – nämlich Schmutz, Krankheit, Elend und Not; sein Bericht ist ein Klassiker der öffentlichen Hygiene und der Sozialmedizin.[74]

Virchow nannte die dort vorherrschende Krankheit Typhus oder Hungertyphus; er vermochte noch nicht zu unterscheiden zwischen

Typhus abdominalis und Fleckfieber. Diese Differenzierung hat ihre eigene kleine Geschichte: Typhus stammt aus dem Griechischen, es bedeutet Rauch, Nebel, man bezeichnete damit die Umnebelung der Sinne, die sowohl bei Typhus als auch bei Fleckfieber auftritt.[75] Den Begriff Typhus abdominalis prägte Joh. H. F. Autenrieth um das Jahr 1800. Beide Krankheiten haben ganz ähnliche Symptome, vor allem rasenden Kopfschmerz, weshalb man das Fleckfieber auch Hauptkrankheit nannte. Adalbert Friedrich Marcus, kein unbegabter Arzt, meinte noch 1814 – in seinem Buch *Über den Typhus* –, der „ansteckende Typhus sei ein Entzündungszustand, und zwar vordersamst eine Hirnentzündung". In Wahrheit findet das Krankheitsgeschehen vor allem im Darm statt, wo der Unterleibstyphus an den Peyerschen Haufen – das sind Lymphfollikel im unteren Dünndarm – sichtbare Veränderungen hinterläßt. Daher wunderte sich Christoph Wilhelm Hufeland, als er bei der Autopsie eines „Typhus"-Toten die Peyerschen Haufen unverändert vorfand, und über den gleichen Befund war auch Virchow 1848 in Oberschlesien erstaunt. Dabei hatte dies bereits 1810 der österreichische Arzt Johann von Hildenbrand in seinem Buch *Über den ansteckenden Typhus nebst einigen Winken zur Beschränkung oder gänzlichen Tilgung der Kriegspest und mehrerer anderer Menschenseuchen* erwähnt. Die Unterscheidung vermochte sich endgültig durchzusetzen nach den Beschreibungen zweier englischer Ärzte, William Jenner und Charles Murchison, 1862, noch vor der Entdeckung des Typhus- oder des Fleckfiebererregers.[76]

Die letzten Fleckfieberepidemien traten in Preußen, auf dem Lande, zu Beginn der 1880er Jahre auf. Damals konnte man das Fleckfieber bereits unterscheiden vom Rückfall- oder Recurrensfieber. Solange Läuse und Flöhe in der deutschen Bevölkerung weitverbreitet waren, war es nicht leicht, diesen Sachverhalt zu durchschauen, ja nicht einmal der Ausschlag ließ sich klar unterscheiden: Rührte das Exanthem von Flohstichen her, oder war es die Folge einer Fleckfiebererkrankung? Diese Frage stellte sich den Ärzten immer wieder. Aber wirkungsvoll bekämpfen ließen sich diese beiden – einander nahe verwandten – Krankheiten noch nicht. Solange die Kleiderlaus ein „Haustier" war, gab es das Fleckfieber endemisch. Darüber hinaus verursacht die Verlausung auch ein eigenes Krankheitsbild, die Pediculosis, die mit chronischer Blutarmut und Mattigkeit, einem Ausschlag, der an Masern erinnert, mit Reizbarkeit und den allgemeinen Symptomen einer Grippe einhergeht.[77]

Dann der Typhus abdominalis: „Mit dem Typhus ist es folgendermaßen bestellt", schreibt Thomas Mann am Ende seines Romans *Budden-*

brooks, und dann schildert er, überaus anschaulich und sachkundig, einen Fall von Typhus abdominalis. Der kleine Hanno starb daran. Der Unterleibstyphus war vor allem eine Krankheit der Städte – und die wurden jetzt immer größer. Der Typhuserreger wurde den Stadtbewohnern, ebenso wie das Choleravibrio, mit dem Trinkwasser zugeführt. Je mehr Menschen in die Stadt zogen, desto schwieriger wurde es, sie alle mit diesem „freien Gut" Wasser zu versorgen. Nach einem Sterblichkeitsschema, das 1893 vom Internationalen Institut für Todesursachen angenommen wurde, stand der Typhus abdominalis damals an erster Stelle. In einer großen Stadt wie Hamburg machten Menschen, die an Typhus gestorben waren, gegen Mitte des 19. Jahrhunderts stets um die fünf Prozent der Toten aus. In vielen deutschen Großstädten starben vor den großen Reformmaßnahmen am Ende des 19. Jahrhunderts – bezogen auf 100000 Einwohner – jährlich an die 100 Menschen an Typhus: in Berlin waren es zum Beispiel 96, in Wiesbaden 141, in Wien gar 221.

Bezüglich der Typhussterblichkeit gab es übrigens kaum soziale Unterschiede – vielleicht wurde es auch deswegen von den Regierenden in den Städten als ein vordringliches Problem angesehen. Während Cholera, Masern, Scharlach, Diphtherie und viele andere Infektionskrankheiten die unteren Volksschichten härter trafen als die oberen, war es beim Typhus vielerorts umgekehrt: Die Typhussterblichkeit war zum Beispiel in Berlin und Wien in den als „sehr arm" eingestuften Bezirken deutlich niedriger als in den „sehr reichen".[78]

Wie kamen die Erreger ins Trinkwasser? Typhuskranke scheiden Erreger aus, aber auch scheinbar gesunde Menschen können Typhuserreger beherbergen und ausscheiden. In den alten Städten gelangten diese Ausscheidungen in Sickergruben. Über eine solche Grube ist in der Nürnberger Medizinaltopographie von 1862 zu lesen: „In dieser Beziehung leidet Nürnberg noch sehr an den Gebrechen einer alten Stadt. Sämmtliche Abfälle, die menschlichen Excremente mit eingerechnet, werden nämlich nicht in einer gemeinsamen, wohl verschlossenen Dungstätte gesammelt, welche jährlich zweimal oder öfter zu räumen ist, sondern für die menschlichen Excremente sind besondere Cloaken bestimmt, in denen sich dieselben 20 Jahre lang und länger ansammeln, bevor sie einmal ausgeleert werden, was dann immer viele Mühe kostet und wegen der Entweichung äußerst concentrirter, im höchsten Grade stinkender Gase mit Lebensgefahr verbunden ist und schon manchem [...] das Leben gekostet hat. [...] Bei einer Grube in der Adlerstraße fand man, als sie nach 15 Jahren wieder einmal geräumt werden sollte, daß alle Flüssigkeit verschwunden und die consistenteren faeces zu einer festen

Masse eingedickt waren, ein Beweis, daß das Gemäuer oft sehr schlecht ist. Wie leicht werden dadurch die Brunnenwasser verderbt!"[79]

Die Typhuserreger gelangten also durch die Ausscheidungen von Typhuskranken oder sogenannten Dauerausscheidern in diese Grube. Wie ging es weiter? In einer Chronik von Nürnbergs Schwesterstadt Fürth gibt folgender Eintrag Aufschluß: „Vom Juni 1873 bis Ende 1874 hat in dem unteren Theile der Stadt, und fast ausschließlich in den Häusern, welche, eigner Brunnen entbehrend, ihr Trinkwasser aus einem in der Rednitzstraße gelegenen Pumpbrunnen entnahmen, in dessen Nähe – 1⅓ Meter entfernt – sich eine große Abtrittsgrube befindet, eine lokale Typhusepidemie geherrscht. Es waren im Ganzen 57 Fälle, worunter 9 mit tödtlichem Ausgang. [...] Diese sämmtlichen Kranken hatten Wasser aus diesem Brunnen getrunken."[80]

Hier die lecke Abtrittsgrube, dort der Brunnen. Die Verbindung kann man sich unschwer vorstellen.

Die Krankheiten der Jungen: Wen nimmt es da wunder, daß gerade Kleinkinder an Infektionskrankheiten zugrundegingen, die sich im Verdauungstrakt abspielten? Während der alte Trend, die Übersterblichkeit in den Städten, sich umkehrte und nun die ländliche Bevölkerung früher starb als die städtische, nahm im Verlauf des 19. Jahrhunderts die Säuglings- und Kindersterblichkeit noch deutlich zu. Im europäischen Vergleich schnitt Deutschland diesbezüglich sehr schlecht ab, und da die Sterblichkeit der Neugebornen noch bis gegen 1870 anstieg, wuchs in diesem Zeitraum die Lebenserwartung der Deutschen nur spärlich. Innerhalb Deutschlands war die Säuglings- und Kindersterblichkeit vor allem in Bayern hoch, was sich zum Teil aus der hohen Unehelichkeitsquote Bayerns erklärt: unehelich geborene, zumeist wohl unerwünschte Kinder verließen diese Welt früher als ehelich geborene. In großen Städten wie München oder Berlin starben an die 30 Prozent der Neugeborenen im ersten Lebensjahr, die Hälfte aller Neugeborenen erreichte nicht einmal den fünften Geburtstag.[81]

Unzählige Kleinkinder starben an Infektionskrankheiten des Verdauungssystems. Erst gegen Ende des Jahrhunderts, nach den großen Aufräumarbeiten in den Städten, von denen im nächsten Kapitel die Rede sein wird, begannen diese Krankheiten stark abzunehmen. Überhaupt verschob sich jetzt die relative Bedeutung einiger Kinderkrankheiten: Diphtherie und Masern traten jetzt zunehmend heftiger auf, während die Aggressivität des Scharlachs nachließ. Gegen Mitte des 19. Jahrhunderts starben in Hamburg von 100000 Einwohnern 57,7 an Scharlach; in den

1890er Jahren waren es nur noch 13,5 – ohne daß die Medizin hier eine entscheidende Hilfe herbeigeführt hätte. In ganz Preußen war ein Rückgang der Scharlachsterblichkeit zu beobachten, desgleichen übrigens auch in den USA, sehr viel weniger stark jedoch in Österreich und Rußland.[82]

Im letzten Drittel des Jahrhunderts, als die Medizin einen mächtigen Aufschwung nahm, begannen die Ärzte auch in der Diagnostik sorgfältiger zu verfahren. Einige Mediziner hatten seit langem beklagt, daß die Krankheitsbezeichnungen viel zu ungenau waren; oft nannte man einfach Leitsymptome statt einer genauen Diagnose. Das sollte fortan anders werden. Neue, strengere Meldepflichtgesetze – beispielsweise für Diphtherie anno 1884 – zwangen zu einer genauen Diagnose mit einheitlichem Begriff. Jetzt kamen die Behörden dahinter, daß zuvor nur etwa die Hälfte aller Diphtheriefälle gemeldet worden war. Im letzten Drittel des Jahrhunderts erlebten einige deutsche Städte richtige Diphtherie-Epidemien: 1868/69 gab es alleine in Berlin mehr als tausend Fälle, bei einer mittleren Bevölkerung von 750000 Einwohnern mit gut 200000 Kindern unter 15 Jahren. Zwischen 1874 und 1894 hatte die Stadt stets mehr als tausend Fälle jährlich, 1882 bis 1885 sogar mehr als zweitausend und einmal knapp dreitausend. Die Letalität war hoch, über 80 Prozent.[83]

Andere infektiöse Kinderkrankheiten kamen hinzu, auch solche, die hierzulande bislang völlig unbekannt gewesen waren – oder die man aufgrund einer ungenauen Diagnostik niemals erfaßt hatte. Die spinale Kinderlähmung, Poliomyelitis, und die epidemisch auftretende Meningitis zählten dazu. Die Poliomyelitis wurde in Deutschland erstmals 1840 von Jakob von Heine beschrieben; es gibt keine zuverlässigen Beweise, daß sie hierzulande schon davor auftrat. Die Meningitis epidemica wurde erstmals 1805 in Genf beschrieben, in Deutschland wurde sie seit 1863 bekannt. Beide Krankheiten traten in kleineren, lokal begrenzten Epidemien auf, niemals in einer solchen Massierung wie zuvor etwa die Pocken oder – noch immer – die Masern.[84]

Die alten Übel: Daneben gab es weiterhin die alten chronischen Infektionskrankheiten, die im Verlauf des 19. Jahrhunderts noch keineswegs auf dem Rückzug waren. Tuberkulose und Syphilis waren infolge ihrer weiten Ausbreitung und der schweren organischen Schädigungen, die sie nach sich zogen, auch von überragender sozialer und ökonomischer Bedeutung. Sie breiteten sich allerdings nicht sprunghaft aus unf führten daher auch nicht zu Seuchen im engeren Sinne: weil die Kontagiosität nicht sehr hoch und die Inkubationszeit zu lang ist im Falle der Tuberkulose; im Falle der Syphilis ist die Übertragung an bestimmtes Verhalten gebunden. Die Tuberkulose tötete damals mehr Menschen als jede andere Krankheit.

Was im Falle der Tuberkulose einigermaßen offen vor Augen tritt, ihre Verbreitung und Sterblichkeit, das bleibt im Falle der Syphilis – wie auch der anderen Geschlechtskrankheiten – stärker verborgen, teils wegen der Übertragungsweise, teils wegen der Schwierigkeiten, die sich dem Arzt im vorbakteriologischen Zeitalter hinsichtlich der Diagnose stellten. Vor allem in den späteren, gefährlichen Stadien ist die Syphilis nicht immer leicht zu erkennen, sie tritt unter vielfältiger Verkleidung auf.

Die Syphilis war eine Krankheit der Städte, vor allem der sehr großen Städte. In Dänemark war sie beispielsweise in der Hauptstadt rund fünfzigmal häufiger anzutreffen (1886/95) als auf dem flachen Land. In Berlin standen von 10000 Einwohnern 48,2 ihretwegen in ärztlicher Behandlung, in den kleinen Stadt- und Landgemeinden nur 3,3. Natürlich waren einzelne Bevölkerungsgruppen – zum Beispiel junge Männer – weit häufiger betroffen als die gesamte Bevölkerung; so sollen in Berlin um 1900 fast ein Viertel aller krankenversicherten Studenten mit der einen oder anderen Geschlechtskrankheit behaftet gewesen sein. Innerhalb der Krankenhäuser machten die an Syphilis Erkrankten einen großen Teil aus: 1877/79 waren von 1000 Neuzugängen in den allgemeinen deutschen Krankenanstalten mehr als 50 Personen Syphilitiker.

Niemand hat die Verbreitung und die Angst vor dieser Krankheit so anschaulich beschrieben wie Stefan Zweig. „Es war für die Jugend eine schlimme Zeit", schreibt er in seiner Autobiographie *Die Welt von Gestern*, die 1944, zwei Jahre nach seinem Tod, erschien, „die jungen Mädchen luftdicht vom Leben abgeschlossen unter die Kontrolle der Familie gestellt, in ihrer freien körperlichen wie geistigen Entwicklung gehemmt, die jungen Männer wiederum zu Heimlichkeiten und Hinterhältigkeiten gedrängt von einer Moral, die im Grunde niemand glaubte und befolgte. Unbefangene, ehrliche Beziehungen, also gerade was der Jugend nach dem Gesetz der Natur hätte Beglückung und Beseligung bedeuten sollen, waren nur den allerwenigsten gegönnt. Und wer von jener Generation sich redlich seiner allerersten Begegnungen mit Frauen erinnern will, wird wenige Episoden finden, deren er wirklich mit ungetrübter Freude gedenken kann. Denn außer der gesellschaftlichen Bedrückung, die ständig zur Vorsicht und Verheimlichung zwang, überschattete damals noch ein anderes Element die Seele nach und selbst in den zärtlichsten Augenblicken: die Angst vor der Infektion. Auch hier war die Jugend von damals benachteiligt im Vergleich zu jener von heute, denn es darf nicht vergessen werden, daß vor vierzig Jahren die sexuellen Seuchen hundertfach mehr verbreitet waren als heute und vor allem hundertfach gefährlicher und schrecklicher sich auswirkten, weil die damalige Praxis ihnen klinisch noch nicht beizukommen wußte. Noch bestand keine wissenschaftliche Möglichkeit, sie wie heute derart rasch und radikal zu beseitigen, daß sie kaum mehr als eine Episode bilden. Während heutzutage an den Kliniken kleinerer und mittlerer Universitäten dank der Therapie Paul Ehrlichs oft Wochen vergehen, ohne daß der Ordinarius seinen Studenten einen frisch infizierten Fall von Syphilis zeigen kann, ergab damals die Statistik beim Militär und in den Großstädten, daß unter zehn jungen Leuten mindestens einer oder zwei schon Infektionen zum Opfer gefallen waren. Unablässig wurde die Jugend damals an die Gefahr gemahnt; wenn man in Wien durch die Straßen ging, konnte man an jedem sechsten oder siebenten Haus die Tafel ‚Spezialarzt für Haut- und Geschlechtskrankheiten' lesen, und zu der Angst vor der Infektion kam noch das Grauen vor der widrigen und entwürdigenden Form der damaligen Kuren, von denen gleichfalls die Welt von heute nichts mehr weiß."

Vorläufig, bis gegen das Jahr 1910, war dagegen wenig zu machen. Die Syphilis war eine heimtückische und zugleich seltsame Krankheit – sie konnte mit spontaner Selbstheilung oder mit dem Tod enden. Sie wurde oft übersehen und blieb daher unbehandelt, bis sie zum Stillstand kam oder den ganzen Körper mit ihrem Gift überschwemmte. Noch immer waren die alten Mittel wie das Quecksilber gegen sie im Schwange. Kondome zu verwenden, um sich auf diese Weise gegen die Infektion zu schützen, war den Katholiken verboten: Papst Leo XII. hatte bereits 1826 untersagt, diese Schutzmittel anzuwenden, er wollte, daß der Sünder auch an dem Körperteil bestraft werde, mit dem er sündigte.[85]

Die Sterblichkeit nahm im Verlauf des 19. Jahrhunderts in Deutschland ab, wie auch die Infektionskrankheiten und die Epidemien abnahmen und, soweit sie noch auftraten, sich längst nicht mehr in den Massenhaftigkeiten zeigten wie einst. Mit den Seuchen nahmen auch die Fieber ab. Wer zuvor am Fleckfieber erkrankt war, der lag fast zwei Wochen in hohem Fieber, und es gab Zeiten, anno 1813, da lag ein Zehntel des deutschen Volkes mit Fieber darnieder.

Was bedeuteten die Fieber für den einzelnen wie für die große Masse? Welche Kollektiverscheinungen gab es, *bevor* diese Fieber verschwanden? Über die objektiven, äußerlich wahrnehmbaren Erscheinungen ist man gut im Bilde, denn es berichteten immer wieder Ärzte davon, wie sie die Nacht am Bett eines Fiebernden verbrachten und wie der sich erhob und bleich wie ein Gespenst im Bett stand, welches Geräusch es machte, wenn ein Kranker sich im Fieberschub schüttelte.[87]

Aber dies ist nur die eine Seite, eben die gleichsam objektive, äußerlich wahrnehmbare. Wie sah die anders aus, die subjektive Seite? Was bringt es mit sich, wenn viele Menschen eines Volkes oftmals und für längere Zeit unter hochfieberhaften Zuständen leiden? Was ist ein Mensch zu glauben geneigt, der im Fieberwahn dies oder jenes gesehen zu haben meint? Die Rationalität der Europäer im Zeitalter der Industrialisierung – hat sie mit dem Rückgang der Epidemien und der Fieber zu tun?[88] Im Zeitalter der Fieber wurde nicht selten in Chroniken berichtet, daß es da oder dort Blut geregnet habe, daß zwei feindliche Heere sich auf den Wolken näherten und dergleichen mehr – offenbar wurde derartiges geglaubt. Damals hat man es wahrzunehmen vermeint und geglaubt, heute nicht mehr, nicht in unseren Breiten. Warum?

X. Epidemien und Seuchenbekämpfung im Zeitalter der Medikalisierung

Gegen Mitte des 19. Jahrhunderts setzt die Medikalisierung immer machtvoller ein; die Infektionskrankheiten wie die Seuchen wurden seither entscheidend zurückgedrängt. Im 20. Jahrhundert nimmt diese Entwicklung noch zu, vor allem zeitigt jetzt die Heilkunde dank der Entwicklung von wirksamen Medikamenten wesentliche Erfolge gegen bereits ausgebrochene Krankheiten. Infektionskrankheiten und Epidemien weichen immer mehr zurück in diesem Zeitraum, die Lebenserwartung nimmt rasch zu. Seuchen bleiben zwar nicht ganz aus; aber sie werden seltener – nicht einmal während der beiden Weltkriege, die hohe Blutopfer forderten, nahm die Sterblichkeit in der Zivilbevölkerung wie im Heer auf ein Maß zu, wie es vor 1850 gang und gäbe war.

Seuchengeschichtlich betrachtet bildet die Mitte des 19. Jahrhunderts eine Zäsur; für die Seuchengeschichte beginnt danach ein neues Zeitalter: ein Zeitalter der Bakteriologie und zugleich der präventiven Medizin. Nach 1850 kommt es zu einschneidenden Neuerungen:

Erstens: Die deutschen Einzelstaaten, aber auch der Zentralstaat und die Kommunen erkennen immer mehr, daß es ihre Aufgabe ist, die Verbreitung von Infektionskrankheiten einzudämmen. Sie ergreifen jetzt verstärkt Maßnahmen gegen Epidemien und Krankheiten. Die Tätigkeit der Kommunen wird am besten sichtbar in der Einrichtung von Kanalisationsanlagen und in der Versorgung ihrer Bürger mit sauberem Trinkwasser. Von staatlicher Seite erfährt in dieser Zeit die Krankenversicherung entscheidende Impulse; außerdem richtet der Zentralstaat vermehrt Behörden ein und erläßt Gesetze, die sich gegen die Ausbreitung von epidemisch auftretenden Infektionskrankheiten wenden.

Zweitens: Gestützt auf eine Reihe von Grundwissenschaften gelingt der Medizin ein entscheidender Durchbruch, sie wird erst in diesem Zeitraum wahrhaft zur Wissenschaft. Die jetzt einsetzende Spezialisierung bringt es mit sich, daß die einzelnen Teilgebiete immer mehr neue Erkenntnisse gewinnen. Eines dieser Teilgebiete, die Bakteriologie, macht vor allem im letzten Viertel des 19. Jahrhunderts eine Reihe entscheidender Entdeckungen, sie erkennt die Erreger der hierzulande vorkommenden Infektionskrankheiten. Dies wiederum hilft, bereits zuvor angewandte vorbeugende Maßnahmen theoretisch zu verstehen und weitere zu ersinnen. In enger Zusammenarbeit zwischen Medizin und Pharmakologie gelingt es, wirksame Medikamente gegen Infektionskrankheiten zu entwickeln. Während die präventive Medizin eher die Massenerkrankungen einzudämmen hilft, vermag die heilende Medizin häufiger dem einzelnen zu helfen. Nicht zuletzt dank ihrer großen Erfolge findet die Medizin großen Zustrom, und die Folge davon ist eine sich rasch verbessernde ärztliche Grundversorgung der Bevölkerung.

Drittens: Seit dem Zeitalter des Imperialismus nimmt der zwischenstaatliche Verkehr rasch zu, vermehrt dringen Europäer in andere Erdteile vor. Der Weltwarenverkehr – und nach dem Zweiten Weltkrieg auch der internationale Tourismus – nehmen immer weitläufigere Formen an. Dies bringt zugleich neue Gefahren mit sich, denn die Schnelligkeit der Verkehrsmittel begünstigt die Ausbreitung von Epidemien.

Viertens: Im 20. Jahrhundert nehmen zugleich die Kriege immer größere Ausmaße an; die Kriege – diese alten Verbreiter von Seuchen – werden zu Weltkriegen. Gleichwohl gelingt es diesen internationalen Konflikten – mit ihren riesigen Heeren – nicht, die Mechanismen der Seuchenverhütung entscheidend zu durchbrechen. Zugleich werden sich die Staaten darüber einig, daß es verboten sein muß, eine feindliche Bevölkerung oder ein feindliches Heer mit Krankheitserregern anzugreifen. Eine bakteriologische Kriegführung mit hochkontagiösen Erregern könnte heute entsetzliche Folgen nach sich ziehen.

Fünftens: In diesem Zeitraum vereinbaren immer mehr Staaten, Epidemien *gemeinsam* vorbeugend zu bekämpfen. Auch im Bereich der wissenschaftlichen Erforschung von Epidemien nimmt die internationale Zusammenarbeit zu.

Sechstens: Je weiter entrückt von heute die Vergangenheit ist, desto spärlicher fließen die Quellen, auch die Quellen bezüglich des Auftretens von Seuchen. Für den heutigen Betrachter, und auch für den Historiker, ergibt sich daraus folgende paradoxe Situation: Während die Epidemien im Lauf der Jahrhunderte an Bedeutung verlieren, nimmt die Möglichkeit stetig zu, die – immer unbedeutender werdenden – Seuchen quellenmäßig zu erfassen.

Siebtens: Die unmittelbare Folge der hier skizzierten Entwicklungen ist ein Anstieg der Bevölkerung und zugleich der Lebenserwartung: Es gibt immer mehr Menschen – in Deutschland und auf der Welt –, und diese Menschen werden immer älter.

Im Verlauf der hundert Jahre zwischen 1815 und 1914 nahm die deutsche Bevölkerung rasch zu, jährlich im Durchschnitt um etwas mehr als ein Prozent. Sie wuchs so rasch, weil die Gebürtlichkeit relativ hoch war und die Sterblichkeit niedrig. Im Vergleich zu vergangenen Zeiten schwankten diese beiden Faktoren des Wachstums nur noch wenig: Nur in ganz wenigen Jahren, etwa vor der Revolution von 1848, flachte das Wachstum vollständig ab; in guten Zeiten lag es bei 1,4 Prozent. Auch die Sterblichkeit zeigte nur noch geringe Ausschläge nach oben wie nach unten; sie belief sich in den ersten beiden Dritteln dieser hundert Jahre auf durchschnittlich 26 bis 27 Promille – im letzten Drittel (1880–1914) hingegen nur noch auf 21 Promille. Sie war so stark gesunken, weil vielerlei Infektionskrankheiten seltener kamen oder ganz ausblieben. Nur zweimal überstieg die Sterblichkeit im gesamten Deutschland die 30-Promille-Schwelle, nämlich 1831, als Cholera und Grippe zugleich grassierten (30,4 Promille), und 1866, während der schwersten Choleraepidemie (30,6 Promille), die zugleich während eines Krieges auftrat. Im Ersten Weltkrieg erreichte die Sterblichkeit die 30 Promille auch nicht annähernd, sie kletterte lediglich im letzten Kriegsjahr, als eine schwere Grippepandemie auch das Deutsche Reich traf, bis auf 24,8 Promille, in den Kriegsjahren davor hatte sie zwischen 19,0 und 21,4 Promille geschwankt. Im Zweiten Weltkrieg überstieg die Sterblichkeit in der deutschen Bevölkerung nur in einem Jahr, 1944, die 20 Promille.[1]

Das Absinken der Sterblichkeit war vor allem auf den Rückgang der Seuchen zurückzuführen. Man spricht vom „demographischen Ancien régime“ und bezeichnet damit die starken Schwankungen der Gebürtlichkeit und der Sterblichkeit vor dem 19. Jahrhundert; die Bevölkerung dieses Ancien régime lebte – mit einer Sterblichkeit von durchschnittlich 30 bis 40 Promille – sozusagen ständig im Krieg. Im 20. Jahrhundert war die Sterblichkeit in Deutschland auch in Kriegszeiten – und selbst im „totalen Krieg“ – niedriger als hundert Jahre zuvor in Friedenszeiten.

Zwischen 1816 und 1915 wuchs die deutsche Bevölkerung von 23,5 auf 67,9 Millionen, obwohl zugleich – vor allem in der zweiten Hälfte dieses Zeitraums – annähernd fünf Millionen Deutsche auswanderten. Innerhalb des Reichs war das Wachstum ungleich: In Bayern wuchs die Bevölkerung relativ langsam, wohl infolge der Heiratsbeschränkungen und der kümmerlichen Versorgung mit industriellen Arbeitsplätzen. Im deutschen Norden und Nordosten hingegen war das Wachstum sehr viel höher.[2]

Die Bevölkerung wuchs, weil nun etwas mehr Menschen geboren wurden, vor allem aber: weil die Säuglings- und Kindersterblichkeit seit den 1860er Jahren und die allgemeine Sterblichkeit überhaupt absanken; die Menschen wurden – mit anderen Worten – älter. Jahrhundertelang hatte die Lebenserwartung nur geringfügig geschwankt, sie belief sich auf rund dreißig Jahre, einmal etwas mehr, einmal etwas weniger. In den 1870er Jahren war sie geringfügig angewachsen, auf 37 Jahre, wenn man die Erwartung eines neugeborenen Knaben und eines neugeborenen Mädchens zusammennimmt. Sie betrug im ersten Jahrzehnt des 20. Jahrhunderts rund 46,5 Jahre, zu Beginn der 1930er Jahre 61,5 Jahre und im Jahr 1991 rund 75 Jahre. Die Lebenserwartung hat sich also in den letzten hundert Jahren ziemlich genau verdoppelt.[3]

Städtewachstum und Stadterneuerung

Zusammen mit der Industrialisierung setzt gegen Mitte des 19. Jahrhunderts in Deutschland eine gewaltige Verstädterung ein. Diese Verstädterung mußte Folgen haben für die Seuchengeschichte. Vor dieser Urbanisierung war die Sterblichkeit in den Städten stets höher gewesen als auf dem Lande, vor allem die Infektionskrankheiten konnten sich in den dicht besiedelten Städten gut ausbreiten. Hätte sich dieser Trend fortgesetzt, so hätte die Gesamtsterblichkeit zugleich mit dem Städtewachstum noch mehr zugenommen, ja es ist fraglich, ob unter diesen Umständen die Verstädterung und die industrielle Revolution in diesem Ausmaß überhaupt möglich gewesen wären. Die Sterblichkeit in den Städten zu drosseln war von größter Wichtigkeit. Wo dies – in späterer Zeit – nicht geschehen ist, mußten die Städte dieses Versäumnis mit einem hohen Preis bezahlen: Im Falle Rio de Janeiro und Havanna behinderten noch zu Beginn des 20. Jahrhunderts Seuchen den Aufstieg dieser Kommunen zu modernen Großstädten.[3a]

In der ersten Hälfte des 19. Jahrhunderts begann sich in Deutschland der alte Trend – Übersterblichkeit in den Städten – umzukehren: In Nürnberg, das 1820 rund 30000 Einwohner hatte, bildet genau ebendieses Jahr, 1820, eine deutliche Scheidelinie: In den dreißig Jahren davor war die Zahl der Neugeborenen nur in fünf Jahren höher gewesen als die Zahl der Verstorbenen; in den dreißig Jahren danach war nur in fünf Jahren die Zahl der Toten größer als die der Neugeborenen.[4]

Man verdeutlicht das Problem am einfachsten, indem man einige Zahlen nennt: Bis gegen 1820 gab es in den meisten deutschen Städten nur wenig Wachstum; aber zwischen 1820 und 1850 verdoppelten etliche ihre Einwohnerschaft und verdreifachten sie dann noch einmal, wie Berlin, bis 1880. Einige zuvor eher kleine Städte – wie Dortmund, Duisburg, Essen, Remscheid und andere – vervierzigfachten binnen eines Jahrhunderts ihre Einwohnerzahl. Anders gesagt: Anno 1800 lebte nur einer von hundert Deutschen in einer Großstadt, 1880 waren es acht und 1910 waren es schon einundzwanzig. Zur Zeit der Reichsgründung (1871) lebten wenig mehr als 35 Prozent aller Deutschen in Städten mit mehr als 2000 Einwohner, 1890 waren es 47 Prozent und 1910 gar 60 Prozent. Vor allem die Großstädte wuchsen überproportional: Zwischen 1871 und 1910 wuchs die Bevölkerung um rund 50 Prozent, die deutschen Großstädte um etwa 300 Prozent.[5]

Das explosionsartige Wachstum der Städte mußte von weitreichenden Verbesserungen im sanitären Bereich begleitet sein. Um 1800 stellte der Berliner Arzt Ludwig Formey befriedigt fest: „Die Häuser sind geräumig, und die Menschen nicht so wie andern grossen Städten, darinn zum Ersticken hier zusammengepreßt." Aber Formey wußte, daß in seinem Berlin längst nicht alles zum besten stand, er zitierte einen reformfreudigen Zeitgenossen, der meinte, die Berliner Totenlisten könnten alljährlich zweihundert Tote weniger aufweisen, wenn man nur endlich aufhören würde, die Nachteimer in die Spree zu leeren. Dieses Argument wurde noch siebzig Jahre später von medizinisch gebildeten Berliner Kommunalpolitikern zustimmend zitiert.[6]

Die Beseitigung der Auswurfstoffe und die Herbeiführung von sauberem Trinkwasser, das waren die beiden größten Probleme der Urbanisierung. „Ein großer Theil der Abtritte geht in unterirdische Kanäle, welche in dem Mainstrohm sich endigen. Diese Einrichtung ist zum Theile schon sehr alt, und wurde zu verschiedenen Zeiten immer mehr erweitert, schade, daß nicht die ganze Stadt sich selber erfreuen kann", so schrieb 1805, mit fröhlicher Unbekümmertheit, Philipp Joseph Horsch über die Entsorgung der Stadt Würzburg. Was die Würzburger in den Main gossen, bekamen die Bewohner von Städten zwischen Würzburg und Frankfurt zu kosten – Cholera- und Typhusepidemien waren die Folgen.[7]

Wohin mit den menschlichen Auswurfstoffen? Das war das Problem, und es wurde jetzt immer größer, immer vordringlicher. „Die stadthygienischen Zustände in den deutschen wie auch in den übrigen europäischen Städten unterschieden sich bis über die Mitte des [19.] Jahrhunderts hinaus in nichts von denen des Mittelalters", schreibt ein Stadthistoriker heute. Solange sich auch die Einwohnerzahl nicht von der mittelalterlichen unterschied, mochte das angehen; aber gegen Mitte des Jahrhunderts wuchsen die Städte wie die Pilze. In München gab es 1854, als Max Pettenkofer seine Untersuchungen über die Cholera begann, etwa sechstausend Schwindgruben, welche „nur alle zwanzig Jahre einer Räumung bedurften", sehr zur Zufriedenheit ihrer Hausbesitzer, wie Pettenkofer feststellen konnte. Sie mußten so selten geleert werden, weil die flüssigen Bestandteile – und Krankheitskeime – in dem sie umgebenden Erdreich verschwanden.[8] In vielen großen Städten, und vor allem naturgemäß in solchen, die bereits schnell gewachsen waren in den Jahren davor, war die Sterblichkeit noch immer sehr hoch, weit über dem Reichsdurchschnitt: sie betrug in den Jahren 1816–40 in Berlin, Breslau, Magdeburg und Königsberg 31,5 Promille, und während der großen Cholera-, Pocken- und Typhusepidemien der späten 1860er und frühen 1870er Jahre stieg sie sogar auf knapp 34 Promille an. Die Industriestädte boten Arbeit und Brot; aber in puncto Lebensqualität stand zu befürchten, daß sie eher eine Verschlechterung brachten.[9]

Das Problem war bald erkannt, und seit den 1860er Jahren kämpften fortschrittlich gesinnte Kommunalpolitiker, darunter nicht wenige Ärzte, für Reformen, vor allem für eine Kanalisation und bessere Versorgung mit sauberem Trinkwasser. Sie wiesen darauf hin, was diesbezüglich bereits in Westeuropa geschehen war, vor allem in London und Paris. Sie wiesen darauf hin, daß Menschenleben auch einen ökonomischen Preis hatten, den man in Geldeswert veranschlagen konnte – von humanitären Gesichtspunkten einmal ganz abgesehen. Vor allem die Cholera- und Typhusepidemien der 1860er und 1870er Jahre unterstützten ihre Argumente und führten der städtischen Obrigkeit drastisch vor Augen, daß sie etwas tun mußte.[10]

Berlin kann hier als ein Fallbeispiel gelten. Dort wurde relativ früh, 1852, eine Wasserversorgungsgesellschaft gegründet, die für die Stadt ein Wasserwerk bauen sollte; es vergingen allerdings Jahre, bevor die Berliner Bevölkerung tatsächlich mit halbwegs sauberem Wasser versorgt wurde. 1873 war nur etwa die Hälfte der – schnellwachsenden – Bevölkerung an die Verteilung angeschlossen, und die Qualität dieses vorläufig nur sandgefilterten Wassers ließ noch lange zu wünschen übrig. Die Typhushäufigkeit und die Typhussterblichkeit blieben noch für einige Zeit ziemlich hoch: Die Typhussterblichkeit betrug – von einzelnen Epidemiejahren mit ihren hohen Ausschlägen ganz abgesehen – 1855 etwa 100 Tote je 100000 Einwohner, in den 1860er Jahren waren es etwa 82 Typhustote jährlich, 1873–75 noch immer mehr als 80. Nach Einführung der Kanalisation, seit 1890, lag die Typhussterblichkeit in Berlin unter 10 je 100000 Einwohner.[11]

Diese und andere Maßnahmen zeigten bald einen Einfluß auf die

Lebenserwartung der Berliner Bevölkerung: In den Jahren 1865–72 erreichten von 1000 Berlinerinnen nur 309 das 50. Lebensjahr – aber 1910 erreichten es fast doppelt so viele, nämlich 600. Von 1000 Berlinern erreichten 1865–72 nur 262 das 50. Lebensjahr – aber 1910 waren es weit mehr als doppelt so viele, nämlich 543.[12]

Ähnlich wie in Berlin verlief die Entwicklung auch in anderen deutschen Großstädten, vielleicht etwas später. In München übernahm Pettenkofer die Rolle des sanitären Reformers. Ihm wollte es nicht einleuchten, daß Bier und Wein, Kaffee und Genußmittel Güter sein sollten, für die man mit Freuden bezahlte – daß aber reines, gesundes Wasser ein vollkommen freies Gut sein sollte. Auch in München ging nach der Einführung der Schwemmkanalisation die Sterblichkeit stark zurück, noch viel mehr als die allgemeine Sterblichkeit naturgemäß die Typhussterblichkeit. Auch in Wien nahm die Typhussterblichkeit nach dem Bau der Wasserleitung stark ab. 1871 zählte alleine das Allgemeine Krankenhaus 1530 Fälle von Typhus abdominalis, 1879 – also keine zehn Jahre später – waren es noch 180. In der Mitte des Jahrhunderts starben von 100000 Wienern jährlich 221 an Typhus, am Ende des Jahrhunderts nur noch sechs.[13]

Die kleineren Städte und die Dörfer mußten noch Jahre warten, ehe auch bei ihnen hygienische Neuerungen Einzug hielten. Noch im Jahr 1900 war die Bevölkerung Preußens zu mehr als 60 Prozent auf Brunnen- und Zisternenwasser angewiesen – einzelne, kleinere Typhusausbrüche waren die Folge.[14]

In den Beschlüssen der Magdeburger Cholerakonferenz von 1894 hieß es: „Der sicherste Schutz gegen die Cholera ist die in cholerafreien Zeiten ausgeführte Gesundung der Städte und Ortschaften durch Beseitigung der Abfallstoffe und durch reichliche Versorgung mit reinem Wasser.“

Je weiter die Zeit voranschritt, desto mehr Maßnahmen wurden von seiten der Städte ergriffen, die Seuchenanfälligkeit einzudämmen und dem einzelnen sein Recht auf Gesundheit zu geben, soweit die Kommunen hier mithelfen konnten. In den großen Städten entstanden Vieh- und Schlachthöfe, die Fleischbeschau setzte sich durch, zunächst in Preußen, dann auch im Reich, um die Gefahr von Trichinenbefall zu drosseln. In den 1880er Jahren richteten viele Großstädte Desinfektionsanstalten ein, um auch die Wohnungen ihrer Bürger durch städtische Kammerjäger reinigen zu lassen und die Überträger von Krankheiten auszurotten. Wannen- und Brausebäder wurden eingerichtet, um jedermann die Gelegenheit zu geben, sich wenigstens einmal in der Woche gründlich abzuschrubben.[15]

Unter Sozialhistorikern besteht heute ziemliches Einverständnis, daß der Rückgang der Seuchen und der Infektionskrankheiten und die Erhöhung der Lebenserwartung bis weit ins 19. Jahrhundert hinein – daß dies mehr mit den genannten Maßnahmen zu erklären ist als mit den Erfolgen der Heilkunst im engeren Sinne.[16]

Der Triumphzug der Medikalisierung

Um das Jahr 1850 war es um die medizinische Grundversorgung der Deutschen noch immer schlecht bestellt. Die Ärzte konnten nur in seltenen Fällen wirklich helfen, und sie waren der breiten Bevölkerung einfach zu teuer. Was heute an wirksamen Medikamenten eingesetzt wird, war damals zum allergrößten Teil noch unbekannt; und selbst über relativ einfache Sachverhalte der Physiologie – beispielsweise die Blutgruppen – wußte die Medizin bis zum Jahr 1900 nicht Bescheid. Vor 1850, das haben neuere medizinhistorische Studien gezeigt, vermochte die Medizin nur wenigen zu helfen: Was der Arzt dem einen Kranken Gutes tat, das machte er beim anderen durch seine Unkenntnis zunichte. Ignaz Semmelweis – davon wird noch zu sprechen sein – hat mit Recht seine Kollegen beschuldigt, daß sie die „Mörder" der Frauen seien. Gerade um 1850 kam man auch mit empirischen Methoden endlich dahinter, daß das bisherige Allheilmittel Aderlaß häufig schädlicher als nützlich war: 1849 bemerkte der Wiener Kliniker Joseph Dietl in einer Untersuchung, daß Patienten, die an einer Lungenentzündung litten, seltener genasen, wenn man sie zur Ader gelassen hatte, im Vergleich mit einer Kontrollgruppe, die einfach nur Diät erhalten hatte. In Frankreich hatte ein Pierre Charles Alexandre Louis, der Begründer der klinischen Statistik, kurz zuvor die gleiche Entdeckung gemacht.[17]

Auf diese Art von Heilbehandlung konnte man verzichten, und die meisten Kranken verzichteten auch darauf – nicht weil sie diese Einsicht hatten, sondern weil sie nicht das Geld besaßen, einen Arzt aufzusuchen, oder weil es ihnen an Vertrauen mangelte und sie einen Gesundbeter einem Arzt vorzogen oder weil sie die soziale Distanz zu einem akademisch gebildeten Arzt nicht zu überwinden vermochten. Neuere Regionalstudien haben gezeigt, daß noch in der Mitte des 19. Jahrhunderts nur etwa die Hälfte der Verstorbenen zur Zeit ihres Todes oder kurz davor in ärztlicher Behandlung gestanden hatten. Viele hatten also nicht einmal einen Arzt aufgesucht, als es wirklich ernst wurde. Adolf Kußmaul, der in den 1840er Jahren eine Landpraxis im Schwarzwald betrieb, schreibt in seinen Erinnerungen, wenn ein Arzt in ein Dorf kam, „so liefen die Leute zusammen und fragten, wer sterben müsse".[18]

Die Medizin vermochte wenig auszurichten, und es gab wenig Ärzte. 1822 gab es in Preußen, die Militärärzte ausgenommen, knapp viertausend Ärzte, von denen jeder, statistisch gesprochen, etwa 3000 Einwohner zu versorgen hatte. Natürlich gab es damals wie später große Unterschiede in der Arztdichte: zwischen den Regionen und zwischen Stadt und Land. In Ost- und Westpreußen kamen 1833 auf einen promovierten Arzt fast 13 000 Einwohner, im Rheinland 5000. Vor dem Jahr 1866 gab es im Königreich Preußen niemals mehr als 6000 Ärzte, die Wundärzte mit eingeschlossen, und bis zur Reichsgründung verschlechterte sich die numerische Relation noch ein bißchen. Obwohl die Ärzte – statistisch gesprochen – mehrere tausend Menschen zu betreuen hatten, litten sie doch an einem erheblichen Mangel an Nachfrage. Ihre Dienstleistungen waren wenig gesucht. Schon damals schätzte ein Arzt, daß die große Mehrheit aller Deutschen – zwei Drittel bis fünf Sechstel – medizinisch nicht ausreichend versorgt würde. Den Einwand, daß die Landbevölkerung gesund sei und folglich eines Arztes nicht bedürfe, wollte Friedrich Nasse nicht gelten lassen: er kannte die ländliche Bevölkerung und wußte, wie viele gebrechliche und kränkliche junge Menschen es auf dem Dorfe gab, die Rekrutenaushebungen zeigten das Jahr für Jahr.[19]

Die Medikalisierung setzte in Deutschland eigentlich erst nach der Jahrhundertmitte wirklich ein. Unter Medikalisierung versteht man, in Anlehnung an Michel Foucault, die Ausdehnung des Marktes für medizinische Dienstleistungen auf ein Maß, welches es den breiten Massen erlaubt, im Krankheitsfall einen Arzt aufzusuchen. Dies trat in Deutschland erst in der zweiten Hälfte des 19. Jahrhunderts ein. Die Arztdichte war zwar im letzten Viertel des Jahrhunderts noch einmal kurzzeitig rückläufig, aber im großen und ganzen nahm sie jetzt doch sprunghaft zu: 1876 gab es 13 728 Ärzte im Deutschen Reich – 1900 waren es doppelt so viele. Berechnet auf je 10 000 Einwohner stieg die Arztdichte in diesem Zeitraum von 3,2 auf 4,9, also um mehr als die Hälfte. Neben den 3,2 Ärzten je 10 000 Einwohner gab es (1871) noch 2,0 Schwestern und 1,11 geprüfte Heildiener, ferner 1,3 Apotheker sowie (1880) 32,3 Krankenhausbetten. Gerade im letzten Jahrhundertviertel stieg die Versorgung rasch an: 1877 gab es im Deutschen Reich 72 219 Krankenhausbetten – 1911 waren es mehr als dreimal soviel, nämlich 226 831. 1877 wurden von 10 000 Einwohnern jährlich 108 stationär behandelt, 1901 waren es schon 225 – und im Jahr 1970 fast 1600 Personen. 1877 kamen auf je

10000 Einwohner 24,6 Krankenhausbetten, 1913 fast dreimal soviel, nämlich 69,0 – und heute mehr als 100.[20]

Im Verlauf des 19. Jahrhunderts wurde auch die ärztliche Ausbildung immer besser; sie wurde – wenn man es mit einem Wort sagen wollte – stärker akademisiert. Bis zur Jahrhundertmitte gab es noch immer den gelehrten Arzt und den handwerklich ausgebildeten Wundarzt. Seine Ausbildung befähigte den gelehrten Arzt stärker für die Behandlung von inneren Leiden; für die Chirurgie war der Wundarzt zuständig. Aber daraus hatte sich im Lauf der Zeit eine etwas andere Zuständigkeit entwickelt: Häufig versorgte der studierte Arzt die wohlhabenderen Schichten, die er in deren Wohnräumen aufsuchte; der Wundarzt behandelte die Armen und die ländliche Bevölkerung. In Preußen und in den meisten deutschen Staaten gab es den ärztlichen Einheitsstand erst seit der Mitte des vorigen Jahrhunderts. Vor der Einführung dieses Einheitsstandes wurde schon die Ausbildung vertieft und verbessert, die Studiendauer von drei auf vier Jahre angehoben. Bis gegen Jahrhundertmitte spukten freilich – und zwar auch in den Universitäten – noch immer dämonistische, animistische und romantische medizinische Vorstellungen in den Köpfen der Professoren herum: Johann Nepomuk Ringseis, Leibarzt des bayerischen Königshauses bis 1848, dozierte in seinen Vorlesungen wochenlang über die Bedeutung der Erbsünde für die menschliche Gesundheit; ihm bedeutete Kranksein der Ausdruck einer gestörten Beziehung zwischen Gott und Mensch. Mittelalterliche Behandlungsweisen – das ist hier buchstäblich zu verstehen – wirkten bis in diese Zeit: Seit König Chlodwigs Zeiten war es in Frankreich Brauch, daß der König den Skrofulösen – also Kranken mit einer Drüsentuberkulose – die Hand auflegte und dazu sprach: „Ich heile dich." Dieser Brauch wurde kurz vor der Französischen Revolution aufgegeben – aber 1824 von Karl X. noch einmal für kurze Zeit neu eingeführt.[21]

In Deutschland verschwand nach der Jahrhundertmitte langsam der handwerklich ausgebildete Wundarzt; auch die Chirurgen mußten fortan an einer Universität studiert haben. Für die praktische Seite der Ausbildung bedeutete dies nichts Gutes, denn sie wurde vernachlässigt. In England konnte man noch im 20. Jahrhundert Arzt werden, ohne je eine Universität betreten zu haben. England behielt die alte Trennung bei, daher gibt es im Englischen bis heute keinen Einheitsbegriff für Arzt, allenfalls ‚doctor' vermag diese Lücke zu füllen. „Für uns [...] kontinental denkende Ärzte, ist der Gedanke heute ein ganz unfaßbarer, daß man Arzt werden könne, ohne eine Universität besucht zu haben; es befremdet uns, daß Prüfungen ganz verschiedenen Charakters dieselben

Rechte: die venia practicandi verleihen", schrieb der Arzt und Dichter Arthur Schnitzler nach einem Besuch in England ganz erstaunt. „Um die Möglichkeit zu erlangen, in Großbritannien zu praktizieren, kann man verschiedene Wege einschlagen. Man besucht z. B. nach Ablegung einer Art von Abiturientenprüfung irgendein Hospital, das die Bedeutung einer medizinischen Schule hat. In London gibt es deren mehr als ein halbes Dutzend [...]. Mit diesen Krankenhäusern sind Hör- und Arbeitssäle der Anatomie, der Chemie, der Physiologie in direkter Verbindung; meistens ist auch eine große Bibliothek, wohl ein Klub für die Studenten, in dem betreffenden Gebäude untergebracht. Man kann hier seine ganze medizinische Ausbildung durchmachen."[22]

Die Verbesserung der Ausbildung brachte nicht überall und sofort nur Fortschritte. Die örtlichen Kindbettfieberepidemien Mitte des frühen 19. Jahrhunderts hatten – vermutlich nicht nur in Wien – mit der Ausweitung des Faches Pathologische Anatomie zu tun. Um diesem neuen Spezialfach zu genügen, wurden jetzt viele Leichen seziert, und die Sezierenden, häufig waren es junge Ärzte, trugen die Krankheitserreger von den Leichen zu den werdenden Müttern. Durch die dauernde kettenweise Verschleppung kann der Erreger des Kindbettfiebers in seiner Virulenz gesteigert worden sein. Um das Jahr 1800 und davor war die Sterblichkeit der Wöchnerinnen niedrig, sie lag meist unter einem Prozent; aber mit dem Aufstieg des Faches Pathologische Anatomie stieg die Sterblichkeit unerbittlich an, und es gab Zeiten, da starben in Wien 26 Prozent der Wöchnerinnen. Ignaz Semmelweis beobachtete in den 1840er Jahren, daß die Sterblichkeit auf der einen Entbindungsklinik, wo Studenten und Ärzte ausgebildet wurden, deutlich höher war als auf der anderen, wo Hebammen die Frauen entbinden halfen. Von mikrobiellen Krankheitserregern wußte Semmelweis nichts, er ahnte es nicht einmal. Aber er bemerkte, daß seine Hände – selbst wenn er sie gewaschen hatte – seltsam rochen, wenn er zuvor eine Leiche seziert hatte. Er folgerte, daß Krankheitsstoffe – er dachte an zerfallene organische Substanzen – an seinen Händen hafteten. Er bemerkte auch, daß dieser Geruch verschwand, wenn er die Hände in einer Karbollösung wusch. Eines Tages starb einer seiner Kollegen, nachdem er sich bei einer Sektion mit einem Skalpell verletzt hatte. Seine Bauchhöhle zeigte die gleichen Anzeichen einer allgemeinen Septikämie, welche auch die verstorbenen Kreißenden hatten. Da war sich Semmelweis im klaren über den Übertragungsmodus ihres Leidens.[23]

Hygiene und Bakteriologie

Nach der Jahrhundertmitte nahm in Deutschland die Zahl der medizinischen Lehrstühle schnell zu, und es beschleunigte sich zugleich die Differenzierung der Fächer. Neue Erkenntnisse förderten neue Fachbereiche wie Hygiene und Bakteriologie. 1865 wurde in München der erste Lehrstuhl für öffentliche Hygiene eingerichtet, der erste Lehrstuhlinhaber war Max Pettenkofer. In der öffentlichen Gesundheitspflege war seinerzeit noch immer Frankreich führend; aber in den Grundwissenschaften, welche die Medizin trugen, drang damals Deutschland nach vorn. Der Anteil der Deutschen an den medizinischen Entdeckungen war seit den 1860er Jahren höher als der der Engländer und Franzosen.[24]

Die Ursachen der Infektionskrankheiten waren noch immer rätselhaft. Zu Beginn des 19. Jahrhunderts glaubte man, daß große Anstrengungen, Kälte oder andere Erscheinungen dieser Art genügten, infektiöse Fieberkrankheiten auszulösen. Was große Geister zu Zeiten der Antike und der Renaissance vermutet hatten: daß winzig kleine belebte Organismen Krankheiten verursachen könnten, diese Auffassung galt im frühen 19. Jahrhundert als veraltet, als unbegründet, unbewiesen. Die Chemie feierte gerade damals große Fortschritte, und viele glaubten, sie werde am ehesten diesen Krankheiten auf die Spur kommen. Als Jacob Henle 1840 davon sprach, ein Contagium animatum, ein belebter Ansteckungsstoff, könne einigen Krankheiten zugrunde liegen, wurde er nicht ernst genommen. Zwischen Kontagionisten und Anti-Kontagionisten wogte weit über die Jahrhundertmitte hinaus ein heftiger Streit; er entzündete sich gerade an der Cholera. Gelehrte wie Pettenkofer meinten, daß krankmachende Ausdünstungen, sogenannte Miasmen, aus der Erde aufstiegen; daher hielt er es für so wichtig zu wissen, auf welcher Art von Boden eine Stadt stand. Daß die üblichen Quarantänemaßnahmen bei einigen Infektionskrankheiten – wie Cholera oder Fleckfieber – nichts nützten, bewies den Anti-Kontagionisten, daß Henles Erklärung, das Contagium animatum, keine Erkenntnis zu bieten vermochte.

Dabei waren gerade um diese Zeit einige kleinere Entdeckungen geglückt, die den Beweis erbrachten, daß einige Krankheiten von belebten Mikroorganismen verursacht sein könnten. Ein italienischer Rechtsanwalt namens Agostino Bassi wies 1835 nach, daß Pilze bei Seidenraupen Erkrankungen auslösen können. 1839 entdeckte der Berliner Arzt Joh. Lucas Schönlein, daß es gleichfalls ein Pilz war, der den – seinerzeit bei den Unterschichten weitverbreiteten – sogenannten Erbgrind hervorrief. Nach der Jahrhundertmitte wurden – nicht zuletzt dank der Verbesserungen in der optischen Industrie – immer mehr Mikroorganismen als Krankheitserreger entdeckt, zuerst naturgemäß die größeren unter ihnen. So sah Heinrich Meckel von Hemsbach, der in Berlin Pathologische Anatomie unterrichtete, schon in den 1840er Jahren das Malariaplasmodium und brachte es als erster mit den klinischen Symptomen des Wechselfiebers in Beziehung; die Bedeutung seiner Entdeckung scheint er allerdings nicht erkannt zu haben. 1855 beschrieb der praktische Arzt Alois Pollender erstmals den Erreger des Milzbrandes, der später von Robert Koch in dieser Eigenschaft identifiziert wurde; zugleich wurde dieser Erreger auch von französischen Gelehrten entdeckt. Ein paar Jahre später entdeckten der Erlanger Pathologe Friedrich Albert Zenker und Rudolf Virchow die Trichine als Ursache einer Infektionskrankheit, der Trichinose; die Trichinenkapsel war schon einige Jahrzehnte zuvor von englischen Anatomen entdeckt worden. Virchow war es auch, der 1856 vorschlug, alle durch Schimmelpilz verursachten Krankheiten unter dem Namen Mykose zusammenzufassen; von ihm stammt auch der Begriff Infektionskrankeiten.[25]

Die bedeutendsten Entdeckungen der Bakteriologie kamen etwas später, in den späten 1870er und 1880er Jahren. Gelegentlich ließen sich die Forscher im Labor auch täuschen: Sie sahen seltsame Stäbchen unter ihren Mikroskopen, wenn sie das Blut von Kranken untersuchten, und hielten diese Gebilde für Kristalle, die sich infolge einer Erkrankung gebildet hatten – in Wirklichkeit waren dies die Erreger. So erging es Pasteur und Virchow. Noch war die Bakteriologie eine „noch wenig ausgebaute Provinz der medizinischen Botanik" (R. Virchow). Das wurde bald anders: 1868 erkannte Otto Obermeier ein spiralenförmig gewundenes Kleinstlebewesen als Verursacher des Recurrensfieber, er erhärtete 1873 diesen Befund. Im gleichen Jahr sah der in Würzburg tätige Bakteriologe und Pathologe Edwin Klebs den Erreger der Diphterie, den Friedrich Löffler weitere zehn Jahre später als solchen identifizierte. Löffler bemerkte auch, daß nicht die Anwesenheit des Erregers die Krankheit verursachte, sondern daß dessen Stoffwechselprodukt für den menschlichen Organismus giftig war. 1876 gelang es Robert Koch, viele bislang unbekannte Phasen aus dem Leben des Milzbranderregers zu deuten; den Erreger selber soll bereits einige Jahrzehnte zuvor ein Italiener namens Filippi Pacini entdeckt haben, aber man schenkte ihm keinen Glauben. Koch entwickelte neue Nährböden und neue Färbe- und Fixiermethoden. Koch war bereits Leiter des neugeschaffenen Reichsgesundheitsamtes, als er 1882 den Erreger der Tuberkulose entdeckte, im Jahr darauf den Erreger der Cholera. Daß die Tuberkulose eine Infektionskrankheit war, dies war spätestens 1865 klar geworden, als ein französischer Arzt, Jean-Antoine Villemin, die Tuberkulose von einem Menschen auf ein Tier übertrug. Koch fand nach monatelanger Arbeit den Erreger: „längliche, gekrümmte Stäbchen, jedes davon etwa den fünfhundertsten Teil eines Millimeters groß."

Inzwischen hatte die Bakteriologie weitere Entdeckungen gemacht. 1875 fand man die Amöbe, welche die Amöbenruhr hervorruft. 1879 entdeckte Albert Neisser, ein junger Bakteriologe aus Breslau, den Erreger der Gonorrhoe. In diesen Jahren fanden er und zugleich Gerhard Armauer Hansen das Bakterium, welches die Lepra hervorruft. 1880 beschrieb Carl Joseph Eberth das Bacterium typhi; Georg Th. August Gaffky legte von der Salmonella typhi Kulturen an und konnte diese Bakterien als Erreger des Typhus abdominalis identifizieren, was nur dank eines verwickelten Anfärbeverfahrens gelang. In den folgenden Jahren wurde eine Vielzahl weiterer Erreger entdeckt: der des Tetanus und der Pest, der Bazillenruhr und der Syphilis, der Erreger des Wundbettfiebers und der Keim, welcher den Keuchhusten hervorruft.

Der Übertragungsmodus von Infektionskrankheiten, die nicht unmittelbar von einem Menschen zum andern überspringen, wurde in der Regel erst erkannt, nachdem die Erreger dieser Krankheiten aufgefunden waren. Drei Jahre nach der Entdeckung des Pesterregers erkannte ein französischer Arzt namens Simond, daß ein Floh die Pest von pestinfizierten Ratten auf den Menschen übertragen konnte. Im gleichen Jahr erkannte Sir Ronald Ross, daß die Anophelesfliege den Malariaerreger von Mensch zu Mensch trug; er erhielt dafür 1902 den Nobelpreis für Medizin und Physiologie. Für die Entdeckung der Übertragungsweise des Fleckfiebers bekam Charles Nicolle im Jahr 1928 diesen Preis verliehen.

Die Krankheiten waren in der Regel schon lange bekannt, sie waren in ihren klinischen Symptomen und ihren pathologisch-anatomischen Veränderungen beschrieben, bevor endlich ihre Erreger entdeckt wurden. Die moderne Bakteriologie entstand erst im letzten Drittel des 19. Jahrhunderts; sie gewährte der Medizin einen klaren Einblick in das Wesen der Seuchen; erst seither ist die Epidemiologie nicht eine spekulative, sondern eine experimentelle Wissenschaft. Freilich waren die Erreger vieler weiterer epidemisch auftretender Infektionskrankheiten auch noch weiterhin unbekannt – die verschiedenen Grippeviren und das Pockenvirus beispielsweise. Es bedurfte weiterer Fortschritte im Bereich der optischen Industrie, ehe man diese noch viel kleineren Krankheitserreger sehen konnte.

Die Erkenntnisse der modernen Bakteriologie und der Serologie legten die Grundlagen für weitergehende Maßnahmen der Vorbeugung und der Bekämpfung der Infektionskrankheiten. Sie lieferten auch dem Gesetzgeber Möglichkeiten, die Ausbreitung solcher Krankheiten durch Gesetze einzudämmen: am 30. Juli 1900 wurde ein Reichsseuchengesetz verabschiedet, fünf Jahre später folgte ein preußisches Seuchengesetz. Im Januar 1907 wurde eine eigene Kriegssanitätsordnung erlassen; sie gab jedem Armeecorps einen Hygieniker mit ins Feld. Infolge dieser gesetzlichen Bestimmungen umgab sich Deutschland in diesen Jahren mit einem Netz von Untersuchungsanstalten.[26] Die Erfolge der Vorbeugung waren überwältigend: So ging zum Beispiel in Preußen die Tuberkulose zurück, *bevor* Robert Koch den Tuberkuloseerreger gefunden hatte und lange bevor wirksame Heilmittel auf den Markt kamen.

Inzwischen gab es aber auch Heilerfolge, teils durch Impfung, teils durch Medikamente, und gerade sie nahmen in der Folgezeit erheblich zu. Noch vor der Jahrhundertwende gelang es Emil Behring und Paul Ehrlich, ein Serum gegen die Diphtherie zu entwickeln; 1901 bekam Behring für diese Entdeckung den ersten Nobelpreis für Medizin und Physiologie, der je verliehen wurde; ein weiterer Nobelpreis ging 1905 an Robert Koch und 1908 an Paul Ehrlich. Damals arbeitete Ehrlich gerade an einem Mittel gegen die Syphilis. Er fand zwei Jahre später, bei seinem berühmten 606. Versuch, ein Arsenpräparat, das zu einem „heilenden Arsen“ wurde, dem Salvarsan. Mit diesem Medikament gelang es bald, die Syphilis zurückzudrängen. Die Entdeckung dieses auf rein chemischer Basis erarbeiteten Heilmittels läutete die Geburtsstunde der Chemotherapie ein. Und da inzwischen die Erreger so vieler Krankheiten gefunden waren und man jetzt die Reaktionsweisen des Körpers sehr viel besser verstand, gelang es bald auch, Impfseren gegen weitere Infektionskrankheiten – wie Tetanus, Pest, Cholera und viele andere – zu entwickeln.

Diese Erfolge waren einzelnen Wissenschaftlern und ihren Stäben und Instituten zuzuschreiben – aber diese Gelehrten wurden in ihren Bemühungen auch unterstützt, sei es von staatlichen Stellen, sei es von der Industrie, die sich von deren Erfolgen finanziellen Gewinn versprach; zuvor mußten freilich Gelder in die Forschung investiert werden. Aber auch der Staat förderte diese Forscher ganz entscheidend. Die Regierungen fremder Staaten luden deutsche Wissenschaftler ein, in ihrem Land, wenn dort noch immer exotische Infektionskrankheiten auftraten, sich umzusehen und zu helfen, die Seuchen einzudämmen. Staaten schlossen untereinander Seuchenkonventionen ab, die erste erfolgte 1891 zwischen England und Österrreich. Internationale Konferenzen wurden einberufen, die teils der wissenschaftlichen Erforschung und der Verbreitung von Wissen dienen sollten, teils der aktiven Bekämpfung von Seuchen: So fand beispielsweise 1897 die Erste Internationale Leprakonferenz in Berlin statt, die folgende fand in Oslo statt, die nächste in Kairo, wo der Aussatz auch im 20. Jahrhundert noch anzutreffen war.[27]

Nach der Jahrhundertwende gelangen der pharmazeutischen Industrie entscheidende Erfindungen. Bereits in der Zwischenkriegszeit wurden die Antibiotika entdeckt; mit ihrer Hilfe gelang es, Infektionskrankheiten auch nach deren Ausbruch erfolgreich zu bekämpfen. Die Sulfonamide verhindern die Vermehrung der Bakterien, sie wirken bakteriostatisch. Die Antibiotika töten Krankheitserreger, sie wirken baktericid. Das wichtigste Sulfonamid war das Prontosil, es wurde 1935 als erstes Derivat des Sulfanilamids in die Therapie eingeführt; sein Entdecker, Gerhard Domagk, wurde 1939 mit dem Nobelpreis für Medizin geehrt. Die nationalsozialistische Regierung erlaubte es nicht, daß Domagk diesen Preis annahm. Zu dieser Zeit, am Vorabend des Zweiten Weltkriegs, arbeitete Alexander Fleming bereits an der Entwicklung des Penicillins, dessen antibakterielle Wirkung er zu therapeutischen Zwekken einzusetzen gedachte. Fleming, ein gebürtiger Schotte, hatte bemerkt, daß gewisse Schimmelpilze die Bakterien in ihrer Umgebung abtöteten, und diese Einsicht benützte er zur Entwicklung des Medikaments Penicillin. Im Verlauf des Zweiten Weltkriegs entstand in amerikanischen Laboratorien – und zugleich auch in Deutschland, wie die Amerikaner bei Kriegsende zu ihrem Erstaunen feststellten – das Penicillin, vorläufig allerdings nur in sehr begrenzten Mengen. In den Notzeiten nach Kriegsende, als einige Infektionskrankheiten wieder epidemisch ausbrachen, gab es viel zuwenig Penicillin. Wie knapp es damals war, zeigt der Film *Der Dritte Mann*: Er handelt von einem Verbrecher, der im Wien der unmittelbaren Nachkriegszeit dieses kostbare Gut verdünnt, damit er mehr davon auf den Markt werfen kann – der es aber so sehr verdünnt, daß es seine Wirksamkeit verliert.

Da Bakterien einen eigenen Stoffwechsel haben – das unterscheidet sie unter anderem von den wesentlich kleineren Viren – kann man sie leichter angreifen, ihren Stoffwechsel stören oder blockieren. Der Penicillin-Pilz half die Keime zu vernichten und Krankheiten eindämmen. Viren hingegen vermag dieser Pilz nicht anzugreifen. Virusbedingte

Infektionskrankheiten – ob Grippe oder Aids – blieben daher nach der Entdeckung des Penicillins noch immer das größere Problem; vorbeugende Maßnahmen haben auch gegen Viren im 20. Jahrhundert mehr Erfolg gezeitigt als die Versuche einer therapeutischen Bekämpfung nach dem Auftreten dieser Übel.

Seuchen im Weltkrieg

„1870/71 wußten wir von Seuchen noch außerordentlich wenig, wir wußten nicht, wie wir sie verhindern sollen, und trotzdem haben wir damals den glänzenden Erfolg gehabt, daß zum erstenmal in der Kriegsgeschichte weniger Soldaten an übertragbaren Krankheiten gestorben sind als an Wunden." So schrieb Professor Kirchner, ein hoher Beamter im Reichsinnenministerium, im ersten Kriegsjahr, 1915.[28] Tatsächlich gelang es schon im Feldzug von 1870/71, die Seuchen gewaltig zurückzudrängen. In den längeren Kriegen davor, zuletzt 1866, im Preußisch-Österreichischen Krieg, waren stets mehr Soldaten den Infektionskrankheiten erlegen als ihren Schuß- oder Stichverletzungen. Erst 1870/71 kehrte sich dieser Trend um – und zwar nur im deutschen Heer, im französischen Heer starben auch in diesem Krieg weitaus mehr Menschen an Infektionskrankheiten als an Verletzungen, obwohl 1870 die antiseptische Wundbehandlung sich noch nicht durchgesetzt hatte und daher viele Verletzte an Wundinfektion starben: von rund 13 000 amputierten französischen Soldaten sage und schreibe 10 000.[29]

Auch die Kriege in fernen Zonen, um die Jahrhundertwende, erteilten den Medizinern und den künftigen Feldherren wichtige Lektionen. Im Spanisch-Amerikanischen Krieg von 1898 auf Kuba verloren die Amerikaner beispielsweise mehr Soldaten durch die Seuche als durch die Kriegshandlungen. Einzelne Infektionserkrankungen wie Ruhr oder Typhus vermochten sie einzudämmen, nicht aber das Gelbfieber, das dem amerikanischen Heer gräßliche Wunden schlug. Auch die deutsche Kolonialverwaltung mußte anno 1904 während des Krieges gegen die aufständischen Herero, in der deutschen Kolonie Deutsch-Südwest-Afrika, erfahren, daß sich unweigerlich Krankheiten wie die Ruhr einstellen, wenn das Heer die Sauberkeit vernachlässigt.[30]

Das Deutsche Reich hat daher vor und während des Ersten Weltkriegs vorausschauend und mit großer Gründlichkeit, aus der Erfahrung von 1870/71 und aus den Beobachtungen anderer Kriege schöpfend, eine weitblickende Seuchenvorbeugung betrieben. Die Erfolge waren – im

Blick auf die Seuchengeschichte – überraschend: Im Ersten Weltkrieg beliefen sich die Krankheitsverluste in der russischen Armee auf rund 30 Prozent, in der amerikanischen auf rund 26 Prozent – in der deutschen hingegen nur auf etwa 10 Prozent, schreibt der amerikanische Militärhistoriker Quincy Wright.[31]

In Deutschland war man sich bei Kriegsausbruch vollkommen darüber im klaren, daß Krieg – der Zusammenstoß mit fremden Völkern, häufig auf fremdem Territorium – Epidemien begünstigen würde. Teile Südrußlands waren beispielsweise noch immer als Pestherde gefürchtet.[32] Der Stellungskampf im Schützengraben, auch das war vorauszusehen, würde den Soldaten, einen Kulturmenschen des 20. Jahrhunderts, zurückwerfen auf das „Niveau eines Höhlenbewohners unter hygienischen Bedingungen, die viel schlimmer waren als die Zustände in mittelalterlichen Städten" (Ernst Rodenwaldt).[33] Um diese Zustände nicht einreißen zu lassen, wurden vielerlei Vorsichtsmaßnahmen geplant. So wurde beispielsweise darüber diskutiert, ob man nicht transportable Verbrennungsöfen mitführen sollte im Feld, für die Leichen von Menschen und Pferden, um Seuchen zu verhüten. Dies wurde aber als unnötig und zu kostspielig abgelehnt.[34]

Als 1914 der Krieg ausbrach, waren die jüngeren deutschen Ärzte mit einigen Infektionskrankheiten nicht mehr vertraut. Fleckfieber war beispielsweise seit rund dreißig Jahren verschwunden; wer jünger war als 50 Jahre, hatte in der Regel keinen einzigen Fall mehr gesehen. Man durfte nicht solange warten, bis tatsächlich Seuchen ausgebrochen waren, denn dann war es für eine erfolgreiche Prophylaxe meist schon zu spät.

Im Verlauf des Ersten Weltkriegs spielte an der deutschen Ostfront vor allem das Fleckfieber eine verhängnisvolle Rolle. In Deutschland hatte es vor 1914 in einigen Jahren überhaupt keinen einzigen Fall dieser Krankheit gegeben; aber in anderen europäischen Ländern – vor allem auf dem Balkan, in Rußland und Italien – war es noch immer endemisch verbreitet. Schon im Spätsommer kamen deutsche Soldaten mit Russen in Berührung, und bereits im Herbst 1914 war die Läuseplage an der Ostfront groß, es gab keinen Truppenteil, der nicht verlaust war. Die Plage nahm noch gewaltig zu, als nach den Schlachten bei den Masurischen Seen Russen zu Abertausenden in deutsche Gefangenschaft gerieten. Die Russen waren, schreibt Albrecht Hase, „durchweg, oft in einem geradezu ekelerregenden Grade verlaust". Bald ging es den deutschen Soldaten nicht viel anders. „Wir wurden alle von den Läusen sehr gequält, und der Kuckuck wußte nicht, wo sie alle hergekommen waren", schreibt Dominik Richert, in dessen Kriegserinnerungen es nur so von Läusegeschichten wimmelt. „Da es bei der Kälte unmöglich war, sich auszuziehen, konnten die Läuse ungeniert in den Kleidern nisten und brüten. Wenn ich vorne an der Brust bis unter den Arm kratzte, hingen mindestens vier an der Hand, wenn ich dieselbe herauszog."[35]

Während dieses vierjährigen Krieges gerieten fast 2,5 Millionen fremder Soldaten in deutsche Gefangenschaft, darunter sehr viele Russen. Die Gefangenen aus dem Osten brachten Krankheiten mit in die Lager. An den Fronten wurden Desinfektionsanstalten eingerichtet. Dort wurden die Gefangenen aufgenommen, ihre Kleidung wurde entfernt und desinfiziert, die Gefangenen wurden kahlgeschoren und erhielten reichlich Schmierseife; wo es ging, mußten sie sich unter einem heißen Brausestrahl reinigen. Trotzdem flackerte da und dort in Kriegsgefangenenlagern das Fleckfieber epidemisch auf: Schon im Winter 1914/15 gab es, vor allem unter russischen Gefangenen, massenweise Fälle von Fleckfieber. Im Lager Brandenburg waren von 9700 Gefangenen mehr als 7100 erkrankt, in Frankfurt an der Oder von 9400 Gefangenen mehr als 1000, in Gardelegen von 9300 Gefangenen nahezu 1400, in Halle lagen von 7200 Gefangenen 930 darnieder. Allerdings war die Letalität unter den russischen Kriegsgefangenen vergleichsweise nicht hoch: von 39000 russischen Fleckfieberkranken in deutschen Lagern starb etwa jeder zehnte. Dies war teils dem niedrigen Lebensalter der Kranken zuzuschreiben, teils dem Umstand, daß die Russen mit dieser Krankheit seit langem vertraut waren und die Immunität in ihren Reihen besonders hoch war.[36]

Dem deutschen Heer, selbst den Heeresteilen im Osten, gelang es zwar, das Fleckfieber weitgehend fernzuhalten; aber wo es ausbrach, war die Letalität weitaus höher: in deutschen Lazaretten wurden knapp 6000 Fälle von Fleckfieber behandelt, die Letalität betrug 22,5 Prozent. Hochgradig verlaust waren zwar auch die deutschen Soldaten in den Schützengräben im Westen; aber offenbar waren ihre Läuse nicht mit der Rickettsie prowazeki infiziert. „Die umfangreichen Entlausungsmaßnahmen an der Ostgrenze Deutschlands und die schon im November und Dezember 1914 auch an der Westfront eingerichteten Bade- und Entlausungsanstalten haben eine größere Verschleppung der Seuche zu und an der Westfront verhindert."[37] Ganz frei von dieser Plage blieben aber auch die Schützengräben im Westen nicht. Bei Carl Zuckmayer heißt es in einem Gedicht, das den Titel trägt *1917*, vom Leben an der Westfront:

Ich habe sieben Tage nicht gegessen,
Und einem Manne in die Stirn geknallt.
Mein Schienbein ist vom Läusebiß zerfressen.
Bald werd ich einundzwanzig Jahre alt.

Im Osten nahm das Fleckfieber im letzten Kriegsjahr noch einmal zu: zwischen August 1917 und Juli 1918 gab es dort mehr als 1400 Fälle, im Westen hingegen nur 75. Im Osten herrschte seinerzeit bereits Waffenstillstand. Nach der russischen Oktoberrevolution – im November 1917 – kamen die Kämpfe praktisch zum Erliegen. Trotz der Verschiebung von freiwerdenden Truppen nach Westen kam es dort zu keinem nennenswerten Anstieg des Fleckfiebers.[38]

Etwas stärker als das deutsche Heer wurde während dieser Jahre – und danach – die deutsche Zivilbevölkerung vom Fleckfieber befallen. Im Verlauf dieser vier Kriegsjahre gab es im Deutschen Reich 7340 Fleckfieberfälle, und im ersten Nachkriegsjahr, 1919, gab es weitere 3549 Fälle. Erst 1920 klang das Fleckfieber – mit 483 Fällen – langsam ab.[39]

Weitaus verlustreicher verlief die Fleckfieberepidemie gleich nach Kriegsausbruch auf dem Balkan, unter ihr hatten die österreichischen Truppen schwer zu leiden. Das Fleckfieber breitete sich 1915 in Serbien aus, zuerst in der serbischen Armee, später unter den kriegsgefangenen österreichischen Soldaten in serbischer Gefangenschaft. Es sollen innerhalb von drei Monaten annähernd 100000 Menschen an Fleckfieber gestorben sein, darunter 30000 Österreicher.[40] Noch verlustreicher allerdings verlief die schwere Epidemie, die während des Russischen Bürgerkriegs das junge bolschewistische Rußland heimsuchte: es sollen im Verlauf von etwa fünf Jahren, 1918 bis 1922, rund 25 bis 30 Millionen Menschen in Rußland erkrankt sein – vermutlich waren auch andere Krankheiten wie Grippe, Typhus abdominalis, Dysenterie und Cholera beteiligt –, und zwei bis drei Millionen sollen an diesen Infektionskrankheiten gestorben sein.[41]

Die Malaria bewirkte während des Ersten Weltkriegs weniger hohe Verluste im deutschen Heer als das Fleckfieber; aber sie ergriff weit mehr deutsche Soldaten: Insgesamt wurden im Feldheer 120000 Fälle behandelt. Dank ihrer etwas umständlichen Übertragungsweise bricht sie nicht so plötzlich aus. Wie das Fleckfieber, so war auch die Malaria, das Wechselfieber, vorwiegend eine Krankheit des Ostens: zwischen Ostsee und Mittelmeer war sie allenthalben anzutreffen. „Die Myriaden von Schnaken, die Wälder und Sümpfe ausbrüteten, waren uns lästiger als die Russen hinter ihrem Draht", schreibt Walter Flex in seinem Buch *Der*

Wanderer zwischen beiden Welten (1916). Im letzten Kriegsjahr gab es im Osten nahezu 50000 Fälle, im Westen nur 9200. Die medikamentöse Malariaprophylaxe brachte es mit sich, daß die Malaria nur selten tödlich endete. Innerhalb des Reiches hatten vor allem die russischen Kriegsgefangenen schwer unter Malaria zu leiden, besonders die Lager in Gmünd und Hammerstein waren dafür berüchtigt. Die Unterernährung der Gefangenen und die chronische Verwahrlosung dürften dieses Problem noch verschlimmert haben.[42]

Eine Reihe weiterer Infektionskrankheiten trat im Verlauf dieser vier Kriegsjahre auf, am häufigsten die Darmkrankheiten Ruhr und Typhus, viel seltener die Cholera. Die Cholera asiatica war schon in den Jahren vor 1914 in Deutschland kein Problem mehr gewesen, wohl aber in Rußland, wo es noch nach dem Jahr 1900 mehrere Choleraepidemien gegeben hatte. Stärker als das Deutsche Reich wurde zwischen 1914 und 1918 Deutschlands Verbündeter Österreich von der Cholera heimgesucht. Bereits 1914/15 gab es in Österreich-Ungarn 22000 Cholerafälle, mit 7600 Toten; in dieser Zeit gab es allein in Galizien weit mehr als 9000 Fälle und 4000 Tote. Bis Sommer 1915 hatte Österreich rund 15000 Choleratote zu beklagen. Im deutschen Heer gab es insgesamt 3300 Fälle, fast alle im Osten; die Letalität betrug geringfügig mehr als 50 Prozent. Die deutsche Zivilbevölkerung wurde von diesem Übel nicht befallen; die von deutscher Seite eingeführte Schutzimpfung erwies sich als ein voller Erfolg.[43]

Wesentlich häufiger als die Cholera traten Ruhr und Typhus abdominalis auf. In den deutschen Lazaretten wurden insgesamt weit mehr als 150000 Fälle von Ruhr behandelt, auch sie viel häufiger im Osten als im Westen. Die Häufigkeit der Ruhr nahm mit der Dauer des Krieges zu: So gab es im Osten im Jahr 1915 allein in den Monaten Juli und August mehr als 3500 Fälle von Bazillenruhr, in den drei Sommermonaten 1916 waren es mehr als 12500 Fälle, im Sommer 1917 rund 20000 Fälle, und im letzten Kriegsjahr knapp 21000 Fälle, während es im gleichen Zeitraum im Westen nur 4375 Fälle gab.[44] Typhus trat nicht ganz so häufig auf, es wurden insgesamt knapp 116500 Fälle in deutschen Lazaretten behandelt. Diese Zahl klingt erschreckend hoch; aber im Deutsch-Französischen Krieg von 1870/71 hatte es – bezogen auf die Heeresstärke – siebenmal so viele Typhusfälle gegeben. Allerdings trat der Typhus im Weltkrieg in schlimmerer Gestalt auf, die Letalität war höher als zuvor.[45]

Von den anderen epidemisch auftretenden Infektionskrankheiten sind noch zu nennen: Diphtherie, Scharlach und Masern – sie alle spielten während dieses Krieges im deutschen Heer eine gewisse Rolle. Die

Pocken traten 1914/18 im deutschen Heer kaum in Erscheinung, es gab – wiederum vorwiegend im Osten – wenig mehr als 450 Fälle – 1870/71 waren es mehr als zehnmal soviel gewesen. Allerdings spielten die Pocken während und gleich nach diesem Krieg in der deutschen Zivilbevölkerung eine Rolle: Hatte es 1913 nur 12 Fälle von Pocken gegeben, so waren es 1917 immerhin 443 Fälle, vor allem im Norden Deutschlands. Im Verlauf von fünf Jahren, 1917 bis 1921, wurden in Deutschland insgesamt 11951 Pockenfälle gemeldet, 1768 davon verliefen tödlich; die Verstorbenen waren zu mehr als 90 Prozent älter als 40 Jahre.[46]

Innerhalb der vier Kriegsjahre wurden in deutschen Lazaretten außerdem knapp 40000 Fälle von Diphtherie behandelt. Die Krankheit wurde von außen her nach Mitteleuropa hereingetragen, daher gab es im Besatzungsheer viel mehr Fälle als im Feldheer. Die Krankheit nahm zu, je länger der Krieg dauerte; sie vermochte aber nicht bis in die deutsche Zivilbevölkerung vorzudringen. Seltener war der Scharlach, es wurden davon in deutschen Lazaretten 13462 Fälle behandelt. Er trat in der deutschen Zivilbevölkerung zuletzt 1915 epidemisch auf. Im Heer trat er im Osten etwas häufiger auf als im Westen, erreichte aber eigentlich nirgendwo epidemische Ausmaße. Noch seltener als Scharlach traten die Masern auf, es wurden im deutschen Heer nur 4253 Fälle behandelt. Auch sie waren in der Zivilbevölkerung zuletzt 1915 massenhaft aufgetreten. Nach dem Eintreffen von amerikanischen Truppen auf dem Kriegsschauplatz in Nordfrankreich – Frühjahr 1917 – gingen die Masern vor allem unter den amerikanischen Soldaten um, und zwar vor allem unter Weißen. Sie waren jünger, häufiger aus ländlichen Regionen und offenbar noch nicht so gut gefeit gegen diese Krankheit wie ihre europäischen Verbündeten beziehungsweise die deutschen Soldaten.[47]

Viele andere Infektionskrankheiten wurden im Verlauf dieser vier Jahre – oder nach dem Kriege – gehäuft beobachtet, ohne daß man in jedem Fall von Seuchen wird sprechen wollen. Die Meningitis epidemica beispielsweise war jetzt häufiger zu sehen, führte aber nirgendwo zu größeren Ausbrüchen. Nach dem Krieg zeigte sogar die Pest noch einmal ihre Fratze; sie trat vor allem in Küstenstädten auf, insgesamt sollen zu Beginn der 1920er Jahre in Europa mehr als 800 Fälle von Beulenpest gemeldet worden sein.[48]

Dann gab es noch die chronischen Infektionskrankheiten, die seit langem endemisch verbreitet waren. Zu ihnen zählten die Geschlechtskrankheiten, auch sie breiteten sich während und infolge des Krieges weit aus. Natürlich zogen die Völker 1914 auch mit einem unterschiedlichen Verbreitungsgrad dieser Krankheiten in den Krieg: In Deutschland kamen auf 1000 Heeresangehörige 25,5 Fälle von Geschlechtskrankheiten; in Österreich waren es deutlich mehr, nämlich 61,0; in Frankreich waren es 41,9 und in Italien gar 84,9 Fälle – am weitesten verbreitet aber waren die verschiedenen Geschlechtskrankheiten im britischen Heer, wo man das Problem lieber totschwieg, statt es zu bekämpfen: Großbritannien hatte sage und schreibe 173,8 Geschlechtskranke auf 1000 Mann.[49]

Paul Ehrlich hatte 1910 mit seiner Erfindung, dem Salvarsan, der Syphilis viel von ihrem Schrecken genommen. Auch gab es bis 1914 schon gute prophylaktische Mittel gegen die Geschlechtskrankheiten. Ein holpriger Soldatenvers aus dem Ersten Weltkrieg beschreibt das Verfahren und bezeugt zugleich, wie weitverbreitet die Vorbeugung war:

Hast ohne Gummi du geliebt
Und keine Vorsicht mal geübt —
Desgleichen – ist solch Ding geplatzt —
So wasch' dich, sonst bist du verratzt!

Wasch' dir dein Glied recht gründlich rings,
Desinfizier' dein ganzes Dings,
Nimm dann die Harnröhre beim Köpfchen,
Und spritz' die Protargolschutztröpfchen!

Befolge diese Vorschrift peinlich,
Halt immer sauber dich und reinlich!
Nur so bewahrst du dich gewiß
Vor Tripper, Schanker, Syphilis!

In den deutschen Lazaretten wurden insgesamt weit mehr als 700000 Fälle von Geschlechtskrankheiten behandelt, aller Vorbeugung zum Trotz. Es waren weitaus mehr Fälle von Gonorrhoe als von Syphilis oder Ulcus molle (weicher Schanker). Selbst die Geschlechtskrankheiten waren im Osten und Südosten stärker verbreitet als im Westen; und sie waren – wie schon vor 1914 – im k. u. k. Heer häufiger anzutreffen als in der deutschen Armee.[50]

Insgesamt haben Epidemien, und auch die chronisch verlaufenden Infektionskrankheiten, die Bevölkerung Österreichs weitaus härter getroffen als die deutsche. Ob Syphilis, Pocken, Cholera, Tuberkulose, Grippe, Fleckfieber, Typhus oder Rückfallfieber – sie alle hatten in den Jahren 1914/18 in Österreich eine weit größere Bedeutung als in Deutschland. Die österreichische Zivilbevölkerung ging von 1910 bis 1920 um 3,5 Prozent zurück: die männliche um 6,48 Prozent, die weibliche um 0,61 Prozent. Die mittlere Bevölkerung in Deutschland ging zwischen 1914 und 1918 von 67,79 auf 66,81 Millionen zurück, also um 1,4 Prozent.[51]

Die Grippe von 1918

Es ist fraglich, ob seit dem Schwarzen Tod in der Mitte des 14. Jahrhunderts eine Pandemie weltweit so viele Todesopfer gefordert hat wie die große Grippepandemie von 1918/19. Sie befiel die kriegführenden Staaten ebenso wie die Neutralen und wütete in allen Erdteilen, am schlimmsten vielleicht in Asien, in Indien.[52]

Zu Beginn des 20. Jahrhunderts war die Grippe eine gut erforschte Infektionskrankheit; sie war hierzulande seit langem bekannt. In Form von Pandemien trat sie spätestens seit dem 19. Jahrhundert auf, zuletzt in den Jahren 1889 bis 1892. Sie begann damals ihren Siegeszug wahrscheinlich in China und erfaßte binnen eines Jahres die ganze Welt; im Verlauf dieser Pandemie wurde sie klinisch erforscht und epidemiologisch genau beschrieben. Es erkrankten seinerzeit schätzungsweise 40 Prozent der Weltbevölkerung und etwa ebensogroß oder etwas größer war der Anteil der Erkrankten in den deutschen Städten. In Preußen starben zwischen 1890 und 1892 mehr als 34000 Menschen an der Grippe, im gesamten Deutschen Reich dürften es mehr als 50000 gewesen sein, vorwiegend Greise und Jugendliche. Am Ende dieser Pandemie, im Jahr 1892, entdeckte Richard Pfeiffer den nach ihm benannten Bazillus, der allerdings, so stellte sich später heraus, nur in etwa 60 Prozent aller Fälle isoliert werden konnte. Der eigentliche Erreger der Grippe ist ein Virus, das in drei Subtypen auftritt, welche wiederum in etlichen kleineren Varianten auftreten. Da die Immunität gegen den jeweiligen Grippeerreger nur kurzfristig anhält und sich nur gegen die spezifische Erregervariante richtet, spielt die erworbene Immunität bei Grippeepidemien eine höchst untergeordnete Rolle.[53]

Als Verursacher der Grippe kommen drei Grippeviren in Betracht, Typus A, B und C, wobei Typus C für Epidemien am wenigsten bedeutsam ist. Typus A hat etliche Untertypen, wobei jeder dieser Untertypen wiederum eine Reihe von Varianten hervorbringt. Schon 1918, lange bevor man das Grippevirus mit einem Mikroskop gesehen hatte, wußte man ziemlich sicher, daß dies Mikroorganismen waren, die um ein Vielfaches kleiner sind als Bakterien. Das Grippevirus kann auch eine Reihe von anderen Säugetieren und mehrere Arten von Vögeln befallen. Die Frage, wie neue Erregervarianten entstehen, ob durch genetische Makromutationen oder durch Anpassung eines tierischen Virus an den Menschen, ist noch immer umstritten; heute findet gerade die letztgenannte Theorie immer mehr Anhänger.[54]

Das Grippevirus ist hochkontagiös, und in Pandemien, so scheint es, ist die Ansteckungsgefahr besonders groß. Da die Inkubationszeit bei Grippe niedrig ist – meist sind es zwei Tage, maximal vier –, breitet sich eine Grippeepidemie rasch aus.

Die große Pandemie von 1918/19 verlief in mehreren Wellen oder Schüben, auch das ist durchaus typisch für die Grippe. Im Frühjahr 1918 begann sie relativ harmlos. Die zweite Welle setzte im Sommer ein. Im Juli 1918 waren im deutschen Heer mehr als eine halbe Million Soldaten an Grippe erkrankt, rund 80000 mußten sich ins Lazarett begeben. Es ist möglich, ja sogar höchst wahrscheinlich, daß diese Seuche auch einen Einfluß hatte auf das Kampfgeschehen sowie später auf die Entscheidung der deutschen Obersten Heeresleitung; aber es ist vorläufig unmöglich, diesen Einfluß zu bestimmen. „Unsere Armee hatte gelitten", schreibt Ludendorff in seinen *Kriegserinnerungen, 1914–1918.* „Die Grippe griff überall stark um sich, ganz besonders schwer wurde die Heeresgruppe Kronprinz Rupprecht betroffen. Es war für mich eine ernste Beschäftigung, jeden Morgen von den Chefs die großen Zahlen von Grippeausfällen zu hören und ihre Klagen über die Schwäche der Truppen, falls der Engländer nun doch angriffe. Auch die Grippefälle vergingen. Sie ließen oft eine größere Schwäche zurück, als ärztlicherseits angenommen wurde." Im Oktober, als die Oberste Heeresleitung sich darüber klar wurde, daß der Krieg militärisch verloren und es an der Zeit war, bei den USA um einen Waffenstillstand nachzusuchen, erreichte die Grippe ihren Höhepunkt. Diese dritte und ungleich schwerste Welle hatte in Mittel- und Westeuropa in der ersten Septemberhälfte eingesetzt und hielt sich bis Anfang November, also bis etwa zum Tag des Waffenstillstands (11. November 1918). In Wien erinnerten sich 1918 einige Epidemiologen so lebhaft an die schwere Lungenpestepidemie, die nur acht Jahre zuvor, 1910, die Mandschurei heimgesucht hatte, daß sie befürchteten, die jetzt so rabiat auftretende Epidemie könnte die gleiche Krankheit sein. Die österreichische Regierung war so sehr in Sorge, daß sie den Pestexperten Anton Ghon an die Schweizer Grenze entsandte, um diese Frage zu klären. Die Schweiz, muß man wissen, war 1918 sehr früh und sehr heftig von der Grippepandemie befallen.[55]

In den deutschen Städten erreichte diese schwere Seuche Mitte Oktober ihren Höhepunkt. In Köln starben in den zehn Tagen zwischen 14.

und 23. Oktober 324 Menschen an der Grippe. Viele Großstädte mußten zeitweise ihre Schulen schließen. Das öffentliche Leben, das in diesen Tagen unmittelbar vor Kriegsende auf einem Tiefstpunkt angelangt war, kam fast zum Erliegen. In Nürnberg hatte die zweite Welle etwa 3000 Personen zu einem Arztbesuch bewegt; im Oktober suchten fast 10500 Personen einen Arzt auf und ließen die Diagnose Grippe stellen, im November weitere 1000. Wenn man lediglich die ärztlich gemeldeten Fälle betrachtet, so litten in Nürnberg – aus einer Bevölkerung von rund 300000 – nur etwa 6,7 Prozent an dieser Grippe. Von diesen rund 20000 ärztlich behandelten Grippefällen verliefen mehr als 6,5 Prozent tödlich, nämlich etwas mehr als 1360, davon waren 327 Kinder. Vermutlich litten aber in Nürnberg wie anderswo bedeutend mehr Menschen an der Grippe. In Wien war zeitweise ein Drittel der Bevölkerung erkrankt, und von diesem Drittel von Befallenen starben etwa ein Prozent, 6886 Personen. Im gesamten Deutschen Reich, so hat man aufgrund der für Preußen ermittelten Zahlen geschätzt, erkrankten etwa 10 Millionen Menschen an der Grippe, also etwa 15 Prozent der Bevölkerung; das *Statistische Jahrbuch für das Deutsche Reich* verzeichnet für 1918 sage und schreibe 186000 Grippetote.[56]

Wer starb 1918 in Deutschland an der Grippe? Die Grippe rafft gemeinhin besonders die ganz Jungen und die ganz Alten hinweg. Aber in dieser Pandemie kam es ganz anders, diesmal starben vor allem die Menschen zwischen 20 und 40 Jahren, und zwar auffallend viele, die in einem besonders guten Ernährungszustand waren. Während bei der letzten Grippepandemie davor, also 1889/92, so gut wie keine 30jährigen unter den Toten waren, waren es diesmal sehr viele. In den Städten starben vermehrt Frauen aus diesen Jahrgängen – die Männer waren noch im Feld, sie wurden sogar von dieser Grippe noch zahlreicher dahingerafft als das weibliche Geschlecht. Es ist aber nicht anzunehmen, daß die 40- bis 60jährigen seltener verstarben, weil sie dreißig Jahre zuvor, in der Pandemie von 1889–92, eine Immunität erworben hatten.[57]

Meist trat der Tod am achten oder neunten Krankheitstag ein, häufig infolge einer Lungenentzündung, welche wiederum die Folge einer Sekundärinfektion mit Staphylokokken war. Erstaunlich oft starben gerade die besser ernährten, kräftig wirkenden jüngeren Menschen, soweit es diese nach dem Kohlrübenwinter von 1916/17 und der schlechten Ernährungslage des Krieges überhaupt noch gab.[58]

Was waren die Folgen dieses Massensterbens für die deutsche Geschichte, vor allem für die Entwicklung in den zwanziger Jahren? Derek Aldcroft bezweifelt, daß dieser Aderlaß – von Krieg und Grippe – „eine ernsthafte oder andauernde wirtschaftliche Auswirkung auf die betroffenen Länder hatte“. In Indien, wo die Toten nach Millionen zählten, folgte auf diesen Krieg ein großer wirtschaftlicher Boom. Sehr viel niedriger als in Indien, auch prozentual, waren die Grippeverluste in den europäischen Staaten und in den USA: In Großbritannien starben an der Grippe 112 000 Menschen und in Frankreich 96 000. In Italien waren es deutlich mehr, rund 500 000 Personen, das war weit mehr als ein Prozent der Bevölkerung. Auf einigen Pazifikinseln sollen angeblich zwanzig Prozent der Einwohner an dieser Grippe gestorben sein. In den USA verstarb etwa eine halbe Million Menschen. Die Schätzungen für Indien sind sehr unterschiedlich, sie reichen von 5 bis zu 12 Millionen Grippetoten. Insgesamt kostete diese Grippeepidemie von 1918/19 schätzungsweise 15 bis 25 Millionen Menschen das Leben, also weit mehr als der Erste Weltkrieg, dessen Verluste weltweit mit 10 Millionen beziffert werden.[59] Die Weltbevölkerung betrug seinerzeit knapp 2 Milliarden, die Verluste infolge der Grippe beliefen sich demnach auf rund ein Promille. Diese Zahl macht deutlich, daß die Grippepandemie von 1918/19, was die Virulenz ihres Erregers anlangt, den Vergleich mit dem Schwarzen Tod nicht standhält.

Die Grippe hat 1918 in Deutschland die Sterblichkeit noch einmal ruckartig angehoben, auf 24,8 Promille, derweil sie in den schweren Kriegsjahren davor stets zwischen 19,0 und 21,4 Promille betragen hatte. Eine Sterblichkeit von 24,8 Promille war in diesem Jahrhundert der Höhepunkt; zu den 186 000 Grippetoten traten die 285 000 Gefallenen, die „normalen“ Todesopfer sowie die durch Mangelernährung Verstorbenen. Da die Grippe genau die Jahrgänge ins Grab riß, die bereits im Schützengraben stark dezimiert worden waren, trieb sie den Alterungsprozeß der deutschen Bevölkerung noch ein Stück voran; es fehlten die Mütter und Väter einer neuen Generation: Im Jahr 1910 waren 34,3 Prozent der deutschen Bevölkerung unter 15 Jahre alt, 4,9 Prozent waren 60 Jahre und mehr. 1925 hatte sich diese Relation deutlich nach oben verschoben, jetzt waren nur noch 25,7 Prozent unter 15 Jahre alt, dafür waren jetzt 5,8 Prozent bereits über 60. Die Zahl der Jungen war um ein Viertel zurückgegangen; die Zahl der älteren Menschen hatte fast um ein Fünftel zugenommen.[60] Es ist nicht ohne weiteres von der Hand zu weisen, daß dieser Einschnitt zum einen die wirtschaftliche Nachfrage in den 1920er Jahren drosselte, zum anderen auch – weniger leicht greifbare – Folgen hatte für das Seelenleben der Weimarer Republik.

Zwischen den Kriegen

Die Zwischenkriegszeit war kurz, in Deutschland dauerte sie gerade zwanzig Jahre. In diesen Jahren überzogen zwei größere Grippeepidemien das Deutsche Reich: die erste, zwischen Januar und März 1929, war die weitaus größere, sie kostete – innerhalb von sechs Wochen – 56000 Menschenleben. Die zweite, im Winter 1932/33, verlief viel weniger tödlich.[61]

Neben dieser akut verlaufenden, wahrhaft epidemisch auftretenden Grippe bestand in diesen Jahren noch immer ein beträchtliches Residuum an endemischen Infektionskrankheiten. Im Jahr 1938, nach dem Anschluß Österreichs an das Deutsche Reich, als das Deutsche Reich 75,4 Millionen Einwohner zählte, verstarben in diesem einen Jahr knapp 894000 Personen; die Sterblichkeit war mit 11,9 Promille ziemlich niedrig. 87700 Personen, also knapp zehn Prozent, waren an übertragbaren Krankheiten gestorben, fast die Hälfte davon an der Lungentuberkulose. Grippe, Diphtherie, Syphilis, Keuchhusten, Masern, Scharlach und Typhus forderten noch immer alljährlich ihre Todesopfer, die nach Tausenden zählten.[62]

Die Nationalsozialisten waren sich der Gefahr von Seuchen in hohem Maße bewußt. Das hat damit zu tun, daß diese Bewegung geboren und großgeworden war zu einer Zeit, als die Bakteriologie ihre größten Triumphe feierte und ihre Ideologie daher sehr stark aus biologischem Gedankengut schöpfte, vor allem aus einem primitiv abgewandelten Darwinismus. Außerdem bereitete diese Regierung Deutschland auf einen Krieg vor; sie versuchte daher – die Lektionen des letzten Krieges vor Augen – diese Gefahrenquelle möglichst klein zu halten.

Die grauenhaften politischen Metaphern der Nationalsozialisten stammten nicht selten aus der Bakteriologie und der Hygiene – wenn sie etwa Juden mit „Bazillen" verglichen oder sie eine „Weltpest" nannten, welche in fremden Gesellschaften als „Schmarotzer" aufträten. Hitler selbst verstieg sich 1941 zu der Äußerung, er sei der „Robert Koch in der Politik", der „den Juden als den Bazillus und das Ferment der gesellschaftlichen Dekomposition" entdeckte.[63]

Die Seuchengeschichte fand ihr Interesse. Da sie Deutschland aktiv auf einen Krieg vorbereiteten, behielten sie die Seuchenprophylaxe stets im Auge. Geschärft wurde ihr hohes Seuchenbewußtsein auch durch die Kriegserfahrungen der 1930er Jahre: Im Spanischen Bürgerkrieg trat erneut das Fleckfieber in gräßlichen Epidemien auf; Deutschlands Verbündeten Italien gelang es während seines Krieges in Äthiopien, die Malaria durch Prophylaxe wirksam zu bekämpfen, und auch die andere Achsenmacht, Japan, die seit Beginn der 1930er Jahre in der Mandschurei Krieg führte, seit 1937 auch in China, konnte gleichfalls mit neuen medizinischen Erfahrungen im Kampf gegen Seuchen aufwarten. Gegenüber dem Ersten Weltkrieg nahmen Typhus, Cholera und Grippe im Zweiten drastisch ab; allerdings traten 1939 bis 1945 Masern, Scharlach, Diphtherie, Fleckfieber und Malaria häufiger auf, doch war die Letalität niedriger.[64]

Der Zweite Weltkrieg

Im September 1939 begann das Deutsche Reich seinen Blitzkrieg gegen Polen. Dieses Polen war wirtschaftlich weit weniger entwickelt als Deutschland, der allgemeine Kulturstand war niedriger, die Versorgung mit medizinischen Gütern und Dienstleistungen längst nicht so gut wie im Deutschen Reich. Sehr viel stärker als Mitteleuropa war dieses gesamte Ostmittel- und Osteuropa noch immer ein Hort der Infektionskrankheiten und der Seuchen. 1938 gab es in Polen – nach einem zeitweiligen Abklingen in den 1920er Jahren – wieder viele tausend Fälle von Fleckfieber. Die Pocken spielten nach der Übernahme des deutschen Pockenschutzgesetzes im Juli 1919 keine sehr große Rolle mehr; aber im östlichen Polen, das in der zweiten Septemberhälfte 1939 von der Roten Armee besetzt wurde, gab es sie noch. Auch das Rückfallfieber war noch weit verbreitet. In den Städten bildete der Typhus noch immer ein Problem: Die deutschen Großstädte hatten vor 1880, also vor der Einrichtung von Kanalisationsanlagen, jährlich um die 100 Typhustote je 100000 Einwohner gehabt; aber in Polen hatten mittelgroße Städte wie Czenstochau oder Tarnopol 269 bzw. 564 Typhustote, bezogen auf diese Einwohnerzahl. In Polen gab es Mitte der 1930er Jahre jährlich zwischen 13000 und 16000 Typhusfälle. Auch die Ruhr war nicht eben selten, sie trat jährlich in mehreren tausend Fällen auf. Scharlach und Diphtherie waren weitaus häufiger als in Mitteleuropa: Scharlach erreichte in den 1920er Jahren mit mehr als 35000 Fällen seinen Höhepunkt; Diphtherie stieg noch an, bis auf knapp 20000 Fällen in den späten 1930er Jahren. Auch die Geschlechtskrankheiten waren weitverbreitet.[65]

Das Deutsche Reich und die Sowjetunion hatte das kleine Land bald besiegt. In den Gefangenenlagern und in den städtischen Ghettos begannen Seuchen auszubrechen, vor allem im Raum südlich von Warschau grassierten schwere Fälle von Ruhr. In den Ghettos, wo die jüdische Bevölkerung unter schrecklichen hygienischen Bedingungen auf engstem Raum zusammengepfercht war, gingen Hunger und Krankheiten in Massen um. Seuchen wurden von den Menschen, die am meisten unter ihnen zu leiden hatten, geheimgehalten, weil sie fürchten mußten, daß die Wehrmacht oder Teile der SS mit brutalen Mitteln gegen die Kranken durchgreifen würde. In den östlichen Landesteilen Polens, die unter sowjetischer Besatzung standen, gingen gleichfalls Epidemien um, am häufigsten in den Lagern mit Gefangenen und politischen Häftlingen.[66]

Mit der Ausweitung des Kriegsschauplatzes nach Westen, im Frankreichfeldzug 1940, und nach Südosten, auf den Balkan, im folgenden Jahr, gewann die Malaria an Bedeutung. Die Erfahrungen aus dem Ersten Weltkrieg und aus der Zeit danach zeigten, daß man ihr durch Prophylaxe gut beikommen konnte.[67] In Albanien und Griechenland wurden von deutscher Seite Malarialehrtrupps gebildet, die versuchen sollten, die Malaria so offensiv anzugehen wie einen militärischen Feind.[68] Auch die Malariaforschung wurde aus Gründen der künftigen Kriegführung vorangetrieben. Diese „Forschungen" wurden zum Teil in Konzentrationslagern vorgenommen, unter Umständen, die einer Folter gleichkamen; teilweise verbarg sich hinter den „medizinischen Versuchen" eher Sadismus als ernsthaftes medizinisches Interesse.[69]

Deutsche Soldaten brachten das Malariaplasmodium von fernen Kriegsschauplätzen – wie Nordafrika – mit nach Hause, und nicht wenige von ihnen hatten zeit ihres Lebens unter den Folgen zu leiden. Aber ein großes medizinisches Problem war die Malaria für das deutsche Heer nicht – ungleich größer war dieses Problem für die Kämpfenden im Pazifik. In Australien versuchte man den Soldaten einzuhämmern, sie kämpften gegen zwei Feinde – die Japaner und die Malaria.[70]

Als die deutsche Wehrmacht Ende Juni 1941 in der Sowjetunion einfiel, war klar, daß sie bald mit neuen epidemischen Ausbrüchen konfrontiert sein würde. Rußland war 1941 noch immer ein Seuchenherd. Die schrecklichen Verheerungen des Landes durch Stalins Kollektivierung hinterließen das Land und seine Bewohner in einem Zustand der Armut, des Hungers, Schmutzes und des allgemeinen Elends. Auf solchem Boden sind Krankheitserreger stets gediehen.

Für alle Seuchen traf zu: je länger der Krieg gegen Rußland dauerte, desto zahlreicher traten sie auf. Von der epidemisch auftretenden Gelbsucht, Hepatitis epidemica, traten im ersten Kriegsjahr (1939/40) nur

190 Fälle auf, und auch im folgenden Jahr (1940/41) war die Zahl mit 5725 Fällen relativ begrenzt. Nach Ausdehnung des Kriegschauplatzes nach Osten und Südosten erfolgte 1941/42 ein sprunghafter Anstieg auf mehr als 85 000 Fälle, und im folgenden Jahr waren es mehr als 91 000 – vielleicht sogar noch bedeutend mehr, zeitweise litten angeblich sechs Prozent der Wehrmachtsangehörigen an einer Form des „Frontikterus".[71]

Um ein Vielfaches gefährlicher war das Fleckfieber. Die deutschen Ärzte hatten in den 1920er Jahren kaum Gelegenheit, dieses Krankheitsbild kennenzulernen, denn auf dem Territorium des Reiches gab es so gut wie keine Fälle mehr davon. Erst mit Kriegsbeginn begann es wieder aufzutreten, 1940 wurde von mehr als 500 Fällen berichtet, im Jahr darauf schon von rund 2000. Bedeutend schlimmer aber als die Zivilbevölkerung wurden die Soldaten der Wehrmacht davon befallen. Wo es an Seife mangelt, wo Tag- und Nachtwäsche nicht regelmäßig gewechselt werden kann, da kommen die Läuse. Vor dem Rußlandfeldzug hielt sich das Fleckfieber im deutschen Heer in Grenzen; aber im ersten Kriegsjahr gegen Rußland, 1941/42, sollen weit mehr als 15 000 Fleckfieberfälle vorgekommen sein, im folgenden Jahr knapp 17 000 und danach noch mehr.[72] Noch viel schrecklicher traf diese Krankheit natürlich die russische Bevölkerung und die russischen Gefangenen in deutschen Kriegsgefangenenlagern. „Tausende der russischen Kriegsgefangenen sind auch dem Fleckfieber erlegen", hieß es bereits im März 1942 in einer Denkschrift des Ministeriums für die besetzten Ostgebiete, Alfred Rosenberg, an das Oberkommando der Wehrmacht.[73]

Wenig Erfahrung hatten die deutschen Besatzer auch mit der Tularämie und dem Wolhynischen Fieber. Das Wolhynische Fieber, benannt nach den morastigen Regionen südlich der Pripjet-Sümpfe im äußersten Westen Rußlands, wird nach seinem periodischen Auftreten als Fünftagefieber oder Febris quintana bezeichnet; die Krankheit wird von Kleiderläusen übertragen, insofern hat sie Ähnlichkeit mit dem Fleckfieber, allerdings ist die Sterblichkeit weniger hoch. Das Wolhynische Fieber begann noch im ersten russischen Kriegswinter, nämlich im Februar 1942, „schlagartig" aufzutreten.[74]

Noch weniger bekannt war zunächst die Tularämie. Ihr Erreger ähnelt der Pest, und sie ist – auch darin ähnelt sie der Pest – zunächst eine Krankheit der Nagetiere, vor allem der Kaninchen, daher wird sie im Deutschen auch als Hasenpest bezeichnet. Neben den Kaninchen können bei ihrer Verbreitung auch kleine Nager, wie Mäuse, eine Rolle spielen; daher kam von ärztlicher Seite der Vorschlag, das Erlegen von

Mäusen durch untätige Landser mit kleinen Gaben zu belohnen, etwa eine Zigarette für je drei getötete Mäuse.[75]

Bis zur Wende von Stalingrad, Winter 1942/43, schob sich die Front im Osten vorwärts, dann kam die Umkehr. Je weiter sich die Front zurückzog, nicht nur die im Osten, sondern bald auch im Westen und Süden, desto schlechter wurden die allgemeine Versorgungslage und die hygienischen Umstände im Heer und in der deutschen Zivilbevölkerung. Seuchen brachen natürlich besonders häufig dort auf, wo Menschen, zur Vernichtung bestimmt, auf engstem Raum und unter unmenschlichen Bedingungen zusammenhausten, auch und vor allem in den großen deutschen Vernichtungslagern im Osten und den Konzentrationslagern im Deutschen Reich. Zwar gab es da und dort – wie in Auschwitz-Birkenau – auch schon vor 1945 Epidemien, aber diese nahmen doch im letzten Kriegsjahr beträchtlich zu. In Dachau begann das Fleckfieber seit Dezember 1944 epidemisch umzugehen, es kostete bis Januar 1945 rund 3000 Häftlingen das Leben – und da war das Fieber noch lange nicht am Ende. Im Konzentrationslager Bergen-Belsen waren bis März 1945 mehr als 18000 Häftlinge an epidemischen Infektionskrankheiten gestorben, in den ersten beiden Aprilwochen starben weitere 9300 Insassen, vor allem am Fleckfieber. Als das Lager Dachau Ende April 1945 geräumt wurde und die überlebenden Insassen auf einen Todesmarsch geschickt wurden, scheuten sich die Aufseher noch immer, aus Angst vor Ansteckung, die Räume der Häftlinge zu betreten.[76]

Viele andere Infektionskrankheiten, chronisch latente wie akut auftretende epidemische, erreichten ihren Höhepunkt erst nach Kriegsende, zwischen der deutschen Kapitulation und der Neugründung der beiden deutschen Staaten 1949. Für die Deutschen waren dies schreckliche Zeiten: unzählige Wohnungen waren zerstört, die ehemaligen Bewohner hausten jetzt in Notunterkünften; ein riesiger Flüchtlingsstrom aus dem Osten drängte ins „Reich" – Massenelend, Hunger und Krankheit waren die Folge. In den Gefangenenlagern der Alliierten auf deutschem Boden gingen Seuchen um, und sie grassierten auch in den Lagern im Osten, wo die Siegermacht zunächst einmal Schuldige wie Unschuldige festhielt. Krankheiten, die seit langer Zeit auf dem Rückzug waren, wie die Tuberkulose, flackerten unter solchen Umständen kräftig auf.

Die Geschlechtskrankheiten, die seit der Entdeckung des Salvarsan auf dem Rückzug waren, stiegen nach Kriegsende noch einmal deutlich an. 1940 hatte es im Deutschen Reich nur noch 34000 Neuerkrankungen von Syphilis gegeben; 1947 gab es allein in Bayern mehr als 24000 neue Fälle und noch weit mehr Fälle von Gonorrhoe. Kondom-Automaten warben noch in den 1950er Jahren mit der Aufschrift: „Männer, schützt Eure Gesundheit!" Es ging vorrangig nicht um Empfängnisverhütung, sondern darum, sich nicht zu infizieren. Die Sulfonamide und die neuen Antibiotika halfen, das Übel einzudämmen; gleichwohl starben im Jahr 1949 in der Bundesrepublik mehr als 1800 Menschen an den Folgen einer Syphilis.[77]

Viele andere Infektionskrankheiten traten zwischen 1945 und 1949 in mehr oder weniger großen Epidemien auf. Scharlach und Keuchhusten, Diphtherie und Masern – von all diesen Krankheiten gab es am Ende der Epoche jährlich mehrere 10000 Fälle, und selbst die Krätze trat noch in weit mehr als 10000 Fällen auf. An vielen dieser Krankheiten starben in dieser schlechten Zeit mehrere hundert oder gar tausend Personen jährlich. Tuberkulose forderte 1949 – aus einer Bevölkerung von 47,1 Millionen im Bundesgebiet – mehr als 19500 Tote, an Grippe starben in diesem Jahr 8000 Menschen, an Syphilis, Keuchhusten und Diphtherie jeweils weit mehr als 1000. Gleichwohl war die Zahl derer seit 1938 leicht zurückgegangen, die an übertragbaren Krankheiten verstarben, nämlich von 10 auf 8 Prozent und bereits im folgenden Jahr, 1950, betrug sie nur noch knapp 6 Prozent.[78]

Großen Schrecken verbreiteten Krankheiten wie die spinale Kinderlähmung, die einerseits relativ neu waren, andererseits schreckliche Lähmungen hinterlassen konnten. Erschütternde Bilder von gelähmten Menschen, die ihr Leben in der Eisernen Lunge zubringen mußten, gingen durch die Presse; die ersten Beatmungsgeräte dieser Art wurden aus den USA eingeflogen. In der Nachkriegszeit, gab es an einigen Orten kleine Epidemien von Poliomyelitis, beispielsweise in Niederbayern und in Berlin.[79]

Infektionskrankheiten in einer medikalisierten Gesellschaft

Nach sechs Jahren Krieg, zuletzt auch auf deutschem Boden, und vier entbehrungsreichen Nachkriegsjahren kamen wieder friedliche und bessere Zeiten nach Deutschland; bald brach ein Wohlstand aus, wie ihn die Deutschen in ihrer großen Mehrzahl noch nicht gesehen hatten. Während zunächst die Befriedigung der Grundbedürfnisse das größte Augenmerk fand, richtete sich das Interesse in den 1970er und 1980er Jahren zunehmend auf die Gesundheit. Die Infektionskrankheiten wichen nach 1949 rasch zurück; die Lebenserwartung der Deutschen stieg: Waren

1950 noch knapp 6 Prozent aller Toten an übertragbaren Krankheiten gestorben, so waren es vierzig Jahre später nur rund 0,7 Prozent. Die Lebenserwartung stieg auf rund 75 Jahre für beide Geschlechter gemeinsam; sie fiel in der DDR am Ende dieser vierzigjährigen Epoche gegenüber der Bundesrepublik leicht ab.

Was hat die Infektionskrankheiten und die Seuchen in Deutschland so erfolgreich zurückgedrängt? Zunächst ist da die Vorbeugung zu nennen, die Fortschritte in der allgemeinen Hygiene, Impfungen und die besseren Versorgungen mit medizinischen Dienstleistungen für jedermann. Dank immer besserer Medikamente konnten auch immer mehr Menschen gerettet werden, die sich eine Infektionskrankheit zugezogen hatten. Anno 1863 starben von 10000 Infizierten noch 80, heute keine 3 Personen mehr. Diese Entwicklung war naturgemäß in beiden deutschen Staaten zu beobachten.

Vor hundert Jahren, als die Medikalisierung bereits eingesetzt hatte, war die Versorgung im Vergleich mit heute armselig: Vor gut hundert Jahren, anno 1887, standen den Deutschen (47,5 Millionen) knapp 16000 Ärzte zur Verfügung, das waren 3,4 Ärzte auf 10000 Einwohner oder ein Arzt für 2940 Personen. 1970 standen den Deutschen in der Bundesrepublik – und ähnlich war es in der DDR – knapp 100000 Ärzte zur Verfügung, einer für 612 Einwohner, und 1984 waren es rund 155000, also einer für weniger als 400 Einwohner. Zur Zeit der Wiedervereinigung der beiden deutschen Staaten am 3. Oktober 1990 standen den Deutschen insgesamt 229000 tätige Mediziner zur Verfügung, einer auf knapp 350 Einwohner.

Ganz ähnlich verlief die Entwicklung in puncto Apotheken: 1887 gab es in Deutschland knapp 4700 Apotheken, Ende 1987 waren es mehr als 17000, in denen rund 31000 Apotheker tätig waren. 1887 gab es hierzulande 14585 Krankenschwestern und -pfleger, das waren auf 10000 Einwohner 3,1; und 1984 gab es weit mehr als 200000 Pflegepersonen. 1886 standen für die Deutschen 152000 Krankenhausbetten bereit, auf 309 Einwohner je eines. 1985 standen – in 3098 Krankenhäusern in der Bundesrepublik – 674542 Betten zur Verfügung, eines für etwa 90 Einwohner; es wurden jetzt allerdings auch rund zehnmal so viele Kranke in Krankenhäusern behandelt. 1887 steckte die staatliche Krankenversicherung gerade in den Anfängen, und noch 1914 war nur rund die Hälfte aller Deutschen krankenversichert. Heute sind rund 90 Prozent in den Schutz der gesetzlichen Krankenversicherung einbezogen, von den restlichen 10 Prozent ist die große Mehrzahl freiwillig versichert. Nahezu jedermann hat die Möglichkeit, einen Arzt aufzusuchen, nahezu jedermann macht davon Gebrauch. Aber das Gesundheitswesen kostet auch viel Geld: Ende der 1980er Jahre gab die Bundesrepublik jährlich etwa 9,4 Prozent ihres Bruttosozialprodukts dafür aus.[80]

Die Infektionskrankheiten wurden gewaltig zurückgedrängt, in Deutschland und weltweit – in der globalen Koordinierung dieser Tätigkeit hat sich vor allem die Weltgesundheitsorganisation (WHO, gegründet 1946) verdient gemacht, die unter anderem die Seuchenbekämpfung auf ihre Fahnen geschrieben hat. In einem Fall gelang es sogar, eine schwere Infektionskrankheit: die Pocken, weltweit gänzlich auszurotten: „Am 8. Mai 1980 erklärte die Weltgesundheitsversammlung die Welt für pockenfrei. Damit war es erstmals in der Geschichte der Menschheit gelungen, eine einstmals weit verbreitete und außerordentlich gefährliche Seuche vollständig zu tilgen."[81]

In der Bundesrepublik hatte bereits das Bundesseuchengesetz in seiner Fassung von 1979 verfügt, daß es fortan keine Impfpflicht gegen die Pocken mehr gebe. Nach 1949 spielten die Pocken hierzulande keine größere Rolle mehr, nur Ende 1958 in Heidelberg und 1961 gab es noch zwei kleine, örtlich begrenzte Epidemien mit einigen Toten. Die letzten Fälle von Pocken traten 1977 in Somalia auf; die WHO hat eine Prämie ausgesetzt, falls jemand noch einen Fall von Pocken bei ihr meldet.

Infektionskrankheiten sind ganz deutlich auf dem Rückzug, das traf stets für beide deutsche Staaten zu. Sie sind seltener geworden und verlaufen heute weniger heftig, dafür sorgen wirksame Medikamente. Die Tuberkulose, die vor 1950 jährlich mit mehr als 100000 Neuerkrankungen auftrat, ging deutlich zurück, in den 1980er Jahren auf unter 26000 Fälle, 1985 unter 17000 Fälle; die Heilungsaussichten sind überaus gut. Die Diphtherie, die 1950 in der Liste der Neuerkrankungen mit mehr als 40000 Fällen vertreten war, gab es in der zweiten Hälfte der 1970er Jahre so gut wie überhaupt nicht mehr. Viele andere Infektionskrankheiten treten zwar noch immer zahlreich auf; aber sie führen nur selten zum Tod.[82] Die Geschlechtskrankheiten stiegen in den 1970er Jahren noch einmal an, danach fielen auch sie deutlich ab; Syphilis überschritt 1977 mit 8592 Fällen ihren Höhepunkt. Angesichts einer neuen, tödlichen Geschlechtskrankheit verdreifachte sich zwischen 1984 und 1988 der Verbrauch von Kondomen, von 36 auf 110 Millionen, entsprechend ging die Zahl der Neuerkrankungen an Geschlechtskrankheiten zurück.[83]

Eine große Ausnahme bildet die Malaria, sie nimmt heute wieder langsam zu. Die Malaria ist gefährlich – nicht weil sie in großer Zahl auftritt, sondern weil sie eine heimtückische Erkrankung ist, die längst nicht immer erkannt wird, weil sie in ihrer Gefährlichkeit unterschätzt wird und weil die Zahl der Malaria-Todesfälle steigt.[84]

Je seltener Epidemien auftreten, desto großzügiger geht man mit diesem Begriff um. Tageszeitungen scheuen sich heute nicht, von einer „Epidemie“ zu sprechen, wenn in einem Betrieb, der von einer Großküche beliefert wird, einige Fälle von Salmonellenerkrankungen vorkommen. Epidemien gab es im Verlauf der Jahre seit 1949 nur wenige in Deutschland, am ehesten wird man von Epidemien von Grippe sprechen dürfen, die in diesem Zeitraum mehrmals auftraten: Nach einer schweren Grippeepidemie 1948/49, die infolge der allgemeinen Not besonders verlustreich verlief – mehr als 18000 Tote allein auf dem Territorium der späteren Bundesrepublik –, kam es später zu zwei weiteren Grippeepidemien, beide waren Ausdruck von Pandemien, welche man in den letzten hundert Jahren in Abständen von 10 bis 24 Jahren beobachten konnte. 1957 starben in der Bundesrepublik weit mehr als 10000 Menschen an dieser asiatischen Grippe, weitere 5000 im folgenden Jahr, insgesamt rund 16000 Menschen. Diese gleiche Pandemie tötete in Großbritannien innerhalb von acht Wochen mehr als 30000 Menschen, in den USA – zwischen Oktober 1957 und März 1958 – doppelt so viele. Weniger verlustreich verlief die Pandemie der Hongkong-Grippe 1968/69: sie kostete die Bundesrepublik mehr als 12000 Tote, die USA innerhalb von zwei Monaten 18000 Tote. Auch hier trat der Tod meist infolge von Sekundärinfektionen ein, nämlich nach einem Staphylokokkenbefall der Lunge.[85]

In den 1980er Jahren trat in Deutschland eine völlig neue Krankheit auf, die erstmals 1981 in den USA beschrieben wurde und im Deutschen mit der englischen Abkürzung Aids bezeichnet wird, Acquired Immune Deficiency Syndrome; zwei Jahre später wurde bereits das Virus identifiziert, das sie verursacht. Offenbar war diese Krankheit aber schon älter, vermutlich starben bereits Ende der 1950er Jahre Europäer an Aids – ja ein überaus charakteristisches Symptom von Aids, das nach Moriz Kaposi, einem Wiener Syphilidologen, benannte Sarkom, trat seltsamerweise Ende der 1940er Jahre im südöstlichen Afrika so gehäuft auf, daß sich ein wissenschaftlicher Kongreß in Uganda damit beschäftigte. 1957 erschien eine Monographie unter dem Titel *Kaposi's Sarcoma*, von S. M. Bluefarb, und fünf Jahre später versuchte in den USA ein wissenschaftliches Symposium, die Ursachen dieses Sarkoms zu ergründen.[86]

Mit Hilfe der Presse trat Aids Anfang der 1980er Jahre ins allgemeine Bewußtsein der Öffentlichkeit. Diese neue „sexually transmitted disease“ machte Schlagzeilen. Was verbarg sich hinter dieser Krankheit? Aids ist eine Infektionskrankheit mit niederer Kontagiosität; die Übertragung geschieht, soweit man weiß, ausschließlich – oder so gut wie ausschließlich – durch Sexualkontakte oder durch die Übertragung von Blut oder Blutprodukten.

Das Aids-Virus richtete sich ausgerechnet gegen die Kräfte im Körper, die das Immunsystem überwachen und koordinieren; ohne diese Kräfte gibt sich der Körper anderen Infektionen und Krankheitserregern schutzlos preis. Nicht jeder, der das Aids-Virus in sich trägt – der, mit anderen Worten, HIV-positiv ist –, erlebt den Ausbruch der Krankheit; aber wenn sich die Krankheit mit ihren Symptomen manifestiert, gleicht das einem Todesurteil: Zwei Jahre nach der Diagnosestellung waren etwa 80 Prozent der Aids-Kranken verstorben, kaum jemand überlebte bisher noch fünf Jahre.

Aids hat eine ungewöhnliche – und eine ungewöhnlich lange – Inkubationszeit: Zwischen dem Zeitpunkt der Ansteckung und dem Auftreten der spezifischen Symptome liegt nämlich eine lange Latenzphase, in der die Krankheit nur mit klinischen Untersuchungsmethoden nachweisbar ist. In der Regel liegt zwischen der Infektion und dem Ausbruch der Symptome eine Dauer von mehreren Monaten oder mehreren Jahren, im Durchschnitt sind es mittlerweile eher viele Jahre, so etwa zehn. Aids ist – vorläufig – wie ein blutiger Flecken auf einem weißen Tuch, ein Flecken, der sich nur ausbreiten kann, denn es fehlen – vorläufig – die Mittel, ihn wieder zu entfernen. Aids hat sich in den 1980er Jahren in der Bundesrepublik ziemlich schnell ausgebreitet, die Dauer der Verdoppelung der Aids-Kranken liegt heute bei 18 bis 24 Monaten. Zunächst hat sich die Krankheit besonders rasch ausgebreitet in den Risikogruppen: unter männlichen Homosexuellen, Drogenabhängigen, die sich die Droge ins Blut spritzen, männlichen Prostituierten und unter Blutern (Hämophilen). Erst später begann sie sich verstärkt unter den Nicht-Risikogruppen auszubreiten, vor allem unter weiblichen Prostituierten und jungen Menschen mit häufig wechselnden Geschlechtspartnern.[87]

Aids ist eine schreckliche Krankheit, denn sie führt den Tod auf eine qualvolle Weise herbei. Im Verlauf von zehn Jahren, bis April 1991, starben in Deutschland insgesamt knapp 3000 Menschen an Aids, weitere 45 000 sind mit dem HIV-Virus infiziert. Die Weltgesundheitsorganisation (WHO) prognostizierte, daß bis zum Jahr 2000 weltweit etwa 40 Millionen HIV-Infektionen aufgetreten sein werden; die Zahl der Erdenbürger wird bis dahin über 6 Milliarden betragen.[88]

Aids ist besonders in den Teilen der Welt ein großes Problem, wo diese Krankheit vermutlich ihren Ursprung hat, im mittleren und östlichen Afrika und in der Karibik. In einigen afrikanischen Staaten hat sich die Krankheit so rasch ausgebreitet, daß sie bei Säuglingen und Kleinkindern bereits jetzt die häufigste Todesursache ist. Aids ist dort, anders als in Deutschland, heute keine seltene Krankheit mehr – und sie kann sich vorläufig nur ausbreiten. Da diese Länder auch nach der Entdeckung eines Heilmittels gegen Aids kaum in der Lage sein werden, finanziell sich in jedem Fall diese Hilfe zu leisten, ist damit zu rechnen, daß auf diese Länder in nicht allzu ferner Zukunft schreckliche Epidemien von Aids zukommen werden. Sie werden auch für Mitteleuropa nicht ganz ohne Folgen bleiben.

In Europa haben sich die Segnungen der Hygiene und der Medizin auf einen langen Zeitraum verteilt. Die „vital revolution" setzte im 18. Jahrhundert ein und bewirkte, bis ins 20. Jahrhundert, einen deutlichen Rückgang der Epidemien und der Infektionskrankheiten. Die Bevölkerung Europas hatte Zeit, sich dieser Entwicklung anzupassen und im Verlauf von zwei Jahrhunderten ihre Kinderzahl auf die sinkende Sterblichkeit einzustellen. Trotz niedriger Sterblichkeit haben die beiden deutschen Staaten seit den 1970er Jahren eine leicht schrumpfende Bevölkerung.

Ganz anders verliefen diese Entwicklungen in der Dritten Welt. Dort sind, dank verbesserter Hygiene und wirksamer Medizin, die Seuchen gleichfalls stark zurückgegangen, die Infektionskrankheiten-Sterblichkeit abgesunken – in Thailand betrug sie beispielsweise 1974 nur noch 11,9 Prozent[89] –, sie ist dort heute vergleichbar mit dem, was das Deutschland der Zwischenkriegszeit in dieser Hinsicht aufzuweisen hatte. Aber Deutschland war wirtschaftlich und kulturell damals schon weiter – und seine Geburtenzahlen waren weitaus niedriger. In der Dritten Welt verschoben sich die Phasen der demographischen Transition: es fielen die Sterblichkeitsziffern, doch die Geburtenziffern blieben hoch; daher gibt es dort heute Länder mit einem jährlichen Bevölkerungswachstum von drei bis vier Prozent. Nicht die Infektionskrankheiten und Seuchen sind dort das vordringlichste Problem, sondern – global betrachtet – das Bevölkerungswachstum. Malthus' Vorstellung, 1798 niedergeschrieben, daß die Folge von Übervölkerung zwangsläufig Hunger, Epidemien und Kriege sein würden, könnte in den nächsten Jahren immer mehr zur realen Möglichkeit werden.

Anhang

Abkürzungsverzeichnis

ADH	Annales de Démographie historique
AHB	Archiv für Hygiene und Bakteriologie
AHR	American Historical Review
AIP	Annales de l'Institut Pasteur
AKG	Arbeiten aus dem Kaiserlichen Gesundheitsamt
AMH	Annals of Medical History
AnnHumBiol	Annals of Human Biology
ASI	Archivio Storico Italiano
BHM	Bulletin of the History of Medicine
BKW	Berliner Klinische Wochenschrift
BullWHO	Bulletin of the World Health Organisation
CBPI	Centralblatt für Bakteriologie, Parasitenkunde und Infektionskrankheiten
CQ	Classical Quarterly
CSSH	Comparative Studies in Society and History
DÄ	Deutsches Ärzteblatt
DDM	Der Deutsche Militärarzt
DH	Dachauer Hefte
DMW	Deutsche Medizinische Wochenschrift
DMZ	Deutsche militärärztliche Zeitschrift
DVG	Deutsche Vierteljahresschrift für öffentliche Gesundheitspflege
EHR	Economic History Review
ESR	European Studies Review
FEHE	The Fontana Economic History of Europe, 6 Bde.
GG	Geschichte und Gesellschaft
GWU	Geschichte in Wissenschaft und Unterricht
HÄEW	Handbuch der Ärztlichen Erfahrungen im Weltkriege 1914/1918, hg. von Otto von Schjerning. Bd. VII: Hygiene, hg. von Wilhelm Hoffmann, Leipzig 1922
HDWSG	Handbuch der Deutschen Wirtschafts- und Sozialgeschichte, 2 Bde.
HEWSG	Handbuch der Europäischen Wirtschafts- und Sozialgeschichte, 6 Bde.
Hg., hg	Herausgeber, herausgegeben
HJ	Historical Journal
HZ	Historische Zeitschrift
J.	Journal
Jb.	Jahrbuch
JCH	Journal of Contemporary History
JEEH	Journal of European Economic History

JEH	Journal of Economic History
JH	Journal of Hygiene
JIH	Journal of Interdisciplinary History
JMH	Journal of Modern History
JNS	Jahrbücher für Nationalökonomie und Statistik
JWH	Journal of World History
K & T	Kultur & Technik
MH	Medical History
MhJ	Medizinhistorisches Journal
MIÖG/MÖIG	Mitteilungen des Instituts für österreichische Geschichtsforschung
MittVHambG	Mitteilungen des Vereins für Hamburgische Geschichte
MM	Medizinische Monatsschrift
MMW	Münchener Medizinische Wochenschrift
MR	Die Medicinische Reform
MS	unveröffentlichtes Manuskript
MVGN	Mitteilungen des Vereins für Geschichte der Stadt Nürnberg
NF	Neue Folge
NRS	Nuova Rivista Storica
PP	Past and Present
PrJbb	Preußische Jahrbücher
PS	Population Studies
RH	Revue Historique
RSH	Revue Suisse d'Histoire
SciAm	Scientific American
SiK	Seuchenbekämpfung im Kriege. Zehn Vorträge, hg. vom Zentralkomitee für das ärztliche Fortbildungswesen in Preußen, Jena 1915
StJbBRD	Statistisches Jahrbuch für die Bundesrepublik Deutschland
StJbDR	Statistisches Jahrbuch für das Deutsche Reich
SudA	Sudhoffs Archiv
VA	Archiv für pathologische Anatomie und Physiologie und für klinische Medicin (seit 1968: Virchows Archiv)
VjsDS	Vierteljahresschrift für Dermatologie und Syphilis
VSWG	Vierteljahreshefte für Sozial- und Wirtschaftsgeschichte
WKW	Wiener Klinische Wochenschrift
ZBLG	Zeitschrift für Bayerische Landesgeschichte
ZHI	Zeitschrift für Hygiene und Infektionskrankheiten
Zs.	Zeitschrift

Anmerkungen

I. Einleitung

1 J. C. Riley, Insects and the European Mortality Decline, in: AHR 91. 1986, S. 843 f.
2 Kurt Schubert, Der gesuchte Tod. Warum Menschen sich töten, Frankfurt/M. 1989, S. 66 f. W. E. J. Schneidrzik. Macht Euch die Erde untertan. Hundert Jahre Pharmaforschung, München 1983, S. 256 f., 261.
3 Vgl. Werner A. Collier, Die Seuchen, Braunschweig 1930, S. 2; Bernhard de Rudder, Die akuten Zivilisationsseuchen. Ihre Epidemiologie und Bekämpfung, Leipzig 1934, S. 13.
4 H. Sinnecker, Epidemiologie der Infektionskrankheiten (Loimologie), in: Handbuch der Inneren Erkrankungen, hg. von Gerhard Brüschke, Bd. 5: Infektionskrankheiten, Jena 1983, S. 130.
5 Vgl. P. L. Panum, Beobachtungen über das Maserncontagium, in: VA 1. 1847, S. 492–512.
6 Vgl. Robert Doerr, Werden, Sein und Vergehen der Seuchen, Basel 1932.
7 Bernd Herrmann, Parasitologische Untersuchung mittelalterlicher Kloaken, in: ders., Hg. Mensch und Umwelt im Mittelalter, Stuttgart [2]1986, S. 161–64.
8 Siehe G. Rath, Moderne Diagnosen historischer Seuchen, in: DMW 81/82. 1956. S. 2065–69.
9 F. Fenner, Infectious Disease and Social Change, in: Medical J. of Australia 58. 1971, S. 1043, 1099.
10 Riley (wie Anm. 1), S. 851. H. P. Becht, Medizinische Implikationen der historischen Pestforschung am Beispiel des „Schwarzen Todes" von 1347/51, in: Stadt und Gesundheitspflege (hg. von B. Kirchgässer u. J. Sydow) 9. 1982, S. 83, schreibt gar von 25 000–100 000 Erregern.
11 R. Otto, Fleckfieber (Typhus exanthematicus), in: HÄEW, S. 419, berichtet, an einer stark verlausten Person seien 3800 Läuse gefunden worden. Bedeutend höhere Zahlen nennt Riley (wie Anm. 1), S. 849.
12 Erich Martini, Seuchen im Menschen. Mensch, Tier und Pflanze im Kampf und Ausgleich mit ihren Parasiten, Stuttgart 1959, S. 74, 55. Collier (wie Anm. 3), S. 85.

II. Das Vermächtnis der Mittelmeerwelt

1 Siehe z. B. Ann Bowman Jannetta, Epidemics and Mortality in Early Modern Japan, Princeton 1987.
2 Mirko D. Grmek, Les maladies à l'aube de la civilisation occidentale, Paris 1983,

S. 50–53. Dazu auch T. Mildner, Chirurgie und Wundbehandlung vor Troja, Traunstein 1962.

3 William H. McNeill, Plagues and Peoples, Harmondsworth 1976, S. 98–100; Hans Zinsser, Ratten, Läuse und die Weltgeschichte, Stuttgart-Calw 1949. S. 113 f.

4 Donald R. Hopkins, Princes and Peasants. Smallpox in History, Chicago-London 1983, S. 14 f.

5 Vgl. John L. Cloudsley-Thompson, Insects and History, London 1976, S. 35; H. Kürten, Die Wanderungen der Pest in der Kulturgeschichte, in: Universitas 6. 1951, S. 180.

6 Der Peloponnesische Krieg, übers. u. hg. von Helmuth Vretska, Stuttgart 1966 (Reclam Ausgabe), S. 169–174.

7 Die Literatur dazu ist Legion, bezüglich älterer siehe Hermann Bengtson, Griechische Geschichte. Von den Anfängen bis in die Römische Kaiserzeit, München [2]1960, S. 222 Anm. An neuerer Literatur empfiehlt sich H. Keil, The Louse in Antiquity, with Comments on the Diagnosis of the Athenian Plague as Recorded by Thukydides, in: BHM 25. 1951, S. 305–323; D. L. Page, Thukydides' Description of the Great Plague at Athens, in: CQ 47. 1953, S. 97–119; J. C. F. Poole u. A. J. Holladay, Thukydides and the Plague at Athens, in: CQ 73. 1979, S. 282–300; J. Longrigg, The Great Plague of Athens, in: History of Science 18. 1980, S. 209–225; Poole u. Holladay, Thukydides and the Plague: A Footnote, in: CQ 76. 1982, S. 235–236; A. H. Wylie u. H. W. Stubbs, The Plague of Athens: 430–428 BC: Epidemic and Epizootic, in: CQ 77. 1983, S. 6–11. In der älteren deutschen Literatur geben Hinweise auf diese Seuche Benno von Hagen, Die Pest im Altertum, Jena 1939, S. 24 f.; Paul Krause, Versuch einer neuen Deutung der „Pest des Homer", in: Die Medizinische Welt 7. 1933, S. 1157 f.; G. Rath, Moderne Diagnosen historischer Seuchen, in: DMW 81/82. 1956, S. 2065–2069. Siehe ferner Ch. Lichtenthaeler, Thucydide a-t-il cru à la contagiosité de la „peste d'Athènes? in: Gesnerus 19. 1962, S. 83–86.

8 Grmek (wie Anm. 2), S. 150. Dazu auch W. H. Jones, Malaria a Neglected Factor in the History of Greece and Rome, Cambridge 1907.

9 McNeill (wie Anm. 3), S. 125.

10 Angelo Celli, Die Malaria in ihrer Bedeutung für die Geschichte Roms und der römischen Campagna. Eine kulturhistorische Studie, Leipzig 1929, S. 18 ff., 38, 82 f.

11 Grmek (wie Anm. 2), S. 158–61; Daniel Weitz, Famine and Plague as Factors in the Collapse of the Roman Empire in the Third Century, phil. Diss., Ann Arbor 1972, S. 33 f.

12 Sueton, Leben der Cäsaren, München [2]1977, S. 258 (Nero 39.1). Siehe auch des Tactius' Annalen XVI, 13. – Alfred Heuss, Römische Geschichte, Braunschweig [3]1971, S. 351, 422. Karl Christ, Geschichte der römischen Kaiserzeit, München 1988, S. 336.

13 Vgl. Alfonso Corradi, Annali delle epidemie occorse in Italia dalle prime memorie fine al 1850, Bologna 1855/94 (Ndr. Bologna 1973), Bd. 1, S. 36 ff.; Bernhard Lersch, Geschichte der Volksseuchen, Berlin 1896, S. 26.

14 J. F. Gilliam, The Plague under Marcus Aurelius, in: American J. of Philology 82. 1961, S. 227; Hopkins (wie Anm. 4), S. 22 f.; Lersch (wie Anm. 13), S. 24.

15 Thasci Caecili Cypriani De Mortalitate. A Commentary with Introduction and

Translation, bearb. von Mary L. Hannan, Washington 1933, S. 13–19. Vgl. McNeill (wie Anm. 3), S. 113; Weitz (wie Anm. 11), S. 110.

16 Bevölkerung: W. Abel, Landwirtschaft 500–900, in: HDWSG, Bd. 1, S. 83; Henry R. Loyn, Die Britischen Inseln zur Zeit der Angelsachsen (von ca. 400 n. Chr. bis 1066), in: HEWSG, Bd. 2, S. 207. – Orientus-Zitat nach Helmut Böhme, Europäische Wirtschafts- und Sozialgeschichte, Bd. 1: Morgenland und Abendland. Staatsbürokratie, Völkerwanderung und römisch-christliches Reich (300–750), Frankfurt/M. 1977, S. 123.

17 Zum Klima Hubert H. Lamb, Klima und Kulturgeschichte. Der Einfluß des Wetters auf den Gang der Geschichte, Reinbek 1989, S. 156, 183. Lamb geht auch auf die Epidemien der röm. Kaiserzeit ein (S. 178 f.). Vgl. Hermann Kellenbenz, Deutsche Wirtschaftsgeschichte, Bd. 1: Von den Anfängen bis zum Ende des 18. Jahrhunderts, München 1977, S. 35. – Hieronymus-Zitat nach Zinsser (wie Anm. 3), S. 139.

18 A. E. R. Boak, Manpower Shortage and the Fall of the Roman Empire in the West, phil. Diss., Ann Arbor 1955, Josiah C. Russell: Late Ancient and Medieval Population, in: American Philosophical Society Transactions 48. 1958, S. 71–87; ders. The Ecclesiastical Age: A Demographic Interpretation of the Period 200–900 A. D., in: ders. Medieval Demography, New York 1987, bes. 101., Alexander Demandt, Der Fall Roms. Die Auflösung des römischen Reiches im Urteil der Nachwelt, München 1984, bes. 356, 362 f. Siehe F. Vittinghoff, Wirtschaft und Gesellschaft des Imperium Romanum, in: HEWSG, Bd. 1, S. 20 f., 59. – Keinerlei seuchengeschichtl. Erklärungen geben Donald Kagan, Hg., Decline and Fall of the Roman Empire. Why did it collapse? Boston 1966; sowie Mortimer Chambers, Hg., The Fall of Rome. Can It Be Explained?, New York u. a. 1966.

19 Prokop, Die Perserkriege, übers. von Albert Veh. München 1970 (Tusculum Ausgabe), S. 355–367.

20 Vgl. v. Hagen (wie Anm. 7), 17 f.; Fabian L. Hirst: The Conquest of Plague. A Study of the Evolution of Epidemiology, Oxford 1953, S. 11; Rath (wie Anm. 7), S. 2067.

21 Friedrich Prinz, Neue Deutsche Geschichte. Grundlagen und Anfänge. Deutschland bis 1056, München 1985, S. 68. Die vorausgehenden Naturereignisse beschreibt Val. Seibel, Die große Pest zur Zeit Justinians I. und die ihr voraus und zur Seite gehenden ungewöhnlichen Naturereignisse, Dillingen 1857; Pestverlauf S. 26–40.

22 J. A. van Houtte, Europäische Wirtschaft und Gesellschaft von den großen Wanderungen bis zum Schwarzen Tod, in: HEWSG, Bd. 2, S. 130. J. C. Russell, That Earlier Plague, in: Demography 5. 1968, bes. S. 180. G. Grupe, Umwelt und Bevölkerungsentwicklung im Mittelalter, in: Bernd Herrmann, Hg., Mensch und Umwelt im Mittelalter, Stuttgart ²1986, S. 26 f. Vgl. D. Herlihy, Outline of Population Developments in the Middle Ages, in: Bernd Herrmann u. Rolf Sprandel, Hg., Determinanten der Bevölkerungsentwicklung im Mittelalter, Weinheim 1987, S. 9; Zinsser (wie Anm. 3) 133.

23 Ferdinand Gregorovius, Geschichte der Stadt Rom im Mittelalter. Vom V. bis zum XVI. Jahrhundert, hg. von Waldemar Kampf, München 1978, 1. Buch, S. 254. G. Keil, Seuchenzüge des Mittelalters, in: B. Herrmann, Hg. (wie Anm. 22), S. 112. Geoffrey Marks u. William K. Beatty, Epidemics, New York, 1976, S. 48–50. Friedrich Schnurrer, Chronik der Seuchen in Verbindung mit

den gleichzeitigen Vorgängen in der physischen Welt und in der Geschichte der Menschen, Bd. 1, Tübingen 1823, S. 132–39. Kartographisch dargestellt findet sich die Ausbreitung dieser Seuche in Jean-Noël Biraben, Les hommes et la peste en France et dans les pays européens et méditérranées, Bd. 1, Paris–Den Haag 1975, S. 34ff.

24 Gregor von Tours, Zehn Bücher Geschichte, Bd. 2: Buch 6–10 (VI, 33; X, 1 u. 25), Darmstadt 1964, S. 59, 323, 325, 385. Siehe auch Karlheinz Deschner, Kriminalgeschichte des Christentums. Bd. 3: Die Alte Kirche, Reinbek 1990, bes. S. 384–88.

25 Gregor von Tours (wie Anm. 24), VI, 33 (S. 59). Vgl. Hopkins (wie Anm. 4), S. 24ff.

26 J. A. van Houtte (wie Anm. 22), S. 16. Russell (wie Anm. 22) nimmt an, daß die Bevölkerung zwischen 540 und 700 sogar um 50–60 Prozent abnahm.

27 Abel (wie Anm. 16), S. 84; Kellenbenz (wie Anm. 17), S. 36.

28 Bede, A History of the English Church and People, Harmondsworth 1955, 1968, S. 195.

29 Carlo M. Cipolla, The Ecconomic History of Worlds Population, Harmondsworth 1962, 1970, S. 33 Anm.; Horst Fuhrmann, Deutsche Geschichte im hohen Mittelalter von der Mitte des 11. bis zum Ende des 12. Jahrhunderts, Göttingen 1978, S. 20f.; Michel Rouche, La faim á l'époque carolingienne. Essai sur quelques types de rations alimentaires, in: RH 250, 1973, S. 319; Helmut Wurm, Körpergröße und Ernährung der Deutschen im Mittelalter, in: B. Herrmann, Hg. (wie Anm. 22), S. 101f., 108.

30 Jan Dhondt, Das frühe Mittelalter, Frankfurt/M. 1969, S. 98. M. Rouche (wie Anm. 29), S. 308f. Fritz Curschmann, Hungersnöte im Mittelalter. Ein Beitrag zur deutschen Wirtschaftsgeschichte des 8. bis 13. Jahrhunderts, Leipzig 1900, S. 9.

31 Zit. nach Jacques LeGoff, Das Hochmittelalter, Frankfurt/M. 1965, S. 31. Zum Antoniusfeuer siehe Schnurrer (wie Anm. 23), S. 218, 254 und passim; Heinrich Schipperges, Der Garten der Gesundheit. Medizin im Mittelalter, München 1985, S. 88ff.

32 V. Møller-Christensen: Umwelt im Spiegel der Skelettreste vom Kloster Aebelholt, in: B. Herrmann, Hg. (wie Anm. 22), S. 133. Vgl. René u. Jean Dubos, The White Plague: Tuberculosis, Man and Society, New Brunswick-London 1987, S. 5.

33 Wilhelm Abel, Agrarkrisen und Agrarkonjunktur. Eine Geschichte der Land- und Ernährungswirtschaft Mitteleuropas seit dem hohen Mittelalter, Hamburg–Berlin [3]1978, S. 31; ders.: Landwirtschaft 900–1350, in: HDWSG, Bd. 1, S. 198; Kellenbenz (wie Anm. 17), S. 76; Werner Sombart: Der moderne Kapitalismus, Bd. I, Berlin 1969, Ndr. München 1987, S. 253.

34 V. Møller-Christensen (wie Anm. 32), S. 131; H. Wurm, Über die Schwankungen der durchschnittlichen Körperhöhe im Verlauf der deutschen Geschichte und die Einflüsse des Eiweißanteiles der Kost, in: Homo 33. 1982, S. 27.

35 Grupe (wie Anm. 22), S. 28f. Es ist nicht sicher, wann – zwischen 1000 und 1300 – Hungersnöte ihren Höhepunkt erreichten. U. Dirlmeier, Die Ernährung als mögliche Determinante der Bevölkerungsentwicklung, in: Herrmann u. Sprandel, Hg. (wie Anm. 22), S. 145 schreibt, es scheint in diesem Zeitraum „keine größeren Hungersnöte" gegeben zu haben, während J. LeGoff (wie Anm. 31), alle drei

Jahrhunderte als krisenreich bezeichnet (S. 26, 20). Erich Keyser, Bevölkerungsgeschichte Deutschlands, Leipzig 1938, S. 245, schreibt: „Die meisten Hungersnöte fanden im 12. Jh. statt."

36 Karl Helleiner, Europas Bevölkerung im späteren Mittelalter, in: MIÖG 62. 1954, S. 263; Werner Rösener, Bauern im Mittelalter, München 1985, S. 31 f.; Karl-Georg Zinn, Kanonen und Pest. Über die Ursprünge der Neuzeit im 14. und 15. Jahrhundert, Opladen 1989, S. 61, Abb. 7.

37 Hans-Gerhard Busch, Die Malaria in der Geschichte der Völker, Berlin 1938, S. 95–146; Celli (wie Anm. 10), S. 32 ff.; Martin Maisch, Über die Malaria und ihr Wirken in der deutschen Geschichte, med. Diss., Tübingen 1939, S. 9; Jean Ruffié u. Jean-Charles Sournia, Die Seuchen in der Geschichte der Menschheit, Stuttgart 1987, S. 138.

38 Maisch (wie Anm. 37), S. 52, 57–63, 77, 81; Prinz (wie Anm. 21), S. 166.

39 Celli (wie Anm. 10), S. 44; Fuhrmann (wie Anm. 29), S. 177; LeGoff (wie Anm. 31), S. 95 f., 146 f.

40 J. C. Russell, Demographic Factors of the Crusades, in: The Meeting of the Two Worlds. Cultural Exchange between East and West during the Perriod of the Crusades, hg. von Vladimir P. Goss, Kalamazoo 1986, S. 55.

41 Hans-Eberhard Mayer, Geschichte der Kreuzzüge, Stuttgart u. a. [7]1989, S. 55; James Riley-Smith, The Crusades: A Short History, New York 1987, S. 31. Vgl. Friedrich Prinzing, Epidemics Resulting from Wars, Oxford 1916, S. 13 f.

42 Riley-Smith (wie Anm. 41), S. 112 f. Friedrich Wilken, Geschichte der Kreuzzüge, Bd. 4, Leipzig 1826, S. 314.

43 Hartmut Boockmann, Der Deutsche Orden. Zwölf Kapitel aus seiner Geschichte, München [2]1982, S. 47. Über Ludwig IX. siehe Jean Favier, Frankreich im Zeitalter der Lehnsherrschaft 1000–1515, Stuttgart 1989, S. 232; Riley-Smith (wie Anm. 41), S. 175. Vgl. H. H. Mollaret u. J. Brossolet, Sur la mort de St. Louis, in: La Presse médicale 74. 1966, S. 2913–16. Es ist nicht anzunehmen, daß der hl. Ludwig an der Pest starb, wie man immer wieder lesen kann (z. B. Dieter Jetter, Das europäische Hospital. Von der Spätantike bis 1800, Köln 1986, S. 60). Über ein Auftreten der Pest zwischen dem 8. und 13. Jh. siehe unten (Kap. III Anm. 5); sowie A. Bridbury, Before the Black Death, in EHR (2nd) 30. 1977, S. 393–410.

44 Vgl. Harald Westergaard, Die Lehre von der Mortalität und Morbidität. Anthropologisch-Statistische Untersuchungen, Jena [2]1901, S. 257; Keil, (wie Anm. 23), S. 109.

45 Dazu G. Keil, Art. Aussatz, in: Lexikon des Mittelalters, Bd. 1, Sp. 1249–57; R. Virchow, Zur Geschichte des Aussatzes, besonders in Deutschland, in: VA 18. 1860, 138–162, S. 273–329; 19. 1861, S. 43–93; 20. 1861, S. 166–198, 459–512.

46 Michel Mollat, Les Pauvres au Moyen Age, Brüssel 1984, S. 178 f.

47 Dazu allgemein: Aussatz–Lepra–Hansen-Krankheit. Ein Menschheitsproblem im Wandel (Katalog des Deutschen Medizinhistorischen Museums, hg. von Jörg Henning Wolf und Christa Habrich, Heft 4), Ingolstadt 1982, 2 Bde. Über Köln: Franz Irsigler u. Arnold Lassotta: Bettler und Gaukler, Dirnen und Henker. Außenseiter in einer mittelalterlichen Stadt, Köln 1300–1600, Köln 1984, bes. 69 ff. Über Nürnberg: Ingrid Busse: Der Siechkobel St. Johannis vor Nürnberg (1234 bis 1807), Nürnberg 1974.

III. Der Schwarze Tod

1 Dazu Hubert H. Lamb, Klima und Kulturgeschichte. Der Einfluß des Wetters auf den Gang der Geschichte, Reinbek 1989, bes. 11. Kap.

2 Für Italien: Alfonso Corradi, Annali delle epidemie occorse in Italia dalle prime memorie fino al 1850, (8 Bde., Bologna 1865/94), Ndr. Bologna 1973, Bd. 1, S. 160ff. Für Deutschland: Wilhelm Abel, Agrarkrisen und Agrarkonjunktur. Eine Geschichte der Land- und Ernährungswirtschaft Mitteleuropas seit dem hohen Mittelalter, Hamburg–Berlin [3]1978, S. 46f. Für England: Ian Kershaw, The Great Famine and Agrarian Crisis in England 1315–1322, in: PP 59. 1973, S. 3–50; H. Lucas, The Great European Famine of 1315, 1316, and 1317, in: Speculum 5. 1930, S. 311–15.

3 Abel (wie Anm. 2), S. 48; N. Bulst, Der Schwarze Tod. Demographische, wirtschafts- und kulturgeschichtliche Aspekte der Pestkatastrophe von 1347–1352. Bilanz der neueren Forschung, in: Saeculum 30. 1979, S. 47.

4 Kershaw (wie Anm. 2), S. 23.

5 Bezüglich Ruhr: J. C. Russell, Population in Europe 500–1500, in: FEHE, Bd. 1, S. 53. – Im 19. Jh. war die Medizingeschichte der Auffassung, daß es sich bei einigen Seuchen des Orients vor 1347, z. B. der Seuche, an der Ludwig der Hl. verstarb, um die Pest handelte; Hecker meinte, daß vor der Mitte des 14. Jhs. in Westeuropa sechs Pestzüge geherrscht hatten, nämlich 1301 in Frankreich, 1331 in Italien, 1316 erneut in Italien, 1335 in Mitteleuropa, 1340 in Oberitalien, 1342 in Frankreich. (Vgl. Justus Friedr. Carl Hecker, Die großen Volkskrankheiten des Mittelalters, hg. von August Hirsch, Berlin 1865, S. 42 Anm.; Alfred von Kremer, Über die großen Seuchen des Orients nach arabischen Quellen. Sitzungsberichte der Kaiserl. Akad. d. Wissenschaften, Philosoph.-Hist. Classe, Bd. 96, Buch 1, Wien 1880, S. 81.) Fernand Braudel, Sozialgeschichte des 15.–18. Jahrhunderts. Der Alltag, München 1985, S. 81 (frz. Original: S. 63) behauptet: „Außerdem gelangt die Pest nicht erst, wie vielfach behauptet, im 14., sondern spätestens bereits im 11. Jahrhundert nach Westeuropa" – ohne dafür den geringsten Beweis zu geben. Nichts spricht dafür, daß dies zutrifft; der Übertragungsmodus der Pest läßt es nicht zu, daß sie da oder dort sprunghaft auftritt, solange sie nicht endemisch oder epidemisch vorkam. J. N. Biraben u. J. LeGoff, La Peste dans le Haut Moyen Age, in: Annales ESC 24. 1969, S. 1485, sehen keinen Hinweis für ein Auftreten der Pest in Westeuropa zwischen ca. 800 und 1347; Biraben, Les hommes et la peste en France et dans les pays européens et méditerranéens, Bd. 1, Paris–Den Haag 1975, S. 55, schreibt ausdrücklich, daß die Pest nicht vor 1347 auftrat und der hl. Ludwig nicht an der Pest starb, sondern an einer Dysenterie.

6 Eine auffallende Häufung von Quellen gerade für die 1340er Jahre zeigt Curt Weikinn, Quellentexte zur Witterungsgeschichte Europas von der Zeitwende bis zum Jahre 1850. Teil I: Hydrographie, Bd. 1, Berlin (Ost) 1958, S. 197–224. Fritz Curschmann, Hungersnöte im Mittelalter. Ein Beitrag zur deutschen Wirtschaftsgeschichte des 8. bis 13. Jahrhunderts, Leipzig 1900, S. 60; František Graus, Pest–Geissler–Judenmorde. Das 14. Jahrhundert als Krisenzeit, Göttingen 1987, S. 23 Anm. 47; Bernhard Lersch, Geschichte der Volksseuchen, Berlin 1896, S. 60.

7 Vgl. E. Carpentier, in: William H. Bowsky, Hg., The Black Death. A Turning

Point in History?, New York u. a. 1971, S. 35 f.; U. Dirlmeier, Die Ernährung als mögliche Determinante der Bevölkerungsentwicklung, in: Bernd Herrmann u. Rolf Sprandel, Hg., Determinanten der Bevölkerungsentwicklung im Mittelalter, Weinheim a. d. B. 1987, S. 146 f.

8 Ann G. Carmichael, Plague and the Poor in Renaissance Florence, Cambridge u. a. 1986, S. 60; Hecker (wie Anm. 5), S. 38 f.

9 Vgl. T. Rahe, Demographische und geistig-soziale Auswirkungen der Pest von 1348–1350, in: GWU 35. 1984, S. 127; Heinrich Schipperges, Der Garten der Gesundheit. Medizin im Mittelalter, München 1985, S. 60.

10 J. Norris, East or West? The Geographic Origin of the Black Death, in: BHM 51. 1977, S. 1, 21; Graham Twigg, The Black Death: A Biological Reappraisal, London 1984, S. 45 f.

11 Vgl. H. Bueß, Die Pest in Basel im 14. und 15. Jahrhundert, in: Basler Jb. 1956, S. 46; Robert S. Gottfried, The Black Death: Natural and Human Disaster in Medieval Europe, New York 1983, S. 37; Philip Ziegler, The Black Death, Harmondsworth 1969, S. 15.

12 M. Dols, Al-Manbiji's „Report of the Plague": a Treatise on the Plague of 764–65/1362–64, in: Daniel Williman, Hg., The Black Death: The Impact of the Fourteenth-Century Plague, New York 1982, S. 66, 69.

13 Georg Ostrogorsky, Geschichte des byzantinischen Staates, München 1963, 457 f.

14 Cantakuzenes, Hist. IV, 8., zit. nach Heinrich Haeser, Lehrbuch der Geschichte der Medizin und der epidemischen Krankheiten, Bd. 3, Jena [3]1879, S. 161 ff.

15 Dazu Times Atlas of World History, hg. von Geoffrey Barraclough, London 1978, 1979, Karte 142/143.

16 Lorenzo Del Panta, Le epidemie nella storia demografica italiana (secoli XIV–XIX), Turin 1980, S. 111 f. Eine interpretative Geschichte der Vorgänge in Italien gibt R. Romano, L'Italia nella Crisi del XIV Secolo, in: NRS 50. 1966, S. 580–95.

17 Carmichael (wie Anm. 8), S. 154 Anm. 16. Der Verlauf der Pest wurde für einzelne ital. Städte ausführlich dargestellt, z. B. für Siena: W. Bowsky, Siena: Stability and Dislocation, in: ders., Hg. (wie Anm. 7), S. 114–21. Für Orvieto: Elisabeth Carpentier, Une Ville Devant la Peste: Orvieto et la Peste Noire de 1348, Paris 1962. Für Florenz: Carmichael (wie Anm. 8).

18 Die Pest 1348 in Italien. Fünfzig zeitgenössische Quellen, hg. u. übers. von Klaus Bergdolt, Heidelberg 1989, S. 75, 119; 33, 40, 156.

19 Ebd., S. 26, 81.

20 Ebd., S. 113, 115, 106, 121, 66, 126.

21 Ebd., 152 ff.; Iris Origo, „Im Namen Gottes und des Geschäfts." Lebensbild eines toskanischen Kaufmanns der Frührenaissance, München 1985, S. 283.

22 Carmichael (wie Anm. 8), S. 98, 101, 110; Biraben (wie Anm. 5), Bd. 2, Paris–Den Haag 1976, S. 102.

23 Über Spanien: C. Verlinden, La grande peste de 1348 en Espagne, in: Revue belge de philologie et d'histoire 17. 1938, S. 103–46. Siehe auch L. Fabian Hirst, The Conquest of Plague. A Study of the Evolution of Epidemiology, Oxford 1953, S. 51; M. J. Müller, Ibnul Khatibs Bericht über die Pest. Sitzungsberichte der Kgl. Bayr. Akad. der Wissenschaften, Bd. 2, München 1863, S. 1–34. Ein kurzer Auszug von Ibnul Khatibs Bericht ist abgedruckt in: Dominick Palazzotto, The Black Death and Medicine: A Report and Analysis of the Tractates Written Between 1348 and 1350, phil. Diss., Ann Arbor 1974, 97.

24 Zit. nach Schipperges (wie Anm. 9), S. 84. Der sog. Avignoner Brief, nach dem *Breve chronicon clerici anonymi*, ist abgedruckt in: Robert Hoeniger, Der Schwarze Tod in Deutschland. Ein Beitrag zur Geschichte des 14. Jahrhunderts, Berlin 1882, S. 137–40.

25 Vgl. Biraben (wie Anm. 5), Bronislaw Geremek, Geschichte der Armut. Elend und Barmherzigkeit in Europa, München 1988, S. 108.

26 Vgl. Rudolf Sies, Das ‚Pariser Pestgutachten' von 1348 in altfranzösischer Fassung, med. Diss., Würzburg 1977, bes. S. 14, 63, 98; eine dt. Fassung ist abgedruckt in: Georg Sticker, Abhandlungen aus der Seuchengeschichte und Seuchenlehre, Bd. I/1: Die Pest, Gießen 1908, S. 60–62.

27 Lersch (wie Anm. 6), S. 123f.; May McKisack, The Fourteenth Century 1307–1399, Oxford 1959, S. 220; Ziegler (wie Anm. 11), S. 123f., 131.

28 Ziegler (wie Anm. 11), S. 131. Zur Sterblichkeit des Klerus und der Gelehrten jetzt W. Courtenay, The Effect of the Black Death on English Higher Education, in: Speculum 55. 1980, S. 696–714.

29 Biraben (wie Anm. 5), Bd. 1, S. 84 Anm. 125. Vgl. Lamb (wie Anm. 1), S. 222.

30 W. Fresacher, Die Pest in Kärnten im 14. Jahrhundert, in: Carinthia I. 153. 1963, S. 349–78. H. Klein, Das große Sterben von 1348/49 und seine Auswirkung auf die Besiedlung der Ostalpenländer, in: Mitt. d. Ges. für Salzburger Landeskunde 100. 1960, S. 118f. Neuerdings auch A. Fößel, Der „Schwarze Tod" in Franken 1348–1350, in: MVGN 74. 1987, bes. S. 16ff. Über die Ausbreitung in Deutschland siehe die Karte in: HDWSG, Bd. 1, S. 304; auch die Übersicht von Biraben (wie Anm. 5), Bd. 1, S. 407ff., bezüglich der Ausbreitung der Pest über die deutschen Städte weist Mängel auf. Siehe unten Anm. 37.

31 Vgl. Karl Lechner, Das große Sterben in Deutschland in den Jahren 1348 bis 1351, Innsbruck 1884, bes. 27ff.; Sticker (wie Anm. 26), S. 50.

32 Vgl. Lechner (wie Anm. 31), S. 27; Fößel (wie Anm. 30), S. 8ff.; Hoeniger (wie Anm. 24), S. 16ff. Zum Beben vom 25. Jan. 1348 A. Borst, Das Erdbeben von 1348, in: HZ 233. 1981, bes. S. 544. Ferdinand Gregorovius, Geschichte der Stadt Rom im Mittelalter, Vom V. bis zum XVI. Jahrhundert, hg. von Walter Kampf, München 1978, 2. Buch, S. 719f., berichtet von kleineren Beben, desgleichen Friedrich Schnurrer, Chronik der Seuchen in Verbindung mit den gleichzeitigen Vorgängen in der physischen Welt und in der Geschichte der Menschen, Bd. 1, Tübingen 1823, S. 322.

33 Fößel (wie Anm. 30), S. 9; Hoeniger (wie Anm. 24), S. 19ff.; Ferdinand Seibt, Karl IV. Ein Kaiser in Europa 1346 bis 1378, München 1978, S. 195. Sticker (wie Anm. 26), I/1, S. 67. Karl Bücher, Die Bevölkerung von Frankfurt am Main im XIV. und XV. Jahrhundert. Socialstatistische Studien, Tübingen 1886, 208.

34 Graus (wie Anm. 6), S. 47ff.; Bernd Zaddach, Die Folgen des Schwarzen Todes für den Klerus Mitteleuropas, Stuttgart 1971, S. 72ff.

35 Arthur E. Imhof, Die Lebenszeit. Vom aufgeschobenen Tod und von der Kunst des Lebens, München 1988, S. 127.

36 Dazu Fößel (wie Anm. 30), S. 12–15. Nürnbergs schriftliche Überlieferungen sind ausgezeichnet; sie setzen allerdings teils erst nach 1350 ein. Vgl. Hektor Amman, Nürnbergs wirtschaftliche Stellung im Spätmittelalter, Nürnberg 1970, S. 5.

37 Hoeniger (wie Anm. 24), S. 31ff. Jörg K. Hoensch, Geschichte Böhmens. Von der slavischen Landnahme bis ins 20. Jahrhundert, München 1987, S. 124. Die o. g.

Karte (wie Anm. 30) versucht diese Aussparungen anzudeuten; unzuverlässig ist sie allerdings im Hinblick auf den Ausbruch der Pest östl. von Bremen.

38 Hoeniger (wie Anm. 24), S. 32f.

39 Ebd., S. 24.

40 N. Bulst, Vier Jahrhunderte Pest in niedersächsischen Städten. Vom Schwarzen Tod 1349–1351 bis in die erste Hälfte des 18. Jahrhunderts, in: Stadt im Wandel. Kunst und Kultur des Bürgertums in Norddeutschland 1150–1650 (Ausstellungskatalog), Bd. 4, Braunschweig 1985, S. 251. Walter Kronshage, Die Bevölkerung Göttingens. Ein demographischer Beitrag zur Sozial- und Wirtschaftsgeschichte vom 14. bis 17. Jahrhundert, Göttingen 1960, S. 27f. Siehe Fößel (wie Anm. 30), S. 11; Annemarie Hullmeine, Die Pest in Stadt und Land Oldenburg, med. Diss., Frankfurt/M. 1948, bes. S. 12; T. Schrader, ‚Der Schwarze Tod' in Hamburg, in: MittVHambH 25. 1905, S. 76–92.

41 Hoeniger (wie Anm. 24), S. 26f.; E. Peters, Das große Sterben des Jahres 1350 in Lübeck und seine Auswirkungen ..., in: Zs. des Vereins für lübeckische Geschichte 30. 1938.; Wilhelm Sahm, Die Pest in Ostpreußen, Leipzig 1905, S. 1–5. S. 1–5.

42 Hoeniger (wie Anm. 24), S. 39, 5. Vgl. R. Sprandel, Sozialgeschichte 1350–1500, in: HDWSG, Bd. 1, S. 379. Karlheinz Blaschke, Geschichte Sachsens im Mittelalter, Berlin 1990, S. 269, erwähnt die Pogrome in Dresden und Meißen im Februar/März 1339/1349 und folgert: „Zu Anfang des Jahres 1349 wurde die Mark Meißen von der Pest erreicht." Das ist nicht anzunehmen! (Siehe dazu Abb. 1.) – Selbst Heinrich Heine glaubte, „die große Judenverfolgung [...] um die Mitte des vierzehnten Jahrhunderts, (habe) am Ende der großen Pest" stattgefunden.

43 Hoeniger (wie Anm. 24), S. 106; Bowsky, Hg. (wie Anm. 7), S. 27; Hecker (wie Anm. 5), S. 70f.; F. Graus, Judenpogrome in Deutschland: Der Schwarze Tod, in: Bernd Martin u. Ernst Schulin, Hg., Die Juden als Minderheit in der Geschichte, München 1981, S. 75.

44 Fößel (wie Anm. 30), S. 35; Graus (wie Anm. 6), S. 200. Einen tragischen Parallelfall gab es in Nürnberg 1938: Den Abbruch des „undeutschen, frechscheußlichen orientalischen Bauwerks" der 1874 eingeweihten Synagoge auf der Insel Schütt erzwangen Frankens Gauleiter Julius Streicher und der Nürnberger Oberbürgermeister Liebel bereits am 8. Oktober, also einen Monat vor der „Reichskristallnacht".

45 Graus (wie Anm. 6), S. 200; Fößel (wie Anm. 30), S. 35.

46 Hoeniger (wie Anm. 24), S. 105.

47 Graus (wie Anm. 6), S. 70f. Vgl. Jean Delumeau, Angst im Abendland. Die Geschichte kollektiver Ängste im Europa des 14. bis 18. Jahrhunderts, Reinbek 1985, S. 140–199.

48 Fößel (wie Anm. 30), S. 187.

49 Graus (wie Anm. 6), S. 7–12.

50 Erich Woehlkens, Pest und Ruhr im 16. und 17. Jahrhundert. Grundlagen einer statistisch-topographischen Beschreibung der großen Seuchen, insbesondere in der Stadt Uelzen, Hannover 1954, S. 147. Siehe die Rezension von E. Keyser, in: VSWG 49. 1962, 243f.; u. von R. Mandrou, in: Annales ESC 14. 1959, S. 160–62.

51 Hecker (wie Anm. 5), S. 49; Lersch (wie Anm. 6), S. 132.

52 Hecker (wie Anm. 5), S. 46; Carmichael (wie Anm. 8), S. 60f. Karl Julius Beloch,

Bevölkerungsgeschichte Italiens, Bd. 3, Berlin 1961, S. 341, schätzt die Bevölkerung – und die Verluste – von Florenz allerdings bedeutend niedriger ein: Beloch gibt die Bevölkerungszahl von 1340 mit 55 000 an, die von 1351 mit 40000, von 1380 mit 61 500 (S. 344).

53 Carpentier (wie Anm. 7), 108f., 112.

54 Sklavenhandel: Origo (wie Anm. 21), S. 176f.; Eberhard Schmitt, Die mittelalterlichen Ursprünge der europäischen Expansion. Dokumente der europäischen Expansion, Bd. 1, München 1986, S. 180f. – Giuliano Procacci, Geschichte Italiens und der Italiener, München 1983, S. 57, schreibt über die Bevölkerungsverluste: „Man hat errechnet, soweit solche Berechnungen überhaupt möglich sind, daß ein Drittel der Bevölkerung in Italien, Frankreich und England durch die Pest vernichtet worden ist." – Über Frankreich zuletzt Jean Favier, Frankreich im Zeitalter der Lehnsherrschaft 1000–1515, Stuttgart 1989, S. 314: „Mit Unterschieden, die von ausgestorbenen bis zu gänzlich verschonten Orten reichen, hatte das Königreich im Durchschnitt jeden dritten Einwohner verloren." Siehe auch Biraben (wie Anm. 5), Bd. 1, 157, 171, 175, 181.

55 A. E. R. Boak, Manpower Shortage and the Fall of the Roman Empire in the West, Ann Arbor 1955, S. 11–13; Daniel Weitz, Famine and Plague as Factors in the Collapse of the Roman Empire in the Third Century, phil. Diss., Ann Arbor 1972, S. 90.

56 Carpentier (wie Anm. 7), S. 37. M. M. Postan, The Medieval Economy & Society, Harmondsworth 1972, S. 41f. Paul Slack, The Impact of Plague in Tudor and Stuart England, Boston 1985, S. 15. Die Angaben von J. C. Russell zit. nach Carpentier (wie Anm. 7), S. 37. Zaddach (wie Anm. 34), S. 23.

57 Zaddach (wie Anm. 34), S. 30, 37f.

58 F. Lütge, Das 14./15. Jahrhundert in der Sozial- und Wirtschaftsgeschichte, in: JNS 162. 1950, S. 166. Vgl. Norbert Ohler, Sterben und Tod im Mittelalter, München 1990, S. 250. Siehe Zaddach (wie Anm. 34), S. 1f.

59 Abel (wie Anm. 2), S. 53. Erich Meuthen, Das 15. Jahrhundert, München 1980, S. 3. Hartmut Boockmann, Stauferzeit und spätes Mittelalter. Deutschland 1125–1517, Berlin 1982, S. 231, gibt die Bevölkerung Deutschlands und Skandinaviens (!) um 1300 mit „insgesamt 11,5 Millionen Menschen" an, wohl in Anlehnung an J. C. Russell.

60 Lechner (wie Anm. 31), S. 59, 61.

61 Abel (wie Anm. 2), S. 52. Lütge (wie Anm. 58), S. 175, Anm. 37, 175, 178. So auch E. Kelter, Das deutsche Wirtschaftsleben des 14. und 15. Jahrhunderts im Schatten der Pestepidemien, in: JNS 165. 1953, S. 175; und Sprandel (wie Anm. 42), S. 379.

62 Z. B. Bulst (wie Anm. 40), S. 254; Hirst (wie Anm. 23), S. 52, 332.

63 H. Reincke, Bevölkerungsprobleme der Hansestädte, in: Hansische Geschichtsblätter 70. 1951, S. 9f. – In Venedig überlebten von 1250 Ratsmitgliedern des Großes Rates nur 380 den Schwarzen Tod, schreibt Zaddach (wie Anm. 34), S. 20.

64 Woehlkens (wie Anm. 50), S. 135ff. Dazu auch die Antwort von H. Reincke, Bevölkerungsverluste der Hansestädte durch den Schwarzen Tod, in: Hansische Geschichtsblätter 72. 1954, S. 88–90. Auch Bulst (wie Anm. 40), S. 253, erscheinen die Angaben über Bremen zweifelhaft.

65 Zaddach (wie Anm. 34), S. 87ff.

66 Ebd., S. 33.

67 Ebd., S. 39, 26f. R. Emery, The Black Death of 1348 in Perpignan, in: Seculum 42. 1967, S. 615, 620. Favier (wie Anm. 54), S. 314.

68 Klein (wie Anm. 30), S. 98, 169.

69 K. Helleiner, Europas Bevölkerung im späten Mittelalter, in: MIÖG 62. 1954, S. 258f. Carpentier (wie Anm. 7), S. 37. G. Grupe, Umwelt und Bevölkerungsentwicklung im Mittelalter, in: Bernd Herrmann, Hg., Mensch und Umwelt im Mittelalter, Stuttgart [2]1986, S. 32. Michel Mollat, Les Pauvres au Moyen Age, Brüssel 1984, S. 235. Zaddach (wie Anm. 34), S. 22. J. C. Russell, Effects of Pestilence and Plague, 1315–1385, in: CSSH 8. 1965/66, S. 470. Twigg (wie Anm. 11), S. 63.

70 Carmichael (wie Anm. 8), S. 1. Mollat (wie Anm. 69), S. 235. Y. Renouard, in: Bowsky, Hg., (wie Anm. 7), S. 28. Zaddach (wie Anm. 34), S. 22.

71 Rahe (wie Anm. 9), S. 129. Vgl. Grupe (wie Anm. 69), S. 31.

72 Klaus Bergdolt, Einleitung zu: Die Pest 1348 (wie Anm. 18), S. 11. G. Keil, Seuchenzüge des Mittelalters, in: Herrmann, Hg. (wie Anm. 69), S. 114. Vgl. Abel (wie Anm. 2), 102; Bowsky, Hg., (wie Anm. 7), S. 1; Hecker (wie Anm. 5), S. 55, spricht von einem Viertel der europ. Bevölkerung oder 25 Millionen Menschen. Sehr niedrig ist die Einschätzung des Bevölkerungsverlustes für Deutschland von Johannes Nohl, Der schwarze Tod. Eine Chronik der Pest 1348 bis 1720, Potsdam 1924, S. 40: 1,24 Mio. – Helleiner (wie Anm. 69), S. 257, hält einen Bevölkerungsverlust von einem Drittel (1348–50) für „nicht viel anderes als Mutmaßungen".

73 Hoeniger (wie Anm. 24), S. 132. N. Siraisi, Vorwort, in: Williman, Hg. (wie Anm. 12), S. 10. Lütge (wie Anm. 58), S. 165. Abel (wie Anm. 2), S. 56. Siehe A. R. Bridbury, The Black Death, in: EHR (2nd) 26. 1973, S. 588; E. Pitz, Die Wirtschaftskrise des Spätmittelalters, in: VSWG 52. 1965, S. 360. – Bezüglich Petrarca z. B. Erich Hassinger, Das Werden des Neuzeitlichen Europa 1300–1600, Braunschweig 1959, S. 26; Joachim Leuschner, Deutschland im späten Mittelalter, Göttingen 1975, S. 173ff., im Vergleich dazu: Die Pest 1348 (wie Anm. 18), S. 196f.

74 Siehe Abel (wie Anm. 2), S. 57, Abb. 9; Bridbury (wie Anm. 72), S. 579. Abel, Wüstungen und Preisverfall im Spätmittelalterlichen Europa, in: JNS 165. 1953, S. 380–427.

75 Vgl. Die Pest 1348 (wie Anm. 18), S. 69; A. Falsini, Firenze dopo il 1348. Le Conseguenze della pesta nera, in: ASI 129. 1971, S. 425–503.

76 Vgl. W. Rösener, Krisen und Konjunkturen der Wirtschaft im Spätmittelalterlichen Deutschland, in: Ferdinand Seibt u. Winfried Eberhard, Hg., Europa 1400. Die Krise des Spätmittelalters, Stuttgart 1984, S. 24–38.

77 So fehlt z. B. für Franken noch ein genauer Wüstungsquotient (Fößel, wie Anm. 30), S. 67 Anm. 73; siehe auch ebd., S. 65ff., 73.

78 Meuthen (wie Anm. 59), S. 5: „Für den deutschen Raum werden insgesamt 40000 Wüstungen angenommen, das ist 23% des ursprünglichen Bestandes.".

79 Die Überschätzung des Fleischkonsums beginnt mit G. Schmoller, Die historische Entwickelung des Fleischconsums sowie der Vieh- und Fleischpreise in Deutschland, in: Zs. f. d. gesamten Staatswissenschaften 27. 1871, S. 284ff. Vgl. Abel (wie Anm. 2), S. 79; Dirlmeier (wie Anm. 7), S. 152f.; Meuthen (wie Anm. 59), S. 7; Werner Rösener, Bauern im Mittelalter, München 1985, S. 116f.; H. Wurm, Körpergröße und Ernährung der Deutschen im Mittelalter, in: Herr-

mann, Hg. (wie Anm. 69), S. 105. Siehe auch Arno Borst, Alltagsleben im Mittelalter, Frankfurt/M. 1983, S. 325. Man darf aber auch den heutigen Fleischverbrauch von rund 100 kg nicht überschätzen, denn davon entfallen nur rund zwei Drittel auf den menschlichen Verzehr.

80 Meuthen (wie Anm. 59), S. 14; Erika Thiel, Geschichte des Kostüms. Die europäische Mode von den Anfängen bis zur Gegenwart, Berlin (Ost) 1980, S. 121 f.

81 Kelter (wie Anm. 61), S. 184ff., 192; Werner Sombart, Der moderne Kapitalismus, Bd. I, Ndr. München 1987, S. 817f.; Karl-Georg Zinn, Kanonen und Pest. Über die Ursprünge der Neuzeit im 14. und 15. Jahrhundert, Opladen 1989, S. 87ff. Vgl. J. van Klaveren, Die wirtschaftlichen Auswirkungen des Schwarzen Todes, in: VSWG 54. 1967, S. 187–202.

82 Über das Versiegen des Menschenstromes in den Osten zuletzt Charles Higounet, Die deutsche Ostsiedlung im Mittelalter, Berlin 1986, S. 329f.

83 Zaddach (wie Anm. 34), S. 111–15. Falsini (wie Anm. 75), S. 442.

84 Zaddach (wie Anm. 34), S. 126–32.

85 Borst (wie Anm. 79), S. 458; Bulst (wie Anm. 40), S. 262.

86 Delumeau (wie Anm. 47), S. 41. Vgl. J. W. Thompson, The Aftermath of the Black Death and the Aftermath of the Great War, in: The American J. of Sociology 26. 1920/21, S. 565ff.

87 Lorenz Beer, Heiligenlegende für alle Tage des Jahres, Regensburg 1913, S. 30f.

88 H. Dormeier, St. Rochus, die Pest und die Imhoffs in Nürnberg vor und während der Reformation, in: Anzeiger des Germanischen Nationalmuseums, 1985, S. 11 f. Dietrich Heinrich Kerler, Die Patronate der Heiligen, Ulm 1905, S. 266–73, zählt eine Reihe weiterer Pestheiliger auf.

89 Gert Kaiser, in: Der Tanzende Tod, Mittelalterliche Totentänze, hg. u. übers. von G. Kaiser, Frankfurt/M. 1982, S. 28. Zum Folgenden R. E. Lerner, The Black Death and Western European Eschatological Mentalities, in: AHR 86. 1981, S. 533–52.

90 Johannes von Tepl, Der Ackermann und der Tod, übertr. von Felix Genzmer (Reclam-Ausgabe), Stuttgart 1963, 1984, S. 5, 27.

91 Dietmar Stutzer, Geschichte des Bauernstandes in Bayern, München 1988, S. 68. Zinn (wie Anm. 81), S. 108ff.

92 J. Polzer, Aspects of the Fourteenth-Century Iconography of Death and the Plague, in: Williman, Hg. (wie Anm. 12), S. 107ff.

Exkurs: Der Schwarze Tod – pestis vera?

1 Carlo Cipolla, Cristofano and the Plague: A Study in the History of Public Health in the Age of Galileo, London 1973, S. 106. T. Aoyama, Mitteilungen über die Pestepidemie im Jahre 1894 in Hong Kong, in: Mitteilungen der Med. Fak. d. Kaiserl.-Jap. Uni. zu Tokyo 3. 1895. Zuvor, in der Jahrhundertmitte, war in Teilen Chinas die Pest aufgetreten (siehe C. Benedict, Bubonic Plague in Nineteenth-Century China, in: Modern China 14. 1988, S. 107–55). Die Gefahr wurde in der zweiten Hälfte des 19. Jhs. als so groß angesehen, daß in Deutschland bedeutende Mediziner Arbeiten über die Pest vorlegten (z. B. Robert Koch, Ges.

Werke, Bd. II/1, Leipzig 1912, S. 547 ff.); siehe auch Dr. Finkelnburg, Zur Frage der Pestgefahr und ihrer Abwehr, in: DVG 11. 1879, S. 219–31.

2 Hans-Peter Franke, Der Pest-,Brief an die Frau von Plauen', med. Diss., Würzburg 1977, 49; K. Sudhoff, Pestschriften aus den ersten 150 Jahren nach der Epidemie des „Schwarzen Todes" 1348, in: SudA 17. 1925, 264–91; Arnold Carl Klebs und Karl Sudhoff, Die ersten gedruckten Pestschriften, München 1926; ders.: Mittelalterliche Einzeltexte zur Beulenpest vor ihrem pandemischen Auftreten 1347/48. Ein Überblick, in: Historische Studien und Skizzen zur Natur- und Heilwissenschaft, Fs. für Georg Sticker, hg. von Karl Sudhoff, Berlin 1930, 39–48.

3 Vgl. Süddeutsche Zeitung, 2. März 1990 u. 21. Sept. 1990.

4 Georg Sticker, Abhandlungen aus der Seuchengeschichte und Seuchenlehre. Bd. I/2: Die Pest als Seuche und als Plage, Gießen 1910, 50 f., 116 f. H. Mollaret, Neue Kenntnisse auf dem Gebiet der Pestepidemiologie, in: MM 23. 1969, S. 342–44. R. Maassen, Die Lebensdauer von Pestbacillen in Cadavern und im Kothe von Pestratten, in: AKG 19. 1903, S. 537. Wenige Jahre nach der Entdeckung Simonds warnt B. Galli-Valerio, Quelques observations sur la morphologie du Bacterium pestis et sur la transmission de la pest bubonique par les puces des rats et des souris, in: CBPI 29. 1900, S. 842–45, davor, die Rolle des Rattenflohs bei der Übertragung zu überschätzen. Siehe auch ders., Les puces des rats et des souris jouent-elles un rôle important dans la transmission de la peste bubonique à l'homme?, in: CBPI 27. 1900, S. 1–4.

5 Ausführlich dazu H. E. Krampitz, Pest, in: Infektionskrankheiten, Bd. 2, hg. von O. Gsell u. W. Mohr, Berlin (West) 1968, 325–44, mit Bildern von Leistenbubonen; sehr anschaulich auch die Beschreibung der Pestsymptome im Initialstadium bei Sticker (wie Anm. 4), S. 120, und Maximilian Heine, Beiträge zur Geschichte der orientalischen Pest, St. Petersburg 1846, S. 82 f. Siehe auch Darwin L. Palmer, Plague and other *Yersinia* Infections, in: Harrison's Principles of Internal Medicine, New York u. a. [11]1987, 615–17.

6 Vgl. N. Bulst, Der Schwarze Tod. Demographische, wirtschafts- und kulturgeschichtliche Aspekte der Pestkatastrophe von 1347–1352. Bilanz der neueren Forschung, in: Saeculum 30. 1979, S. 45; ders., Vier Jahrhunderte Pest in niedersächsischen Städten. Vom Schwarzen Tod 1349–1351 bis in die erste Hälfte des 18. Jahrhunderts, in: Stadt und Wandel. Kunst und Kultur des Bürgertums in Norddeutschland 1150–1650, Bd. 4, Braunschweig 1985, S. 252; L. Fabian Hirst, The Conquest of Plague. A Study of the Evolution of Epidemiology, Oxford 1953, S. 32; S. d'Irsay, Notes to the Origin of the Expression ‚Atra Mors', in: Isis 8. 1926, S. 328–32. Karl Lechner, Das große Sterben in Deutschland in den Jahren 1348 bis 1351, Innsbruck 1884, 6 f.; Dominick Palazzotto, The Black Death and Medicine: A Report and Analysis of the Tractates Written Between 1348 and 1350, phil. Diss., Ann Arbor 1974, S. 250 Anm.; Bernd Zaddach, Die Folgen des Schwarzen Todes für den Klerus Mitteleuropas, Stuttgart 1971, S. 5 f.

7 Bernhard M. Lersch, Geschichte der Volksseuchen, Berlin 1896, S. 109 f. Erwin H. Ackerknecht, Geschichte und Geographie der wichtigsten Krankheiten, Stuttgart 1963, S. 10. J. F. D. Shrewsbury, History of the Bubonic Plague, Cambridge 1970, S. 37.

8 Max Höfler, Deutsches Krankheitsnamen-Buch, München 1899, S. 15.

9 Siehe Eintrag ‚Anthrax', in: Pschyrembel Klinisches Wörterbuch, Berlin–New York [255]1986, S. 86.

10 Ann G. Carmichael, Plague and the Poor in Renaissance Florence, Cambridge u. a. 1986, S. 22 f.; Jacques Ruffié u. Jean-Charles Sournia, Die Seuchen in der Geschichte der Menschheit, Stuttgart 1987, S. 29.

11 D. Cavanaugh u. J. Williams, Plague: Some Ecological Interrelationships, in: Robert Traub u. H. Starcke, Hg., Fleas: Proceedings of the International Conference on Fleas, Rotterdam 1980, S. 251.

12 R. Virchow, Über die Pest, in: BKW 16. 1879, S. 117, 119f.

13 Hermann Fürst von Pückler-Muskau, Aus Mehemed Alis Reich. Ägypten und der Sudan um 1840, Zürich 1985, S. 38. Vgl. M. Kaposi, Über den gegenwärtigen Stand der Lehre von der aetiologischen Beziehung kleinster Organismen (Micrococcus) zu den Infectionskrankheiten, in: VjsDS 1. 1874, S. 56f.

14 W. Knapp, Yersinia-Infektionen, in: Hdb. der Inneren Erkrankungen, hg. von Gerhard Brüschke, Bd. 5: Infektionskrankheiten, Jena 1983, 661. Vgl. S. Ell, Interhuman Transmission of Medieval Plague, in: BHM 54. 1980, S. 499. Mollaret (wie Anm. 4), S. 340.

15 V. Zimmermann, Krankheit und Gesellschaft: Die Pest, in: SudA 72. 1988, S. 12.

16 Graham Twigg, The Black Death: A Biological Reappraisal, London 1984, S. 27. W. G. Liston, Plague, Rats, and Fleas, in: The Indian Medical Gazette 40. 1905, S. 45 ff.

17 Sticker (wie Anm. 4), S. 144. Vgl. D. Davis, The Scarcity of Rats and the Black Death, in: JIH 16. 1985/6, S. 455–70; Paul Slack, The Impact of Plague in Tudor and Stuart England, Boston 1985, S. 12; Twigg (wie Anm. 16), S. 76f.

18 Grzimeks Tierleben, hg. von Bernhard Grzimek, Bd. 2, München 1969, S. 354. Über Ratten und Rattenverhalten S. A. Barnett, Rats, in: SciAm 241. 1967, S. 78–85; Irenäus Eibl-Eibesfeldt, Das Verhalten der Nagetiere, in: Hdb. d. Zoologie, Bd. 8, 12. Lieferung, Berlin (West) 1958.

19 Twigg (wie Anm. 16), S. 134, 50f. Grzimek (wie Anm. 18), S. 357, nennt New York ein „wahre(s) Rattenparadies". Bezüglich der Ratten in der alten BRD siehe Meldung der Deutschen Presse-Agentur vom 12. 9. 1975; der Verf. dankt Frau Prof. Dr. Marna Opitz, Berlin, für ihren Hinweis.

20 Shrewsbury (wie Anm. 7), S. 21; Twigg (wie Anm. 16), S. 98f.

21 So Hirst (wie Anm. 6), S. 336. Nach neuesten Schätzungen ist in England die Zahl der Ratten etwa ebenso groß wie die der menschlichen Einwohner (NEWSWEEK v. 9. 7. 1990, S. 16).

22 Siehe Heinrich Spanuth, Der Rattenfänger von Hameln. Vom Werden und Sinn einer alten Sage, Hameln 1951; Waltraud Wöller, Zur Sage vom Rattenfänger zu Hameln, in: Wiss. Zs. der Humboldt-Universität zu Berlin, Gesellschaftswiss. u. sprachwiss. Reihe 6. 1956/57, Teil 2, S. 135–46.

23 Cavanaugh/Williams (wie Anm. 11), S. 251 f.

24 Hirst (wie Anm. 6) 121. Das bemerkt auch Robert Koch, Ges. Werke Bd. II/1, Leipzig 1912, S. 548. Vgl. Mollaret (wie Anm. 4), S. 342 ff.

25 R. Abel, Was wußten unsere Vorfahren von der Empfänglichkeit der Ratten und Mäuse für die Beulenpest des Menschen, in: ZHI 36. 1901, S. 97. Vgl. Hirst (wie Anm. 6), S. 129; Erich Woehlkens, Pest und Ruhr im 16. und 17. Jahrhundert. Grundlagen einer statistisch-topographischen Beschreibung der großen Seuchen, insbesondere in der Stadt Uelzen, Hannover 1954, S. 23f.

26 Twigg (wie Anm. 16), S. 84f.
27 Sticker (wie Anm. 4), Bd. I/1, Gießen 1908, S. 410f.; Twigg (wie Anm. 16), S. 79.
28 N. Duplaix, Fleas. The Lethal Leapers, in: National Geographic Magazine 173. 1988, S. 672–94. Über die Vektor-Effizienz verschiedener Rattenfloharten siehe auch Hirst (wie Anm. 6), S. 459ff., über andere blutsaugende menschliche Ektoparasiten ebd., S. 464ff.; über den Appetit von Flöhen auf Menschenblut ebd., S. 467. Siehe auch John L. Cloudsley-Thompson, Insects and History, London 1976, S. 54–56. Robert Pollitzer, La Peste, Genf 1954, S. 333–434; über Läuse als Vektoren ebd., S. 415ff., über Fliegen 423ff.
29 Aug. Johann Roesel, Der monatlich herausgegebenen Insektenbelustigung. Beschreibung des so bekannten als beschwerlichen Flohes, Bd. 2, Nürnberg 1749; A. Appleby, Disease or Famine? Mortality in Cumberland and Westmoreland, in: EHR (2nd) 26. 1973, S. 406; Cavanaugh/Williams (wie Anm. 11), S. 249; Woehlkens (wie Anm. 25), S. 55f.
30 G. Zirolia, Der Pestbacillus im Organismus der Flöhe, in: CBPI 31. 1902, S. 687. Siehe E. Gotschlich, Zur Biologie des Pestbacillus, in: CBPI 38. 1906, S. 402–07.
31 Hirst (wie Anm. 6), S. 265, 303ff.
32 Ackerknecht (wie Anm. 7), S. 19; Jean-Noël Biraben, Les hommes et la peste en France et dans les pays européens et méditerranéens, Bd. 2, Paris–Den Haag 1976, S. 16; Palazzotto (wie Anm. 6), S. 14. Twigg (wie Anm. 16), S. 76f., bestreitet solche Naturkatastrophen 1348/49.
33 Hirst (wie Anm. 6), S. 304ff.
34 Sticker (wie Anm. 4), S. 252.
35 J. Norris, East or West? The Geographic Origin of the Black Death, in: BHM 51. 1977, S. 1f., 15.
36 Sticker (wie Anm. 4), S. 186f.
37 C. Hopla, A Study of the Host Associations and Zoogeography of *Pulex*, in: Traub/Starcke (wie Anm. 11), S. 185f., 200f.
38 Ernst Rodenwaldt, Die Pest in Venedig 1575–1577. Ein Beitrag zur Infektkette bei den Pestepidemien Westeuropas. Sitzungsberichte der Heidelberger Akad. d. Wissenschaften Math.-Naturwiss. Klasse, Jg. 1952, Heidelberg 1953, S. 235. Ähnlich bereits E. Hankin, On the Epidemiology of Plague, in: JH 5. 1905, S. 66.
39 Rodenwaldt (wie Anm. 38), S. 5, 240f., 45, 258. Vgl. E. Lesky, Die österreichische Pestfront an der k. k. Militärgrenze, in: Saeculum 8. 1957, S. 105.
40 Hansjürgen Raettig, Pest in Europa 1899–1952, in: Welt-Seuchen-Atlas, hg. von Ernst Rodenwaldt u. H. Jusatz, Heidelberg 1956, Bd. 2, Kommentar zur Karte 47, Sp. 2.
41 Hirst (wie Anm. 6), S. 245f., 239f.
42 Biraben (wie Anm. 32), Bd. 1, S. 15. Vgl. Ell (wie Anm. 14), S. 504.
43 Krampitz (wie Anm. 5), S. 333; Hirst (wie Anm. 6), S. 240f. Vgl. Zaddach (wie Anm. 6), S. 8f.
44 E. Woehlkens, Das Wesen der Pest, in: Studium Generale 9. 1956, S. 508f.
45 Slack (wie Anm. 17), S. 314. Vgl. ebd., S. 347 Anm. 35.
46 Twigg (wie Anm. 16), S. 13. Siehe C. Morris, The Plague in Britain, in: HJ 14. 1971, S. 207.
47 Carmichael (wie Anm. 10), S. 85f., 5f. Siehe dazu auch M. Baltazard, Déclin et Destin d'une Maladie infectieuse: la Peste, in: BullWHO 23. 1960, S. 247–62; L. Bradley, Some Medical Aspects of Plague, in: The Plague Reconsidered. A New

Look at its Origin and Effects in 16th and 17th Century England, London 1977, S. 11f.; Cipolla (wie Anm. 1), 90f.

48 Dazu Baltazard (wie Anm. 47), S. 254, 260; M. Herzog, Zur Frage der Pestverbreitung durch Insecten. Eine neue Species von Rattenfloh, in: ZHI: 51. 1905, S. 269ff.; J. Riley, Insects and the European Mortality Decline, in: AHR 91. 1986, S. 833–58; Dr. Kister u. Dr. Schumacher, Untersuchung von pestverdächtigen Ratten aus in Hamburg eingelaufenen Schiffen, in: ZHI 51. 1905, S. 142, 144f.; Slack (wie Anm.), S. 10f.

49 Hirst (wie Anm. 6), 60, 116; G. Keil, Seuchenzüge des Mittelalters, in: Bernd Herrmann, Hg., Mensch und Umwelt im Mittelalter, Stuttgart [2]1986, S. 113f.; Sticker (wie Anm. 4), S. 163.

50 Woehlkens (wie Anm. 44), S. 512. Twigg (wie Anm. 16), S. 199.

51 E.-H. Hankin, La Propagation de la Peste, in: AIP 12. 1898, S. 726. J. C. Russell, Effects of Pestilence and Plague, 1315–1385, in: CSSH 8. 1965/66, S. 469; Twigg (wie Anm. 16), S. 55.

52 Twigg (wie Anm. 16), S. 166.

53 Ell (wie Anm. 14), S. 497.

54 Twigg (wie Anm. 16), S. 68; H. Klein, Das große Sterben von 1348/49 und seine Auswirkung auf die Besiedlung der Ostalpenländer, in: Mitt. d. Ges. f. Salzburger Landeskunde 100. 1960, S. 119. Klein folgert: „Daß es nur die Pest gewesen sein kann, die eine so große Veränderung hervorgerufen hat, ist eindeutig." (S. 118).

55 Zaddach (wie Anm. 6), S. 8f.

56 Ell (wie Anm. 14), S. 505f. Wilhelm Mich. Richter, Geschichte der Medizin in Rußland, Bd. 1, Moskau 1813, S. 205.

57 Pschyrembel (wie Anm. 9), S. 1288.

58 J. Bean, The Black Death: the Crisis and its Social and Economic Consequences, in: Daniel Williman, Hg., The Black Death: The Impact of the Fourteenth-Century Plague, New York 1982, S. 24f.; Karl-Georg Zinn, Kanonen und Pest. Über die Ursprünge der Neuzeit im 14. und 15. Jahrhundert, Opladen 1989, S. 162ff.

59 Cavanaugh/Williams (wie Anm. 11), S. 251.

60 Twigg (wie Anm. 16), S. 164ff.

61 Krampitz (wie Anm. 5), 335. Carmichael (wie Anm. 10), S. 59, 88. Vgl. Robert S. Gottfried, Epidemic Disease in Fifteenth-Century England. The Medical Response and the Demographic Consequences, New Brunswick 1979, S. 118, 144.

62 R. Rosqvist u. a., Increased virulence of *Yersinia pseudotuberculosis* by two independent mutations, in: Nature 334. 1988, S. 522–25. Siehe auch H. Engeln, Zwei fatale Gendefekte, in: DIE ZEIT, 26. 8. 1988.

63 Hirst (wie Anm. 6), S. 110; Pollitzer (wie Anm. 28), S. 95f. Siehe auch Gottfried (wie Anm. 61), S. 118, 114.

64 Knapp (wie Anm. 14), S. 661. Sticker (wie Anm. 4), S. 6, meinte, die Immunität nach Pest dauere „nur kurze Zeit, Wochen oder Monate". Unhaltbar ist wohl die Behauptung von S. Kunitz, Speculations on the European Mortality Decline, in: EHR (2nd), 36. 1983, S. 351. Vgl. Ruffié/Sournia (wie Anm. 10), S. 45.

65 Vgl. Philip Ziegler, The Black Death, Harmondsworth 1969, S. 20, 71.

66 Palazzotto (wie Anm. 6), S. 28ff.

67 Volker Gräter, Der Sinn der höchsten Meister von Paris. Studien zur Überlieferung und Gestaltwandel, med. Diss., Bonn 1974, 27, S. 141. Der Verf. dieser

Schrift ist sich offenbar nicht bewußt, daß die erste Pestwelle von 1349/50 Böhmen weitgehend verschonte.

68 Franke (wie Anm. 2), S. 59; Andreas Rutz, Altdeutsche Übersetzungen des Prager „Sendbriefs" („Missum Imperatori"), med. Diss., Bonn 1972.

69 Arno Borst, Alltagsleben im Mittelalter, Frankfurt/M. 1983, S. 485, Palazzotto (wie Anm. 6), S. 216. Franz X. Mezler, Versuch einer Geschichte des Aderlasses, Ulm 1793, bes. S. 79 ff.

70 Palazzotto (wie Anm. 6), S. 181 f.

71 Vgl. Lorenzo Del Panta, Le epidemie nella storia demografica italiana (secoli XIV–XIX), Turin 1980, 108 f., Abb. 8. Nicht einmal für das gut erforschte England ist bekannt, wann genau der Bevölkerungsrückgang einsetzte. Vgl. A. R. Bridbury, The Black Death, in: EHR (2nd) 26. 1973, S. 577.

72 Siehe Curt Weikinn, Quellentexte zur Witterungsgeschichte Europas von der Zeitwende bis zum Jahre 1850, Teil I: Hydrographie, Bd. 1, Berlin (Ost) 1958, S. 197–224.

73 G. Rath, Die Pest. Der schwarze Tod, in: Ciba-Zs. 73. 1955, S. 2408. H. Dormeier, St. Rochus, die Pest und die Imhoffs in Nürnberg vor und während der Reformation, in: Anzeiger des Germanischen Nationalmuseums 1985, S. 11 f.

74 Die Pest 1348 in Italien. Fünfzig zeitgenössische Quellen, hg. u. übers. von Klaus Bergdolt, Heidelberg 1989, S. 34, 41, 66. S. Krüger, Krise der Zeit als Ursache der Pest? Der Traktat ‚De mortalitate in Alamannia' des Konrad von Mesenberg, in: Fs. f. Hermann Heimpel zum 70. Geburtstag, Bd. 2, Göttingen 1972, S. 839 Anm. 3. Vgl. Biraben (wie Anm. 32), S. 25; Ell (wie Anm. 14), S. 506.

75 Heinrich Albrecht u. Anton Ghon, Über die Beulenpest in Bombay im Jahre 1897. Denkschrift der Akad. d. Wissenschaften, Wien, Math.-nat. Klasse 46, Wien 1898, 711, 720; A. Dieudonné, Pest, in: Hdb. d. pathogenen Mikroorganismen, hg. von W. Kolle u. A. Wassermann, Bd. 2, Jena 1903, 511 f. Pollitzer (wie Anm. 64), S. 324, 137. Vgl. Sticker (wie Anm. 4), S. 132, 165 f.; H.-P. Becht, Medizinische Implikationen der historischen Pestforschung am Beispiel des „Schwarzen Todes" von 1347/51, in: Stadt und Gesundheitspflege (= Stadt in der Geschichte 9, hg. von B. Kirchgässer u. J. Sydow), Sigmaringen 1982, S. 82 f.; Henri H. Mollaret u. Jacqueline Brossolet, Alexandre Yersin. Der Mann, der die Pest besiegte, Zürich 1987, S. 174 f.

76 Twigg (wie Anm. 16), S. 212 ff. Vgl. V. Wyatt, Anthrax in the air, in: New Scientist 85. 1980, S. 986. – „Auf Weiden kann Anthrax als Bodenseuche auftreten; u. U. kommen nach Überschwemmungen Sporen von längst begrabenen Kadavern wieder an die Oberfläche." (B. Kassur, Bacillus-anthracis-Infektionen [Milzbrand], in: Hdb. d. Inneren Erkrankungen [wie Anm. 14], S. 719.) – Anthrax wurde nicht selten mit Pest verwechselt; so bezeichnet z. B. W. Bickel, Über die Pest in der Schweiz, in: Studium Generale 9. 1956, S. 513, die Viehseuche, die Jeremias Gotthelf in seiner Erzählung *Die schwarze Spinne* schildert, als eine „Pestepidemie" – es handelte sich um eine Milzbrandepidemie. Auch Konrad Nussbächer schreibt im Nachwort dieser Erzählung (Reclam Ausgabe, Stuttgart 1980, S. 126), von der „schwarzen Pest".

77 H. H. Lamb, Klima und Kulturgeschichte. Der Einfluß des Wetters auf den Gang der Geschichte, Reinbek 1989, S. 222.

78 Sticker (wie Anm. 4), I/2, S. 267.

79 Twigg (wie Anm. 16), S. 123, 13.

80 D. Herlihy, Outline of Population Developments in the Middle Ages, in: Bernd Herrmann u. Rolf Sprandel, Hg., Determinanten der Bevölkerungsentwicklung im Mittelalter, Weinheim a. d. B. 1987, S. 13, J. C. Russell (wie Anm. 51), S. 469. Sticker (wie Anm. 4), I/2, S. 186. Hirst (wie Anm. 6), 222. Vgl. Zimmermann (wie Anm. 15), S. 3; Zinn (wie Anm. 58), S. 167.

81 P.-L. Simond, La Propagation de la peste, in: AIP 12. 1898, S. 636–40, 686. Liston (wie Anm. 16), S. 44f. Vgl. C. Gill, How Plague is Spread, in: The Indian Medical Gazette 41. 1906, S. 286; Hankin (wie Anm. 51), S. 714. Siehe ders., On the Epidemiology of Plague, in: JH 5. 1905, S. 48–83.

IV. Im Zeichen der Pest

1 Erich Meuthen, Das 15. Jahrhundert, München 1980, S. 3, 116.

2 A. Fößel, Der „Schwarze Tod" in Franken 1348–1350, in: MVGN 74. 1987, S. 18, Anm. 117. Vgl. Dr. Andräas, Beiträge zur Geschichte des Seuchen-, Gesundheits- und Medizinalwesens der oberen Pfalz, in: Vhdl. des hist. Vereines von Oberpfalz und Regensburg 52. 1900, S. 91. Stuart Jenks, The Black Death in Würzburg: Michael de Leone's Reaction in Context, phil. Diss., Ann Arbor 1976, S. 12. Karl Lechner, Das große Sterben in Deutschland in den Jahren 1348 bis 1351, Innsbruck 1884, S. 125–27.

3 František Graus, Pest-Geissler-Judenmorde. Das 14. Jahrhundert als Krisenzeit, Göttingen 1987, S. 24f. Friedrich Schnurrer, Chronik der Seuchen in Verbindung mit den gleichzeitigen Vorgängen in der Geschichte der physischen Welt und in der Geschichte der Menschen, Bd. 1, Tübingen 1823, S. 349. Georg Sticker, Abhandlungen aus der Seuchengeschichte und Seuchenlehre. Bd. I/1: Die Pest als Seuche und als Plage, Gießen 1908, S. 77–79.

4 Graus (wie Anm. 3), S. 379, 401 Anm. 3. Bereits Schnurrer (wie Anm. 3), S. 334, betrachtet die Judenverfolgungen als eine Folge der Pest. Siehe auch Karl-Georg Zinn, Kanonen und Pest. Über die Ursprünge der Neuzeit im 14. und 15. Jahrhundert, Opladen 1989, passim.

5 Michel Mollat, Les Pauvres au Moyen Age, Brüssel 1984, S. 252. Hubert Lamb, Klima und Kulturgeschichte, Der Einfluß des Wetters auf den Gang der Geschichte, Reinbek 1989, S. 225f. Meuthen (wie Anm. 1), S. 47.

6 Robert S. Gottfried, Epidemic Disease in Fifteenth-Century England. The Medical Consequences and the Demographic Response, New Brunswick 1979, S. 226; ders., The Black Death: Natural and Human Disaster in Medieval Europe, New York 1983, S. 37. W. Jungkunz, Die Sterblichkeit in Nürnberg 1714–1850, in: MVGN 42. 1951, S. 289. Schnurrer (wie Anm. 3), S. 369f.

7 Die etymologische Herkunft von „Lazarett" ist umstritten: die einen führen es auf den aussätzigen Lazarus zurück (Lk 16:20–31), andere auf Jesus von Nazareth bzw. auf die venezian. Kirche Santa Maria di Nazaret – durch Lautverschiebung sei aus dem N ein L geworden. Vgl. Erwin H. Ackerknecht, Geschichte und Geographie der wichtigsten Krankheiten, Stuttgart 1963, S. 11f.; Ernst Rodenwaldt, Die Pest in Venedig 1575–1577. Ein Beitrag zur Infektkette bei den Pestepidemien West-Europas. Sitzungsberichte der Heidelberger Akad. der Wissenschaften. Math.-Naturwiss. Klasse, Jg. 1952, Heidelberg 1953, S. 14f.

8 Ann G. Carmichael, Plague and the Poor in Renaissance Florence, Cambridge u. a. 1986, S. 119–21. Jean-Noël Biraben, Les hommes et la peste en France et dans les pays européens et méditerranéens, Bd. 2, Paris–Den Haag 1976, S. 172.

9 Carmichael (wie Anm. 8), S. 117; Rodenwaldt (wie Anm. 7), S. 31 f.;

10 Sticker (wie Anm. 3), Bd. I/2, S. 297.

11 Bronislaw Geremek, Geschichte der Armut. Elend und Barmherzigkeit in Europa, München 1988, S. 57.

12 Zit. nach Peter Borscheid, Geschichte des Alters. Vom Spätmittelalter bis zum 18. Jahrhundert, München 1989, S. 149.

13 N. Bulst, Vier Jahrhunderte Pest in niedersächsischen Städten. Vom Schwarzen Tod 1349–1351 bis in die erste Hälfte des 18. Jahrhunderts, in: Stadt im Wandel. Kunst und Kultur des Bürgertums in Norddeutschland (Ausstellungskatalog), Bd. 4, Braunschweig 1985, S. 261; Mollat (wie Anm. 5), S. 180; Jungkunz (wie Anm. 6), S. 290.

14 Alfons Fischer, Geschichte des deutschen Gesundheitswesens, Bd. 1, Berlin 1933, S. 89 f.

15 Über Arzt und Bader allg.: Hermann Peters, Der Arzt und die Heilkunst in alten Zeiten (1900), Ndr. Düsseldorf–Köln 1969; und Sabine Sander, Handwerkschirurgen. Sozialgeschichte einer verdrängten Berufsgruppe, Göttingen 1989. Über diese Berufsgruppe in einzelnen Städten siehe z. B. G. W. Gutsche, Geschichte der Bader und Barbiere in Erfurt, Erfurt 1957; Maria Bogucka, Das alte Danzig, Leipzig 1980, bes. S. 163–67; Manfred Stürzbecher, Über die Stellung und Bedeutung der Wundärzte in Greifswald im 17. und 18. Jahrhundert, Wien 1969; Michael Toch, Die Nürnberger Mittelschichten im 15. Jahrhundert, Nürnberg 1978, S. 60–64.

16 F. Paulsen, Die Gründung der deutschen Universitäten im Mittelalter, in: HZ 45. 1881, bes. S. 306.

17 Fischer (wie Anm. 14), S. 116–20; V. Zimmermann, Ansätze zu einer Sozial- und Arbeitsmedizin am mittelalterlichen Arbeitsplatz, in: Bernd Herrmann, Hg., Mensch und Umwelt im Mittelalter, Stuttgart [2]1986, S. 143.

18 Carmichael (wie Anm. 8), S. 11–13.

19 Heinrich Haeser, Lehrbuch der Geschichte der Medizin und der epidemischen Krankheiten, Bd. 3, Jena [3]1879, S. 385.

20 Hans Zinsser, Ratten, Läuse und die Weltgeschichte, Stuttgart–Calw 1949, S. 84.

21 Gottfried (wie Anm. 6), S. 14 f.; William H. McNeill, Plagues and Peoples, Harmondsworth 1976, S. 164 f.; Zinsser (wie Anm. 20), S. 96 f.; Ingrid Busse, Der Siechkobel St. Johannis vor Nürnberg (1234 bis 1807), Nürnberg 1974, 13.

22 Schnurrer (wie Anm. 3), Bd. 2, S. 9 f.; Bernhard Lersch, Geschichte der Volksseuchen, Berlin 1896, S. 188–90; Ingomar Bog, Die Gewerbe der Reichsstadt Nürnberg und die Seuchen und Kriege des 15. und 16. Jahrhunderts, in: ders., Oberdeutschland. Das Heilige Römische Reich des 16. bis 18. Jahrhunderts in Funktion, Idstein 1986, S. 211; Karl Bücher, Die Bevölkerung von Frankfurt am Main im XIV. und XV. Jahrhundert. Socialstatistische Studien, Tübingen 1886, S. 202.

23 Lersch (wie Anm. 22), S. 196.

24 Fernand Braudel, Sozialgeschichte des 15.–18. Jahrhunderts, Bd. 1: Der Alltag, München 1985, S. 66.

25 B. Moeller, Frömmigkeit in Deutschland um 1500, in: Archiv für Reformationsge-

schichte, 56, 1965, S. 5–31, Zit. S. 13. Siehe auch W. Rehm, Der Todesgedanke in der deutschen Dichtung vom Mittelalter bis zur Romantik, in: Dt. Viertel-Jahresschrift f. Literatur- und Geistesgeschichte 14. 1028, S. 73 ff.

V. Eine neue Zeit beginnt

1 Eberhard Schmitt, Hg., Dokumente zur Geschichte der europäischen Expansion, Bd. 1, München 1986, S. 311. Bartolomé de Las Casas, Kurzgefaßter Bericht von der Verwüstung der Westindischen Inseln, hg. von H. M. Enzensberger, Frankfurt/M. 1966, S. 11. Vgl. William H. McNeill, Plagues and Peoples, Harmondsworth 1969, S. 189 f.

2 Fernand Braudel, Sozialgeschichte des 15.–18. Jahrhunderts, Bd. 1: Der Alltag, München 1985, S. 27. E. Le Roy Ladurie, Un Concept: l'Unification microbienne du monde (XIVe–XVIIIe siècles), in: RSH 23. 1973, S. 695. Friedrich Schnurrer, Die Seuchen..., Bd. 2, Tübingen 1825, S. 33, 35.

3 Donald R. Hopkins, Princes and Peasants, Chicago–London 1983, S. 5 f.

4 Erwin H. Ackerknecht, Geschichte und Geographie der wichtigsten Krankheiten, Stuttgart 1963, S. 30; Friedrich Prinzing, Epidemics Resulting from Wars, Oxford 1916, S. 20; Schnurrer (wie Anm. 2), S. 27.

5 Über das Fleckfieber und die Biologie der Kleiderlaus (Pediculus vestimenti) informiert ausführlich A. Hase, Ungeziefer, in: HÄEW, S. 308–12; und R. Otto, Fleckfieber (Typhus exanthematicus), in: HÄEW, S. 419 f.

6 Jacques Ruffié u. Jean-Charles Sournia, Die Seuchen in der Geschichte der Menschheit, Stuttgart 1987, S. 120. Vgl. McNeill (wie Anm. 1), S. 202; Hans Zinsser, Läuse, Flöhe und die Weltgeschichte, Stuttgart–Calw 1949, S. 74 ff.

7 Gesprächsbüchlin Herr Ulrichs von Hutten, das erste Feber genannt, und Gesprächsbüchlin Herr Ulrichs von Hutten, das ander Feber genannt in: Hutten · Müntzer · Luther. Werke in zwei Bänden, Bd. 1, Berlin–Weimar, S. 25, 44. Das längere Hutten-Zitat nach Ernst Bäumler, Amors Vergifteter Pfeil. Kulturgeschichte einer verschwiegenen Krankheit, München–Zürich 1989, S. 53 f.

8 Hopkins (wie Anm. 3), S. 29. Sigrid Hunke, Allahs Sonne über dem Abendland. Unser arabisches Erbe, Stuttgart 1960, S. 132. McNeill (wie Anm. 1), S. 114 ff.

9 Cellini erwähnt die Krankheit in seiner Autobiographie (1.5), die von Goethe ins Deutsche übertragen wurde.

10 Fracastorius' Beschreibung des Fleckfiebers ist abgedruckt in: Heinrich Haeser, Lehrbuch der Geschichte der Medizin und der epidemischen Krankheiten, Bd. 3, Jena [3]1879, S. 370–73. Siehe auch Hopkins (wie Anm. 3), S. 30; Georg Sticker, Abhandlungen aus der Seuchengeschichte und Seuchenlehre, I/1: Die Pest, Gießen 1908, S. 194 f. Über Fracastorius: D. W. Singer, The Scientific Position of Girolamo Fracastoro. With Special Reference to the Source, Character and Influence of His Theory of Infection, in: AMH 1. 1917, S. 1–34.

11 Hdb. d. Kirchengeschichte, hg. von Erwin Iserloh u. a., Bd. IV, Freiburg i. B. 1967, S. 495; Ludwig Pastor, Geschichte der Päpste seit dem Ausgang des Mittelalters, Bd. V: Geschichte Papst Pauls III., Freiburg i. B. 1909, S. 607–10.

12 Ingetraut Ludolphy, Friedrich der Weise. Kurfürst von Sachsen 1463–1525, Göttingen 1984, S. 205.

13 Ebd., S. 104. Bernhard Lersch, Geschichte der Volksseuchen, Berlin 1896, S. 206.

14 Lersch (wie Anm. 13), S. 210; Sticker (wie Anm. 10), S. 88f.; Ludolphy (wie Anm. 12), S. 226. Siehe auch J. N. Sepp, Der Schäfflertanz und sein unvordenkliches Alter, München 1893.

15 Luther zit. nach Gottlob Fried. Heinr. Küchenmeister, Martin Luthers Krankengeschichte, Leipzig 1881, S. 56f., 58.

16 Luthers Gesammelte Werke (Weimarer Ausgabe), Bd. 23, S. 341.

17 Haeser (wie Anm. 10), S. 329; McNeill (wie Anm. 1), S. 205; Küchenmeister (wie Anm. 15), S. 63f. „In Friedberg und auch an andern Orten war der Verlauf der Krankheit so plötzlich, daß während eines deshalb veranstalteten Umgangs der Priester unter Nießen und Gähnen tot niederstürzte, und die Sitte ‚Helf dir Gott' beim Nießen zu sagen, wieder recht allgemein wurde", schreibt Schnurrer (wie Anm. 2), II, S. 76.

18 Dietrich Oeter, Sterblichkeit und Seuchengeschichte bayerischer Städte von 1348–1870, med. Diss., Köln 1961, 84. E. Schultheisz u. L. Tardy, Short History of Epidemics in Hungary until the Great Cholera Epidemic of 1831, in: Centaurus 11. 1966, S. 282f. Zinsser (wie Anm. 6), S. 100.

19 Werner A. Collier, Die Seuchen, Braunschweig 1930, S. 114f. Anno 1802 trat in Röttingen an der Tauber eine ähnlich verlaufende Infektionskrankheit auf; Oeter (wie Anm. 18), S. 85, hält sie für eine Meningitisepidemie. – Vgl. G. Anger, Allgemeine Semiotik der Infektionskrankheiten, in: Hdb. d. Inneren Erkrankungen, hg. von Gerhard Brüschke, Jena 1983, S. 212.

20 Oeter (wie Anm. 18), S. 94f. E. Püschel, Der Englische Schweiß des Jahres 1529 in Deutschland, in: SudA 42. 1958, S. 169–71, 181. A. Patrick, A Consideration of the Nature of the English Sweating Disease, in: MH 9. 1965, S. 277f. R. S. Gottfried, Population, Plague, and the Sweating Sickness: Demographic Movements in Late Fifteenth-Century England, in: J. of British Studies. 197, S. 17f., 26, 36.

21 Tiberius von Györy, Morbus Hungaricus. Eine medico-historische Quellenstudie, Jean 1901, S. 15, 21. Das HEWSG, Bd. 3, bezeichnet den M. Hungaricus einmal als Typhus (S. 114f.), einmal als Malaria (S. 1008).

22 Vgl. Erwin H. Ackerknecht, Geschichte und Geographie der wichtigsten Krankheiten, Stuttgart 1963, S. 31. Friedrich Prinzing, Epidemics Resulting from Wars, Oxford 1916, S. 23f. Zinsser (wie Anm. 6), S. 258ff.

23 Prinzing (wie Anm. 22), S. 21f. Schnurrer (wie Anm. 2), S. 113.

24 Hubert H. Lamb, Klima und Kulturgeschichte. Der Einfluß des Wetters auf den Gang der Geschichte, Reinbek 1989, S. 10f. Braudel (wie Anm. 2), S. 136. Siehe Ludolphy (wie Anm. 12), S. 282 Anm. 232; Bernd Moeller, Deutschland im Zeitalter der Reformation, Göttingen 1977, S. 29f.; Wilhelm Abel, Massenarmut und Hungerkrisen im vorindustriellen Europa. Versuch einer Synopsis, Hamburg–Berlin 1974, S. 95, 73.

25 K. Kißkalt, Hungersnöte und Seuchen, in: ZHI 78. 1914, S. 526f., 534. Zu dem gleichen Ergebnis kam, bezüglich der Stadt London im 16./17. Jh. A. B. Appleby, Nutrition and Disease: The Case of London, in: JIH 6. 1975, S. 8, 10ff.

26 A. Schreiber, Die Entwicklung der Augsburger Bevölkerung vom Ende des 14. bis zum Beginn des 19. Jahrhunderts, in: AHB 123. 1940, S. 98ff., 164f. Oeter (wie Anm. 18), S. 5, 104; S. J. Mols, Population in Europe 1500–1700, in: FEHE, Bd. 2, S. 29, 75f. Über Augsburgs Bevölkerungs- und Sozialgeschichte im späten 16. Jh.

jetzt Bernd Roeck, Eine Stadt in Krieg und Frieden. Studien zur Geschichte der Reichsstadt Augsburg zwischen Kalenderstreit und Parität, Göttingen 1989.

27 R. Endres, Zur Einwohnerzahl und Bevölkerungsstruktur Nürnbergs im 15./16. Jahrhundert, in: MVGN 57. 1970, S. 246 Anm. 24.

28 Endres (wie Anm. 27), S. 249, und ders., Sozialstruktur Nürnbergs, in: Nürnberg – Geschichte einer europäischen Stadt, hg. von Gerhard Pfeiffer, München 1971, S. 195, folgert, nachdem er diese Verlustziffern wiedergegeben hat: „Das sind innerhalb eines Vierteljahrhunderts, also nicht einmal innerhalb eines vollen Menschenlebens, mehr als 20000 Tote, was bei der bisher geschätzten Einwohnerzahl von rund 30000 einfach unmöglich gewesen wäre, ohne praktisch die Stadt auszulöschen." Siehe auch Ingomar Bog, Die Gewerbe der Reichsstadt Nürnberg und die Seuchen und Kriege des 15. und 16. Jahrhunderts, in: ders., Oberdeutschland. Das Heilige Römische Reich in Funktion, Idstein 1986, 207.

29 W. Jungkunz, Die Sterblichkeit in Nürnberg 1714–1850, in: MVGN 42. 1951, S. 291–96. Ulrich Knefelkamp, Das Heilig-Geist-Spital in Nürnberg vom 14.–17. Jahrhundert. Geschichte, Struktur, Alltag, Nürnberg 1989, S. 321, 329.

30 Die Angaben über persönliche Hygiene sind im allg. spärlich, siehe A. G. Varron, Hygiene in der mittelalterlichen Stadt, in: Ciba-Zs. 7. 1955, S. 2442–50; ders., Zur individuellen Hygiene im Mittelalter, ebd., S. 2452–60.

31 U. Dirlmeier, Zu den Lebensbedingungen in der mittelalterlichen Stadt: Trinkwasserversorgung und Abfallbeseitigung, in: Bernd Herrmann, Hg., Mensch und Umwelt im Mittelalter, Stuttgart [2]1986, bes. S. 153f. Vgl. R. Pohle, Historische Entwicklung der Stadtreinigung und Abfallbeseitigung in Nürnberg, in: MVGN 73. 1986, bes. 291–94. Die Nürnberger Pestordnung von 1562 findet man unter dem Titel: Ains Erbern Raths der Stadt Nürnberg / vernewete Gesetz und Ordnung / in gegenwärtigen Sterbsleufften dis 1562. Jars aufgericht, Nürnberg 1562. Hartmut Boockmann, Die Stadt im späten Mittelalter, München [2]1987, S. 84f.

32 Ernst Rodenwaldt, Die Pest in Venedig 1575–1577. Ein Beitrag zur Frage der Infektkette bei den Pestepidemien West-Europas. Sitzungsberichte der Heidelberger Akad. d. Wissenschaften. Math.-naturwiss. Klasse, Jg. 1952, Heidelberg 1953, S. 66.

33 Ebd., S. 43, 130, 93ff.; 153.

34 Siehe den Eintrag ‚Kleid' in der Oeconomisch-technologischen Encyklopädie von Krünitz, Theil 40, S. 218ff.; ferner Walter Artelt, Kleidungshygiene im 19. Jahrhundert, in: ders. u. Walter Rüegg, Hg., Städte-, Wohnungs- und Kleidungshygiene im des 19. Jahrhunderts, in Deutschland, Stuttgart 1969, S. 119–34.

35 Rodenwaldt (wie Anm. 32), S. 52, 59, 133, 136f.

36 Ebd., S. 51.

37 Georg Sticker, Abhandlungen aus der Seuchengeschichte und Seuchenlehre, Bd. I/1: Die Pest, Gießen 1908, 109. Vgl. R. Mueller, Peste e demografia, in: Venezia e la Peste 1348/1797 (Ausstellungskatalog der gleichnamigen Ausstellung, 1980 im Dogenpalast), Venedig 1979, 94–96; P. Preto, Peste e demografia, in: ebd., 97–98.

38 Erich Woehlkens, Pest und Ruhr im 16. und 17. Jahrhundert. Grundlagen einer statistisch-topographischen Beschreibung der großen Seuchen, insbesondere in der Stadt Uelzen, Hannover 1954, S. 44f., Tab. 2.

39 Vgl. Richard van Dülmen, Theater des Schreckens. Gerichtspraxis und Strafrituale in der frühen Neuzeit, München ³1988, S. 95.

40 Woehlkens (wie Anm. 38), S. 40f.

41 Ebd., S. 103 f., 54. Siehe auch ders., Das Wesen der Pest, in: Studium generale 9. 1956, 507–12.

42 Woehlkens (wie Anm. 38), S. 59ff., 165 Anm.

43 Ebd., S. 51 f., 47, 63 f.

44 Ebd., S. 122, 93.

45 Ebd., S. 90f.

46 Ebd., S. 115.

47 Ebd., S. 124f., 128f.

48 Ebd., S. 44f.

49 Ebd., S. 76, 127.

50 Ebd., S. 77.

51 Ebd., S. 90f.

52 Siehe dazu M. Vasold, Die Gregorianische Kalenderreform, in: K & T 4/1987, 227–33.

53 W. Behringer, „Erhob sich das ganze Land zu ihrer Ausrottung ...“ Hexenprozesse und Hexenverfolgungen in Europa, in: Hexenwelten. Magie und Imagination, hg. von Richard van Dülmen, Frankfurt/M. 1987, S. 135 ff.; H.-J. Nesner, „Hexenbulle“ (1484) und „Hexenhammer“ (1487), in: Georg Schweiger, Hg., Teufelsglaube und Hexenprozesse, München ²1987, S. 86.

54 Behringer (wie Anm. 53), S. 140f.; Richard van Dülmen (wie Anm. 53), S. 113 ff., 188; W. Jilg, „Hexe“ und „Hexerei“ als kultur- und religionsgeschichtliche Phänomen, in: Schweiger (wie Anm. 53), S. 42.

55 Behringer (wie Anm. 53), 154, 159f. „Ein Grund dafür könnte in der enormen politischen Zersplitterung Deutschlands liegen“, schreibt Behringer, S. 163. Vgl. A. Hartmann, Der Hexenwahn im Herzogtum und Kurfürstentum Bayern im 16. und 17. Jahrhundert, in: Schweiger, Hg. (wie Anm. 53), S. 118.

56 Sigmund von Riezler, Geschichte der Hexenprozesse in Bayern, Ndr. Stuttgart o. J., S. 74, 143, 269.

57 Vgl. Sticker (wie Anm. 37), I/2, S. 45.

VI. Im Zeitalter des Dreißigjährigen Krieges

1 C. Cipolla, Introduction, in: FEHE, Bd. 2, S. 12; Friedrich Prinzing, Epidemics Resulting from Wars, Oxford 1916, 73 ff. Siehe W. Bickel, Über die Pest in der Schweiz, in: Studium Generale 9. 1956, S. 513 f.

2 Arno Borst, Alltagsleben im Mittelalter, Frankfurt/M. 1983, S. 528. W. Abel, Landwirtschaft 1500–1648, in: HDWSG, Bd. 1, S. 386.

3 Wilhelm Abel, Massenarmut und Hungerkrisen im vorindustriellen Europa. Versuch einer Synopsis, Hamburg–Berlin 1974, S. 21.

4 Abel (wie Anm. 3), S. 131. Hermann Flohn, in: Hans von Rudloff, Die Schwankungen und Pendelungen des Klimas in Europa seit dem Beginn der regelmäßigen Instrumenten-Beobachtung (1670), Braunschweig 1967, S. 81 f.

5 Gottfried Lammert, Geschichte der Seuchen, Hungers- und Kriegsnöthe zur Zeit

des dreißigjährigen Krieges, Wiesbaden 1890, S. 4; Georg Sticker, Abhandlungen aus der Seuchengeschichte und Seuchenlehre. Bd. I/1: Die Pest, Gießen 1908, S. 122 f. Wilhelm Sahm, Geschichte der Pest in Ostpreussen, Leipzig 1905, S. 24 f., Anm. 2.

6 Lammert (wie Anm. 5), S. 7 f. Bernhard Lersch, Geschichte der Volksseuchen, Berlin 1896, S. 274. Dietrich Oeter, Sterblichkeit und Seuchengeschichte der Bevölkerung bayerischer Städte von 1348–1870, med. Diss., Köln 1961, S. 28 f. Sticker (wie Anm. 5), I/1, S. 126–33. Friedrich Schnurrer, Chronik der Seuchen ..., Bd. 2, Tübingen 1825, S. 156 ff. Über Wallenstein: Lersch (wie Anm. 6), S. 274; Golo Mann, Wallenstein, Frankfurt/M. [2]1971, S. 88 f.

7 Lammert (wie Anm. 5), S. 10–19.

8 Ebd., S. 22–32; Schnurrer (wie Anm. 6), S. 156. Basel: K. Kißkalt, Die Sterblichkeit im 18. Jahrhundert, in: ZHI 93. 1921, S. 439. Ulrich Knefelkamp, Das Heilig-Geist-Spital in Nürnberg vom 14.–17. Jahrhundert. Geschichte, Struktur, Alltag, Nürnberg 1989, S. 302.

9 Lammert (wie Anm. 5), S. 40–44; Dr. Andräas, Beiträge zur Geschichte des Seuchen-, Gesundheits- und Medizinalwesens der oberen Pfalz, in: Verhdl. des hist. Vereines von Oberpfalz und Regensburg 52. 1900, S. 93.

10 Frankfurt: Peter Borscheid, Geschichte des Alters. Vom Spätmittelalter zum 18. Jahrhundert, München 1989, S. 34. Nürnberg: Errechnet nach W. Jungkunz, Die Sterblichkeit in Nürnberg 1714–1850, in: MVGN 42. 1951, S. 301 f.; Ingomar Bog, Die Gewerbe der Reichsstadt Nürnberg und die Seuchen und Kriege des 15. und 16. Jahrhunderts, in: ders., Oberdeutschland. Das Heilige Römische Reich des 16. bis 18. Jahrhunderts in Funktion, Idstein 1986, S. 215. Siehe F. u. T. Schmölz, Die Sterblichkeit in Landsberg am Lech von 1585–1875, in: AHB 136. 1952, S. 519; A. Schreiber, Die Entwicklung der Augsburger Bevölkerung vom Ende des 14. Jahrhunderts bis zum Beginn des 19. Jahrhunderts, in: AHB 123. 1940, S. 111.

11 Prinzing (wie Anm. 1), S. 1 ff.

12 Mann (wie Anm. 6), S. 196. Franz Seitz, Der Typhus, vorzüglich nach seinem Vorkommen in Bayern geschildert, Erlangen 1847, S. 54. Lammert (wie Anm. 5), S. 52 ff.

13 R. Concannon, The Third Enemy: The Role of Epidemics in the Thirty Years' War, in: JWH 10. 1967, S. 14 f. Prinzing (wie Anm. 1), S. 29. Sahm (wie Anm. 5), S. 27.

14 Lammert (wie Anm. 5), S. 53 ff.

15 Concannon (wie Anm. 13), S. 14 f.; Lammert (wie Anm. 5), S. 57 ff.

16 Lammert (wie Anm. 5), S. 72 ff.; Prinzing (wie Anm. 1), S. 38 f.; Sticker (wie Anm. 5), S. 133.

17 Lammert (wie Anm. 5), S. 75 ff.; Prinzing (wie Anm. 1), S. 35 ff.

18 Lammert (wie Anm. 5), S. 96 ff.; Prinzing (wie Anm. 1), S. 38 f.

19 Schreiber (wie Anm. 10), S. 129, 165. Erich Woehlkens, Pest und Ruhr im 16. und 17. Jahrhundert. Grundlagen einer statistisch-topographischen Beschreibung der Seuchen, insbesondere in der Stadt Uelzen, Hannover 1954, S. 111. K. Kißkalt, Epidemiologisch-statistische Untersuchungen über die Sterblichkeit von 1600–1800, in: AHB 137. 1953, S. 32. Hans Zinsser, Ratten, Läuse und die Weltgeschichte, Stuttgart–Calw 1949, S. 268.

20 Lammert (wie Anm. 5), S. 131–36; Kißkalt (wie Anm. 19), S. 32 ff.

21 Lammert (wie Anm. 5), S. 137–48; Prinzing (wie Anm. 1), S. 43 f.

22 Lammert (wie Anm. 5), S. 155–67; Oeter (wie Anm. 6), S. 33 f.; Jungkunz (wie Anm. 10), S. 297, 303.

23 Christopher R. Friedrichs, Urban Society in an Age of War: Nördlingen 1580–1720, Princeton 1979, S. 306 f.; ders., Bevölkerungsstatistik und Bevölkerungsentwicklung der Reichsstadt Nördlingen 1579–1720, in: Jb. des Hist. Vereins für Nördlingen und das Ries 26. 1980, bes. S. 136 f.; Dietmar Voges, Die Reichsstadt Nördlingen. 12 Kapitel aus ihrer Geschichte, München 1988, S. 260 ff.

24 N. Bulst, Vier Jahrhunderte Pest in niedersächsischen Städten. Vom Schwarzen Tod 1349–1351 bis in die erste Hälfte des 18. Jahrhunderts, in: Stadt im Wandel. Kunst und Kultur des Bürgertums in Norddeutschland 1150–1650, Bd. 4, Braunschweig 1985, S. 256, 258; E. Keyser, Die Pest in Deutschland und ihre Erforschung, in: Actes du Colloque International de Démographie Historique, hg. von Paul Harsin u. Etienne Hélin, Paris 1965, 374. Lammert (wie Anm. 5), S. 172. Vgl. J. N. Sepp, Der Schäfflertanz und sein unvordenkliches Alter, München 1893, S. 3. Theodor Schmid, S. J., Das Passionsspiel von Oberammergau 1890, in: Stimmen aus Maria Laach 39. 1890, S. 405–29.

25 Carlo M. Cipolla, Cristofano and the Plague: A Study in the History of Public Health in the Age of Galileo, London 1973, S. 20; Heinrich Haeser, Lehrbuch der Geschichte der Medizin und der epidemischen Krankheiten, Bd. 3, Jena [3]1879, S. 409 Anm. 2.

26 R. Mueller, Peste e demografia, in: Venezia et al peste 1348/1797, Venedig 1979, S. 96; P. Preto, Peste e demografia. L'età moderna: le due pesti del 1575–77 e 1630–31, ebd., S. 98; Sticker (wie Anm. 5), S. 151. William H. McNeill, Plagues and People, Harmondsworth 1969, S. 161.

27 Lammert (wie Anm. 5), 214; Lersch (wie Anm. 6), S. 299; Prinzing (wie Anm. 1), 72 f. Vgl. Eintrag ‚Tulpe' in Krünitz' Oeconomisch-technologische Encyclopädie, Th. 190. Siehe ferner N. W. Posthumus, The Tulipomania in Holland in the Years 1636 and 1637, in: J. of Economic and Business History I. 1928/29, S. 434–66.

28 A. Appleby, Disease or Famine? Mortality in Cumberland and Westmoreland, in: EHR (2nd) 26. 1973, S. 424–30; ders., Nutrition and Disease: The Case of London, 1550–1750, in: JIH 6. 1975, S. 8 ff. Sticker (wie Anm. 5), S. 159.

29 Prinzing (wie Anm. 1), 64 f.; Zitat nach Lammert (wie Anm. 5), 217.

30 Lammert (wie Anm. 5), S. 222–32; H. Kamen, The Economic and Social Consequences of the Thirty Years' War, in: PP 39. 1968, S. 44 ff.

31 Lammert (wie Anm. 5), S. 247.

32 Samuel Pufendorf, Die Verfassung des deutschen Reiches, Ndr. Stuttgart 1976, S. 108. Gustav Freytag, Bilder aus der deutschen Vergangenheit, Bd. 2, o. O., o. J., S. 530 f.; Bd. 3, S. 52. Bernhard Erdmannsdörfer, Deutsche Geschichte vom Westfälischen Frieden bis zum Regierungsantritt Friedrichs des Großen, Bd. 1, Berlin 1892, S. 102 f. R. Hoeniger, Der dreißigjährige Krieg und die deutsche Kultur, in: PrJbb. 138. 1909, S. 427–29.

33 T. Rabb, The Effects of the Thirty Years' War on the German Economy, in: JMH 34. 1962, S. 40–51. Rabb ist zugleich Herausgeber eines Sammelwerkes, The Thirty Years' War. Problems of Motive, Extent, and Effect, Boston 1968.

34 Günther Franz, Der Dreißigjährige Krieg und das deutsche Volk. Untersuchungen zur Bevölkerungs- und Agrargeschichte, Stuttgart–New York [4]1979, S. 7.

35 Ebd., S. 59.

36 Siehe z. B. G. Benecke, The Problem of Death and Destruction in Germany during the 30 Years' War, in: ESR 2. 1976, S. 250f.

37 Robert Ergang, The Myth of the All-destructive Fury of the Thirty Years' War, Pocono Pines PA 1956, zit. nach Critical Issues in History, Bd. I: Ancient Times to 1648, hg. von Thomas W. Africa u. a., Boston 1967, S. 364. Sigfried H. Steinberg, Der Dreißigjährige Krieg und der Kampf um die Vorherrschaft in Europa, 1600–1660, Göttingen 1967, S. 129. Bezüglich Bayerns wird Steinberg bes. von Andreas Kraus, Geschichte Bayerns. Von den Anfängen bis zur Gegenwart, München 1983, S. 253, und von Dietmar Stutzer, Geschichte des Bauernstandes in Bayern, München 1988, S. 112, einer vernichtenden Kritik unterzogen.

38 Hans-Ulrich Wehler, Deutsche Gesellschaftsgeschichte, Bd. 1: Vom Feudalismus des Alten Reiches bis zur Defensiven Modernisierung der Reformära 1700–1815, München 1987, S. 54. Siehe dazu, ausführlicher, M. Vasold, Noch einmal: Die deutschen Bevölkerungsverluste während des Dreißigjährigen Krieges, voraussichtl. in: ZBLG 54. 1991; Christoph Dipper, Deutsche Geschichte 1648–1789, Frankfurt/M. 1991, S. 42ff.

39 W. Abel, Landwirtschaft 1648–1800, in: HDWSG, Bd. 1, S. 509. Friedrich-Wilhelm Henning, Landwirtschaft und ländliche Gesellschaft in Deutschland, Bd. 1: 800 bis 1750, Paderborn 1979, S. 227. Über den Rückgang der Ernteerträge zwischen 1500/50 und 1700/50 siehe Karl-Georg Zinn, Kanonen und Pest. Über die Ursprünge der Neuzeit im 14. und 15. Jahrhundert, Opladen 1989, S. 144f.

40 Abel (wie Anm. 39), S. 511.

VII. Das Ende der Pest

1 Bezüglich der Niederlande z. B. stellt Schama, Überfluß und Schöner Schein. Zur Kultur der Niederlande im Goldenen Zeitalter, München 1988, S. 243, zwischen 1550 und 1650 eine Verdreifachung der Bevölkerung fest. Wann in Deutschland der Bevölkerungsstand von 1618 wieder erreicht war, ist ungewiß: Heinz Schilling, Höfe und Allianzen. Deutschland 1648–1763, Berlin 1989, S. 81, schreibt, daß der Stand von 1600 „etwa 1700" wieder erreicht war; W. Köllmann, Bevölkerungsgeschichte 1800–1970, in: HDWSG Bd. 2, S. 9, meint, „daß der Vorkriegsstand erst ein Jahrhundert später wieder erreicht war".

2 Zit. nach Stefan Winkle, Johann Friedrich Struensee. Arzt, Aufklärer und Staatsmann. Beitrag zur Kultur-, Medizin- und Seuchengeschichte der Aufklärungszeit, Stuttgart 1983, S. 336f.

3 Charles-Edward A. Winslow, The Conquest of Epidemic Disease, New York-London 1967, S. 145f.

4 Frederick F. Cartwright, A Social History of Medicine, London–New York 1977, 6–9; J. Bernard Cohen, Revolution in Science, Cambridge–London 1985, bes. S. 193f.

5 Dietrich Oeter, Sterblichkeit und Seuchengeschichte der Bevölkerung bayerischer Städte von 1348–1870, med. Diss., Köln 1961, S. 60.

6 Tiberius von Györy, Morbus Hungaricus. Eine medico-historische Quellenstudie, Jena 1901, S. 75–81, 92ff.

7 A. Schreiber, Die Entwicklung der Augsburger Bevölkerung vom Ende des 14. Jahrhunderts bis zum Beginn des 19. Jahrhunderts, in: AHB 123. 1940, S. 163, 166. Friedrich Prinzing, Epidemics Resulting from Wars, Oxford 1916, S. 79f. Franz Seitz, Der Typhus, vorzüglich nach seinem Vorkommen in Bayern geschildert, Erlangen 1847, S. 77.

8 Friedrich Schnurrer, Chronik der Seuchen..., Bd. 2, Tübingen 1825, S. 243f. Vgl. Dieter Jetter, Das europäische Hospital. Von der Spätantike bis 1800, Köln 1986, S. 116.

9 Das Hausbuch des Apothekers Michael Walburger 1652–1667. Bd. I: 1652–1655, hg. von Fred Händel und Axel Herrmann, Hof 1988, S. 189.

10 Geoffrey Marks u. William K. Beatty, Epidemics, New York 1976, S. 128ff. E. Beck, Die historisch-geographische Pathologie von August Hirsch, in: Gesnerus 18. 1961, S. 41f.

11 Heinrich Haeser, Lehrbuch der Geschichte der Medizin und der epidemischen Krankheiten, Bd. 3, Jena [3]1879, S. 430ff.

12 Schnurrer (wie Anm. 8), S. 205.

13 Cartwright (wie Anm. 4), S. 29.

14 Ingrid Busse, Der Siechkobel St. Johannis vor Nürnberg (1234 bis 1807), Nürnberg 1974, S. 125, 133; R. Endres, Zur Einwohnerzahl und Bevölkerungsstruktur Nürnbergs im 15./16. Jahrhundert, in: MVGN 57. 1970, S. 267; W. Jungkunz, Die Sterblichkeit in Nürnberg 1714–1850, in: MVGN 42. 1951, S. 291f. Vgl. Henry Sigerist, Krankheit und Zivilisation. Geschichte der Zerstörung der menschlichen Gesundheit, Frankfurt/M.–Berlin 1952, S. 86f.

15 Vgl. Philipp Joseph Horsch, Versuch einer Topographie der Stadt Würzburg in Beziehung auf den allgemeinen Gesundheitszustand und die dahin zielenden Anstalten, Arnstein–Rudolstadt 1805, S. 295f.

16 Dazu M. Vasold, Rudolf Virchow und die Lepra in Norwegen, in: MhJ 28. 1989, S. 123–37.

17 Erich Woehlkens, Pest und Ruhr im 16. und 17. Jahrhundert..., Hannover 1954, S. 145.

18 Maria Bogucka, Das alte Danzig. Alltagsleben vom 15. bis 17. Jahrhundert, Leipzig 1980, S. 166f.

19 Georg Sticker, Abhandlungen aus der Seuchengeschichte und Seuchenlehre. Bd. I/1: Die Pest, Gießen 1908, S. 180.

20 Hubert Lamb, Klima und Kulturgeschichte. Der Einfluß des Wetters auf den Gang der Geschichte, Reinbek 1989, S. 252. Werner Sombart, Der moderne Kapitalismus. Bd. II: Das europäische Wirtschaftsleben im Zeitalter des Frühkapitalismus, Ndr. Berlin 1969, S. 221. R. Mols, Population in Europe 1500–1700, in: FEHE, Bd. 2, S. 75; Sticker (wie Anm. 19), S. 177. Daniel Defoe, A Journal of the Plague Year, Harmondsworth 1966, S. 106.

21 Schama (wie Anm. 1), S. 349–52, 406.

22 Sticker (wie Anm. 19), S. 186f.

23 Siehe z. B. Goethe, Das St. Rochus-Fest zu Bingen, in: Ges. Werke, Weimarer Ausgabe, Weimar 1902, Bd. 34, S. 3–45; Briefe, Bd. 36. – Die Rheinische Dorfchronik des Joan Peter Delhoven aus Dormagen 1823–1783, hg. von Hermann Cardauns u. Reiner Müller, Dormagen o. J. (1967), S. 236.

24 Sticker (wie Anm. 19), S. 186f.

25 Jacques Dupâquier, La Population Française aux XVIIe et XVIIIe siècles, Paris

1979, S. 4; Jacques Ruffié u. Jean-Charles Sournia, Die Seuchen in der Geschichte der Menschheit, Stuttgart 1987, S. 41.

26 Diese und weitere barocke österr. Pestsäulen sind abgebildet und beschrieben in: Alexander Grünberg, Pestsäulen in Österreich, Wien 1960.

27 Sticker (wie Anm. 19), S. 201 f.; Hilde Schmölzer, Die Pest in Wien. „Deß wütenden Todts Ein umbständig Beschreibung", Wien 1985, Berlin (Ost) 1988, S. 94–103.

28 Vgl. Sticker (wie Anm. 19), S. 203 f.; Schnurrer (wie Anm. 8), S. 213 f., nennt 77000–120000 Tote oder mehr. Siehe Schmölzer (wie Anm. 27), S. 103.

29 Vgl. Defoe (wie Anm. 20), S. 107 f.

30 Sticker (wie Anm. 19), S. 205 ff. Wilhelm Sahm, Geschichte der Pest in Ostpreußen, Leipzig 1905, S. 33. Vgl. Bernhard Lersch, Geschichte der Volksseuchen, Berlin 1896, S. 325.

31 Vgl. C. L. Sachs, Metzgergewerbe und Fleischversorgung der Stadt Nürnberg bis zum Ende des 30jährigen Kriegs, in: MVGN 24. 1922, S. 112.

32 Sahm (wie Anm. 30), S. 35–37, 41, 111.

33 Joh. Peter Süßmilch, Die göttliche Ordnung in den Veränderungen des menschlichen Geschlechts..., Bd. 1, Berlin [3]1765, S. 320. Kanold, Einiger Medicorum Sendschreiben von der A. 1708 in Preussen und A. 1709 in Danzig graßirenden Pestilentz, Breslau 1713, S. 7, 49. Manasse Stöckel, Anmerkungen, welche bei der Pest, die anno 1709 in Dantzig grassierte, beobachtet, Hamburg 1710, Anhang (ohne Seitenangabe). Vgl. Friedrich Prinzing, Epidemics Resulting from Wars, Oxford 1916, S. 85; Sticker (wie Anm. 19), S. 214 f.

34 W. L. Langer, Europe's Initial Population Explosion, in: AHR 69, 1963, S. 4 f.

35 Sahm (wie Anm. 30), S. 39, 86. Ute Frevert, Krankheit als politisches Problem 1770–1880. Soziale Unterschichten in Preußen zwischen medizinischer Polizei und staatlicher Sozialversicherung, Göttingen 1984, S. 27, 75.

36 Sahm (wie Anm. 30), S. 48–60; Zitat S. 59.

37 Ebd., S. 66–72; K. Kißkalt, Die Sterblichkeit im 18. Jahrhundert, in: ZHI 93. 1921, S. 440.

38 A. B. Appleby, Disease or Famine? Mortality in Cumberland and Westmoreland, 1580–1640, in: EHR (2nd) 26. 1973, S. 405.

39 Sahm (wie Anm. 30), S. 98–100.

40 Sahm (wie Anm. 30), S. 115–19, Anm. 3.

41 Sahm (wie Anm. 30), S. 115–19.

42 Sahm (wie Anm. 30), S. 81 f., 96. Sticker (wie Anm. 19), S. 216 f., gibt die Verluste für Preußen und Litauen mit 283733 an (1709/10), für Brandenburg nennt er weitere 200000 Tote. Zur Peuplierung siehe Friedrich Terveen, Gesamtstaat und Retablissement. Der Wiederaufbau des nördlichen Ostpreußen unter Friedrich Wilhelm I. 1714–1740, phil. Diss., Göttingen 1953, bes. S. 25 ff.

43 Süßmilch (wie Anm. 33), Bd. 1, S. 114, 306, 410.

44 Lersch (wie Anm. 30), S. 339; Sticker (wie Anm. 19), S. 218 f.; Winkle (wie Anm. 2), S. 58.

45 Vgl. Lersch (wie Anm. 30), S. 338; Sticker (wie Anm. 19), S. 218 f. Jean-Noël Biraben, Les hommes et la peste en France et dans les pays européens et méditerranées, Paris–Den Haag 1975, Bd. 1, S. 131 Anm. 3, beziffert die Pestverluste in Wien, 1713/14, auf 8644 Tote.

46 Vgl. Erasmus Sigmund Alkofer, Regenspurgisches Pest- und Bußdenkmal, Re-

gensburg 1714; J. G. N. Dieterich, Genaue Untersuchung der Seuche, welche zu Regensburg 1713 grassirt hat, Regensburg 1714. Schnurrer (wie Anm. 8), S. 248 f.; Sticker (wie Anm. 19), S. 219 f.

47 Vgl. Jungkunz (wie Anm. 14), S. 298. N. Bulst, Vier Jahrhunderte Pest in niedersächsischen Städten. Vom Schwarzen Tod 1349–1351 bis in die erste Hälfte des 18. Jahrhunderts, in: Stadt im Wandel. Kunst und Kultur des Bürgertums in Norddeutschland 1150–1650 (Ausstellungskatalog), Bd. 4, Braunschweig 1985, S. 257: „Um 1750 dürfte die Pest zum letzten Mal in Niedersachsen ausgebrochen sein."

48 Kanold (wie Anm. 33), S. 24.

49 So schreibt selbst Ernst Rodenwaldt, Die Pest in Venedig 1575–1577. Ein Beitrag zur Frage der Infektkette bei den Pestepidemien West-Europas. Sitzungsberichte der Heidelberger Akad. der Wissenschaften. Math.-Naturwiss. Klasse., Jg. 1952, Heidelberg 1953, S. 218: „Seit Ende des 17. Jhs. war es zu seuchenhafter Verbreitung der Pest in Westeuropa nicht mehr gekommen. Die letzten endemischen Herde erloschen in der ersten Hälfte des 18. Jhs." Ähnlich auch Ulrich-Christian Pallach, Hg., Hunger. Quellen zu einem Alltagsproblem in Europa und der Dritten Welt seit dem Dreißigjährigen Krieg, München 1986, S. 298; Karl-Georg Zinn, Kanonen und Pest. Über die Ursprünge der Neuzeit im 14. und 15. Jahrhundert, Opladen 1989, S. 150. Siehe Sticker (wie Anm. 19), S. 269.

50 J. Biraben, Certain Demographic Characteristics of the Plague Epidemic in France, 1720–22, in: Daedalus 97. 1968, S. 541–43, macht genaue Angaben über die Mortalität an verschiedenen Orten. Vgl. Jacques Dupâquier, La Population Française aux XVIIe et XVIIIe siècles, Paris 1979, S. 50 f. Vieles deutet darauf hin, daß an dieser Pest die Ratten mitbeteiligt waren, vor allem in der Ausbreitung im kleinen: So schreibt Sticker (wie Anm. 19), S. 222–30, daß Irrenanstalten und abgeschlossene Klöster verschont blieben, auch die Gerber wurden selten befallen; aber „Trödler, Schneider und Lohndiener zum größten Teil weggerafft. Die Bäcker starben alle. Von Geistlichen und Ordensleuten starben 250 in der Seelsorge, von den Ärzten 10, von den Chirurgen 25." (S. 227) Von der Bergung der *Grand Sant-Antoine* berichtete die Frankfurter Allgemeine Zeitung am 18. 6. 1980.

51 E. Lesky, Die österreichische Pestfront an der k. k. Militärgrenze, in: Saeculum 8. 1957, 82–106, bes. S. 84 f.; Sticker (wie Anm. 19), I/2, S. 327–29.

52 Konfessionen, 2. Teil, 7. Kap.; München 1978, S. 291 f.

53 Derek Beales, Joseph II., Bd. 1: In the Shadow of Maria Theresa 1741–1780, Cambridge u. a. 1987, S. 282. Jörg K. Hoensch, Geschichte Polens, Stuttgart 1983, S. 164.

54 Michael G. Müller, Die Teilungen Polens 1772 · 1793 · 1795, München 1984, S. 38. Sticker (wie Anm. 19), S. 258 f.

55 Dazu John T. Alexander, Catherine II. Bubonic Plague, and the Problem of Industry in Moscow, in: AHR 79. 1974, S. 637–71, bes. 661; ders., Bubonic Plague in Early Modern Russia. Public Health and Urban Desaster, Baltimore–London 1980. M. D. Samoilowitz, Mémoire sur la Peste, Paris 1783.

56 Schnurrer (wie Anm. 8), S. 418 ff.; Sticker (wie Anm. 19), S. 270 ff.

57 Walter Knaak, Die Krankheiten im Kriege, Leipzig 1900, S. 1.

58 Sticker (wie Anm. 19), Bd. I/2, S. 325.

59 Helmuth v. Moltke, Unter dem Halbmond. Erlebnisse in der alten Türkei

1835–1839, Tübingen-Basel 1979, S. 149. Vgl. J. C. Lorinser, Die Pest des Orients, wie sie entsteht und verhütet wird, Berlin 1837.

60 E. Joltrain, La peste à Paris, étude épidemiologique et clinique, in: J. de médecine française 1921, S. 67–71; ders., La peste à Paris (1917–1937), in: Bulletin de L'Académie de Médecine 116, 1936, S. 601–15.

61 Dazu C. Seyfarth, Leipzig, Über die Pest in Griechenland aufgrund einer Studienreise im Herbst 1924, in: MMW 72. 1925, S. 1428–30.

62 Dazu Rick Berg u. Paul Vargelisti, Hg., Plague in Saigon: A Vietnam Chronicle, New York 1986. Vgl. H. Mollaret, Neue Kenntnisse auf dem Gebiet der Pestepidemiologie, in: MM 23. 1969, bes. S. 339f.

63 W. Knapp, Yersinia-Infektionen, in: Hdb. d. Inneren Erkrankungen, hg. von Berhard Brüschke, Bd. 5: Infektionskrankheiten, Jena 1983, S. 661.

64 Vgl. Dietrich Oeter, Sterblichkeit und Seuchengeschichte der Bevölkerung bayerischer Städte von 1348–1870, med. Diss., Köln 1961, S. 37; Lesky (wie Anm. 51), S. 104 Anm. 124.

65 A. B. Appleby, The Disappearance of Plague: A Continuing Puzzle, in: EHR (2nd) 33. 1980, S. 166f.; E.-H. Hankin, La propagation de la Peste, in: AIP 12. 1898, S. 707.

66 Erich Woehlkens, Pest und Ruhr in Uelzen im 16. und 17. Jahrhundert, Hannover 1954, S. 145. So bereits Sticker (wie Anm. 19), S. 239. E. Keyser, Die Ausbreitung der Pest in den deutschen Städten, in: Veröffentlichungen der Akad. für Raumforschung und Landesplanung 28. 1954, S. 215.

67 Appleby (wie Anm. 65), S. 167.

68 P. Slack, The Disappearance of Plague: An Alternative View, in: EHR (2nd) 34. 1981, S. 470f.

69 Dupâquier (wie Anm. 50), S. 22.

70 Moltke (wie Anm. 59), S. 148. Thomas Rob. Malthus, An Essay on the Principles of Population (1798), Harmondsworth 1970, S. 109.

71 Appleby (wie Anm. 65), S. 168.

72 Ebd., S. 168f.; ders., Famine, Mortality, and Epidemic Disease; A Comment, in: EHR (2nd) 30. 1977, S. 509f.

73 Vgl. Appleby (wie Anm. 65), S. 165; S. J. Kunitz, Speculations on the European Mortality Decline, in: EHR (2nd) 36. 1983, S. 353, 363; J. D. Post, Famine, Mortality, and Epidemic Disease in the of Modernization, in: EHR (2nd) 29. 1976, S. 34f.; ders., Climatic Variability and the European Mortality Ware of the Early 1740's, in: JIH 15. 1984/85 S. 1–30. Siehe N. Siraisy in: Einleitung zu Daniel Williman, Hg., The Black Death: The Impact of the Fourteenth-Century Plague, New York 1982, S. 14.

74 Slack (wie Anm. 68), S. 311.

VIII. Das Ende des vormedizinischen Zeitalters

1 Jacques Dupâquier, La Population Française aux XVIIe et XVIIIe siècles, Paris 1979, S. 5–11, 81f. Siehe A. Perrenoud, Logique et l'humain dans le déclin séculaire de la mortalité, in: Annales ESC 40. 1985, S. 113.

2 Dupâquier (wie Anm. 1), S. 64, 43.

3 R. Mols, Population in Europe 1500–1700, in: FEHE, Bd. 2, S. 35f.

4 Vgl. Michael W. Flinn, The European Demographic System, 1500–1820, Baltimore 1981, S. 76.

5 Johann Peter Süßmilch, Die göttliche Ordnung in den Veränderungen des menschlichen Geschlechts, aus der Geburt, dem Tode und der Fortpflanzung desselben erwiesen, Bd. 2, Berlin [3]1765, Ndr. Göttingen 1988. Vgl. ebd., S. 3, 333f. Süßmilch, Bd. 2, S. 233, schätzt die Weltbevölkerung (1785) auf 1,088 Milliarden – diese Zahl erreichte die Weltbevölkerung erst gegen 1830 (vgl. Carlo M. Cipolla, The Economic History of World Population, Harmondsworth 1962, [5]1970, S. 101).

6 Frederick F. Cartwright, A Social History of Medicine, London–New York 1977, S. 132; Dr. Short zit. nach Thomas R. Malthus, An Essay on the Principle of Population, Harmondsworth 1970, S. 113f. Vgl. Th. McKeown u. R. G. Brown, Medical Evidence Related to English Population Changes in the 18th Century, in: PS 9. 1955/56, S. 119ff.

7 Karl-Georg Zinn, Kanonen und Pest. Über die Ursprünge der Neuzeit im 14. und 15. Jahrhundert, Opladen 1989, S. 144f.

8 Malthus (wie Anm. 6), S. 115.

9 Dupâquier (wie Anm. 1), S. 48f. Vgl. Wilhelm Abel, Massenarmut und Hungerkrisen im vorindustriellen Europa. Versuche einer Synopsis, Hamburg–Berlin 1974, S. 164.

10 Vgl. C. Huerkamp, The History of Smallpox Vaccination in Germany: A First Step in the Medicalization of the General Public, in: JCH 20. 1985, S. 621.

11 Arthur E. Imhof, Die Lebenszeit. Vom aufgeschobenen Tod und von der Kunst des Lebens, München 1988, S. 75; H. H. Lamb, Klima und Kulturgeschichte. Der Einfluß des Wetters auf den Gang der Geschichte, Reinbek 1989, S. 320f.

12 Katharina II. Memoiren, Bd. 1, Leipzig 1986, S. 118. Karl Czok, Am Hofe Augusts des Starken, Leipzig 1989, S. 35.

13 Die Krankheitsgeschichte seiner letzten Lebenstage, verfaßt von seinem Leibarzt, der den Ablauf eines schweren konfluierenden Falles von Variola beschreibt, ist abgedruckt in: Albert Herrlich, Die Pocken. Erreger, Epidemiologie und klinisches Bild, Stuttgart 1960, S. 159. – Zur politischen Bedeutung dieses einen Pockenfalles siehe K. O. von Aretin, Kaiser Joseph I. zwischen Kaisertradition und österreichischer Großmachtpolitik, in: HZ 215. 1972, bes. S. 595–606.

14 Werner Plesse u. Dieter Rux, Hg., Biographien bedeutender Biologen. Eine Sammlung von Biographien, Berlin (Ost) [2]1982, S. 151. Vgl. W. Jungkunz, Die Sterblichkeit in Nürnberg, in: MVGN 42. 1951, S. 298.

15 Stefan Winkle, Johann Friedrich Struensee. Arzt, Aufklärer und Staatsmann. Beitrag zur Kultur-, Medizin- und Seuchengeschichte der Aufklärungszeit, Stuttgart 1983, S. 73 Anm. 21.

16 P. Kübler, Geschichte der Pocken und der Impfung, Berlin 1901, S. 34ff., 17, 25.

17 Plesse u. Rux, Hg. (wie Anm. 14), S. 151. Jana Klein, Zur Geschichte der Pocken-Inokulation in Rußland, med. Diss., FU Berlin 1974, 39f. Wie verbreitet diese Kenntnisse und die Impfpraxis tatsächlich waren, ist sehr fraglich; auf jeden Fall hatte Rußland im 18. und noch im 19. Jh. schwerste Pockenepidemien. Siehe dazu auch Aug. Ludwig Schlözer, Von der Unschädlichkeit der Pocken in Rußland und von Rußlands Bevölkerung überhaupt, Göttingen–Gotha, 1768.

18 Daniel J. Boorstin, The Americans: The Colonial Experience, New York 1958, S. 221ff.; J. C. Furnas, The Americans. A Social History of the United States, New

York 1969, S. 303; Donald R. Hopkins, Princes and Peasants Smallpox in History, Chicago–London 1983, S. 46. Nach Erwin Ackerknecht, Geschichte und Geographie der wichtigsten Krankheiten, Stuttgart 1963, S. 59, führte bereits die Bostoner Pockenepidemie von 1677 zur ersten Veröffentlichung über die Pocken in den engl. Kolonien in Nordamerika. – Thomas Bartholin, Anatom an der Universität Kopenhagen und Leibarzt des dänischen Königs Christian V., scheint der erste gewesen zu sein, der eine gelehrte Abhandlung über bäuerliche Impfversuche in Europa vorlegte. Sein Bericht über diese Versuche in Dänemark, auf dem Lande, erschien 1675. In Wales und in Frankreich soll man damals schon von solchen Möglichkeiten gewußt haben. W. L. Langer, Immunization against Smallpox before Jenner, in: SciAm 234. 1976, S. 112.

19 Zit. nach Kübler (wie Anm. 16), S. 119.

20 Hopkins (wie Anm. 18), S. 50.

21 Vgl. William H. McNeill, Plagues and Peoples, Harmondsworth 1976, S. 236f., 229f.

22 Friedrich Schnurrer, Chronik der Seuchen..., Bd. 2, Tübingen 1825, S. 264. Über Goethes Krankheiten siehe Wolfgang Veil, Goethe als Patient, Jena [2]1946.

23 Bernhard Lersch, Geschichte der Volksseuchen, Berlin 1896, S. 353; Süßmilch (wie Anm. 5), Bd. 1, S. 70.

24 Lamb (wie Anm. 11), S. 269; John D. Post, Food Shortage, Climatic Variability, and Epidemic Disease in Preindustrial Europe. The Mortality Peak in the early 1740s, Ithaca-London 1985, S. 53–59. Siehe auch Johann Christoph Bekmann, Historische Beschreibung der Chur und Mark Brandenburg, 2 Bde., Berlin 1751/53, hg. von B. L. Bekmann, bes. Theil III, Sp. 538ff.; und Heinrich C. F. Schenck, Die Wunder Gottes im Winter, Arnstadt 1741. Zur Witterungsgeschichte allg. Ch. Pfister, The Little Ice Age, in: JIH 10. 1979, S. 672ff.

25 G. Manley, The Great Winter of 1740, in: Weather 13. 1958, S. 14. Siehe auch Christian Heinr. Pfaff, Über die strengen Winter, vorzüglich des 18. Jahrhunderts, Kiel 1809/10. Die Rekonstruktion von Innentemperaturen in westfälischen Bauernhäusern sind abgedruckt in: Geschichtsbuch. Die Menschen und ihre Geschichte in Darstellungen und Dokumenten. Ausgabe A. Bd. 2: Das Mittelalter und die frühe Neuzeit, hg. von Hans-Georg Hofacker u. Thomas Schuler, Berlin 1986, S. 128.

26 J. Radkau, Holzverknappung und Krisenbewußtsein im 18. Jahrhundert, in: GG 9. 1983, S. 513–43, versucht, den Holzmangel zu relativieren, bestreitet aber nicht, daß die Armen im frühen 18. und frühen 19. Jh. tatsächlich Brennstoffmangel litten (bes. S. 4f., 13). Siehe auch ders., Zur angeblichen Energiekrise des 18. Jahrhunderts. Revisionistische Betrachtungen über die „Holznot", in: VSWG 73. 1986, S. 1–37.

27 Post (wie Anm. 24), S. 202ff., 51ff. Abel (wie Anm. 9), S. 287f. Über Hungeramenorrhoe E. Le Roy Ladurie, Die Hungeramenorrhoe (17.–20. Jahrhundert), in: Arthur E. Imhof, Hg., Biologie des Menschen in der Geschichte. Beiträge zur Sozialgeschichte der Neuzeit aus Frankreich und Skandinavien, Stuttgart 1978, S. 147–166.

28 Post (wie Anm. 24), S. 193f., 199, 227, 123f.

29 F. u. T. Schmölz, Die Sterblichkeit in Landsberg am Lech von 1585–1875, in: AHB 136. 1952, S. 527, 533. Post (wie Anm. 24), S. 217f.

30 K. Kißkalt, Epidemiologisch-statistische Untersuchungen über die Sterblichkeit

von 1600–1800, in: AHB 137. 1953, S. 38f. D. Bäumler, Medizinalstatistische Untersuchungen über Weiden (Oberpfalz) von 1551 bis 1800, in: AHB 120. 1938, S. 218, 226.

31 Post (wie Anm. 24), S. 32f. Tab. 1. Siehe ferner ebd., S. 48f., 85, 92f., 100f., 104f., 110, 118, 121ff., 271f. Süßmilch (wie Anm. 5), Bd. 1, S. 70.

32 G. Stricker, Historische Studien über Heereskrankheiten und Militärkrankenpflege, 1743–1814, in: VA 53. 1871, S. 384. Siehe H. Hawickhorst, Gesunderhaltung der Soldaten um 1740, in: DDM 4. 1939, S. 61–63.

33 Vgl. Peter Claus Hartmann, Karl Albrecht VII., Regensburg 1985, S. 264ff.

34 Winkle (wie Anm. 15), S. 380. Johann Pringle, Beobachtungen über die Armee Krankheiten der Armee, Altenburg [2]1772, S. 24, 116f. Vgl. Dieter Jetter, Das europäische Hospital. Von der Spätantike bis 1800, Wiesbaden 1986, S. 173.

35 Bernhard Lersch, Geschichte der Volksseuchen, Berlin 1896, S. 361; Winkle (wie Anm. 15), S. 463; Friedrich Prinzing, Epidemics Resulting from Wars, Oxford 1916, S. 82ff. Siehe auch G. L. Mamlock, Friedrichs des Großen Correspondenz mit Ärzten, Stuttgart 1907, S. 13. Siehe auch Johann Zimmermann, Von der Ruhr unter dem Volke im Jahr 1765, Zürich 1767.

36 Winkle (wie Anm. 15), S. 432ff. Schnurrer (wie Anm. 22), S. 328.

37 Zit. nach Winkle (wie Anm. 15), S. 429.

38 Zit. nach Winkle (wie Anm. 15), S. 441 Anm. 49.

39 Vgl. Winkle (wie Anm. 15), S. 73 Anm. 21.

40 Pringle (wie Anm. 34), S. 146.

41 Vgl. Dr. Jungblut, Betrachtungen über Kriegsverluste durch Waffen und Krankheiten, in: DDM 1. 1936, S. 50.

42 Vgl. W. Köllmann, Bevölkerungsgeschichte 1800–1970, in: HDWSG, Bd. 2, S. 9. A. Perrenoud, Le biologique et l'humain dans le déclin séculaire de la mortalité, in: Annales ESC 40. 1985, S. 114, gibt das Bevölkerungswachstum in ganz Europa 1700–1750 mit 0,3 und 1750–1800 mit 0,5 Prozent an, 1800–1850 mit 0,7%.

43 Vgl. Imhof (wie Anm. 11), S. 29f.; Perrenoud (wie Anm. 42), S. 120, 123.

44 Abel (wie Anm. 9), S. 279f. Siehe dazu auch die Kritik bei Hans-Ulrich Wehler, Deutsche Gesellschaftsgeschichte, Bd. 1, München 1987, S. 77f.

45 Vgl. Wilhelm Abel, Agrarkrisen und Agrarkonjunktur. Eine Geschichte der Land- und Ernährungswirtschaft Mitteleuropas seit dem hohen Mittelalter, Hamburg–Berlin [3]1978, S. 183, 272.

46 Ernst Hinrichs, Einführung in die Geschichte der Frühen Neuzeit, München 1980, S. 26, 65; Perrenoud (wie Anm. 42), S. 115; W. L. Langer, Europe's Initial Population Explosion, in: AHR 69. 1963, S. 3f.

47 Abel (wie Anm. 44), S. 271, 243.

48 Dr. Fronmüller sen., Chronik der Stadt Fürth, Fürth 1887, Ndr. Neustadt/A. 1985, 167. K. Kißkalt, Hungersnöte und Seuchen, in: ZHI 78. 1914, S. 535.

49 Franken: Ernst Schubert, Arme Leute, Bettler und Gaukler im Franken des 18. Jahrhunderts, Neustadt/A. 1983, S. 92. Sachsen: E. Engel, Die physische Beschaffenheit der militärpflichtigen Bevölkerung im Königreich Sachsen, in: Zs. des statist. Bureaus des kgl. Sächs. Min. des Innern 2. 1856, S. 68ff. Für die k. u. k. Monarchie J. Komlos, Stature and Nutrition in the Habsburg Monarchy: The Standard of Living and Economic Development in the Eighteenth Century, in: AHR 90. 1985, S. 1155f. Siehe ders., Patterns of Children's Growth in East-Central Europe in the Eighteenth Century, in: Ann Hum Biol 13. 1986, S. 33–48.

50 Ulrich-Christian Pallach, Hg., Hunger. Quellen zu einem Alltagsproblem in Europa und der Dritten Welt 17. bis 20. Jh., München 1986, S. 305 f. Vgl. Rainer Gömmel, Realeinkommen in Deutschland. Ein internationaler Vergleich (1810–1914), Nürnberg 1979, S. 27; M. Vasold, Das Jahr der Bettler, in: ders., Geschichten aus Frankens Geschichte, Hof 1989, bes. S. 142 f.

51 W. Jungkunz, Die Sterblichkeit in Nürnberg 1714–1850, in: MVGN 42. 1951, 305; Karlheinz Blaschke, Bevölkerungsgeschichte von Sachsen bis zur industriellen Revolution, Weimar 1967, S. 126f.

52 Die Größe der vagierenden Bevölkerung abzuschätzen ist naturgemäß schwierig. Carsten Küther, Räuber und Gauner in Deutschland, Göttingen 1976, S. 22, schreibt: „Unter Berücksichtigung aller möglichen Einschränkungen läßt sich wohl behaupten, daß die Vagantenpopulation im 18. Jh. mehr als 10% der Gesamtbevölkerung ausmachte." Küther neigt eher zu 10–15 Prozent (ebd., S. 22 f.), und diese Zahl wird auch von Wehler (wie Anm. 44), S. 175, 595 Anm. 69, übernommen. Dabei hat Küther 1. Mehrfachzählungen vorgenommen, die er nicht zu gewichten versucht, und 2. die Zahl der Festgenommenen zwischen 1805 und 1815, als Bayern infolge von Gebietserwerbungen rasch wuchs, nur auf die kleinere bay. Bevölkerungszahl (von 1805) bezogen – dies zwei schwerwiegende methodische Irrtümer. Schubert (wie Anm. 49), gibt die Zahl mit 3–10% an. Siehe auch W. Dehmel, Wehlers „Gesellschaftsgeschichte", in: ZBLG 53. 1990, bes. S. 143 f.

53 Struensee zit. nach Winkle (wie Anm. 15), S. 456. Richard van Dülmen, Theater des Schreckens. Gerichtspraxis und Strafrituale in der frühen Neuzeit, München [3]1988, S. 21, 198 Anm. 24. Magdeburg: Zit. nach A. Baer, Die Hygiene des Gefängniswesens, in: Weyls Hdb. der Hygiene, Bd. 5, Jena 1897, S. 8f. „Die Gefängnisse sind eng, ungesund und verseucht", schreibt Louis-Sébastien Mercier, Tableau de Paris. Bilder aus dem vorrevolutionären Frankreich (1781), Zürich 1990, S. 73.

54 L. Thorndike, Sanitation, Baths, and Street-Cleaning in the Middle Ages and Renaissance, in: Speculum 3. 1928, S. 192–203, bezweifelt die verallgemeinernde Behauptung, das Mittelalter sei sehr schmutzig gewesen. Es wurde zumindest lange Zeit, was persönliche Hygiene anlangt, nicht besser. Vgl. Hinrichs (wie Anm. 46), S. 26.

55 Beide Zitate nach Winkle (wie Anm. 15): Wilhelmine, S. 466 Anm. 35; Moscherosch, S. 442 Anm. 58. Über Fliegen als Krankheitsüberträger siehe B. Greenberg, Flies and Disease, in: SciAm 213. 1965, S. 92–99. Über Unterbekleidung allg. H. Jäger, Entstehung, Entwicklung und Wandlungsformen der menschlichen Unterkleidung bei den verschiedenen Völkern der Erde, in: AHB 123. 1940, S. 247–82; und neuerdings Almut Junker u. Eva Stille, Zur Geschichte der Unterwäsche 1700–1960. Eine Ausstellung des Historischen Museums Frankfurt, Frankfurt/M. [4]1988. Siehe auch Norbert Elias, Über den Prozeß der Zivilisation. Soziogenetische und psychogenetische Untersuchungen, Bd. 1, Frankfurt/M. [8]1981, S. 170f.

56 Christoph Wilhelm Hufeland, Makrobiotik oder die Kunst, das menschliche Leben zu verlängern (1796), München 1978, S. 130.

57 Ebd., 82.

58 Süßmilch (wie Anm. 5), Bd. 1, S. 79f., 81, 89.

59 Ute Frevert, Krankheit als politisches Problem 1770–1880, Göttingen 1984,

S. 25. Vgl. François, La Mortalité urbaine en Allemagne au XVIIIe siècle, in: ADH 1978, S. 148.

60 Zahlen nach A. Armengaud, Population in Europe 1700–1914, in: FEHE, Bd. 3, S. 33; Peter Borscheid, Geschichte des Alters. Vom Spätmittelalter zum 18. Jahrhundert, München 1989, S. 254; Wolfram Fischer u. a., Sozialgeschichtliches Arbeitsbuch I. Materialien zur Statistik des Deutschen Bundes 1815–1870, München 1982, S. 38.

61 Johann Jakob Rambach, Versuch einer physisch-medizinischen Beschreibung von Hamburg, Hamburg 1801, S. 47. Mercier (wie Anm. 53), S. 30. Über Hamburg weiter Wilhelm Mehlhop, Alt-Hamburgisches Dasein, Hamburg 1899.

62 Süßmilch (wie Anm. 5), Bd. 1, S. 103; Bd. 2, 298, 311. Ludwig Formey, Versuch einer medicinischen Topographie von Berlin, Berlin 1796, S. 26. R. Finckenstein; Ueber die Kindersterblichkeit in Breslau, in: DVG 2. 1870, bes. S. 565 ff. Vgl. S. Peller, Zur Kenntnis der städtischen Mortalität im 18. Jh. mit bes. Berücksichtigung der Säuglings- und Tuberkulosesterblichkeit, in: ZHI 90. 1920, S. 239.

63 Vgl. Süßmilch (wie Anm. 5), Bd. 1, S. 189 f.; (wie Anm. 39), S. 31.

64 K. Kißkalt, Die Sterblichkeit im 18. Jahrhundert, in: ZHI 93. 1921, S. 439 f., 452 f., Friedrich Prinzing, Hdb. der medizinischen Statistik, Jena 1906, S. 386 f. Imhof (wie Anm. 11), S. 28.

65 Süßmilch (wie Anm. 5), Bd. 1, S. 519 ff.

66 E. Meynert, Philipp Gabriel Hensler und seine Zeit, 1834. Harald Breyer, Johann Peter Frank. „Fürst unter den Ärzten Europas", Leipzig 1983, S. 132 f.; W. R. Lee, The Mechanism of Mortality Change in Germany, 1750–1850, in: MhJ 15. 1980, S. 246. Erna Lesky, Die Wiener Medizinische Schule im 19. Jahrhundert, Graz–Köln 1978, S. 29.

67 Anton Ritter v. Arneth, Geschichte Maria Theresias, Bd. 7, Wien 1873, S. 324–36. Winkle (wie Anm. 15), S. 395. Isaac Deutscher, Stalin. A Political Biography, Harmondsworth 1966, S. 22. Katharina II. Memoiren, 2. Bd., Leipzig 1986, S. 58, 81, 146 f., 191 f.

68 Derek Beales, Joseph II., Bd. 1: In the Shadow of Maria Theresa, 1741–1780, Cambridge u. a. 1987, S. 88, 138, 148 f., 156, 255.

69 Joh. Georg Krünitz, Oecon. Encyclop., Theil 47, S. 598.

70 Süßmilch (wie Anm. 5), Bd. 1, S. 524 f. Formey (wie Anm. 62), S. 164.

71 Süßmilch (wie Anm. 5), Bd. 1, S. 59 Anm. Vgl. ebd., S. 525 ff.

72 Elfriede Schott, Die Diphtherie zwischen 1750 und 1850 bzw. 1870, med. Diss., Erlangen 1951, S. 6 ff.

73 Formey (wie Anm. 62), S. 164; Rambach (wie Anm. 61), S. 344.

74 Vgl. William Beveridge, Influenza: The Last Great Plague, New York 1978, passim. S. Dietrich Oeter, Sterblichkeit und Seuchengeschichte der Bevölkerung bayerischer Städte von 1348–1870, med. Diss., Köln 1961, 99 f.; Schnurrer (wie Anm. 22), S. 454.

75 Lesky (wie Anm. 66), S. 46, 280 f. Formey (wie Anm. 62), S. 180 f.

76 Hans Haustein, Die Bekämpfung der Prostituierten und der Geschlechtskrankheiten in Berlin um 1700, in: Historische Studien und Skizzen zur Natur- und Heilwissenschaft, Fs. für Georg Sticker, hg. von Karl Sudhoff, Berlin 1930, S. 82–88. Vgl. Erwin Ackerknecht, Geschichte und Geographie der wichtigsten Krankheiten, Stuttgart 1963, S. 106–16; Winkle (wie Anm. 15), S. 476–81. – Mercier (wie Anm. 53), S. 333, schreibt diesbezüglich über Paris: „Im Hospiz

angekommen, werden sie untersucht, und man sondert die Infizierten ab, um sie nach Bicêtre zu bringen, wo sie Genesung oder Tod erwartet."

77 Friedrich Prinzing, Epidemics Resulting from Wars, Oxford 1916, S. 92 f.

78 Georg Sticker, Abhandlungen aus der Seuchengeschichte und Seuchenlehre. Bd. I/1: Die Pest, Gießen 1908, 421.

79 Quincy Wright, A Study of War, Chicago–London [2]1965, S. 243.

80 Vgl. Jos. Michael Sinner, Darstellung eines rheumatischen Schweißfiebers..., Würzburg 1803; Hans Zinsser, Ratten, Läuse und die Weltgeschichte, Stuttgart–Calw 1949, S. 101.

81 Prinzing (wie Anm. 77), 98 ff. Vgl. C. Hufeland, Bemerkungen über die Nervenfieber, die im Winter 1806–7 in Preußen herrschten, in: Hufeland's Journal der praktischen Heilkunde 26. 1807, S. 120.

82 K. Kißkalt, Die Sterblichkeit in der ersten Hälfte des 19. Jahrhunderts in den deutschen Städten, in: ZHI 98. 1922, S. 5 f.

83 Prinzing (wie Anm. 77), S. 101.

84 In der Literatur werden unterschiedliche Zahlen genannt über die Größe von Napoleons Rußland-Armee. Nach Jean Tulard, Frankreich im Zeitalter der Revolutionen 1789–1851, Stuttgart 1989, S. 270 f., führte Napoleon 400000 Mann auf den russ. Kriegsschauplatz; die Hauptarmee, überwiegend Franzosen, bestand aus 250000 Mann; die beiden Hilfsarmeen bestanden aus 80000 Mann, vorwiegend Italiener und Bayern, und 70000 Westfalen, Sachsen und Polen.

85 Dazu J. R. L. Kerckhoff, Observations..., Paris 1814, [3]1836; M. J. Lemazurier, Medizinische Geschichte des Russischen Feldzuges von 1812, Jena 1823; J. Parenteau-Desgranges, Hommage à la verité. Précis historique des événements les plus remarquables survenus depuis la rentrée de las Russie jusqu'au passage du Rhin, Paris 1814. Wilhelm Ebstein, Die Krankheiten im Feldzug gegen Rußland, Stuttgart 1902.

86 Zit. nach Leopold Wilbrand, Die Kriegs-Lazarethe von 1792–1815 und der Kriegstyphus zu Frankfurt am Main, in: Archiv für Frankfurts Geschichte und Kunst NF 11. 1884, S. 67 f. Nicht weniger ergreifend sind die Augenzeugenschilderungen des Arztes und Malers Carl Gustav Carus, Lebenserinnerungen und Denkwürdigkeiten, Bd. 1, Leipzig 1865, S. 136 f.; und die von Wilhelm von Kügelgen, Jugenderinnerungen eines alten Mannes, Zürich [3]1988, S. 220.

87 Kißkalt (wie Anm. 82), S. 9 f. Vgl. Adolf Kußmaul, Jugenderinnerungen eines alten Arztes, Stuttgart 1899, S. 13 f.; von Linstow, Kriege, Schlachten und Belagerungen, in denen nicht die feindlichen Waffen, sondern Krankheiten das entscheidende Moment waren, in: DMZ 29. 1900, S. 206.

88 Carl Friccius, Geschichte der Befestigungen und Belagerungen Danzigs, Berlin 1854; Prinzing (wie Anm. 77), S. 310.

89 Prinzing (wie Anm. 77), S. 311–16.

90 Vgl. Steinheim, Über den Typhus im Jahre 1814 in Altona, Altona 1815; Friedrich Weber, Bemerkungen über die in Kiel und der umliegenden Gegenden im Anfange des Jahres 1814 vorherrschenden Krankheiten, besonders über den Typhus, Kiel 1814.

91 Prinzing (wie Anm. 77), S. 316–19; Wilbrand (wie Anm. 86), S. 1.

92 Jungkunz (wie Anm. 51), S. 309. Franz Seitz, Der Typhus, vorzüglich nach seinem

Vorkommen in Bayern geschildert, Erlangen 1847, S. 172–78; Prinzing (wie Anm. 77), S. 145–49, 155–57.

93 Kißkalt (wie Anm. 82), S. 2.

94 Prinzing (wie Anm. 77), S. 162 f.

IX. Der Durchbruch der Medikalisierung

1 Siehe dazu W. Zorn, Medizinische Volkskunde als sozialgeschichtliche Quelle. Die bayerische Bezirksärzte-Landesbeschreibung von 1860/62, in: VSWG 69. 1982, S. 219–31. Jan Brügelmann, Der Blick des Arztes auf die Krankheit im Alltag 1779–1850. Medizinische Topographien als Quelle für die Sozialgeschichte des Gesundheitswesens, phil. Diss., FU Berlin 1982.

2 Vgl. Frederick F. Cartwright, A Social History of Medicine, London–New York 1977, S. 93.

3 Wilhelm Treue, Wirtschaftsgeschichte der Neuzeit. Bd. I: 18. und 19. Jahrhundert, Stuttgart [3]1973, S. 534. Vgl. W. Köllmann, Bevölkerungsgeschichte 1800–1970, in: HDWSG, Bd. 2, S. 9 f.; Peter Marschalck, Bevölkerungsgeschichte Deutschlands im 19. und 20. Jahrhundert, Frankfurt/M. 1984, S. 23, 27.

4 Vgl. Joh. Christian Förster, Nachricht von dem Leben und Verdiensten Johann Peter Süßmilchs (1768), Ndr. Göttingen–Augsburg 1988; R. Horvath, „L'Ordre Divin" de Süßmilch, in: Population 17. 1962, S. 267–77.

5 Zit. nach Stefan Winkle, Johann Friedrich Struensee. Arzt, Aufklärer, und Staatsmann. Beitrag zur Kultur-, Medizin- und Seuchengeschichte der Aufklärungszeit, Stuttgart 1983, S. 45.

6 Erna Lesky, Die Wiener Medizinische Schule im 19. Jahrhundert, Graz–Köln 1978, S. 52.

7 J. Geyer-Kordesch, German medical education in the eighteenth century: the Prussian context and its influence, in: W. F. Bynum u. Roy Porter, Hg., William Hunter and the eighteenth-century medical world, Cambridge u. a. 1985, S. 183.

8 Winkle (wie Anm. 5), S. 31. Richard van Dülmen, Theater des Schreckens. Gerichtspraxis und Strafrituale in der frühen Neuzeit, München [3]1988, S. 138 f.

9 Friedrich Nasse, Von der Stellung der Ärzte im Staat, Leipzig 1823, S. 65. Hermann v. Helmholtz, Das Denken in der Medizin, Berlin 1877, S. 21 f. R. Virchow, Der medicinische Universitäts-Unterricht, in: MR, S. 85. Vgl. Claudia Huerkamp, Der Aufstieg der Ärzte im 19. Jahrhundert. Vom gelehrten Stand zum professionellen Experten: Das Beispiel Preußens, Göttingen 1985, bes. S. 98 ff.

10 Art. Krankenhaus, in: Joh. Georg Krünitz, Oeconomische Encyclopädie, oder allgemeines System der Staats-, Stadt-, Haus- und Landwirtschaft, in alphabetischer Ordnung, Theil 47, Berlin 1789, S. 120–587. Winkle (wie Anm. 5), S. 352.

11 Zit. nach Harald Breyer, Johann Peter Frank. „Fürst unter den Ärzten Europas", Leipzig 1983, S. 30, 58, 29.

12 Adalb. Friedrich Marcus, Kurze Beschreibung des allgemeinen Krankenhauses zu Bamberg, Weimar 1797. Vgl. Dieter Jetter, Das europäische Hospital. Von der Spätantike bis 1800, Köln 1986, S. 206; Axel Hinrich Murken, Vom Armenhospital zum Großklinikum. Die Geschichte des Krankenhauses vom 18. Jahrhundert

bis zur Gegenwart, Köln 1988, S. 46; Zuletzt M. Vasold, „Eine der musterhaftesten Krankenanstalten Teutschlands", in: DÄ 97. 1989, S. 3217f.

13 Nathanael Hulme, Abhandlung von dem Kindbetterinnenfieber, Leipzig 1772, S. 3. Hufeland zit. nach Murken (wie Anm. 12), S. 49.

14 Georg Fliescher, Die Choleraepidemien in Düsseldorf, Düsseldorf 1977, S. 8f.

15 Donald R. Hopkins, Princes and Peasants. Smallpox in History, Chicago–London 1983, S. 59. P. E. Razzell, Edward Jenner. The History of A Medical Myth, in: MH 9. 1965, S. 216–29, behauptet, die Pocken seien in England dank dieser Form der Impfung schon im 18. Jh. zurückgegangen.

16 Voltaire zit. nach Winkle (wie Anm. 5), S. 414 Anm. 25. Vgl. ebd., S. 402f. Hopkins (wie Anm. 15), S. 70ff.

17 William H. McNeill, Plagues and Peoples, Harmondsworth 1969, S. 232.

18 Winkle (wie Anm. 5), S. 405, 327f.

19 Joh. Peter Süßmilch, Die Göttliche Ordnung..., Bd. 2, Berlin [3]1765, Ndr. 1988, S. 440ff. In den engl. Kolonien in Nordamerika zählte Benjamin Franklin zu den großen Anhängern der Inokulation. Vgl. Benjamin Franklin. The Autobiography and other Writings, ausgewählt u. eingeleitet von L. Jesse Lemisch, New York 1961, S. 112. George Washington ließ gleich im Jahr der Unabhängigkeitserklärung, 1776, alle Soldaten seiner Armee impfen. H. McNeill (wie Anm. 17), S. 232.

20 Immanuel Kant, Werkausgabe VIII, hg. von Wilhelm Weischedel, Frankfurt/M. [2]1978, S. 556.

21 Winkle (wie Anm. 5), S. 364 Anm. 71. Vgl. Werner Plesse u. Dieter Rux, Hg., Biographien bedeutender Biologen, Berlin (Ost) [2]1977, S. 152f. Auch in Frankreich machte man diese Erfahrung (Pierre Lépine, Les Vaccinations, Paris 1975, S. 5).

22 Plesse u. Rux (wie Anm. 21), S. 153. Jenner soll nicht Kuh-, sondern Pferdepocken verwendet haben, die heute ausgestorben sind, behauptet Hopkins (wie Anm. 15), S. 7.

23 Krünitz (wie Anm. 10), Theil 47, S. 778–85. Siehe auch M. Schmid, Bericht über die Schutzpocken-Impfung im Physikatsdistrikte Rosenheim, Rosenheim 1816, S. 16f.

24 Peter Kübler, Geschichte der Pocken und der Impfung, Berlin 1901, S. 202. Siehe auch Hans-Peter Rösler, Die Anfänge der Kuhpocken in Frankfurt a. M. 1800/1801, med. Diss., Mainz 1986.

25 Hermann Peters, Der Arzt und die Heilkunst in alten Zeiten (1900), Ndr. Düsseldorf-Köln 1969, S. 121. Oliver Goldsmith schrieb ein Gedicht gegen die Pocken, siehe Lawrence Stone, The Family, Sex and Marriage in England 1500–1800, Harmondsworth 1979, S. 62.

26 Johann Wetzler, Belehrung des Landvolkes über die Schutzblattern, Straubing 1802, S. 16f. Vgl. ders., Aktenstücke über die Schutzpocken-Impfung in der königlich-baier'schen Provinz in Schwaben, Ulm 1807; Giel, Die Schutzpocken-Impfung in Bayern, vom Anbeginn ihrer Entstehung und gesetzlichen Einführung bis auf gegenwärtige Zeit, dann mit besonderer Betrachtung derselben in auswärtigen Staaten, München 1830; Bernhard C. Faust, Zuruf an die Menschen – insonderheit in Kursachsen: Die Blattern durch die Einimpfung der Kuhpocken, auszurotten, Hannover [2]1804. Dazu auch C. Huerkamp, The History of Smallpox Vaccination in Germany: A First Step in the Medicalization of the General Public, in: JCH 20. 1985, S. 617–35.

27 Hopkins (wie Anm. 15), 87 ff.; Lesky (wie Anm. 6), 29 ff.; Goethe im Gespräch mit Eckermann, 19. 2. 1831, zit. nach K. Kißkalt: Die Sterblichkeit in der ersten Hälfte des 19. Jahrhunderts in den deutschen Städten, in: ZHI 98. 1922, S. 13 Anm. .

28 K. Majer, Die epidemischen Kinderkrankheiten in Bayern während der Periode 1857/58 bis 1868/69, in: JfK Jg. 29, Bd. 56, 1871, S. 169, 184. Theodor Fontane, Meine Kinderjahre. Autobiographischer Roman, hg. von Walter Keitel, München 1973, S. 79. Arthur E. Imhof, Die Lebenszeit. Vom aufgeschobenen Tod und von der Kunst des Lebens, S. 30, schreibt: „Die Pocken blieben nach der Einführung der Schutzimpfung um die Wende zum 19. Jahrhundert aus." Die Einführung der Impfpflicht ruft unter Historikern heute seltsam gegensätzliche Reaktionen hervor: Während Ute Frevert, Krankheit als politisches Problem 1770–1880. Soziale Unterschichten in Preußen zwischen medizinischer Polizei und staatlicher Sozialversicherung, Göttingen 1984, S. 69–74, hinter dem Tatendrang der Ärzte Geldgier wittert, bedauert Barbara Beuys, Familienleben in Deutschland. Neue Bilder aus der deutschen Vergangenheit, Reinbek 1980, S. 374, daß die Pockenschutzimpfung im 19. Jh. „in Deutschland Privatsache" blieb.

29 Erich Martini, Über die Entstehung der Neuerkrankungen an Malaria während des Frühjahrs und Sommers unserer Breiten, in: ZHI 41. 1902, S. 150f. J. W. v. Goethe, Dichtung und Wahrheit 2. Teil, 9. Buch (= Goethes Werke in zehn Bänden, VIII, Zürich-Stuttgart 1962, S. 406).

30 Leopold Wilbrand, Die Kriegs-Lazarethe von 1792–1815 und der Kriegstyphus zu Frankfurt am Main, in: Archiv für Frankfurts Geschichte und Kunst NF 11. 1884, S. 3 f. John Q. Adams, Briefe über Schlesien. Geschrieben auf einer im Jahr 1800 durch dieses Land unternommenen Reise, Breslau 1805, S. 207.

31 Derek Beales, Joseph II., Bd. 1: In the Shadow of Maria Theresa 1741–1780, Cambridge u. a. 1987, S. 151. Vgl. E. Ackerknecht, Malaria, in: Ciba-Zs. 62. 1953, S. 2058–88.

32 Werner Sombart, Die römische Campagna. Eine sozialökonomische Studie, Leipzig 1888, S. 23. Vgl. ebd., S. 121 ff. Friedrich Prinzing, Hdb. der Medizinischen Statistik, Jena 1906, S. 382.

33 Hermann Merkel, Über die einheimische endogene Malaria in Deutschland, med. Diss., Erlangen 1951, S. 3.

34 Martin Maisch, Über die Malaria und ihr Wirken in der deutschen Geschichte, med. Diss., Tübingen 1939, S. 7; Merkel (wie Anm. 33), S. 4f., 6. Siehe auch F. Grunske, Die Erfahrungen und Ergebnisse der Malariabekämpfung in Emden (Ostfriesland) von 1910–1933, in: DDM 1. 1936, S. 20–27.

35 Der Begriff Cholera (ital. *colera*) ist älter; aber er bezeichnet nicht die Cholera asiatica; zu Unrecht nennt H. Kellenbenz, Wirtschaft und Gesellschaft Europas 1350–1650, in: HEWSG, Bd. 3, S. 114, die Cholera zusammen mit anderen Infektionskrankheiten der frühen Neuzeit. Den gleichen Irrtum begeht Fliescher (wie Anm. 14), S. 7. Georg Sticker, Abhandlungen aus der Seuchengeschichte und Seuchenlehre. Bd. II: Die Cholera, Gießen 1912, 1 ff.

36 James Jameson, Report in the Epidemick Cholera Morbus as It Visited the Territories Subject to the Presidency of Bengal in the Years 1817, 1818, und 1819, Kalkutta 1820. J. D. Post, Famine, Mortality, and Epidemic Disease in the Process of Modernization, in: EHR (2nd) 29. 1976, S. 14ff.

37 Friedrich Schnurrer, Chronik der Seuchen..., Tübingen 1825, S. 590f., 610.

38 Sticker (wie Anm. 35), S. 117f. Zu Rußland: Roderick E. McGrew, Russia and the Cholera, 1823–1832, Madison 1965. Siehe McNeill (wie Anm. 17), S. 242f. Walter Krehnke, Der Gang der Cholera in Deutschland seit ihrem ersten Auftreten bis heute, Berlin 1937, S. 333f.

39 Th. Stamm-Kuhlmann, Die Cholera von 1831. Herausforderung an Wissenschaft und staatliche Verwaltung, in: Sud A 73. 1989, S. 176–89. Krehnke (wie Anm. 38), S. 335f.; Sticker (wie Anm. 35), S. 118.

40 Krehnke (wie Anm. 38), S. 345–48. Siehe J. C. C. Fricke, Geschichtliche Darstellung des Ausbruchs der Asiatischen Cholera in Hamburg, Hamburg 1831.

41 Fliescher (wie Anm. 14), S. 13.

42 Krehnke (wie Anm. 38), S. 354. Huerkamp (wie Anm. 8), S. 167, schreibt von 100000 Toten in Preußen. Bezüglich Wiens siehe J. J. Knolz, Darstellung der Brechruhr-Epidemie in der k. u. k. Haupt- und Residenzstadt Wien in den Jahren 1831/32, Wein 1834. I. Fischer, Der erste Choleraeinbruch in Österreich. Nach Akten der Wiener medizinischen Fakultät aus den Jahren 1831 und 1832, in: Historische Studien und Skizzen zur Natur- und Heilwissenschaft, hg. von Karl Sudhoff, Fs. für G. Sticker, Berlin 1930, S. 134–42. Bezüglich der k. u. k Thronländer E. Schultheisz u. Louis Tardy, Short History of Epidemics in Hungary until the Great Cholera Epidemic of 1831, in: Centaurus 11. 1966, bes. S. 289ff.

43 A. Jardin u. A. J. Tudesq, La France des notables. L'évolution générale, 1815–1848, Paris 1973, S. 127–35; François Delaporte, The Cholera in Paris, 1832, Cambridge/Mass. 1986.

44 R. J. Morris, Cholera 1832. The Social Response to An Epidemic, London 1976, S. 79; Sticker (wie Anm. 35), S. 291.

45 A. Briggs, Cholera and Society in the Nineteenth Century, in: PP 19. 1961, S. 90. Die Cholera wurde in Deutschland häufig kartographisch dargestellt, vor allem die späteren Epidemien in Bayern, z. B. Atlas zum amtlichen Hauptberichte über die Cholera-Epidemie in Bayern im Jahre 1854, München 1856. – L. G. Stevenson, Putting Disease on the Map: The Early Use of Spot Maps in the Study of Yellow Fever, in: JHM 20. 1965, S. 226–61, führt die ersten Karten mit epidemiologischen Inhalten auf die 1790er Jahre zurück. Dazu auch H. J. Jusatz, Die Bedeutung der Karte als wissenschaftliches Hilfsmittel der Seuchenforschung, in: ZHI 137. 1953, S. 199–220. Ganz dieser Absicht entspricht auch der Welt-Seuchen-Atlas, hg. von E. Rodenwaldt u. H. J. Jusatz, 3 Teile, Hamburg 1952–61.

46 Briggs (wie Anm. 45), S. 81ff. Vgl. R. Baehrel, La Haine de Classes en temps d'Epidemie, in: Annales 7. 1952, S. 351–60. – Während die Pest – trotz ihrer schiffserfahrenen Überträger: den Ratten – erst nach dem Jahr 1900 in die USA gelangte, schaffte die Cholera dies bereits 1832. Siehe S. H. Adams, That was Upstate New York. My Grandfather and the Plague, in: The New Yorker, 18. 10. 1947, S. 88–96. Charles E. Rosenberg, The Cholera Years. The US in 1832, 1849 and 1866, Chicago 1962.

47 Lesky (wie Anm. 6), S. 47. Vgl. Fliescher (wie Anm. 14), 14; Sticker (wie Anm. 35), S. 523–86. Über die Cholera siehe Friedrich Schnurrer, Die Cholera morbus, ihre Verbreitung, ihre Zufälle, die versuchten Heilmethoden, ihre Eigentümlichkeiten und die im großen dagegen angewendeten Mittel. Mit der Charte ihres Verbreitungsbezirks, Stuttgart–Tübingen 1831. Karl Brockmüller, Ansichten über die herrschende Cholera. Vergleiche derselben mit dem Wechselfieber, Jülich 1832;

Burdach, Thatsachen über die Cholerasperren nach amtlichen Berichten dargestellt, Königsberger Cholerazeitung, 1831; ders., Historisch-statistische Studien über die Choleraepidemien vom Jahre 1831 in der Provinz Preußen, besonders in Ostpreußen, Königsberg 1832; Dr. Casper, Berliner Cholerazeitung unter Benutzung amtlicher Nachrichten, Berlin 1831; Dr. Dieffenbach, Versuche über die Transfusion des Blutes in der Cholera, in: Heckers literarische Annalen der gesamten Heilkunde, 1832; Robert Froriep, Symptome der asiatischen Cholera im November und December 1831 zu Berlin abgebildet und beschrieben, Weimar 1832; Samuel Hahnemann, Heilung der asiatischen Cholera und Schützung vor derselben, Nürnberg 1831; ders., Sicherste Heilung und Ausrottung der asiatischen Cholera, Leipzig 1831; Hufeland, Notizen in der Nähe gesammelt über die Natur und Behandlung der asiatischen Cholera, in: Hufeland's und Osann's Journal für die practische Heilkunde, 1831; Dr. Oertel, Victoria! Kaltwasser hat die Cholera besiegt, Nürnberg 1831.

48 Zit. nach W. Rimpau, Die Entstehung von Pettenkofers Bodentheorie und die Münchner Choleraepidemie vom Jahre 1854. Eine kritisch-historische Studie, Berlin 1935, S. 384f.

49 Augsburger Allgemeine Zeitung vom 8. Okt. 1836.

50 Vgl. Morris (wie Anm. 44), S. 12f. W. L. Langer, Europe's Initial Population Explosion, in: AHR 69. 1963, S. 6: Erwin Ackerknecht, Geschichte und Geographie der wichtigsten Krankheiten, Stuttgart 1963, S. 23.

51 Zit. nach MR, S. 28. Siehe auch W. Schütz, Bericht über die Cholera-Epidemie des Jahres 1848 in Berlin, in: VA 2. 1849. S. 379–408.

52 Krehnke (wie Anm. 38), S. 366f. Kißkalt (wie Anm. 27), S. 11. Sticker (wie Anm. 35), S. 140.

53 Adolf Kußmaul, Jugenderinnerungen eines alten Arztes, 1899, S. 413.

54 Krehnke (wie Anm. 38), S. 388ff.; Rimpau (wie Anm. 48), S. 410ff. Sticker (wie Anm. 35), S. 306. Siehe auch Hauptbericht über die Cholera-Epidemie des Jahres 1854 im Königreiche Bayern. Erstattet von der Kgl. Kommission für Naturwissenschaftliche Untersuchungen über die indische Cholera, red. von Martin München 1857. Franz Xaver Gietl, Geschichtliches zur Choleraepidemie in München im Jahre 1854, München 1855; ders., Die Ergebnisse meiner Beobachtungen über die Cholera vom Jahre 1831 bis 1874 in ätiologischer und praktischer Beziehung, München 1874.

55 Max Pettenkofer, Untersuchungen ..., München 1855, S. 109f. Zit. nach M. Vasold, Die Cholera in Franken, in: ders., Geschichten aus Frankens Geschichte, Hof 1989, S. 200f. Siehe auch M. Pettenkofer, Rudolf Virchows Choleratheorie, in: BKW 21. 1884, S. 485–91.

56 Ebd., S. 204. Vgl. Rudolf Virchow, Ges. Abhdl. aus dem Gebiet der öffentlichen Medicin und der Seuchenlehre, Bd. 1, Berlin 1879, S. 200, 514f.

57 Krehnke (wie Anm. 38), S. 405.

58 E. Rodenwaldt, Die Seuchenzüge der Cholera im 19. Jahrhundert, in: Der Arzt und der Kranke in der Gesellschaft des 19. Jhs., hg. von W. Artelt u. W. Rüegg, Stuttgart 1967, S. 203. Vgl. Dr. Lentz, Cholera als Kriegsseuche, in: SiK, S. 103f.; Michael Stürmer, Die Reichsgründung. Deutscher Nationalstaat und europäisches Gleichgewicht im Zeitalter Bismarcks, München 1984, S. 47f.

59 Adalbert Stifter. Die Mappe meines Urgroßvaters. Schilderungen, Briefe, München 1986, S. 890f.

60 Max Pettenkofer, Über den gegenwärtigen Stand der Cholera-Frage, München 1873, S. 1f.

61 Eine 2. Aufl. von Snows Buch erschien 1855, ein Reprint 1936 in New York. Siehe auch A. Briggs, Cholera and Society in the Nineteenth Century, in: PP 19. 1961, S. 77, 86f.; und Ch. Rosenberg, Cholera in Nineteenth-Century Europe: A Tool for Social and Economic Analysis, in: CSSH 8. 1965/66, S. 459.

62 Richard J. Evans, Angst in den Zeiten der Cholera, in: Kursbuch 94. 1988, S. 92. Die monumentale Studie des gleichen Verf., Death in Hamburg. Society and Politics in the Cholera Years 1830–1919, Oxford 1987, liegt inzwischen auch in dt. Sprache vor: Tod in Hamburg. Stadt, Gesellschaft und Politik in den Cholera-Jahren 1830–1910, Reinbek 1990.

63 Zit. nach: Eckart Klessmann, Geschichte der Stadt Hamburg, Hamburg [5]1985, S. 528.

64 Vgl. G. Gaffky, Die Cholera in Hamburg, in: AKG 10. 1896, F. Hueppe, Die Cholera-Epidemie in Hamburg, 1892, in: BKW 30. 1893, S. 108–16, 134–41, 159–65. Die Zahl der Toten wird unterschiedlich hoch angegeben: Sticker (wie Anm. 35), S. 149, schreibt von 8576 Toten; Huerkamp (wie Anm. 9), S. 171, gibt die Zahl mit fast 9000 an, andere Autoren sprechen gar von mehr als 10000 Toten.

65 Thomas Nipperdey, Deutsche Geschichte 1866–1918. Bd. I: Arbeitswelt und Bürgergeist, München 1990, S. 159. Briggs (wie Anm. 45), S. 90.

66 Friedrich Prinzing, Epidemics Resulting from Wars, Oxford 1916, S. 258.

67 Vgl. Dr. Friedberger, Die Pocken als Kriegsseuche, in: SiK, S. 148f.; Prinzing (wie Anm. 66), S. 202–13. Genauere Zahlen sind nicht sicher bekannt; es könnten in Frankreich mehrere 100000 Personen an Pocken erkrankt sein. Frankreich hat bis 1900 keine amtl. Darstellung seiner Verluste veröffentlicht (Walther Knaak, Die Krankheiten im Kriege, Leipzig 1900, S. 60.) Über Paris: O. Oesterle, Paris und die Hygiene während der Belagerung von 1870 und 1871, in: DVG 9. 1877, S. 410–33. Auch Dr. Kirchner, Verhütung und Bekämpfung von Kriegsseuchen, in: SiK, S. 50, behauptet, die Zahl der Pockentoten in Frankreich sei nicht sicher bekannt, die Zahl 23400 gehe „durch alle Lehrbücher". Nach Hopkins (wie Anm. 15), S. 90, litten in der frz. Armee 125000 an den Pocken, 23470 sollen daran gestorben sein. Siehe Oskar Matzel, Die Pocken im Deutsch-Französischen Krieg 1870/71, med. Diss., Düsseldorf 1977. Über Preußen informiert A. Guttstadt, Die Pockenepidemie in Preussen, insbesondere in Berlin, 1870–2, in: Zs. des Kg. Preuss. Statist. Bureaus 13. 1873; von amtlicher Seite der Sanitätsbericht über das deutsche Heer im Krieg gegen Frankreich, 1870–1, Berlin 1886. – Von den dt. Soldaten starben 5,75 Prozent der an Pocken Erkrankten, von den frz. 13,85, schreibt Prinzing (wie Anm. 66), S. 270.

68 Prinzing (wie Anm. 66), S. 200, 259, 264f., 245f., 251ff. Gutachten des Bundesgesundheitsamtes über die Durchführung des Impfgesetzes, Berlin u. a. 1959 S. 2.

69 Prinzing (wie Anm. 66), S. 231.

70 Ebd., 268, 283f. Gutachten (wie Anm. 68), S. 2.

71 Prinzing (wie Anm. 66), S. 271–81. B. Heymann u. A. Gaedertz, Über Pockenhäufigkeit und Pockenschutz in außerdeutschen Kulturstaaten, in: ZHI 98. 1922, 578–630. Friedberger (wie Anm. 67), 157ff., 160ff.

72 Carl Gegenbaur, Erlebtes und Erstrebtes, Leipzig 1901, 54. Über die Not im Spessart berichtet – unter diesem Titel – R. Virchow in: Verhandlungen der physikalisch-medizinischen Gesellschaft in Würzburg 3. 1852.

73 R. Virchow, Mittheilungen über die in Oberschlesien herrschende Typhus-Epidemien, in: VA 2. 1849, 143–322. Dieser Titel und der in Anm. 72 erwähnte über den Spessart sind abgedruckt in: Rudolf Virchow, Die Not im Spessart – Mitteilungen über die in Oberschlesien herrschende Typhus-Epidemie, Darmstadt 1968, bes. S. 143. – Natzmer zit. nach: Rudolf Stadelmann, Soziale und Politische Geschichte der Revolution von 1848, München 1948, 1973, S. 37. Vgl. Eberhard Weis, Der Durchbruch des Bürgertums 1776–1847, Frankfurt/M. u. a. 1982, S. 406 f.

74 Die Nationalsozialisten betrachteten Virchow als einen Revolutionär – und zugleich als einen Reaktionär; der Film über Robert Koch (1939) zeigt ihre ambivalente Haltung. Die DDR hat dieses Virchow-Bild zunächst übernommen; aber auch in der westdeutschen Historiographie zeigt sich eine seltsam widersprüchliche Einstellung.

75 Dr. Jochmann, Fleckfieber und Rückfallfieber als Kriegsseuchen, in: SiK, S. 198; Charles-Ed. Winslow, The Conquest of Epidemic Disease, NY-London 1967, S. 33.

76 R. Virchow, Ueber den Hungertyphus und einige verwandte Krankheitsformen, in: ders., Ges. Abhandlungen, Bd. I, Berlin 1879, 433–35, 472 f.

77 J. C. Riley, Insects and the European Mortality Decline, in: AHR 91. 1986, S. 849 f. Zur Biologie der Kleiderlaus: R. Otto, Fleckfieber (Typhus exanthematicus), in: HÄEW, S. 419 f.

78 Prinzing (wie Anm. 32), S. 376–78, 435.

79 Nürnberg vor 125 Jahren. Die Medizinal-Topographie von 1862, bearb. von Jutta Seitz, hg. von Gerhard Hirschmann, Nürnberg 1987, S. 62 f.

80 Chronik der Stadt Fürth von Dr. Fronmüller sen., Fürth 1887, Ndr. Höchstadt/A. 1985, S. 440.

81 Die Literatur über Kindersterblichkeit im 19. Jh. ist Legion; ausführlich und mit vielen Zahlen informiert F. Prinzing, Die Entwickelung der Kindersterblichkeit in den europäischen Staaten, in: JNS 72. 1899, S. 577–635. Neuerdings: H. J. Kintner, The Determinants of Infant Mortality in Germany from 1871 to 1933, Diss., U. of Michigan 1982. Für Bayern, wo die Kinder- und Säuglingssterblichkeit im 19. Jh. besonders hoch war: Carl Majer, Die Sterblichkeit der Kinder während des ersten Lebensjahres in Bayern, München 1871. Siehe auch A. E. Imhof, Unterschiedliche Säuglingssterblichkeit in Deutschland, 18. bis 20. Jahrhundert – Warum?, in: Zs. für Bevölkerungswissenschaft 7. 1981, S. 343–82 – Fälle von Kindstötungen schildert Regina Schulte, Das Dorf im Verhör. Brandstifter, Kindsmörderinnen und Wilderer vor den Schranken des bürgerlichen Gerichts, 1848–1910, Reinbek 1989, bes. S. 126–75. – Aus der von Carl Wibmer bearbeiteten Münchener Medizinaltopographie, München 1862, geht hervor, daß in München zwischen 1844/45 und 1861/62 insgesamt 63 862 Personen verstarben, davon waren 2 Prozent mehr als 80 Jahre alt, aber 39,3 Prozent (= 24936) nicht einmal ein Jahr – „ein Verhältnis, das im Vergleich zu anderen Orten, wo oft nahezu 50 Prozent in dieser Epoche sterben, nicht ungünstig genannt werden kann" (ebd., Bd. 2, S. 129). Zum Vergleich: In Bayerns zweitgrößter Stadt starben in den 1980er Jahren jährlich etwas mehr als 6000 Personen, davon waren zwischen 30 und 40 unter einem Jahr und weit mehr als 4000 über 70 Jahre alt (Statistisches Jahrbuch 1988 der Stadt Nürnberg, S. 40).

82 Vgl. Dietrich Oeter, Sterblichkeit und Seuchengeschichte der Bevölkerung baye-

rischer Städte von 1348–1870, med. Diss., Köln 1961, S. 115; Hans Zinsser, Ratten, Läuse und die Weltgeschichte, Stuttgart–Calw 1949, S. 72.

83 Werner A. Collier, Die Seuchen, Braunschweig 1930, S. 136; E. Seligmann, Die Diphterie in Berlin. Eine seuchengeschichtliche Untersuchung, in: ZHI 92, 1921, S. 188. Zinsser (wie Anm. 82), S. 80f.

84 Dr. Jochmann, Übertragbare Genickstarre als Kriegsseuche, in: SiK, 176ff. Vgl. Macfarlane Burnet, Natural History of Infectious Disease, Cambridge [3]1962, S. 229

85 Nipperdey (wie Anm. 65), S. 100ff.; Prinzing (wie Anm. 66), S. 227–30. Vgl. Cartwright (wie Anm. 2), S. 123; Ernst Bäumler, Amors vergifteter Pfeil. Kulturgeschichte einer verschwiegenen Krankheit, München–Zürich 1989, 136; Henry Sigerist, Krankheit und Zivilisation. Geschichte der Zerstörung der menschlichen Gesundheit, Frankfurt/M.–Berlin 1952, 90f.

87 Siehe z. B. Otto Braus, Akademische Erinnerungen eines alten Arztes an Berlins klinische Größen, Leipzig 1901, S. 139.

88 Vgl. z. B. David S. Landes, The Unbound Prometheus. Technological Change and Industrial Development in Western Europe from 1750 to the Present, Cambridge 1972, S. 24ff.

X. Epidemien und Seuchenbekämpfung im Zeitalter der Medikalisierung

1 Errechnet nach den Angaben in: G. Hohorst u. a., Sozialgeschichtliches Arbeitsbuch II. Materialien zur Statistik des Kaiserreiches 1870–1914, München [2]1978, S. 29f.; D. Petzina u. a., Sozialgeschichtliches Arbeitsbuch III. Materialien zur Statistik des Deutschen Reiches 1914–1945, München 1978, S. 32. Etwas höher ist die Sterblichkeit, wenn man die Zahlen des StJbDR 9. 1888 zugrundelegt: sie beträgt demnach (S. 156) zwischen 1840 und den 1880er Jahren noch immer 27–28 Promille; eine Sterblichkeit von mehr als 30 Promille wird demnach auch 1871 und 1872 erreicht (31,0 bzw. 30,6 Promille; 1866 sogar 32,1 Promille). Im Zweiten Weltkrieg erreichte die Sterblichkeit 1944 ihr Höchstmaß: In diesem einen Jahr starben – aus einer mittleren Bevölkerung von rund 70 Millionen (Gebietsstand: 31. Dez. 1937) – etwa 12 Promille der Zivilbevölkerung, also etwa 840000 Personen, sowie ca. 570000 Heeresangehörige (Hubert Fischer, Der deutsche Sanitätsdienst 1921–1945, Bd. 5, Osnabrück 1988, S. 3758f.), das entspricht einer Gesamtsterblichkeit in Deutschland von wenig mehr als 20 Promille. Die Zahl der Toten des Heeres betrug (nach Hubert Fischer, Sanitätsdienst, S. 3751), 1939 mehr als 16000, 1940 mehr als 53000, 1941 ca. 240000, 1942 etwa 335000, 1943 etwa 220000.

2 W. R. Lee, Zur Bevölkerungsgeschichte Bayerns 1750–1850, in: VSWG 62. 1975, S. 14f.

3 Lebenserwartung: Zahlen nach Hohorst u. a. (wie Anm. 1), S. 33; Daten des Gesundheitswesens – Ausgabe 1987 –, hg. vom Bundesminister für Jugend, Familie, Frauen und Gesundheit, Stuttgart u. a. 1987, S. 31.

3a Erich Martini, Wege der Seuchen. Lebensgemeinschaft, Kultur, Boden und Klima als Grundlage von Epidemien, Stuttgart [2]1943, S. 43.

4 W. Jungkunz, Die Sterblichkeit in Nürnberg 1714–1850, in: MVGN 42. 1951, S. 309f.

5 Gerhard A. Ritter u. Jürgen Kocka, Deutsche Sozialgeschichte. Bd. 2: 1870–1914, München 1974, S. 36. Werner Sombart, Der moderne Kapitalismus. Bd. III: Das Wirtschaftsleben im Zeitalter des Hochkapitalismus, München–Leipzig 1927, Ndr. München 1987, S. 405, 390.

6 Ludwig Formey, Versuch einer medicinischen Topographie von Berlin, Berlin 1796, S. 8. Rudolf Virchow, Canalisation oder Abfuhr? Eine hygieinische Studie, Berlin 1869, S. 16f.

7 Philipp Joseph Horsch, Versuch einer Topographie der Stadt Würzburg in Beziehung auf den allgemeinen Gesundheitszustand und die dahinzielenden Anstalten, Arnstein-Rudolstadt 1805, S. 20.

8 Wolfgang R. Krabbe, Kommunalpolitik und Industrialisierung, Stuttgart u. a. 1985, S. 31. Pettenkofer zit. nach Stefan Winkle, Johann Friedrich Struensee. Arzt, Aufklärer und Staatsmann. Beitrag zur Kultur-, Medizin- und Seuchengeschichte der Aufklärungszeit, Stuttgart 1983, S. 438 Anm. 12. Dazu allg. John von Simson, Kanalisation und Städtehygiene im 19. Jahrhundert, Düsseldorf 1983; sowie ders., Die Flußverunreinigungsfrage im 19. Jahrhundert, in: VSWG 65. 1978, S. 370–90.

9 Krabbe (wie Anm. 8), S. 193. Tab. 38. Zahlen für weitere dt. Städte nennt G. Varrentrapp, Die Gesundheitsverhältnisse Englands und Deutschlands, zunächst der grösseren Städte während des Sommerquartals 1879, in: DVG, 12. 1880, bes. S. 270–76. Siehe auch J. G. Williamson, Was the Industrial Revolution Worth It? Disamenities and Death in 19th Century British Towns, in: Explorations in Economic History 19. 1982, S. 221–45.

10 Jürgen Reulecke, Geschichte der Urbanisierung in Deutschland, Frankfurt/M. 1985, bes. S. 57.

11 Zahlen nach Reinhard Spree, Soziale Ungleichheit vor Krankheit und Tod, Göttingen 1981, S. 123ff. Vgl. Horst Matzerath, Urbanisierung in Preußen 1815–1914, Stuttgart u. a. 1985, S. 205ff. Zur Frage der Kanalisation Berlins M. Vasold, Rudolf Virchow. Der große Arzt und Politiker, Stuttgart 1988, S. 244–71. Allg.: Ingrid Thienel, Städtewachstum und Industrialisierungsprozeß des 19. Jahrhunderts. Das Berliner Beispiel, Berlin 1973.

12 Arthur E. Imhof, Die gewonnenen Jahre. Von der Zunahme unserer Lebensspanne seit dreihundert Jahren oder von der Notwendigkeit einer neuen Einstellung zu Leben und Sterben, München 1981, S. 126. Vgl. ders., Mortalität in Berlin vom 18. bis 20. Jahrhundert, in: Berliner Statistik 31. 1977, S. 138–45.

13 Reulecke (wie Anm. 10), S. 32; Friedrich Prinzing, Hdb. der Medizinischen Statistik, Jena 1906, S. 377f., 435; Erna Lesky, Die Wiener Medizinische Schule im 19. Jahrhundert, Graz–Köln 1978, S. 148f. Siehe auch Pistor, Die Verbreitung des Typhus in Preußen 1892–1901, in: DVG 36. 1904, S. 617–49. Sombart (wie Anm. 5), S. 360.

14 Spree (wie Anm. 11), S. 119. Vgl. W. Hesse, Die Typhusepidemie in Löbtau im Jahre 1899, in: ZHI 32. 1999, S. 345–60.

15 Zit. nach Georg Sticker, Abhdl. aus der Seuchengeschichte und Seuchenlehre, Bd. II: Die Cholera, Gießen, S. 293. Dazu Krabbe (wie Anm. 8), S. 36–39; Thomas Nipperdey, Deutsche Geschichte 1866–1918. Arbeitswelt und Bürgergeist, München 1990, bes. S. 160; Vasold (wie Anm. 11), bes. S. 180–85.

16 Vgl. D. E. C. Eversley, Mortality in Britain in the Eighteenth Century; Problems and prospects, in: Actes du Colloque International de Démographie Historique, hg. von Paul Harsin u. Etienne Hélin, Paris 1965, S. 351f.; J. D. Post, Famine, Mortality and Epidemic Disease in the Process of Modernization, in: EHR (2nd) 29. 1976, S. 14.

17 W. R. Lee, The Mechanism of Mortality Change in Germany, 1750–1850, in: MhJ 15. 1980, S. 249ff.; vgl. ders., Medicalisation and Mortality Trends in South Germany in the early 19th Century, in: Arthur E. Imhof, Hg., Mensch und Gesundheit in der Geschichte, Husum 1980, S. 79–113; Claudia Huerkamp, Der Aufstieg der Ärzte im 19. Jahrhundert. Vom gelehrten Stand zum professionellen Experten: Das Beispiel Preußens, Göttingen 1985, S. 133, 95; Erwin H. Ackerknecht, Geschichte der Medizin, Stuttgart [5]1986, S. 131.

18 Huerkamp (wie Anm. 17), S. 138. Adolf Kußmaul, Jugenderinnerungen eines alten Arztes, Stuttgart 1899, S. 12.

19 Huerkamp (wie Anm. 17), S. 51; Wolfram Fischer u. a., Sozialgeschichtliches Arbeitsbuch I. Materialien zur Statistik des Deutschen Bundes 1815–1870, München 1982, S. 205; S. Neumann, Die medicinische Statistik des preußischen Staates... in: VA 3. 1851, bes. S. 24f. Friedrich Nasse, Von der Stellung der Ärzte im Staat, Leipzig 1823, S. 239, 232.

20 Imhof (wie Anm. 12), S. 212ff.; Huerkamp (wie Anm. 17), S. 121; G. Hohorst u. a. (wie Anm. 1), S. 150f.; Nipperdey (wie Anm. 15), S. 157.

21 Dazu ausführlich Huerkamp (wie Anm. 17), bes. Kap. II u. III. Vgl. Peter Borscheid, Geschichte des Alters. Vom Spätmittelalter zum 18. Jahrhundert, Münster 1987, S. 258. – Handauflegen: Frederick Cartwright, A Social History of Medicine, London–New York 1977, S. 121.

22 Arthur Schnitzler, Medizinische Schriften, Wien–Darmstadt 1988, S. 150f.

23 Über Semmelweis zuletzt István Benedek, Ignaz Philipp Semmelweis 1818–1865, Wien u. a. 1983, bes. S. 105ff.

24 Vgl. Thomas Nipperdey, Deutsche Geschichte 1800–1866, Bürgerwelt und starker Staat, München 1983, S. 494; Nipperdey (wie Anm. 15), S. 602f.

25 Siehe dazu Ackerknecht (wie Anm. 17), bes. S. 153ff.; P. Brandlmeier, Über den Einfluß der Seuchen auf Geschichte und Kriege, in: Wehrdienst und Gesundheit 6. 1962, bes. S. 17; Werner Adalb. Collier, Die Seuchen, Braunschweig 1930, S. 1ff.; Charles Singer u. E. Ashworth Underwood, A Short History of Medicine, Oxford [2]1962, S. 390ff.

26 Vgl. Huerkamp (wie Anm. 17), S. 172; Spree (wie Anm. 11), S. 108.

27 Über die Erfolge der pharmazeutischen Industrie informieren zuverlässig – und zugleich mit werbender Absicht – die Firmengeschichten, z. B. über Behring und Ehrlich: Ernst Bäumler, Die Rotfabriker. Familiengeschichte eines Weltunternehmens (= Hoechst), München–Zürich 1988; Dr. W. E. J. Schneidrzik, Macht Euch die Krankheit untertan. Hundert Jahre Pharmaforschung, München 1983. Über Domagk und Bayer: Meilensteine. 125 Jahre Bayer 1863–1988, hg. von Bayer AG Leverkusen, Leverkusen 1988, bes. S. 272ff. – Über internationale wissenschaftliche Zusammenarbeit: H. Howard-Jones, The Scientific Background of the International Sanitary Conference 1851–1938, in: WHO-Chronicle 28. 1974. Siehe auch Mittheilungen und Verhandlungen der internationalen wissenschaftlichen Lepra-Conferenz zu Berlin, im October 1897, 3 Bde., Berlin 1897.

28 Kirchner, in: SiK, S. 55.

29 John L. Cloudsley-Thompson, Insects and History, London 1976, S. 1 f.; Henri H. Mollaret u. Jacqueline Brossolet, Alexandre Yersin. Der Mann, der die Pest besiegte, Zürich 1987, S. 347. Ganz ähnliche Verluste gab es nach Amputationen im dt. Heer.

30 Erich Martini, Wege der Seuchen. Lebensgemeinschaft, Kultur, Boden und Klima als Grundlage von Epidemien. Unter Berücksichtigung der Tropenkrankheiten dargestellt, Stuttgart [2]1943, S. 43. Lentz, in: SiK, S. 88.

31 Quincy Wright, A Study of War, Chicago–London [2]1965, S. 243. Diese Schätzungen sind mit Sicherheit viel zu niedrig; allenfalls die Relationen könnten stimmen. Vgl. Dr. Jungblut, Betrachtungen über Kriegsverluste durch Waffen und Krankheiten, in: DDM 1. 1936, S. 49 f.

32 Neufeld, in: SiK, S. 124.

33 Ernst Rodenwaldt, Frühzeitige Erkennung und Bekämpfung der Heeresseuchen. Sitzungsberichte der Heidelberger Akad. der Wissenschaften. Math.-naturwiss. Klasse, Heidelberg 1939, S. 10.

34 Kirchner (wie Anm. 28), S. 47 f.

35 A. Hase, Ungeziefer, in: HÄEW, S. 311. Zur Biologie des Fleckfieber-Überträgers, der Kleiderlaus (Pediculus vestimenti), siehe Otto, in: HÄEW, S. 417–21. Dominik Richert, Beste Gelegenheit zu sterben. Meine Erlebnisse im Kriege 1914–1918, München 1989, S. 101 f. Vgl. ebd., S. 96, 126, 131, 154, 156, 159, 181, 184, 215, 237, 256, 264 f., 268 f., 273, 364.

36 A. Gärtner, Einrichtung und Hygiene der Kriegsgefangenenlager, in: HÄEW, bes. S. 235, 208, 260 f. Friedrich Wolter, Über das Fleckfieber als Kriegsseuche. Mit besonderer Berücksichtigung der Prophylaxe, Berlin 1943, S. 64 ff., 54 f.

37 Sanitätsbericht über das deutsche Heer im Weltkriege 1914/18, bearbeitet in der Heeressanitätsinspektion des Reichswehrministeriums, Bd. 3, Berlin 1938, S. 113. Vgl. Hans Zinsser, Ratten, Läuse und die Weltgeschichte, Stuttgart–Calw 1949, S. 288 f.

38 Sanitätsbericht (wie Anm. 37), S. 24; Otto, in: HÄEW, S. 410; Wolter (wie Anm. 36), S. 72.

39 Brandlmeier (wie Anm. 25), S. 13.

40 Erwin H. Ackerknecht, Geschichte und Geographie der wichtigsten Krankheiten, Stuttgart 1963, S. 33 f.; C. Albert Colnat, Les Epidémies et l'Histoire, Paris 1937, S. 185; Otto (wie Anm. 35), S. 409 Anm.; Sanitätsbericht (wie Anm. 37), S. 116.

41 Robert Conquest, Ernte des Todes. Stalins Holocaust in der Ukraine 1929–1933, München 1988, S. 69.

42 Sanitätsbericht (wie Anm. 37), S. 117. Vgl. Hermann Merkel, Über die einheimische endogene Malaria in Deutschland, med. Diss., Erlangen 1951, S. 19; Hans Schloßberger, Kriegsseuchen. Historischer Überblick über ihr Auftreten und ihre Bekämpfung, Jena 1945, S. 64.

43 W. Hoffmann, Cholera, in: HÄEW, S. 386 f., 391, 400 f.; Sanitätsbericht (wie Anm. 37), S. 129 f.

44 K. Boehncke, Bazillenruhr, in: HÄEW, S. 365; Sanitätsbericht (wie Anm. 37), S. 125, 32+.

45 Sanitätsbericht (wie Anm. 37), S. 99 f.; Rodenwaldt (wie Anm. 33), S. 7.

46 Gutachten des Bundesgesundheitsamtes über die Durchführung des Impfgesetzes, Berlin u. a. 1959, S. 5; Sanitätsbericht (wie Anm. 37), S. 93.

47 Sanitätsbericht (wie Anm. 37), S. 94ff.

48 Zinsser (wie Anm. 37), S. 104f. Bezüglich der Pest siehe Karte Pest in Europa 1899–1952, in: Weltseuchenaltlas, hg. von E. Rodenwaldt u. Helmut J. Jusatz, Bd. II, Hamburg 1956, S. 47.

49 Magnus Hirschfeld, Sittengeschichte des Ersten Weltkrieges, hg. von Magnus Hirschfeld u. Andreas Gaspar, Ndr. Hanau o. J., S. 172f.

50 Vers: ebd., S. 175. Zahlen: Sanitätsbericht (wie Anm. 37), S. 163ff.; Hirschfeld (wie Anm. 49), S. 188.

51 Clemens Pirquet, Hg., Volksgesundheit im Krieg, Bd. 1, Wien–New Haven 1926, S. 1ff., 7. Deutsche Bevölkerungszahlen nach Petzina u. a. (wie Anm. 1), München 1978, S. 32.

52 Vgl. B. Möllers, Grippe, in: HÄEW, S. 574.

53 Ebd., S. 575f.; S. Dittmann u. G. Starke, Orthomyxovirus-Infektionen/Influenza, in: Hdb. der Inneren Erkrankungen, Gerhard Brüschke, Bd. 5: Infektionskrankheiten, Jena 1983, S. 435. Vgl. Ackerknecht (wie Anm. 40), S. 68f.; R. Rott u. H. Becht, Antigen-Variabilität der Influenzaviren, in: Influenza-Symposium Nürnberg. 11. Juni 1976, München-Gräfelfing 1977, S. 11. Zu dieser Pandemie siehe Jakob Ruhemann, Die Influenza in dem Winter 1889/90 nebst einem Rückblick auf die früheren Influenzaepidemien, Leipzig 1891, bes. S. 50ff.; Die Grippe-Epidemie im Deutschen Heere. 1889/90. Bearbeitet von der Medizinal-Abteilung des Kaiserlich-Preussischen Kriegsministeriums, Berlin 1890.

54 William I. Beveridge, Influenza: The Last Great Plague, New York 1978, S. 54ff., 80.

55 Ackerknecht (wie Anm. 40), S. 68f.; F. Prein, Zur Influenzapandemie 1918, in: ZHI 90. 1920, S. 98; H. Prell, Zur Ätiologie der pandemischen Grippe, in: ZHI 90. 1920, bes. S. 127; Sanitätsbericht (wie Anm. 37), S. 121–23. Erich von Ludendorff, Meine Kriegserinnerungen, 1914–1918, Berlin 1919, S. 540. Zur Juli-Grippe an der Westfront Richert (wie Anm. 35), S. 358ff. Zur Schweiz W. Nußbaum, Die Grippe-Epidemie 1918/1919 in der schweizerischen Armee, in: Gesnerus 39. 1982, S. 243–59.

56 Hans-Peter Schwarz, Adenauer. Der Aufstieg: 1876–1952, Stuttgart 1986, S. 186. W. Schultheiss, Im Bismarckreich, in: Nürnberg – Geschichte einer europäischen Stadt, hg. von Gerhard Pfeiffer, München 1971, S. 395. Möllers (wie Anm. 52), S. 575.

57 Dr. Federschmidt, Nürnbergs Grippeepidemie in statistischer Hinsicht, in: MMW 66. 1919, S. 359f. Siehe Prell (wie Anm. 55), S. 128.

58 Macfarlane Burnet, Natural History of Infectious Disease, Cambridge ³1962, S. 299; Prein (wie Anm. 55), S. 71, 74f., 105.

59 A. Armengaud, Großbritannien, Irland, Frankreich, Belgien, die Niederlande, Luxemburg 1914–1980/83, in: HEWSG, Bd. 6, S. 297. P. Hertner, Italien 1915–1980, in: HEWSG, Bd. 6, S. 1005. Geoffrey Marks u. William K. Beatty, Epidemics, New York 1976, S. 274. F. Russell, A Journal of the Plague: The 1918 Influenza, in: Yale Review 47, 1958, S. 219. Vgl. Derek H. Aldcroft, Die zwanziger Jahre, München 1978, S. 31; Beveridge (wie Anm. 54), S. 32; Colnat (wie Anm. 40), S. 182f.; F. Rogers, The Influenza Pandemic of 1918–1919 in the perspective of a Half Century, in: American J. of Public Health 58. 1968, S. 2193; J. Thompson, The Aftermath of the Black Death and the Aftermath of the Great War, in: The American J. of Sociology 26. 1920/21, S. 565ff.

60 Vgl. Erich Keyser, Bevölkerungsgeschichte Deutschlands, Leipzig 1938, S. 319; Petzina u. a. (wie Anm. 1), S. 32.

61 Vgl. O. Rösler, Über die Grippeepidemie 1933, in: MMW 1933, S. 520–22. Literarische Erwähnung findet die Grippe von 1932/33 am Ende von Oskar Maria Grafs Roman *Anton Sittinger.*

62 StJbBRD 1952, S. 22+ff.

63 Zit. nach Martin Broszat, Nach Hitler. Der schwierige Umgang mit unserer Geschichte, München 1988, S. 58 Anm. 20.

64 Vgl. F. Ronnefeldt, Kriegsseuchen im besetzten China und Seuchenbekämpfung in der japanischen Besatzungsarmee, in: DDM 4. 1939, S. 484–88; W. Donle, Rückblick über die Fortschritte auf dem Gebiete der Epidemiologie, Bakteriologie und Immunitätslehre, in: DDM 1. 1936, S. 162–65. Siehe auch Hans Müller, Vorläufiger Sanitätsbericht des deutschen Heeres 1939–1943, MS, S. 104, 97.

65 H. Gutschmidt, Der Seuchenstand in Polen und in den Baltischen Staaten, in: DDM 4. 1939, bes. S. 455–58.

66 Vgl. Dr. Dötzer u. Dr. Schuller, Erfahrungen bei zwei Ruhrseuchenausbrüchen in Lagern, in: DDM 6. 1961, S. 95–97, 160–64; A. Wajnryb, Medizin im Ghetto Wilna, in: DH 4. 1988, bes. S. 82 f., 96–103; Jan Gross, Und wehe, du hoffst... Die Sowjetisierung Ostpolens nach dem Hitler-Stalin-Pakt 1939–1941, Freiburg i. B. 1988, S. 139 f.

67 W. Hühne, Malaria im besetzten Frankreich, in: DDM 6. 1941, S. 364 f.; E. Martini, Über Malaria, in: DDM 6. 1941, S. 236 f.; Schloßberger (wie Anm. 42), S. 64.

68 Vgl. W. Hühne, Malariasanierung in Chalkis, in: DDM 8. 1943, S. 371–76; W. Junge, Die Malaria der deutschen Truppen in Albanien und Montenegro im Zweiten Weltkrieg, in: Wehrdienst und Gesundheit 6. 1962, S. 75–174.

69 E. Lingens, Als Ärztin in Ausschwitz und Dachau, in: DH 4. 1988, bes. S. 32 f., 43 f., 54; E. Ost, Die Malaria-Versuchsstation im Konzentrationslager Dachau, in: DH 4. 1988, bes. S. 185.

70 Vgl. Ackerknecht (wie Anm. 40), S. 84.

71 Brandlmeier (wie Anm. 25), S. 14; G. Wolff, Gelbsucht-Epidemien in Kriegszeiten, in: MM 12. 1958 (Sonderdruck); R. Nothaas, Beobachtungen über epidemischen Ikterus, in: DDM 8. 1943, S. 247–53. Siehe auch Hans-Detlef Trüb, Ein Beitrag zur Geschichte der Hepatitis-infectiosa-Epidemien in Europa in der zweiten Hälfte des 19. Jahrhunderts, med. Diss., Düsseldorf 1979.

72 Brandlmeier (wie Anm. 25), S. 13 f. Vgl. Wolter (wie Anm. 36), S. 74 f.

73 Zit. nach Harald Steffahn, Deutschland. Von Bismarck bis heute, Stuttgart [2]1990, S. 285. Siehe auch Dr. Bodendörfer, Beitrag zum Krankheitsbild des Fleckfiebers, in: DDM 7. 1941, S. 455 f.; F. Krause, Beitrag zum Krankheitsbild des Fleckfiebers, in: DDM 9. 1944, S. 191–93; W. Schmidt, Erfahrungen zur Therapie des Fleckfiebers, in: DDM 9. 1944, S. 273–76; A. Sylla, Fleckfieberbeobachtungen, in: DDM 9. 1944, S. 263–73.

74 W. Bernsdorf, Grundsätzliche Gedanken zum Wolhynischen Fieber, in: DDM 8. 1943, S. 254.

75 Siehe Dr. Bodendörfer, Über das Auftreten von Tularämieerkrankungen an der Ostfront, in: DDM 7. 1942, S. 671–73; A. Landsiedl, Ein Beitrag zur Epidemiologie und Symptomatologie der Tularämie, in: DDM 7. 1942, S. 644–46; D. Gaede u. A. Kairies, Untersuchungen zur Epidemiologie und Diagnostik der Tularämie, in: DDM 8. 1943, S. 30–35; Dr. Schad, Beitrag zur Epidemiologie, Bakteriologie

und Serologie der Tularämie, in: DDM 8. 1943, S. 620–23; G. Holler, Zur Symptomatologie und Diagnose der Tularämie, in: DDM 9. 1944, S. 137–42.

76 S. Milton, Deutsche und deutsch-jüdische Frauen als Verfolgte des NS-Staats, in: DH 3. 1987, S. 13. B. Distel, Der 29. April 1945. Die Befreiung des KZs Dachau, in: DH 1. 1985, bes. S. 4, 7; H. Weiß, Dachau und die internationale Öffentlichkeit. Reaktionen auf die Befreiung des Lagers, in: DH 1. 1985, S. 15. Siehe auch die Häftlingserinnerungen von M. Mannheimer, Theresienstadt – Auschwitz – Warschau – Dachau, in: DH 1. 1985, bes. S. 127f.; A. Haulot, Lagertagebuch. Januar 1943 – Juni 1945, in: DH 1. 1985, S. 185f. Über den Auszug der KZ-Häftlinge siehe H. Holzhaider, Der Elendszug nach Süden, in: Süddeutsche Zeitung v. 8./9. 7. 1989.

77 Vgl. Ernst Bäumler, Amors Vergifteter Pfeil. Kulturgeschichte einer verschwiegenen Krankheit, München–Zürich 1989, S. 385. Informationsdienst des Bay. Statistischen Landesamtes, München 1952, o. S.

78 StJbBRD 1952, S. 22+ff.

79 Vgl. Lorenz Eberle, Epidemiologisches zur Kinderlähmungsepidemie 1948 im Regierungsbezirk Oberbayern-Niederbayern, med. Diss., München 1950, S. 8. A. Klaia, Verlauf und Beobachtungen bei einer ländlichen Poliomyelitis-Epidemie, in: AHB 137. 1953, S. 43ff. Wolfgang Schollwer, Potsdamer Tagebuch 1948–1950. Liberale Politik unter sowjetischer Besatzung, München 1988, S. 21. Vgl. DER SPIEGEL, 23. Aug. 1947, S. 2.

80 StJbBRD 1989, S. 393. Daten des Gesundheitswesens (wie Anm. 2), S. 215, 205. Für die älteren Zahlen Hohorst u. a. (wie Anm. 1), S. 150–52.

81 H.-P. Pöhn u. G. Stüttgen, Poxvirus-Infektionen, in: Hdb. der Inneren Erkrankungen, hg. von Gerhard Brüschke, Bd. 5: Infektionskrankheiten, Jena 1983, S. 420.

82 Zahlen: StJbBRD 1989, S. 624.

83 Bäumler (wie Anm. 77), S. 442.

84 W. Bommer u. a., Importierte Malariainfektionen, in: DÄ 87. 1990, S. 1540.

85 Beveridge (wie Anm. 54), S. 33f. Zahlen: StJbBRD 1969, S. 68; 1970, S. 64; 1971, S. 64.

86 Vgl. Erna Lesky, Die Wiener Medizinische Schule im 19. Jahrhundert, Graz–Köln 1978, S. 346ff.

87 M. Koch u. a., Die Epidemiologie von Aids, in: Spektrum der Wissenschaft (Sonderdruck 2/1987), S. 3. Vgl. ebd., S. 4–15.

88 WHO-Report No. 26. AIDS-Surveillance in Europe, in: AIDS-Forschung 5. 1990, S. 603f.; Süddeutsche Zeitung vom 3. Mai 1991.

89 Imhof (wie Anm. 12), S. 223.

Verzeichnis der Karten und Tabellen

mit Quellenhinweis

Personen- und Sachregister

Buchanzeigen

MEDIZIN VON DER ANTIKE BIS HEUTE

Klassiker der Medizin

Herausgegeben von Dietrich von Engelhardt
und Fritz Hartmann

Erster Band

Von Hippokrates bis Christoph Wilhelm Hufeland

1991. Etwa 440 Seiten mit 32 Abbildungen. Leinen

Inhalt: Hippokrates, Galen, Arabische Ärzte: *Rhazes*, *Haly Abbas*, *Abulcasis*, *Avicenna*, Hildegard von Bingen, Maimonides, Girolamo Fracastoro, Paracelsus, Andreas Vesalius, William Harvey, Johann Baptist v. Helmont, Thomas Sydenham, Bernardino Ramazzini, Georg Ernst Stahl, Friedrich Hoffmann, Hermannus Boerhaave, Giovanni Battista Morgagni, Albrecht v. Haller, Leopold Auenbrugger, Thomas Percival, Johann Peter Frank, Edward Jenner, Christoph Wilhelm Hufeland, Marie-François-Xavier Bichat

Zweiter Band

Von Philippe Pinel bis Viktor von Weizsäcker

1991. Etwa 420 Seiten mit 26 Abbildungen. Leinen

Inhalt: Philippe Pinel, John Brown, Samuel Hahnemann, Franz Joseph Gall, René Theophile Hyacinthe Laennec, Johann Lukas Schönlein, Johannes Müller, Claude Bernard, Carl August Reinhold Wunderlich, Wilhelm Griesinger, Ignaz Semmelweis, Rudolf Virchow, Jean-Martin Charcot, Joseph Lister, Robert Koch, Wilhelm Conrad Röntgen, Iwan Petrowitsch Pawlow, Emil Kraeplin, Sigmund Freud, Ernst Ferdinand Sauerbruch, Karl Jaspers, Viktor v. Weizsäcker

VERLAG C. H. BECK MÜNCHEN